16	3	2	13
5	10	11	8
9	6	7	12
4	15	14	1

COLEÇÃO
TODOS OS
CANTOS

Jairo Severiano
Zuza Homem de Mello

A CANÇÃO NO TEMPO

85 ANOS DE MÚSICAS BRASILEIRAS

Vol. 2: 1958-1985

Nova edição revista e ampliada

editora 34

EDITORA 34

Editora 34 Ltda.
Rua Hungria, 592 Jardim Europa CEP 01455-000
São Paulo - SP Brasil Tel/Fax (11) 3811-6777 www.editora34.com.br

Edição conforme o Acordo Ortográfico da Língua Portuguesa.

Imagem da capa:
Paulinho da Viola, Chico Buarque, Gilberto Gil, Nara Leão e Toquinho

Imagem da 4ª capa:
Tom Jobim e Vinicius de Moraes

Capa, projeto gráfico e editoração eletrônica:
Bracher & Malta Produção Gráfica

Revisão:
Alexandre Barbosa de Souza

1ª Edição - 1998, 2ª Edição - 1999, 3ª Edição - 1999, 4ª Edição - 2002,
5ª Edição - 2006, 6ª Edição - 2015 (1ª Reimpressão - 2021)

Catalogação na Fonte do Departamento Nacional do Livro
(Fundação Biblioteca Nacional, RJ, Brasil)

Severiano, Jairo
S498c A canção no tempo: 85 anos de músicas brasileiras, vol. 2: 1958-1985 / Jairo Severiano e Zuza Homem de Mello. — São Paulo: Editora 34, 2015 (6ª Edição).
408 p. (Coleção Todos os Cantos)

ISBN 978-85-7326-614-6

1. Música brasileira - História e crítica.
I. Mello, Zuza Homem de. II. Título. III. Série.

CDD - 780.150981

A CANÇÃO NO TEMPO
85 anos de músicas brasileiras
Vol. 2: 1958-1985

PREFÁCIO À NOVA EDIÇÃO

Quase vinte anos se passaram desde a primeira edição dos volumes 1 e 2 de *A canção no tempo: 85 anos de músicas brasileiras*, em 1997 e 1998, respectivamente. Nesse período o livro foi se tornando uma referência na literatura da música popular brasileira.

Os dois volumes de *A canção no tempo* têm sido apontados em bibliografias de dezenas de obras que encorparam a literatura sobre nossa música. Além de facilitar projetos vinculados à montagem de produtos e eventos, seu conceito fundamental — o de relacionar, classificar e analisar canções que o povo brasileiro consagrou através de quase todo o século XX, de 1901 a 1985 — serviu como modelo para outras publicações nessa linha, a de levantar a trajetória das canções. Através de pesquisas e estudos, multiplicaram-se trabalhos sobre a obra de compositores ou sobre temas específicos, consubstanciando-se uma outra forma de narrar a evolução histórica da música brasileira. É o que estava no âmago de nosso projeto original.

Os anos decorridos propiciaram o afastamento necessário para o juízo mais claro sobre algumas canções. Foi o que nos impeliu a dar mais espaço na seção "Destaques" a canções que o mereceram. Após cuidadosa análise, decidimos efetivar essa ascensão para 51 composições, 21 no volume 1, que atinge a sua 7ª edição, e 30 no volume 2, que chega à 6ª edição. Dessa maneira, somam-se agora 629 canções narradas e comentadas em ambos volumes, o que julgamos sublinhar a grandeza da música popular brasileira.

São as seguintes as trinta canções que ganharam um verbete na nova edição do volume 2: "Estrada do Sol" (1958), "Meu Mundo Caiu" (1958), "A Taça do Mundo é Nossa" (1958), "Quem É" (1959), "Menina Moça" (1960), "Água de Beber" (1961), "Boato" (1961), "Meu Nome é Ninguém" (1962), "Balanço Zona Sul" (1963), "Festa de Arromba" (1965), "Rosa de Ouro" (1965), "Sentimental Demais" (1965), "Mamãe Passou Açúcar em Mim" (1966), "Pra Dizer Adeus" (1966), "Triste Madrugada" (1967), "Divino, Maravilhoso" (1968), "Wave" (1968), "Casaco Marrom" (1969), "BR-3" (1970), "Eu Te Amo Meu Brasil" (1970), "Ê Baiana" (1971), "O Mestre-Sala dos Mares" (1975), "Meu Caro Amigo" (1976), "O Mundo é um Moinho" (1976), "Somos Todos Iguais Nesta Noite" (1977), "Querelas do Brasil" (1978), "Sandra Rosa Madalena" (1978), "Feminina" (1980), "Cheia de Charme" (1985) e "Malandro Rife" (1985).

Jairo Severiano e Zuza Homem de Mello

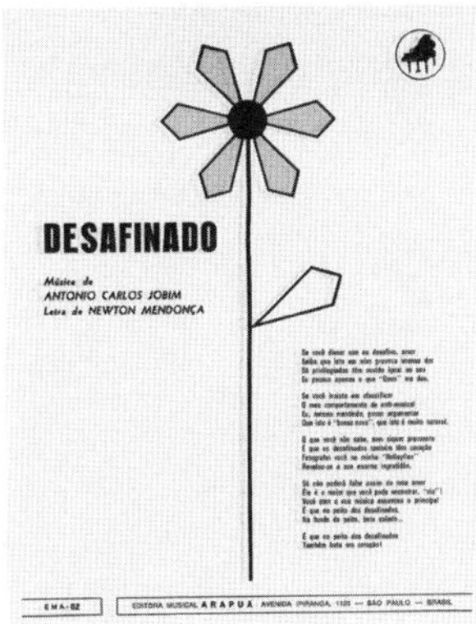

A CANÇÃO NO TEMPO

85 ANOS DE MÚSICAS BRASILEIRAS

Vol. 2: 1958-1985

Aos que, na segunda metade do século,
fizeram a música brasileira
ser ouvida no mundo inteiro.

Jairo e Zuza

Para Ercilia, amada companheira
em desfrutar a doce música.

Zuza

APRESENTAÇÃO

A canção no tempo: 85 anos de músicas brasileiras - Vol. 2: 1958-1985 relaciona, classifica e analisa as canções que o povo brasileiro consagrou através dos anos, de 1958 a 1985, oferecendo uma abrangente visão musical dessa época. É, pode-se dizer, a história da música popular brasileira na segunda metade do século XX, contada por suas canções de maior sucesso.

Dividido em duas partes, cada uma correspondendo a uma determinada fase histórica, o livro apresenta 28 capítulos assim distribuídos: 1ª Parte: 1958 a 1972 — 15 capítulos; 2ª Parte: 1973 a 1985 — 13 capítulos. Considerando-se as quatro fases estudadas no volume 1, essas partes correspondem, respectivamente, à quinta e à sexta fase de nossa música popular no século XX.

A estrutura dos capítulos é dividida em cinco segmentos. No primeiro são apresentadas e comentadas as composições de maior destaque. Seguem-se as relações de outros sucessos, de gravações representativas, de músicas estrangeiras de sucesso no Brasil e, por fim, uma cronologia geral. Complementam a obra índices remissivos das pessoas e das canções focalizadas.

Foram relacionadas neste volume 1.063 composições brasileiras de sucesso, dentre as quais 341 se destacaram e são comentadas. A esse número somaram-se 371 canções estrangeiras que marcaram presença do Brasil, atingindo-se o total de 1.434 composições. Nesta seleção incluíram-se, basicamente, dois tipos de canções: as que obtiveram sucesso ao serem lançadas — não importando sua qualidade ou permanência — e as que não obtiveram sucesso imediato, mas, em razão de sua qualidade, acabaram por merecer a consagração popular. Outra resolução adotada foi a de restringir a escolha aos sucessos de âmbito nacional, ignorando-se os exclusivamente regionais.

Para a localização das composições no tempo foram considerados os anos em que fizeram sucesso, os quais nem sempre correspondem aos anos em que foram compostas ou gravadas pela primeira vez. Isso acontece, por exemplo, com alguns lançamentos de fim de ano, cujas canções só começam a se projetar nos primeiros meses do ano seguinte. No repertório internacional constatou-se o fato frequente de músicas que se popularizaram no Brasil anos depois de seu surgimento nos países de origem.

Considerando-se dispensável o levantamento de uma discografia completa das composições relacionadas, optou-se por uma seleção que constitui o segmento "Gravações representativas". São apresentados nessa seção fonogramas por meio dos quais pode-se acompanhar a trajetória dos principais cantores nacionais. Finalmente, entendemos que era importante acrescentar à obra uma cronologia que, além dos fatos musicais, registrasse acontecimentos ocorridos no país e no exterior.

Os trabalhos de pesquisa e redação deste Volume 2 puderam estender-se até setembro de 1998, tendo sido ouvidos depoimentos de dezenas de personagens que participaram da história — cantores, músicos, compositores —, transmitindo-se assim a informação diretamente dos autores e intérpretes das canções aos leitores.

A complementação da pesquisa seria realizada em uma infinidade de livros, jornais e revistas, consultados em coleções existentes na Bibiloteca Nacional, ou em centenas de recortes dos acervos dos autores e do Arquivo Almirante, no MIS do Rio de Janeiro. Em vários desses periódicos encontram-se publicadas as paradas de sucesso de consulta indispensável para a escolha das composições. Também muito importante foi a cooperação de amigos que acompanharam a realização deste volume, como o crítico Tárik de Souza — que, além de prestar valiosas informações e sugestões, colocou à disposição dos autores seu alentado arquivo —, os jornalistas Carlos Alberto de Mattos e Rodrigo Faour, o maestro Roberto Gnattali, os pesquisadores Paulo César de Andrade e Abel Cardoso Júnior, o ex-dono da Informasom, Yacoff Sarkovas, que preparou os boletins das músicas mais executadas em rádio, e Roberto Chalub, grande admirador da MPB, em cujos álbuns de recortes foram recolhidos preciosos subsídios sobre a música popular nos anos 1960.

Dedicando esta obra a todos os que amam a música popular brasileira, os autores se sentirão recompensados se o seu trabalho inspirar a realização de novos projetos que contribuam para o conhecimento, difusão e preservação de nossa memória musical.

Jairo Severiano e Zuza Homem de Mello

AGRADECIMENTOS

Este livro se tornou possível graças à colaboração de dezenas de pessoas, a seguir relacionadas, que por suas inestimáveis informações nos ajudaram a escrevê-lo. A todos os nossos sinceros agradecimentos.

Abel Cardoso Júnior, Abel Silva, Adauto Santos, Alceu Valença, Aldir Blanc, Aleuda, Aloysio de Alencar Pinto, Amilson Godoy, Ângela Flach, Antônio Barros, Ary Vasconcelos, Benito Di Paula, Beto Guedes, Caetano Veloso, Candeias (Jota Júnior), Carlos Alberto de Mattos, Carlos Fernando, Carlos Freitas, Carlos José, Carlos Lyra, Carlos Rennó, Cecéu, Danilo Caymmi, Djavan, Dominguinhos, Dorival Caymmi, Ednardo, Edson José Alves, Edu Lobo, Eduardo Araújo, Eduardo Gudin, Elba Ramalho, Elton Medeiros, Erasmo Carlos, Evinha, Fernando Brant, Fernando Lobo, Genival Lacerda, Gilberto Gil, Guilherme Arantes, Guilherme de Brito, Gutemberg Guarabira, Henrique Cazes, Hermínio Bello de Carvalho, I. Barroso de Pinho, Isolda, Ivan Lins, Ivan Vilela, James Gavin, Joanna, João Augusto, João Donato, João Luiz Ferrete, João Máximo, Jorge José da Silva (Jorginho do Pandeiro), José Carlos Costa Netto, José Nêumanne Pinto, Juvenal Fernandes, Klecius Caldas, Kleiton Ramil, Lauro Gomes de Araújo, Luís Bandeira, Luiz Carlos Saroldi, Luiz Loy, Marcos Antônio Marcondes, Marcos Valle, Maria das Graças (da EMI), Maria de Lourdes da Silva, Maria Ruth Severiano, Mário Alves de Oliveira, Marlene Gomes de Almeida, Michael Sullivan, Miguel Ângelo de Azevedo (Nirez), Moacir Santos, Moraes Moreira, Neuza Teixeira, Noite Ilustrada, Nonato Buzar, Olmir Stocker, Oswaldo Montenegro, Paulinho Nogueira, Paulo César de Andrade, Paulo César Pinheiro, Paulo Jobim, Paulo Vanzolini, Peninha, Raul Sampaio, Renato Corrêa, Renato Teixeira, Ricardo Carvalheira, Ricardo Sanchez, Rita Lee, Robertinho Silva, Roberto de Oliveira, Roberto Gnattali, Roberto Menescal, Roberto Ribeiro, Roberto Silva, Rodrigo Faour, Ronaldo Bastos, Ronoel Simões, Rui Maurity, Salvador Monteiro, Sérgio Cabral, Sérgio Reis, Sérgio Ricardo, Sueli Costa, Tárik de Souza, Teresa Hermanny, Tetê Espíndola, Tom Jobim, Vitor Martins, Wagner Tiso, Waldemar Marchetti (Corisco), Wando, Wilson Simonal, Yacoff Sarkovas, Zé Caradipia e Zé Ramalho.

1ª Parte: 1958 a 1972

João Gilberto na época de lançamento do antológico
elepê *Chega de Saudade*, em 1959.

INTRODUÇÃO

A segunda grande fase da música popular brasileira começa com o surgimento da bossa nova, em 1958, e se estende ao final da era dos festivais, em 1972, passando pelo tropicalismo e outras tendências. É uma fase de renovação e modernização, que introduz novos estilos de composição, harmonização e interpretação, determinando uma apreciável mudança na linha evolutiva de nossa canção.

Isso aconteceu em razão da presença no período de uma numerosa e talentosa geração de artistas que, do ponto de vista cronológico, pode ser dividida em dois escalões. O primeiro, liderado pelo compositor, pianista e arranjador Antônio Carlos Jobim, o poeta Vinicius de Moraes e o cantor-violonista João Gilberto, constitui a turma da bossa nova que, ao criar o movimento, detonou o processo renovador. Destacam-se ainda entre os bossanovistas compositores como Carlos Lyra, Roberto Menescal e Newton Mendonça, o letrista Ronaldo Bôscoli, as cantoras Sylvia Telles e Nara Leão, e músicos/compositores como João Donato, Baden Powell e Eumir Deodato. Vindos do período anterior, como os líderes do movimento, integram também a bossa nova figuras como Johnny Alf, Agostinho dos Santos, Lúcio Alves, Dick Farney e o conjunto Os Cariocas.

A fase de maior evidência da bossa nova esgota-se nos últimos meses de 1962, quando acontecem o espetáculo *Encontro*, o único a reunir num palco o trio Jobim-Vinicius-Gilberto, e o legendário show do Carnegie Hall, em Nova York. A partir do ano seguinte, seus personagens procuram novos caminhos. Tom e Vinicius deixam de compor juntos, com o primeiro iniciando uma carreira internacional e o segundo passando a trabalhar com outros parceiros, João Gilberto fixa-se nos Estados Unidos, enquanto Carlos Lyra prefere imprimir às suas composições um sentido mais político.

Na ocasião, porém, a bossa nova já havia aberto as portas do sucesso à segunda leva de artistas do período que, entrando em cena a partir de 1964, quase ao mesmo tempo que os festivais da televisão, pode ser chamada de turma dos festivais. Igualmente talentosos, os componentes desta turma são adeptos fervorosos dos princípios bossanovistas, idolatram os seus criadores e realizam à sua maneira uma continuação do movimento. Sobressaem-

-se no grupo compositores como Chico Buarque, Edu Lobo, Caetano Veloso, Gilberto Gil, Milton Nascimento, as cantoras Elis Regina, Maria Bethânia, Nana Caymmi, Gal Costa e um grande número de letristas e músicos-compositores. Aliás, é marcante nesses anos de sofisticação da música brasileira a participação de um contingente de notáveis instrumentistas como Antônio Adolfo, Egberto Gismonti, Hermeto Pascoal, Rosinha de Valença, Maurício Einhorn, Heraldo do Monte, César Camargo Mariano, Luís Eça e Dori Caymmi, vários deles vindos da bossa nova. No final do período surgem ainda valores como Ivan Lins, João Bosco, Luiz Gonzaga Júnior, Paulo César Pinheiro e Aldir Blanc. Durante oito anos, esses artistas praticamente monopolizaram as principais colocações nos festivais da televisão que, além de lhes proporcionar a oportunidade de se tornarem conhecidos no momento em que se iniciavam profissionalmente, foram de inestimável ajuda para a consolidação de suas carreiras.

Em 1967/68, componentes da ala baiana dessa geração — Caetano Veloso, Gilberto Gil, Tom Zé, Capinan, mais o piauiense Torquato Neto, liderados pelos dois primeiros — lançaram a Tropicália, ou tropicalismo, um movimento poético-musical de vanguarda que, mesmo sendo de duração efêmera, causou grande agitação cultural e exerceu influência na obra de vários compositores, alguns até surgidos vários anos depois, como Arrigo Barnabé e Eduardo Dusek.

Em que pese a importância da bossa nova e do tropicalismo, foram os citados festivais que ficaram na memória do povo como a marca mais forte do período.

No setor do samba houve um movimento de revalorização, resultante de reuniões de sambistas iniciadas no restaurante Zicartola e desdobradas em bem-sucedidos espetáculos como *Opinião* e *Rosa de Ouro*. Desses empreendimentos resultou o aparecimento de uma valorosa geração de compositores ligados a escolas de samba, além do reconhecimento, embora tardio, dos mestres Cartola e Nelson Cavaquinho. Pertencem a esta geração nomes como Paulinho da Viola, Elton Medeiros e Candeia, aos quais se acrescentam os de Zé Kéti, vindo da década anterior, e Martinho da Vila, surgido em seguida. Também nessa área se fazem notar a partideira Clementina de Jesus, descoberta por Hermínio Bello de Carvalho, e as cantoras Elza Soares, Clara Nunes e Beth Carvalho.

Ainda a respeito de samba, registra-se o aparecimento, paralelamente ao início da bossa nova, de um tipo de composição conhecida como sambalanço ou samba moderno — um meio termo entre a bossa e o samba tradicional —, cultivada por cantores e compositores como Miltinho (Milton Santos de Almeida), Dóris Monteiro, Luís Bandeira, Luís Antônio, Luís Reis e o baterista Jadir de Castro, que criou uma variante do gênero, o chamado samba fantástico.

Ao mesmo tempo em que esses fatos revolucionavam a MPB, aconteceu na área da música pop o crescimento do rock, numa forma aqui denominada de iê-iê-iê, o que originaria o fenômeno Jovem Guarda. Popularizado a partir do final da década de 1950 pelos pioneiros Sérgio Murilo, Tony e Celly Campello, entre outros, o prestígio do iê-iê-iê atingiu o auge no triênio 1965-67. Estes anos corresponderiam à duração de um programa de televisão — comandado pelo cantor-compositor Roberto Carlos, coadjuvado pelo parceiro Erasmo Carlos e a cantora Wanderléa — que daria nome ao movimento e seria o seu principal divulgador. Sustentada pelo entusiasmo de milhares de admiradores, adolescentes na maioria, que fizeram de Roberto Carlos o seu ídolo, a Jovem Guarda consagrou um numeroso grupo de artistas, cujas carreiras não resistiram ao declínio do iê-iê-iê.

Uma outra vertente do pop nacional, mais próxima do rock inglês, seria apresentada pelo conjunto Os Mutantes, dos irmãos Sérgio e Arnaldo Baptista e a cantora-compositora Rita Lee, que na década seguinte optou por uma carreira solo e se tornou a nossa principal estrela pop. Já no apagar das luzes do período surgiram os *soul men* Tim Maia e Luiz Melodia, de grande presença nos anos seguintes.

O período 1958-1972 assistiu ainda ao final da canção carnavalesca tradicional. Com as gravadoras se desinteressando por este tipo de música, à medida que aumentavam os custos da produção fonográfica, a marchinha e o samba de carnaval praticamente desapareceram durante os anos 1960, substituídos pelo samba-enredo das escolas de samba.

Um segmento da música popular que ganhou forte impulso nessa época, tornando-se uma das maiores fontes de lucro das gravadoras, foi o da canção sentimental popularesca, depreciativamente chamada de brega-romântico. Dos consagrados Nelson Gonçalves, Ângela Maria e Cauby Peixoto, com presença também em outras áreas, ao simplório sertanejo Teixeirinha (Vitor Mateus Teixeira), engrossam a relação dos especialistas no gênero Anísio Silva, Altemar Dutra, Orlando Dias e muitos outros.

Competindo com as novidades do período, mantiveram-se em evidência vários cantores, músicos e compositores vindos de épocas anteriores, que assim reafirmavam sua competência e prestígio popular. Entre esses artistas, das mais variadas tendências, se destacariam figuras como Adoniran Barbosa, Dalva de Oliveira, Dorival Caymmi, Elizeth Cardoso, Jamelão e Roberto Silva, além dos citados Nelson, Ângela e Cauby.

No setor da tecnologia foi completada a implantação do sistema estereofônico de gravação e reprodução do som, ao mesmo tempo em que se difundia o uso dos gravadores caseiros de fita magnética, preferencialmente o cassete, então recém-inventado, e se aposentava para sempre o disco de 78 rotações. Já a televisão se expandiria de forma avassaladora, obrigando o rádio a se contentar com o esquema de música (gravada), esporte e notícia para sobreviver.

Em 1972, com o final do grande ciclo de festivais musicais da televisão, pode-se considerar encerrada esta fase de nossa música popular, a mais importante do século XX, ao lado da chamada Época de Ouro (de 1929 a 1945). Mesmo levando-se em consideração o incontestável sucesso internacional de algumas de nossas composições anteriores a 1950 ("Aquarela do Brasil", "Tico-Tico no Fubá", "Na Baixa do Sapateiro", "Mamãe Eu Quero"), foi com a obra da geração consagrada nos anos 1960 que a música popular brasileira conquistou a admiração e o respeito de todo o mundo por sua criatividade e acabamento profissional.

I. 1958

DESTAQUES

"O Apito no Samba" (samba), Luís Bandeira e Luís Antônio

Anos depois de Herivelto Martins incorporar o apito ao samba, dando-lhe funções rítmicas, Luís Bandeira o elegeu tema de composição. Atuando na ocasião como *crooner* de conjuntos de dança do Copacabana Palace, Bandeira teve a ideia de fazer um samba que pudesse se destacar num daqueles shows monumentais da casa. E o fez essencialmente instrumental, dando-lhe ênfase na rítmica e nos metais, que brilham esfuziantes (no sentido literal do termo) em toda a primeira parte. Essa exuberância de trombones e trompetes é amaciada por um interregno melodioso, a cargo das palhetas, que marca a segunda parte, voltando a composição a se incendiar no final, quando enseja virtuosísticos solos de percussão. Era nessa parte que os bateristas da época (Luciano Perrone, Hanestaldo Américo, Ohana) se soltavam para valer, proporcionando aos passistas a oportunidade de requintadas coreografias sambísticas. A pedido de Marlene, que se entusiasmou com "O Apito no Samba", Luís Antônio fez-lhe uma letra, tornando-se a composição a faixa principal do elepê *Explosiva*, o primeiro da cantora na Odeon.

"Balada Triste" (samba-canção), Dalton Vogeler e Esdras Silva

Ângela Maria fazia uma temporada em Buenos Aires quando conheceu a canção "Balada Triste" por intermédio de seu acompanhador, o violonista Manoel da Conceição. Decidida a gravá-la o quanto antes, apressou-se em obter a permissão do autor, Dalton Vogeler, baixista do conjunto de Valdir Calmon, por coincidência, na ocasião, também em temporada na capital argentina. Daí resultou o duplo lançamento da composição — que já havia sido entregue a Agostinho dos Santos —, alcançando ambas as gravações o maior sucesso. Bem de acordo com o título, "Balada Triste" é uma pungente canção de amor com versos e melodia impregnados de tristeza. Sem ser plágio, reproduz o clima da *Serenata* (*Ständchen*) de Schubert, citada aliás no prólogo das gravações iniciais.

"Cabecinha no Ombro" (rasqueado), Paulo Borges

Apenas um verso pitoresco ("Encosta a tua cabecinha no meu ombro e chora"), cantado sobre uma melodia simples, de fácil memorização, pode às vezes despertar a atenção e a simpatia do público. Isso aconteceu a "Cabecinha no Ombro", sucesso em 1958, quando recebeu 14 gravações, inclusive três em castelhano, e em 1992, quando foi relançada na trilha sonora da telenovela *Pedra sobre Pedra*. O curioso é que classificada como rasqueado, um gênero sertanejo, "Cabecinha no Ombro" tem como autor um citadino, o carioca Paulo Borges, irmão do fundador do conjunto Anjos do Inferno, Oto Borges.

"Castigo" (samba-canção), Dolores Duran

Situada na fronteira da canção tradicional com a bossa nova, a obra de Dolores Duran a credencia como uma das maiores letristas da música brasileira. Um de seus primeiros sucessos, o samba "Castigo", desenvolve de forma primorosa o tema do arrependimento, da culpa assumida ante a perda de um amor irrecuperável. É uma confissão sofrida, conformada, cantada em palavras simples — "Eu tive orgulho/ e tenho por castigo/ a vida inteira/ pra me arrepender..." —, o que dá encanto maior ao poema. "Castigo" marcou a carreira de Roberto Luna, um bom intérprete desse tipo de música, que atuou principalmente na noite paulista.

"Chega de Saudade" (samba),
Antônio Carlos Jobim e Vinicius de Moraes

Embora considerada o marco zero da bossa nova, "Chega de Saudade" não é na opinião de Tom Jobim uma composição bossa nova. Em depoimento ao jornalista Tárik de Souza (para o livro *Tons sobre Tom*), ele esclareceu: "Minha mãe criou uma menina, que também se chamava Nilza (nome da mãe do Tom) e me pediu para comprar um método de violão para ela, que tinha boa voz. Comprei o método do Canhoto que trazia (...) aquele sistema antigo (de acordes) primeira, segunda, terceira. (...) Fui obrigado a explicar para ela naquele método (...) e acabei me envolvendo com aquela sequência de acordes, completamente fáceis. Inventei uma sucessão de acordes, que é a coisa mais clássica do mundo, e botei ali uma melodia. Mais tarde, Vinicius colocou a letra. De certa forma, sentindo a novidade da bossa nova, do João Gilberto e daquele meio em que a gente vivia, talvez Vinicius tenha sido levado a intitular a música 'Chega de Saudade'. (...) Esse título é engraçado porque a música tem algo de saudade desde a introdução. Lembra aquelas introduções de conjuntos de violão e cavaquinho, tipo regio-

Principal responsável pela modernização da canção brasileira, o compositor, pianista e arranjador Antônio Carlos Jobim é a grande figura de nossa música popular na segunda metade do século XX.

nal. (...) Na segunda parte, passa para maior (modo maior). Acontecem todas aquelas modulações clássicas que você encontra na música antiga. Isso cria um absurdo: o 'Chega de saudade' (...) já é uma saudade jogando fora a saudade!". Realmente, a bossa nova de "Chega de Saudade" está quase toda na harmonia, nos acordes alterados, pouco utilizados por nossos músicos da época, e na nova batida de violão executada por João Gilberto. A novidade rítmica fica muito clara, especialmente sob os versos "dentro dos meus braços os abraços/ hão de ser milhões de abraços/ apertado assim...", com o violão indo na contramão da forma institucionalizada de se tocar samba. Aliás, a inovação já está presente na gravação de Elizeth Cardoso, a primeira de "Chega de Saudade", feita para o elepê *Canção do Amor Demais*, que tem a participação de João Gilberto como violonista. Esse disco, lançado pela pequena marca Festa, do produtor Irineu Garcia, é considerado por Tom Jobim (em depoimento a Zuza, em outubro de 1968) "um marco, um ponto de fissão, de quebra com o passado". No dia 10 de julho de 1958, seis meses depois da gravação de Elizeth, aconteceu a do João, naturalmente repetindo a mesma batida de violão e apresentando o seu estilo bossa nova de cantar. Este disco histórico, que traz na outra face o baiãozinho "Bim-Bom" (classificado no selo como samba), provocaria a pitoresca e mal-humorada reação de Álvaro Ramos, gerente das Lojas Assunção, quebrando o disco, indignado com o que o Rio lhe mandava. Atribuída no anedotário da bossa nova a Osvaldo Gurzoni, diretor de vendas da Odeon em São Paulo (que também não gostara do disco), a verdadeira identidade do autor da façanha (Ramos) seria revelada por Ruy Castro no livro *Chega de saudade*. Esse episódio aconteceu em São Paulo, em agosto de 58, às vésperas do lançamento do disco de 78 rpm, que precedeu em alguns meses o elepê homônimo.

"Estrada do Sol" (samba-canção),
Antônio Carlos Jobim e Dolores Duran

Como à época ainda não havia luz elétrica nem piano em seu sítio de Poço Fundo, Tom Jobim criou várias composições ao violão, caso de "Estrada do Sol", sua terceira parceria com Dolores Duran. A inspiração da letra feita depois pode ser inferida nas entrelinhas de um trecho da última entrevista da cantora e compositora, concedida em 21/10/1959 à repórter Sílvia Donato, da revista *Radiolândia*, na qual revelava gostar de caminhar a pé pela praia em dias ensolarados, o que lhe proporcionava alegria de viver. De fato, o início da letra, "É de manhã/ vem o sol mas os pingos da chuva que ontem caíram/ ainda estão a brilhar/ ainda estão a dançar/ ao vento alegre que me traz esta canção" remete ao hábito da cantora que morreria três dias depois do depoimento, aos 29 anos de idade. A melodia não se resolve, isto é, não termina na tônica, que deveria ser um dó. O último verso, "Vamos sair pra ver o sol", termina na nota sol, coincidentemente ou não, a palavra final da letra. Daí a sensação de que a canção não chegou ao fim, não foi terminada, embora Tom Jobim tenha sabiamente usado um acorde de dó menor sob essa última nota. Gravado pela primeira vez em 23 de maio de 1958, o samba-canção teve logo de início sua interpretação mais relevante na voz do cantor Agostinho dos Santos.

"Fanzoca de Rádio" (marcha/carnaval), Miguel Gustavo

Crítico bem-humorado dos costumes cariocas, Miguel Gustavo satiriza nesta marchinha o comportamento fanático das admiradoras dos artistas de rádio. A composição registra ainda os nomes de alguns ícones da época, adorados pelas agitadas moças que lotavam os auditórios: "Ela é fã da Emilinha/ não sai do César de Alencar/ grita o nome do Cauby/ e depois de desmaiar/ pega a Revista do Rádio/ e começa a se abanar...". Lançada pelo palhaço/cantor Carequinha (George Gomes), astro de um programa infantil da televisão, "Fanzoca de Rádio" foi a marcha mais popular de 1958.

"Madureira Chorou" (samba/carnaval), Carvalhinho e Júlio Monteiro

Uma homenagem a Zaquia Jorge, vedete que atuava num teatrinho suburbano, "Madureira Chorou" foi o samba de maior sucesso no carnaval de 1958. O surpreendente é que mesmo explorando um tema triste — a morte trágica da artista, por afogamento — "Madureira Chorou" permaneceu, sendo uma das raras composições carnavalescas dos anos 1950 a se tornar um clássico do gênero. Teve até gravações na França com o título de "Si Tu Vais a Rio". Em julho de 1974, participando do programa radiofônico *Especial RJB*, Joel de Almeida declarou-se coautor (além de lançador) deste samba: "a Zaquia teve um romance com o Júlio (Monteiro), empresário de teatro, e ele era tão bom pra mim, sempre me adiantando vales, que resolvi tirar o meu nome e colocá-lo na parceria". Já o sergipano Carvalhinho (José Prudente de Carvalho) é realmente coautor não apenas de "Madureira Chorou", como também dos sucessos "Quem Sabe, Sabe" (com o próprio Joel), "Acho-te uma Graça", "O Periquito da Madame" e "Vai Ver que É".

"Meu Mundo Caiu" (samba-canção), Maysa

A exemplo do que aconteceu com Carmen Miranda quando gravou "Taí" em 27 de janeiro de 1930, alcançando êxito fulminante ao estrear na RCA Victor, que se estabelecera no Brasil dois meses antes, também com

Maysa a situação se repetiu 28 anos depois. Seu primeiro disco, *Convite Para Ouvir Maysa*, foi lançado em elepê de 10 polegadas por uma nova gravadora que entrava no mercado de discos comerciais. Até então a RGE não passava de um pequeno estúdio de gravações caseiras, estabelecido na rua Xavier de Toledo. O produtor Roberto Corte Real foi quem propôs ao seu proprietário, José Scatena, apostar no futuro daquela moça da sociedade paulistana em cujo talento confiava cegamente. Foi então gravado o elepê de número RLP 0013, assim numerado por exigência da cantora, que já mostrava seu temperamento forte ao alegar que o 7 de 0007, o número que deveria seguir a ordem de catálogo, não lhe trazia sorte. Na capa, também por exigência, uma orquídea não tirava partido do elemento mais emblemático de uma mulher extraordinariamente bonita, casada com um Matarazzo: os olhos verdes de Maysa. De seu caderno em espiral brotou "Ouça", samba-canção que a projetou de estalo e mostrou a linha que seguiria em sua futura carreira de compositora. "De queridinha do país, Maysa transformou-se em saco de pancadas da mídia", destacou seu biógrafo Lira Neto, quando ela se separou do marido consagrando-se apenas à carreira de cantora e compositora de canções que debulhavam desventuras da vida amorosa. Assim surgiu "Meu Mundo Caiu", inegavelmente superior a "Ouça", que fez de Maysa uma das estrelas de sua época. Gravado no seu segundo elepê, *Convite Para Ouvir Maysa nº 2*, o samba-canção em arranjo de Enrico Simonetti se iniciava com um marcante solo do trombonista Renato Cauchioli, antecipando a voz ardente da cantora, nesse caso com leve ironia e certa resignação. Os primeiros versos, "Meu mundo caiu/ e me fez ficar assim/ você conseguiu/ e agora diz que tem pena de mim", tinham um endereço certo e todo mundo sabia. Independente da vida tempestuosa que levou, Maysa deixou, ao lado de Dolores Duran, um legado de respeito e admiração à atividade das mulheres que seguiram o caminho de compositoras.

"A Taça do Mundo é Nossa" (marcha),
Wagner Maugeri, Maugeri Sobrinho, Victor Dagô e Lauro Müller

Formado por seis adolescentes cegos — Francisco e Geraldo Nepomuceno, Ângelo de Carvalho, João Cândido, Joaquim Alves e Soter Cordeiro —, alunos do Colégio São Rafael, em Minas Gerais, o conjunto vocal Titulares do Ritmo chegou à maioridade e ao sucesso na década de 1950. No início de julho de 1958, logo após a seleção brasileira ganhar a Copa do Mundo de Futebol na Suécia, a Copacabana lançou num disco de 78 rpm a marcha "A Taça do Mundo é Nossa", gravada pelos Titulares do Ritmo acompanhados por uma banda marcial. Assim, antecipando-se à concorrente que lançou a mesma composição com orquestra e coro RGE (a numeração da matriz mostra que o fonograma foi gravado com antecedência), a esperta Copacabana monopolizou na área do disco os ganhos proporcionados pelo entusiasmo popular provocado pela extraordinária conquista com uma marchinha, digamos, simplória, que exalta as façanhas de Pelé e companhia em versos como "Eh êta esquadrão de ouro/ é bom de samba/ é bom de couro". A marcha que resultou da inusitada parceria de quatro experientes compositores de jingles de publicidade, e portanto com uma visão mais comercial de um produto gravado, representa o marco inicial de uma sucessão de composições elaboradas a cada quatro anos em função das Copas do Mundo de Futebol. Uma curiosidade: numa época em que a imprensa e o povo já haviam consagrado a expressão "Copa do Mundo", os autores preferiram usar "Taça do Mundo"...

OUTROS SUCESSOS

"Atiraste Uma Pedra" (samba-canção), Herivelto Martins e David Nasser
"Covarde" (bolero), Getúlio Marinho e Lourival Faissal
"Deixe que Ela se Vá" (samba-canção), Evaldo Gouveia e Gilberto Ferraz
"Engole Ele Paletó" (samba/carnaval), J. Audi
"Escultura" (samba-canção), Adelino Moreira e Nelson Gonçalves
"Eu Chorarei Amanhã" (samba/carnaval), Raul Sampaio e Ivo Santos
"Eu Não Existo Sem Você" (samba-canção), Antônio Carlos Jobim e Vinicius de Moraes
"Incerteza" (tango), Eduardo Patané e Di Veras
"Interesseira" (bolero), Bidu Reis e Murilo Latini
"Nono Mandamento" (samba-canção), Raul Sampaio e René Bittencourt
"Olhe-me, Diga-me" (valsa), Tito Madi
"Os Rouxinóis" (marcha-rancho/carnaval), Lamartine Babo
"Serenata do Adeus" (canção), Vinicius de Moraes
"Suas Mãos" (samba-canção), Pernambuco e Antônio Maria
"Tudo ou Nada" (samba-canção), Fernando César
"Vendedor de Caranguejo" (coco), Gordurinha
"Vitrine" (samba-canção), Adelino Moreira
"Viva Meu Samba" (samba), Billy Blanco

GRAVAÇÕES REPRESENTATIVAS

Agostinho dos Santos
Polydor, 262-a, "Estrada do Sol"

Ângela Maria
Copacabana, 5951-a, "Balada Triste"

Anísio Silva
Odeon, 14327, "Interesseira"

Carequinha
Copacabana, 5845-a, "Fanzoca de Rádio"

Elizeth Cardoso
Festa, LDV 6002 (lp), "Serenata do Adeus"

João Gilberto
Odeon, 14360, "Chega de Saudade"

Joel de Almeida
Odeon, 14262, "Madureira Chorou"

Marisa (Gata Mansa)
Copacabana, 5984-b, "Castigo"

Maysa
RGE, 10099-a, "Eu Não Existo Sem Você"
RGE, 10117-a, "Suas Mãos"

Nelson Gonçalves
RCA Victor, 80.1953-a, "Atiraste uma Pedra"

Trio Nagô
RCA Victor, 80.1951-a, "Cabecinha no Ombro"

MÚSICAS ESTRANGEIRAS DE SUCESSO NO BRASIL

"An Affair to Remember", Harry Warren, Harold Adamson e Leo McCarey
"Alone", Selma Craft e Morton Craft
"Around the World", Victor Young e Harold Adamson
"Ay Cosita Linda", Pacho Galan
"Cachito", Consuelo Velasquez
"Diana", Paul Anka
"Jailhouse Rock", Jerry Leiber e Mike Stoller
"Love Me Forever", Beverly Guthrie e Gary Lynes
"March from the River Kwai"/"Colonel Bogey March", Malcolm Arnold e Kenneth Alford
"Nel Blu Dipinto di Blu" ("Volare"), Domenico Modugno e Franco Migliacci
"Patricia", Perez Prado
"Tequila", Chuck Rio
"You Are My Destiny", Paul Anka

CRONOLOGIA

17/01: Morre em São Paulo (SP) Cornélio Pires, pioneiro do disco caipira.

21/01: É lançado pelos Estados Unidos o Pioneer I, primeiro satélite artificial americano.

16/02: Morre no Rio de Janeiro (RJ) o flautista/compositor Benedito Lacerda.

10/03: Suicida-se no Rio de Janeiro (RJ) o compositor Assis Valente.

27/03: Nikita Kruschev torna-se primeiro ministro da União Soviética.

04/04: Nasce no Rio de Janeiro (RJ) o compositor/cantor Cazuza (Agenor de Miranda Araújo Neto).

01/05: Morre no Rio de Janeiro (RJ) o saxofonista/chefe de orquestra Romeu Silva.

29/06: O Brasil ganha em Estocolmo (Suécia) o VI Campeonato Mundial de futebol, derrotando na final a Suécia por 5 a 2.

16/08: Nasce em Rochester (Michigan, EUA) a cantora/atriz Madonna (Madonna Louise Ciccone).

10: Morre o papa Pio XII, sucedido por João XXIII (Angelo Giuseppe Roncali).

28/11: Morre no Rio de Janeiro (RJ) o poeta Olegário Mariano.

12: O romance *Gabriela, cravo e canela*, de Jorge Amado, bate recordes de vendagem, tornando-se o livro brasileiro mais vendido no ano.

O poeta Vinicius de Moraes deu à atividade de letrista o *status* de profissão, avalizando e suprindo com versos admiráveis a produção de velhos e jovens parceiros.

II. 1959

DESTAQUES

"Chiclete com Banana" (samba), Gordurinha e Almira Castilho

Radicado no Rio desde 1952, o cantor e compositor baiano Gordurinha (Waldeck Artur de Macedo) teve sua primeira oportunidade artística ao gravar em dupla com Léo Vilar duas músicas para o carnaval de 56. O sucesso, porém, só aconteceria um pouco adiante com "Vendedor de Caranguejo" (1958), "Súplica Cearense" (1960) e principalmente com a gravação de "Chiclete com Banana" por Jackson do Pandeiro em 1959. Um sacudido samba-bop (embora na letra declare-se "samba-rock"), a composição propõe uma divertida troca de influências entre as músicas brasileira e americana: "Eu só boto be-bop no meu samba/ quando o Tio Sam tocar um tamborim/ quando ele pegar num pandeiro e num zabumba/ quando ele aprender que o samba não é rumba/ aí eu vou misturar Miami com Copacabana/ chiclete eu misturo com banana/ e o meu samba vai ficar assim...". Além de inspirar um espetáculo de Augusto Boal, "Chiclete com Banana" deu nome a uma bem-sucedida banda baiana e às tiras de quadrinhos do cartunista Angeli. Em 1972, voltou a fazer sucesso ao ser incluída por Gilberto Gil no disco que marcou o seu retorno do exílio londrino. Assinada a princípio somente por Gordurinha, é em algumas gravações apresentada com o nome de José Gomes como coautor e em outras com o de Almira Castilho.

"Desafinado" (samba), Antônio Carlos Jobim e Newton Mendonça

Soando como a coisa mais estranha que aparecera até então na música brasileira, a primeira gravação de "Desafinado" (Odeon, 14426-b), lançada em fevereiro de 59, já mostrava tudo o que a bossa nova oferecia de inovador e revolucionário: o canto intimista, a letra sintética, despojada, o emprego de acordes alterados e, sobretudo, um extraordinário jogo rítmico entre o violão, a bateria e a voz do cantor. Responsável por este jogo rítmico, seu intérprete, João Gilberto, assumia assim de imediato um papel destacado no trio — completado pelo compositor Tom Jobim e o poeta Vinicius de Moraes — que, criando a bossa nova, alteraria de forma irreversível o curso de nossa música popular. Apenas com Tom e Vinicius teríamos certamente uma música moderna, sofisticada, renovadora, mas que não seria o que se chamou bossa nova. A melodia de "Desafinado" é bastante "torta" ("era mais ainda na concepção original. O João é que alterou alguma coisa na hora de gravar", informa Tom Jobim) em razão principalmente de uma engenhosa alteração no quinto e sexto graus da escala na frase inicial ("Se você disser que eu desafino, amor") que recai sobre as sílabas "de" (de "*de*-sa-fino"), "a" e "mor" (de "*a-mor*"). Ao sustenizar a dominante e bemolizar a superdominante, foram produzidos intervalos melódicos inusitados para os padrões da música brasileira da época, a ponto de dificultar a interpretação de alguns cantores menos dotados. Localizando essa alteração sobre a palavra "desafino", os autores criaram a impressão de que o cantor semitonava, ou seja desafinava, o que levou muita gente a achar João Gilberto um cantor desafinado. Ao mesmo tempo, a batida deslocada do violão e o contratempo da percussão confundiram os músicos, provocando estupefação geral. Tanta novidade apresentada numa única composição a levaria inevitavelmente ao sucesso, que se estenderia ao exterior. Nos Estados Unidos, por exemplo, o *single* de "Desafinado", com Stan Getz e Charlie Byrd, gravado em 1962, ultrapassou a marca de um milhão de cópias e recebeu o prêmio Grammy de melhor performance de jazz. O fonograma foi extraído do álbum *Jazz Samba*, que permaneceu setenta semanas no *hit-parade* americano e também ultrapassou a marca de um milhão de cópias. Esta gravação é considerada o marco inicial da bossa nova nos Estados Unidos.

"Dindi" (samba-canção),
Antônio Carlos Jobim e Aloisio de Oliveira

Comuns na música americana, especialmente em shows da Broadway, as canções que apresentam um recitativo (*verse*, em inglês) precedendo a primeira parte são raras na música brasileira. Incluem-se nessa categoria alguns sambas-exaltação, valsas e sambas-canção como "Ponto Final", sucesso de Dick Farney. Curiosamente, o esquema é utilizado por compositores da bossa nova como Carlos Lyra ("Maria Ninguém", "Sabe Você") e Tom Jobim ("Se Todos Fossem Iguais a Você", "Desafinado", "Dindi"), embora em algumas dessas canções o prólogo seja desprezado pela maioria dos intérpretes — "Desafinado", por exemplo, poucas vezes foi gravado na íntegra, constituindo exceções os registros de Jobim nos álbuns *Terra Brasilis* e *Tom Jobim Inédito*. Em "Dindi", porém, o recitativo cantado *ad libitum*, como convém, está presente em quase todas as gravações: "Céu, tão grande é o céu/ e bandos de nuvens que passam ligeiras/ para onde elas vão/ (...)/ contando as histórias que são de ninguém/ mas que são minhas/ e de você também...". Seguem-se o estribilho ("Ai, Dindi/ se soubesses do bem que eu te quero...") e a estrofe ("E as águas deste Rio/ onde vão, eu não sei/ a minha vida inteira/ esperei... esperei..."). Geralmente, os recitativos são compostos no modo menor, abrindo para a relativa maior no estribilho, como ocorre em "Dindi": lá menor, dó maior e mi menor são, respectivamente, as tonalidades do recitativo, do estribilho e da estrofe. Sylvia Telles, a própria "Dindi" da canção cuja letra é assinada por seu futuro marido, Aloisio de Oliveira, foi a lançadora, responsável pelo sucesso inicial da canção. Esta gravação, realizada para o elepê *Amor de Gente Moça* (outubro de 1959), tem preciosa orquestração de Lindolfo Gaya, com a harpa sugerindo "as nuvens que passam" e a trompa "o vento que fala nas folhas". Fervorosa, envolvente, ela não seria igualada nem pela mesma Silvinha nas três vezes em que a regravou: nos elepês *Amor em Hi-Fi* (1960), *Reencontro*, com o Tamba Trio (1966) e, finalmente, um mês antes de sua morte num acidente automobilístico, no disco gravado ao vivo, em Berlim, com o acompanhamento da violonista Rosinha de Valença.

"Eu Sei que Vou te Amar" (samba-canção),
Antônio Carlos Jobim e Vinicius de Moraes

Lançada no elepê *Por Toda a Minha Vida*, da já citada marca Festa, este samba-canção (mais canção do que samba), altamente romântico, era interpretado pela cantora de formação lírica Lenita Bruno, mulher do maestro-arranjador Léo Peracchi. Porém, a melhor das 24 versões de "Eu Sei que Vou te Amar", lançadas só no ano de 1959, seria a de Elza Laranjeira, uma paulista pouco conhecida no resto do país. Companheira de Agostinho dos Santos, Elzinha era dona de uma voz doce, de afinação irretocável. Morta em 1986, foi por muito tempo, com Isaura Garcia, a mais destacada cantora do elenco fixo da rádio e TV Record que, ao lado de Neide Fraga, Dircinha Costa e Alda Perdigão, era escalada nos musicais de rotina das duas emissoras. Mas, voltando à canção, a espantosa quantidade de gravações realizadas no ano de seu lançamento dá uma ideia da reação positiva do meio artístico ao repertório de alto nível composto pela dupla Tom e Vinicius, nos meses seguintes à sua formação. "Eu Sei que Vou te Amar" é uma composição *standard* (lembra ligeiramente a canção "Dancing in the Dark", de Arhur Schwartz e Howard Dietz) em duas partes, nas quais os oito primeiros compassos têm melodia idêntica, encaminhada, porém, por meio de uma sutil alteração harmônica, a diferentes arremates. Entretanto, o ponto alto da canção é a letra: "Eu sei que vou te amar/ por toda a minha vida eu vou te amar/ em cada despedida eu vou te amar/ desesperadamente, eu sei que vou te amar...". Seu romantismo exacerbado remete a alguns sonetos de Vinicius, que embalaram declarações de amor de toda uma geração. Não foi, assim, por acaso que, na versão de grande êxito criada em 1972 por Maria Creuza, Toquinho e Vinicius, o poeta incorporou em contraponto à voz da cantora uma enlevada declamação do "Soneto de Fidelidade". Por tudo isso, pode-se concluir que "Eu Sei que Vou te Amar" é mais uma canção de Vinicius do que de Tom Jobim, sem demérito para o maestro.

"A Felicidade" (samba), Antônio Carlos Jobim e Vinicius de Moraes

Feita para o filme de Marcel Camus *Orfeu do Carnaval*, "A Felicidade" consagrou internacionalmente Agostinho dos Santos, a voz de Orfeu (cantando) no filme. Lamentando o caráter passageiro da felicidade ("Tristeza não tem fim/ felicidade sim"), sua letra ostenta alguns dos mais belos versos da música popular brasileira: "A felicidade é como a gota/ de orvalho numa pétala de flor/ brilha tranquila/ depois de leve oscila/ e cai como uma lágrima de amor...". E como o poema, a melodia é também de alta qualidade. Estimulada pela expectativa de sucesso do filme — que afinal aconteceu, com a premiação da Palma de Ouro em Cannes e o Oscar de Melhor Filme Estrangeiro, em Hollywood —, nossa indústria do disco lançou em 1959 nada menos do que 25 gravações de "A Felicidade" (uma a mais do que "Eu Sei que Vou te Amar"), incluindo-se nessa leva inicial de intérpretes Maysa, Sylvia Telles, João Gilberto, Agostinho dos Santos (que a gravaria cinco vezes em sua carreira), além de instrumentistas como José Menezes, Chiquinho do Acordeom e Moacyr Silva. Detalhe pitoresco é que "A Felicidade" foi praticamente composta numa sucessão de telefonemas, com Jobim no Rio de Janeiro e Vinicius em Montevidéu, onde servia na embaixada brasileira.

"Lobo Bobo" (samba), Carlos Lyra e Ronaldo Bôscoli

Quase uma vinheta, ocupando pouco mais de um minuto do lado A do elepê *Chega de Saudade*, "Lobo Bobo" foi uma das primeiras composições da dupla Carlos Lyra-Ronaldo Bôscoli. Feita meio de brincadeira, a partir do tema de *O Gordo e o Magro* (Stan Laurel & Oliver Hardy), funciona como uma espécie de versão musical alegre, espirituosa e temperada por uma boa dose de malícia, da fábula "Chapeuzinho Vermelho": "Era uma vez um lobo mau/ que resolveu jantar alguém/ estava sem vintém/ mas arriscou/ e logo se estrepou...". Inusitada para a época, esta letra causou reações negativas como as de Sérgio Porto e Lúcio Rangel ("é um samba armado em burrice") ou positivas como a de Ary Barroso, que achava "inteligentes" as letras da bossa nova. Já a censura implicou com a utilização do verbo "comer" no segundo verso ("que resolveu comer alguém"), obrigando os autores a trocá-lo por "jantar". Na verdade, "Lobo Bobo" seria uma autozombaria de Ronaldo Bôscoli, sendo "o lobo" ele próprio e "Chapeuzinho" Nara Leão, sua namorada na época. Mas quem gostou mesmo do sambinha foram os cantores João Gilberto e Sylvia Telles, que o gravaram quase simultaneamente, seguidos de perto pela então novata Alaíde Costa.

"Manhã de Carnaval" (samba), Luís Bonfá e Antônio Maria

Quando Sacha Gordine resolveu filmar a peça *Orfeu da Conceição* (filme que se chamaria *Orfeu do Carnaval*), exigiu que fosse criada uma nova trilha sonora, especialmente para a produção. Motivo: o francês queria faturar em cima da edição das músicas. Dessa trilha destacaram-se os sambas "A Felicidade" e "Manhã de Carnaval", duas canções que se tornaram clássicos do repertório internacional. Aliás, "Manhã de Carnaval" se tornaria um dos temas brasileiros preferidos na área do jazz, com dezenas de versões gravadas por grandes músicos do gênero, sob o inacreditável título de "A Day in the Life of a Fool". Formada por sugestão de Rubem Braga, a dupla Luís Bonfá-Antônio Maria compôs "Manhã de Carnaval" e "Samba de Orfeu", na realidade temas instrumentais já existentes, que Maria demorou a letrar, para a aflição de Bonfá que tinha compromissos profissionais a atender nos Estados Unidos. Uma bonita composição, "Manhã de Carnaval" tem os compassos iniciais semelhantes aos do tema do terceiro movimento da *Humoresque em Si Bemol*, opus 20, de Schumann.

"A Noite do Meu Bem" (samba-canção), Dolores Duran

Uma obra-prima do repertório romântico, "A Noite do Meu Bem" é o maior sucesso de Dolores Duran. Num ensaio para a série *História da Música Popular Brasileira*, a ensaísta Marilena Chauí comenta: "Dolores convoca na canção o universo para a sua noite (...) como se a ela própria tudo faltasse para enfeitar a chegada desse bem tão demorado". É um primor de poema, cheio de feminilidade. Poucas vezes em nossas canções encontram-se imagens da beleza e originalidade de "paz de criança dormindo", "abandono de flores se abrindo", "alegria de um barco voltando". "A Noite do Meu Bem" foi lançada em setembro de 1959 por Dolores, que não teve a oportunidade de conhecer-lhe o sucesso, pois morreu no mês seguinte.

"Quem É" (rock balada), Osmar Navarro e Oldemar Magalhães

Embora tenha firmado sua reputação como a grande dama da televisão brasileira, Hebe Camargo (1929-2012), filha de um violinista de Taubaté, havia sido cantora desde os quinze anos na Rádio Tupi de São Paulo, e mais tarde *crooner* da orquestra de dança de Sílvio Mazzuca. Na década de 1960, em seu programa de entrevistas na TV Record, Hebe costumava cantar com muita graça e boa dose de malícia a composição que tinha gravado em dezembro de 1959 num compacto duplo e alcançara grande êxito na interpretação original de seu autor, o cantor Osmar Navarro (1930-2012). Tendo vivido a maior parte de sua vida na Baixada Santista, gravou seis elepês com várias de suas composições. Em sua gravação de "Quem É", com arranjo bem cuidado e a levada rítmica de tercinas tão em voga na época, Osmar imitava um instrumento no trecho sem vocais, o que conferiu grande originalidade a seu disco, levando-o a atingir um milhão de cópias vendidas. Sua composição foi regravada dezenas de vezes por outros intérpretes, inclusive no exterior, e foi um dos temas da novela *Estúpido Cupido*.

"Recado" (samba), Luís Antônio e Djalma Ferreira

Excelente autor carnavalesco, Luís Antônio figura também entre os criadores e cultores do chamado sambalanço, ou samba moderno, como preferem alguns. *Crooner* dos Milionários do Ritmo, conjunto de boate de Djalma Ferreira, Miltinho acabaria se tornando o cantor ideal para esse tipo de samba, do qual "Recado" seria um dos primeiros e mais representativos sucessos ("Saudade meu moleque de recado/ não diga que eu me encontro nesse estado"). Além de "Recado", a dupla Luís Antônio-Djalma Ferreira deixou outros sucessos, como "Cheiro de Saudade", "Lamento" e "Devaneio".

"O Samba é Bom Assim" (samba), Norival Reis e Hélio Nascimento

Intérprete ideal dos sambas passionais de Lupicínio Rodrigues, cantor dos sambas-enredo da Mangueira, sambista maior em qualquer outra variante do gênero, do carnaval ao meio de ano, Jamelão (José Bispo Clementino dos Santos) é, pode-se dizer, a própria "Voz do Samba". Justifica esse ecletismo sambístico sua gravação de "O Samba é Bom Assim" ("Pra mim, pra mim/ o samba é bom/ quando cantado assim/ pra mim..."), o primeiro partido-alto a fazer grande sucesso em disco, antecipando em dez anos a bem-sucedida estilização dessa modalidade de samba, realizada por Martinho da Vila em 1969. O estribilho é complementado por uma segunda parte, pitoresca e espirituosa, como é de praxe no partido-alto, variando os versos finais. São autores de "O Samba é Bom Assim" Norival Reis e Hélio Nascimento, sendo o primeiro dublê de compositor, ligado às escolas de samba, e técnico de som dos mais importantes nos anos 1940 e 1950.

OUTROS SUCESSOS

"Baiano Burro Nasce Morto" (baião), Gordurinha
"Brigas Nunca Mais" (samba), Antônio Carlos Jobim e Vinicius de Moraes
"Chora Doutor" (samba/carnaval), J. Piedade, Orlando Gazzaneo e J. Campos
"Deusa do Asfalto" (samba-canção), Adelino Moreira
"E Daí" (samba), Miguel Gustavo
"Ela Disse-me Assim" (samba-canção), Lupicínio Rodrigues
"Este Seu Olhar" (samba), Antônio Carlos Jobim
"Êxtase" (samba-choro), Adelino Moreira e Nelson Gonçalves
"Fim de Caso" (samba-canção), Dolores Duran
"Ho-Ba-La-Lá" (bolero), João Gilberto
"Ideias Erradas" (samba), Ribamar e Dolores Duran
"Lamento" (samba), Djalma Ferreira e Luís Antônio
"Levanta Mangueira" (samba/carnaval), Luís Antônio
"Maria Ninguém" (samba), Carlos Lyra
"O Milagre da Volta" (foxe), Fernando César e Armando Cavalcanti
"Minha Saudade" (samba), João Donato e João Gilberto
"O Nosso Olhar" (samba-canção), Sérgio Ricardo
"Pela Rua" (canção), Dolores Duran
"Quero Beijar-te as Mãos" (guarânia), Arsênio de Carvalho e Lourival Faissal
"Samba de Orfeu" (samba), Luís Bonfá e Antônio Maria
"Vai, Mas Vai Mesmo" (samba), Ataulfo Alves
"Vai Ver Que É" (marcha/carnaval), Carvalhinho e Paulo Gracindo

GRAVAÇÕES REPRESENTATIVAS

Agostinho dos Santos
RGE, 10173-b, "A Felicidade"
RGE, 10173-a, "Manhã de Carnaval"

Anísio Silva
Odeon, MOFB 3085 (lp), "Quero Beijar-te as Mãos"

Dolores Duran
Copacabana, 6069-b, "Fim de Caso"
Copacabana, 6069-a, "A Noite do Meu Bem"

Elizeth Cardoso
Copacabana, 6059-a, "E Daí"

Elza Laranjeira
RGE, 10161-a, "Eu Sei que Vou te Amar"

Jackson do Pandeiro
Columbia, 3097-a, "Chiclete com Banana"

Jamelão
Continental, 17734-a, "O Samba é Bom Assim"

João Gilberto
Odeon, MOFB 3073 (lp), "Desafinado"
Odeon, MOFB 3073 (lp), "Lobo Bobo"

Marlene
Odeon, 14503, "Brigas, Nunca Mais"

Nelson Gonçalves
RCA Victor, BBL 1018 (lp), "Deusa do Asfalto"

Sylvia Telles
Odeon, MOFB 3084 (lp), "Dindi"

Tito Madi
Continental, 17712-b, "Pela Rua"

MÚSICAS ESTRANGEIRAS DE SUCESSO NO BRASIL

"Ave Maria Lola", Sérgio Siaba
"La Barca", Roberto Cantoral
"Come Prima", Mario Panzeri, Sandro Taccani e Vincenzo Di Paola
"The Diary", Neil Sedaka e Howard Greenfield
"Donde Estará mi Vida", Antonio Lopez, Quiroga Segovia, Francisco Caldara e Ignacio Gimenea
"Hymne a l'Amour", Edith Piaf e Marguerite Monnot
"I Believe", Ervin Drake, Jimmy Shirl, Al Stillman e Irvin Graham
"I Need Your Love Tonight", Sid Wayne e Bix Reichner
"Oh! Carol", Neil Sedaka e Howard Greenfield
"Perfume de Gardenia", Rafael Hernandez
"Piccolissima Serenata", Antonio Amurri e Gianni Fierro
"Pink Shoelaces" (Lacinhos Cor de Rosa), Mickie Grant
"Piove", Domenico Modugno e Dino Verde
"Siete Notas de Amor", Santiago Alvarado
"Stupid Cupid" (Estúpido Cupido), Neil Sedaka e Howard Greenfield

CRONOLOGIA

08/01: Vitória da Revolução Cubana, com a entrada de Fidel Castro e as forças revolucionárias em Havana.

02/02: Nasce no Rio de Janeiro (RJ) o instrumentista/compositor Henrique Cazes.

04/02: Nasce no Rio de Janeiro (RJ) o cantor/compositor Zeca Pagodinho (Jessé Gomes da Silva Filho).

03: É lançado pela Odeon o elepê *Chega de Saudade* (MOFB 3073), de João Gilberto, o primeiro da bossa nova.

04/07: Maria Esther Bueno sagra-se campeã do Torneio de Tênis de Wimbledon, vencendo na final a americana Darlene Hard.

06/07: Inauguração dos serviços da ponte aérea Rio/São Paulo.

09: Roberto Carlos grava seu primeiro disco (Polydor, 330, "João e Maria" e "Fora do Tom").

24/10: Morre no Rio de Janeiro (RJ) a cantora/compositora Dolores Duran (Adileia Silva da Rocha).

17/11: Morre no Rio de Janeiro (RJ) o compositor Heitor Villa-Lobos.

30/11: Morre no Rio de Janeiro (RJ) o violonista/compositor Josué de Barros.

Com Tom e Vinicius teríamos certamente uma música moderna, sofisticada, renovadora.
Com João Gilberto tivemos a transformação dessa música em bossa nova,
por conta de sua revolucionária maneira de cantar e tocar violão.

III. 1960

DESTAQUES

"Alguém Me Disse" (bolero), Evaldo Gouveia e Jair Amorim

Em contrapartida à bossa nova de João Gilberto, fez grande sucesso o intimismo melancólico do também baiano Anísio Silva. Com seu timbre anasalado, ele seria figura assídua nas paradas de sucesso, entre 1958 e 63, sempre interpretando músicas românticas como "Alguém Me Disse": "Alguém me disse que tu andas novamente/ de novo amor, nova paixão, toda contente". O curioso é que Anísio, até então um modesto balconista de farmácia, conheceu o sucesso aos 37 anos, depois de inúmeras tentativas frustradas de seguir a carreira artística. O êxito de "Alguém Me Disse" influiu decisivamente no trabalho de seus autores, Evaldo Gouveia e Jair Amorim, que faziam sambas-canção e passaram a compor quase exclusivamente boleros.

"Coração de Luto" (toada-milonga), Teixeirinha

O gaúcho Teixeirinha (Vitor Mateus Teixeira) já era bem popular no Rio Grande do Sul, cantando em circos e emissoras de rádio, quando começou a gravar em 1959. Apenas um ano depois, tornava-se conhecido em todo o Brasil com a toada "Coração de Luto", em que narra, em melodia e versos tristíssimos, a morte da mãe, carbonizada num incêndio, tragédia realmente ocorrida (por incrível que possa parecer) quando o compositor tinha nove anos. Na verdade, dois tipos de público contribuíram para o sucesso estrondoso (vendeu cerca de um milhão de discos) de "Coração de Luto": aqueles que realmente se comoveram com a canção e os que somente se divertiram com o seu aspecto insólito e até a apelidaram de "Churrasquinho de Mãe".

"Corcovado" (samba), Antônio Carlos Jobim

Provedor de melodias para versos alheios, Tom Jobim é também o autor das letras de alguns de seus maiores sucessos. Este é o caso do samba "Corcovado", um cartão postal do Rio de Janeiro, poética e musicalmente impregnado pelo espírito da bossa nova: "Um cantinho, um violão/ esse amor, uma canção/ pra fazer feliz a quem se ama/ muita calma pra pensar/ e ter tempo pra sonhar/ da janela vê-se o Corcovado/ o Redentor, que lindo". Sobre esta letra há duas curiosidades a assinalar: originalmente o primeiro verso dizia: "um cigarro, um violão". Nos ensaios para a gravação, João Gilberto convenceu Tom Jobim a mudá-lo para "um cantinho, um violão". Já os versos "da janela vê-se o Corcovado/ o Redentor, que lindo", foram inspirados pela paisagem vista das janelas do apartamento em que o autor morava na ocasião. "Pouco depois, a construção de um edifício em frente acabou com a paisagem", comenta Paulo Jobim, filho de Tom. Por sua vez, esse apartamento, situado na rua Nascimento Silva, 107, em Ipanema, acabou entrando para a letra do samba "Carta ao Tom 74", de Toquinho e Vinicius de Moraes. Começando com uma introdução que o identifica de imediato e é parte integrante da composição — um desenvolvimento melódico sobre a harmonia dos compassos iniciais do tema principal —, "Corcovado" encantou dezenas de músicos e cantores no Brasil e no exterior. Daí a sua vasta discografia, que o faz figurar entre as canções mais conhecidas de Antônio Carlos Jobim, destacando-se entre os seus intérpretes João Gilberto (o primeiro), o próprio Tom (em quatro versões, uma delas com a participação de Elis Regina) e, com o título de "Quiet Nights of Quiet Stars", um vasto elenco de cantores (Sinatra, Ella Fitzgerald) e músicos de jazz (Stan Getz, Miles Davis, Teddy Wilson). Em 1987, num levantamento realizado por Jairo Severiano e Vera de Alencar, "Corcovado" ostentava a terceira colocação entre as canções mais gravadas de Jobim, superado apenas por "Garota de Ipanema" e "Samba de uma Nota Só".

"Meditação" (samba),
Antônio Carlos Jobim e Newton Mendonça

Antecedendo em alguns meses a versão de João Gilberto, que imprimiu à canção sua marca definitiva, "Meditação" seria gravada com sucesso por Isaura Garcia. Embora acompanhada pelo conjunto do marido, Walter Wanderley, um músico avançado que participaria em 1961 do terceiro elepê do João, não havia na interpretação de Isaurinha a menor conotação de bossa nova. Era, isto sim, totalmente coerente com a personalidade da cantora (o álbum chamava-se *Sempre Personalíssima*) de sotaque ítalo-paulistano, mas, que, em compensação, exibia um extraordinário senso de divisão, incomum para quem nascera no Brás. Além do mais era passional ao extremo, o que até justifica o "ai-ai-ai" que ela comete depois do verso "e tanto que seu pranto já secou...". Assim se entende por que sua interpretação seria praticamente o oposto da do João, a partir do andamento, mais rápido. Com um acompanhamento de cordas, um piano discreto, um trombone — na introdução que se tornaria clássica — e uma flauta — apenas na segunda parte e no final —, a versão do cantor dá bem um exemplo da economia que caracterizou a bossa nova em vários aspectos, da orquestração à duração da faixa. Com a participação de Tom e Newton tanto na letra como na música, conforme era próprio da parceria, "Meditação" tem a estrutura A1-A1-B -A2, com 16 compassos em A e oito em B. O que ressalta na composição são as sofisticadas alterações diatônicas em sílabas como "di" ("quem a-cre-*di*-tou"), "no" ("*no* amor"), "a" ("e perdeu *a* paz"), "so" ("o amor, o sor-ri-*so*") e "sa" ("se transformam de-pres-*sa* demais"). Já a letra, que lançou a expressão "o amor, o sorriso e a flor" — logo vinculada à bossa nova, a princípio positivamente, mais tarde, pejorativamente —, percorre as etapas de uma tradicional história de amor: o sonho inicial, a perda, a solidão, a privação e, por fim, o reencontro com o amor verdadeiro. O enfoque de João Gilberto e o arranjo de Tom Jobim exerceram forte influência no padrão da maioria das gravações que se seguiram, fazendo de "Meditação" ("Meditation", na versão em inglês) a terceira composição em popularidade na pequena, mas importante, obra da dupla Jobim-Mendonça.

"Menina Moça" (samba), Luís Antônio

Qual a razão de certa má vontade em aceitar que militares possam ser compositores? O tema merece até alguma reflexão, mas o fato é que pelo menos quatro de nossos compositores de sucesso eram oficiais do Exército: Klecius Caldas, Armando Cavalcanti, Jota Junior e Luís Antônio. Além da parceria em "Sassaricando" os dois últimos são também autores de "Sapato de Pobre" e "Lata d'Água", destaques em carnavais dos anos 1950 e cujas letras refletem uma preocupação social. Frequente fornecedor do repertório para o cantor Miltinho, Antônio de Pádua Vieira da Costa, que integrou a FEB como pracinha e adotou o pseudônimo artístico de Luís Antônio, foi um produtivo letrista em parcerias com o pianista Djalma Ferreira, com Luís Bandeira e Oldemar Magalhães, bem como compositor de letra e música em "Poema do Adeus", "Mulher de Trinta" e "Menina Moça". Estas duas foram gravadas no primeiro elepê do cantor Miltinho, *Um Novo Astro*, pela etiqueta Sideral, estabelecendo sua carreira solo em definitivo, após ter sido *crooner* do conjunto de Djalma Ferreira. Sua interpretação, acompanhada de um sexteto em que Baden Powell tocava violão, corresponde ao estilo que passou a ser conhecido como sambalanço, basicamente sambas em andamento médio adequados à dança de salão e do qual foi ele a figura mais representativa. Em "Menina Moça" Miltinho canta as notas com um quase imperceptível deslocamento para trás, o que caracterizava a divisão rítmica que o consagrou, o modelo vocal do sambalanço em dezenas de outros sucessos em sua carreira. Contrastando com as já mencionadas letras de caráter social ou de cunho cívico, como o hino da Academia Militar de Agulhas Negras, Luís Antônio mostrou seu lado romântico na leveza dos versos de "Menina Moça", em que se dirige como um amável conselheiro a moças no período da adolescência: "Você botão de rosa/ amanhã a flor mulher/ joia preciosa cada um deseja e quer/ (...)/ Você, menina moça/ mais menina que mulher/ confissões não ouça/ abra os olhos se puder/ tudo tem seu tempo certo/ tempo para amar". Paralelamente, "Menina Moça" foi gravada no mesmo ano com orquestra de cordas em andamento lento por Tito Madi, e com tal sucesso que é tida por vezes como de sua autoria.

"Negue" (samba-canção),
Adelino Moreira e Enzo de Almeida Passos

Vários cantores de diferentes épocas e estilos — Cauby Peixoto, Nelson Gonçalves, Agostinho dos Santos, Maria Bethânia, Ney Matogrosso gravaram "Negue", o que atesta o prestígio deste samba, um dos melhores de Adelino Moreira. Interpretada sempre de forma veemente, como pedem os seus versos ("Diga que já não me quer/ negue que me pertenceu/ que eu mostro a boca molhada/ e ainda manchada/ pelo beijo seu..."), a composição é o grande sucesso de Adelino (parceria com o disc-jóquei paulista Enzo de Almeida Passos) no fértil ano de 1960, quando ele abastecia os repertórios de Nelson Gonçalves, Carlos Augusto e da então iniciante Núbia Lafayette. Aliás, foi o cearense Carlos Augusto (Carlos Antônio de Souza Moreira) quem puxou o sucesso da composição. Em 1983, "Negue" seria regravada pelo grupo punk Camisa de Vênus.

"O Pato" (samba), Jaime Silva e Neuza Teixeira

"O Pato" fazia parte do repertório dos Garotos da Lua desde o final dos anos 1940. Entretanto, jamais foi gravado pelo conjunto e, provavelmente, permaneceria inédito em disco se não tivesse caído nas graças de João Gilberto. Ex-*crooner* do grupo, João apaixonara-se por este samba inusitado e fez questão de incluí-lo em seu segundo elepê. Jaime Silva (1921-1973) era "um mulato alto, elegante e simpático", segundo Ruy Castro no livro *Chega de saudade*. Alagoano de nascimento, mas morando no Rio desde menino, era sapateiro do serviço de intendência do Exército, além de pandeirista e eventual compositor, nas horas vagas. Costumava namorar sua futura esposa, Maria, no Campo de Santana, Zona Centro do Rio de Janeiro, onde observando patos e marrecos se esbaldarem no laguinho local prometia, contemplativo: "Ainda vou fazer uma música com esses patinhos...". E isso de fato logo aconteceu, quando ele compôs, com a parceira Neuza Teixeira, "Aves no Samba", título que modificaria para "O Pato", por sugestão de João Gilberto. Como "Lobo Bobo", "O Pato" acabou caracterizando o lado galhofeiro da bossa nova, concentrado na letra que descreve a exótica cena de um quarteto vocal, formado pelo pato, o marreco, o ganso e o cisne ensaiando à beira da lagoa o "Tico-Tico no Fubá". Além da graciosa interpretação do João, contribuiu para o sucesso da canção o saboroso arranjo timbrístico de Tom Jobim, elaborado com o cantor nos dez dias de janeiro de 1960 passados no sítio em Poço Fundo onde o disco foi concebido. Destaca-se nesse arranjo um contraponto da flauta (respondendo às palavras "o Tico-Tico no Fubá") e do clarone, com intervenções tão marcantes aos "quem-quem", que suas frases terminaram por se incorporar à própria composição. O final em *fade-out* é um dos momentos mais deliciosos da bossa nova, com possibilidades de variações harmônicas e de improvisos que parecem não ter fim. Não foi assim à toa que Jobim escreveu na contracapa desse álbum: "E tudo foi feito num ambiente de paz e passarinho. P.S. — As crianças adoraram 'O Pato'".

"Por Quem Sonha Ana Maria" (modinha), Juca Chaves

Numa esperta jogada de *marketing*, Juca Chaves (Jurandir Czaczkes), lançou em pleno viaduto do Chá, em São Paulo ("quinto degrau, lado esquerdo de quem sobe, um barril de chope, alguns sanduíches e o povo como convidado"), o seu disco de estreia na RGE, que trazia os sambas "Presidente Bossa Nova" e "Tô Duro". Nos dias seguintes, seu nome estava nas manchetes dos jornais, enquanto o disco (um 78 rotações) rodava na maioria das rádios. Iniciado assim, assim seria por toda a carreira o comportamento desse artista *sui generis*, crítico sarcástico e espirituoso da vida brasileira. Meio superestimado nos anos de sucesso, Juca entrou em declínio ao deixar de ser novidade. Mas, em contraste com os sambinhas e baladinhas irreverentes, o "menestrel maldito" também criou canções de amor, entre as quais fez grande sucesso a modinha "Por Quem Sonha Ana Maria": "Por quem sonha Ana Maria/ quem lhe fez assim sonhar?/ raia o sol e rompe o dia/ Desmaia ao longe o luar". Uma das dez canções inspiradas pela musa juvenil ("uma menina gordinha, mas com uns olhos geniais", assegura o compositor), "Por Quem Sonha Ana Maria" é uma balada singela, linear, de melodia e versos à moda antiga, peça obrigatória nos espetáculos do Juca.

"Samba de uma Nota Só" (samba),
Antônio Carlos Jobim e Newton Mendonça

Bem construído, mostrando afinidades com a poesia concreta, o "Samba de uma Nota Só" é o exemplo da mais perfeita integração texto/melodia que se conhece na música popular brasileira. Repetindo uma mesma nota, diz a letra: "Eis aqui este sambinha/ feito numa nota só/ outras notas vão entrar/ mas a base é uma só"; passando a uma segunda nota, prossegue: "esta outra é consequência/ do que acabo de dizer"; e volta à nota inicial para concluir a primeira parte: "como eu sou a consequência/ inevitável de você". Vem então a segunda parte em que, contrastando com a primeira, as palavras são entoadas sobre várias notas, alinhadas em escalas ascendentes e descendentes, dando a entender que a vida do protagonista é agitada por uma série de aventuras amorosas mal-sucedidas. Finalmente, retornando à nota inicial, ele volta ao seu amor primeiro e verdadeiro, concluindo com o conselho: "e quem quer todas as notas/ ré mi fá sol lá si dó/ fica sempre sem nenhuma/ fique numa nota só". Conta assim este samba uma historinha romântica e ingênua, cujo grande mérito está em sua original e requintada combinação versos/música. Produto de um experimentalismo conscientemente desenvolvido por dois compositores de talento, o "Samba de uma Nota Só" é a mais bossa nova de todas as composições que constituíram o movimento. Jobim e Mendonça trabalhavam juntos música e letra, com a predominância do primeiro na música e do segundo na letra. "Era tudo misturado", afirma Tom a Almir Chediak, em entrevista para o *Songbook — Tom Jobim*. "Ele ficava com o lápis e o caderno e eu sentado ao piano. A gente fazia tudo junto. Era diferente do que faço, por exemplo, com o Chico Buarque, a quem dou a música pronta para ele fazer a letra." "Samba de uma Nota Só" tem a sua versão mais importante na gravação de João Gilberto, realizada em 4 de abril de 1960 (meses depois da do Conjunto Farroupilha), uma inigualável interpretação, direta, enxuta, com aquele final seco, faixa de abertura do álbum *O Amor, o Sorriso e a Flor*. Tom Jobim tem também uma gravação histórica, a do célebre elepê *The Composer of Desafinado*, realizada em maio de 63 em Nova York. Além das várias versões de artistas brasileiros (Sylvia Telles, Baden Powell, Os Cariocas), "Samba de uma Nota Só" é muito gravado no exterior, com o título de "One Note Samba", principalmente por músicos de jazz (Coleman Hawkins, Dizzy Gillespie, Count Basie, Erroll Garner). Nada disso, porém, seria presenciado por Newton Mendonça, que morreria de um enfarte fulminante aos 33 anos, em 22 de novembro de 1960.

"Serenata Suburbana" (guarânia), Capiba

A princípio, "Serenata Suburbana" era uma valsa seresteira que Orlando Correia gravou em 1955, sem o menor sucesso. Quatro anos depois, Paulo Molin, que havia sido menino prodígio cantando nas rádios de Recife, relançou-a em ritmo de guarânia, muito em moda na ocasião ("Levo a vida em serena-a-ta/ somente a cantar..."). Em seguida, virou sucesso na voz de Dalva de Andrade, cantora que aparecia como uma espécie de sucessora, pelo estilo, de sua xará Dalva de Oliveira. Daí em diante esta guarânia pernambucana de Capiba (Lourenço da Fonseca Barbosa) se internacionalizou, ganhando letra em espanhol de Aristides Valdez.

"Zelão" (samba), Sérgio Ricardo

A figura de Zelão, personagem deste samba, foi inspirada por um tipo popular que o autor conheceu na cidade de Marília (SP), onde nasceu e viveu a sua infância. "Era um negro forte, de uns dois metros de altura" — descreve Sérgio — "que trabalhava como chofer de caminhão para um tio meu. Chamava-se realmente Zelão e era conhecido e estimado por todo mundo." Muitos anos depois, numa noite de temporal no Rio de Janeiro, o compositor, impressionado com a tragédia dos desabrigados que eram mostrados na televisão, fez o samba, transportando para a favela carioca o herói do interior: "Todo mundo entendeu/ quando o Zelão chorou/ ninguém riu nem brincou/ e era carnaval". Maior sucesso de Sérgio Ricardo e uma obra-prima da canção de protesto, "Zelão" marca o momento em que ele rompe com o lirismo bossanovista e passa a se dedicar a uma pesquisa popular, que dá à sua obra nova perspectiva, inteiramente voltada para os temas sociais. "Foi daí que nasceu o meu primeiro filme, *Menino da Calça Branca*, feito com o dinheiro que ganhei com a bossa nova", conclui o compositor-cineasta.

OUTROS SUCESSOS

"O Amor e a Rosa" (samba), Pernambuco e Antônio Maria
"Caixinha, Obrigado" (samba), Juca Chaves
"A Canção dos Seus Olhos" (samba-canção), Pernambuco e Antônio Maria
"Carinho e Amor" (samba), Tito Madi
"Cheiro de Saudade" (samba), Djalma Ferreira e Luís Antônio
"Chora Tua Tristeza" (samba), Oscar Castro Neves e Luverci Fiorini

"Doidivana" (samba-canção), Adelino Moreira
"Esmeralda" (toada), Filadélfio Nunes e Fernando Barreto
"Estou Pensando em Ti" (bolero), Raul Sampaio e Benil Santos
"Fantoche" (samba-canção), Adelino Moreira
"Fechei a Porta" (samba/carnaval), Sebastião Mota e Ferreira dos Santos
"Fim de Noite" (samba), Chico Feitosa e Ronaldo Bôscoli
"Inteirinha" (toada), Luiz Vieira
"Leva-me Contigo" (samba-canção), Dolores Duran
"Mambo da Cantareira" (mambo), Barbosa da Silva e Eloíde Warthon
"Me Dá um Dinheiro Aí" (marcha/carnaval), Homero Ferreira, Glauco Ferreira e Ivan Ferreira
"Mulher de Trinta" (samba), Luís Antônio
"Ninguém é de Ninguém" (bolero), Umberto Silva, Toso Gomes e Luís Mergulhão
"Presidente Bossa Nova" (samba), Juca Chaves
"Samba Triste" (samba), Baden Powell e Billy Blanco
"Se é Tarde, Me Perdoa" (samba), Carlos Lyra e Ronaldo Bôscoli
"Sua Majestade o Neném" (balada), Klecius Caldas e Armando Cavalcanti
"Súplica Cearense" (baião-toada), Gordurinha
"Tome Continha de Você" (samba), Dolores Duran e Edson Borges

GRAVAÇÕES REPRESENTATIVAS

ANÍSIO SILVA
Odeon, MOFB 3156 (lp), "Alguém me Disse"

CARLOS AUGUSTO
Odeon, MOFB 3199 (lp), "Negue"

CAUBY PEIXOTO
RCA Victor, 80.2243-b, "Ninguém é de Ninguém"

DALVA DE ANDRADE
Odeon, MOFB 3182 (lp), "Serenata Suburbana"

Baden Powell participou como violonista no elepê de Miltinho, *Um Novo Astro*, em 1960, quando também já despontava como compositor.

Elizeth Cardoso
Copacabana, CLP 11157 (lp), "O Amor e a Rosa"

João Gilberto
Odeon, MOFB 3151 (lp), "Corcovado"
Odeon, MOFB 3151 (lp), "Meditação"
Odeon, MOFB 3151 (lp), "O Pato"
Odeon, MOFB 3151 (lp), "Samba de uma Nota Só"

Miltinho
Sideral, LPP 2004 (lp), "Mulher de Trinta"

Moacyr Franco
Copacabana, 6089-a, "Me Dá um Dinheiro Aí"

Sérgio Ricardo
Odeon, MOFB 3168 (lp), "Zelão"

Teixeirinha
Sertanejo, PTJ 10104-b, "Coração de Luto"

Tito Madi
Columbia, 3101-a, "Menina Moça"

MÚSICAS ESTRANGEIRAS DE SUCESSO NO BRASIL

"I'll Never Fall in Love Again", Johnnie Ray
"I'm in Love" (Broto Legal), H. Earnhart
"It's Now or Never", Aaron Schroeder e Wally Gold
"Long Tall Sally", Enotris Johnson, Richard Penniman (Little Richard) e Robert A. Blackwell
"Marcianita", José Marcone e Galvarino Alderete
"Marina", Rocco Granata
"One Way Ticket to the Blues" (Trem do Amor), Jack Keller e Hank Hunter
"Pillow Talk" (Conversa ao Telefone), Buddy Pepper e Inez James
"Pretty Blue Eyes", Teddy Randazzo e Bob Weinstein
"Romantica", Renato Rascel e Dino Verde

"Tintarella di Luna" (Banho de Lua), Franco Migliacci e Bruno De Filippi
"La Violetera", José Padilla e Eduardo Montesinos (lançada em 1918)

CRONOLOGIA

09/03: Morre no Rio de Janeiro o instrumentista/compositor Luís Americano

21/04: É inaugurada a cidade de Brasília, nova capital do país. O município do Rio de Janeiro, até então Distrito Federal, passa a ser o estado da Guanabara.

25/07: Morre em Tibagi (PR) o cantor Cadete (Manoel Evêncio da Costa Moreira).

25/08 a 11/09: Realizam-se em Roma (Itália) os XVII Jogos Olímpicos da Era Moderna.

03/10: Jânio Quadros é eleito presidente da República.

11/11: Morre no Rio de Janeiro (RJ) o compositor Newton Mendonça (Newton Ferreira de Mendonça).

18/11: Eder Jofre sagra-se campeão mundial de boxe, na categoria peso galo, ao derrotar Eloy Sanchez, em Los Angeles (EUA).

05/12: Carlos Lacerda é empossado como primeiro governador eleito do novo estado da Guanabara.

Roberto Menescal é o protótipo do jovem classe média carioca, que a bossa nova tornou músico, compositor e produtor de êxito reconhecido no país e no exterior.

IV. 1961

DESTAQUES

"Água de Beber" (samba),
Antônio Carlos Jobim e Vinicius de Moraes

Considerado por alguns como o primeiro afro-samba de Vinicius de Moraes, porém em parceria com Tom Jobim e não com Baden Powell, esse samba com uma levada diferente foi composto na época da construção de Brasília. Em 1960 Tom e Vinicius foram convidados a visitar a futura capital com a missão de criar a música para um espetáculo de *son et lumière*, uma peça de celebração que seria a *Sinfonia da Alvorada*. Durante dez dias os dois ficaram hospedados na residência presidencial, uma construção muito simples projetada por Oscar Niemeyer conhecida como Catetinho, o Palácio de Tábuas. Numa noite de luar, ambos caminhavam com um engenheiro da obra quando sua curiosidade foi despertada pelo ruído de água correndo atrás da construção. "Ah, não sabe o que é, não? Vem cá, ô camará, vou te mostrar, é uma água de beber que tem ali", explicou-lhes o vigia noturno do Catetinho, usando uma corruptela da palavra "camarada", embora a expressão também designe um arbusto brasileiro. Assim surgiu a fonte de inspiração para a composição que fugia completamente ao estilo das canções da dupla que tinham cunhado a bossa nova. A composição seria ouvida pela primeira vez pela testemunha da frase inspiradora, o engenheiro Kleber Farias. "No fundo do Catetinho há um capão de árvores altas por onde passa um córrego de água boa e fria", descreveria depois Tom a respeito. A parte cantada, na qual o refrão "Água de beber, camará" tem ritmo implícito, é precedida de uma introdução instrumental que é parte integrante da música e provocou o seu distanciamento da bossa nova. "Água de Beber" estava no mercado desde março de 1961, em disco de 78 rotações gravado por Elza Laranjeira, e logo depois como uma das faixas de quatro elepês diferentes, dois deles instrumentais (Walter Wanderley e a orquestra de Erlon Chaves) e dois cantados, por Isaurinha Garcia e por Ana Lúcia. Posteriormente foi gravada dezenas de vezes, inclusive por Sérgio Mendes, Ella Fitzgerald, Frank Sinatra e pelos autores, no show do Canecão. Numa de suas primeiras incursões como intérprete, o próprio Vinicius havia gravado "Água de Beber" num disco curioso, lançado antes que os demais, em janeiro de 1961: um vinil de dez polegadas com uma só música de cada lado, que rodava em 78 rotações.

"O Amor em Paz" (samba),
Antônio Carlos Jobim e Vinicius de Moraes

Composto em 1960, numa viagem de trem entre o Rio e São Paulo, "O Amor em Paz" destinava-se ao lançamento de um programa de televisão de Agostinho dos Santos. Mas o público ignorou a versão de Agostinho e, em seguida, a da cantora Marisa Gata Mansa, só tomando conhecimento da canção um ano depois, quando João Gilberto a gravou em seu terceiro elepê. Realizada em setembro de 61, esta gravação tem um soberbo arranjo de Tom Jobim e a sua irretocável participação ao piano. Pode-se dizer que ela transmite toda a força da composição, uma das mais pungentes da parceria Tom e Vinicius — a velha história do amor perdido, sofrido, lamentado e a expectativa de paz que renasce com a descoberta de um novo amor, arrematando-se o poema com a romântica reflexão: "O amor é a coisa mais triste quando se desfaz". A mesma nota tônica inicial ("Eu", no verso "Eu amei") é harmonizada com um acorde menor no primeiro compasso e um maior no segundo, prosseguindo esse jogo ao longo dos dezesseis compassos de A1 e A2, mais os oito de B e da coda, esta com um final bachiano passando do acorde de tônica menor para o de tônica maior. Essas alternâncias harmônicas acompanham, em perfeita integração com a letra, as situações de tristeza pelo amor perdido e de alegria pelo reencontrado. É uma brilhante criação no mais sedutor aspecto que caracteriza a música de Antônio Carlos Jobim, a composição harmônica. Bem gravado no Brasil, "O Amor em Paz" recebeu no exterior, com o título de "Once I Loved", diversas gravações de cantores (Perry Como, Frank Sinatra, Ella Fitzgerald) e jazzistas importantes (Milt Jackson, McCoy Tyner, Wes Montgomery).

"O Barquinho" (samba), Roberto Menescal e Ronaldo Bôscoli

"O Barquinho" seria provavelmente de Nara Leão se na época ela já cantasse profissionalmente. Namorada de Ronaldo Bôscoli, Nara sempre o acompanhava nas excursões ao mar de Cabo Frio, que ele fazia com o parceiro Menescal, um aficcionado da caça submarina. Foi naquele ambiente praieiro que nasceu "O Barquinho", um samba paisagístico que levou para o mar a bossa nova do amor, do sorriso e da flor. Na vida real "O Barquinho" era o Thiago III, uma traineira com motor a gasolina e capacidade para dez passageiros, que Menescal alugava para transportar sua turma aos locais de pescaria. Dirigia o Thiago III o barqueiro Ceci, um tipo meio bronco que jamais acreditou serem seus passageiros "artistas de rádio". Rapidamente, "O Barquinho" deslizou para os primeiros lugares das paradas musicais, ganhando várias gravações como a de Maysa, mais apreciada até do que a de seu lançador, João Gilberto. Aliás, nessa gravação do João — informa Ruy Castro no livro *Chega de saudade* — o tecladista Walter Wanderley quase foi à loucura, por não conseguir reproduzir no órgão um ronco de navio, no exato timbre que o cantor insistia em lhe transmitir... com a voz. Finalmente, no arremate do disco, o maestro Tom Jobim conseguiu colocar nos trombones o tal ronco imaginado e desejado pelo João.

"Boato" (samba), João Roberto Kelly

"Eu preferiria viver sem amor a viver sem música. Nada eu conseguiria fazer sem ela. (...) A música está para mim como a comida, a água, o ar", revelou o compositor-pianista João Roberto Kelly no programa *Especial*, da Rádio Jornal do Brasil, na noite de 29 de outubro de 1974. Compondo desde muito cedo para o teatro musicado, Kelly chegou ao sucesso com o samba "Boato", o abre-alas de sua vitoriosa carreira e também da carreira de Elza Soares, que o lançou em seu segundo elepê, *A Bossa Negra*, no começo de 1961: "Você foi a mentira que deixou saudade/ todo boato tem um fundo de verdade...". Na esteira desse samba, seguiram-se as marchinhas sucessos carnavalescos "Cabeleira do Zezé" (com Roberto Faissal), "Joga a Chave, Meu Amor" (com J. Rui), "Mulata Iê-Iê-Iê", a bela "Rancho da Praça Onze" (com Chico Anysio) e, sobretudo, o programa da Excelsior *Times Square*, que marcou época na TV. "Eu tive a honra de musicar todo esse programa", contou ao rádio o compositor, "digo a honra porque realizamos ali um trabalho seríssimo. Era um verdadeiro show de teatro, que fizemos com que atores, atrizes, vedetes, comediantes cantassem, dançassem e contassem piadas. Tudo ao vivo, não tinha aquela de gravar e editar em fita...". *Times Square*, com textos de Mário Meira Guimarães e direção de Carlos Manga, consagrou João Roberto Kelly, o último grande compositor carnavalesco, como o primeiro grande compositor da televisão brasileira.

"Fica Comigo Esta Noite" (samba-canção),
Adelino Moreira e Nelson Gonçalves

Além de intérprete principal de Adelino Moreira, Nelson Gonçalves é seu parceiro em mais de vinte composições, entre as quais se destacam especialmente "Êxtase" e "Fica Comigo Esta Noite": "Fica comigo esta noite/

que não te arrependerás/ lá fora o frio é um açoite/ calor aqui tu terás...". Bem adequada ao estilo do cantor, com as frases iniciais explorando os graves de seu vozeirão, este samba-canção bisou em 1961 o megassucesso de "Negue", do inesgotável Adelino, no ano anterior. Tema musical e título de um filme erótico, estrelado por Helena Ramos e Rossana Ghessa, "Fica Comigo Esta Noite" é geralmente cantado como bolero, adaptando-se até melhor a esse ritmo.

"Índio Quer Apito" (marcha/carnaval),
Haroldo Lobo e Milton de Oliveira

Inspirado em uma anedota irreverente, meio escatológica, Haroldo Lobo escreveu a marcha "Índio Quer Apito": "Ê ê ê ê ê/ índio quer apito/ se não der/ pau vai comer...". Como a anedota era muito conhecida e se referia a um político famoso, "Índio Quer Apito" fez sucesso e acabou entrando para o rol das marchinhas que são repetidas em todos os bailes de carnaval. Bom conhecedor do gosto popular, Haroldo tinha a capacidade de transformar em músicas de sucesso fatos do cotidiano brasileiro, reinando por quase trinta anos como compositor carnavalesco.

"Insensatez" (samba), Antônio Carlos Jobim e Vinicius de Moraes

Algumas canções de Tom Jobim — como o "Samba de uma Nota Só" e "Insensatez" — são vez por outra acusadas de plágios. Ao primeiro atribui-se uma semelhança com o recitativo de "Night and Day", que não se justifica, uma vez que a divisão e os encadeamentos harmônicos, portanto a concepção das duas canções, são totalmente diferentes. Já "Insensatez" é uma composição chopiniana, aparentada com o *Prelúdio nº 4* em mi menor, opus 28, na melodia e na harmonia, o que necessariamente não significa que seja plágio. A influência de Chopin, também presente na obra de Ernesto Nazareth, jamais foi negada por Jobim que ainda a admitia em seu "Retrato em Branco e Preto" e no samba "Apelo", que chamava de "aquele samba do Baden". O ponto de partida de uma composição, sua célula melódica inicial, sugere uma sequência natural e isso pode confundir o leigo pouco habilitado a reconhecer uma estrutura harmônica. Mais ainda: o plágio implica, naturalmente, aspectos dolosos, direitos que nunca foram reclamados por Cole Porter (autor de "Night and Day"), falecido em 15/10/1964, quando "One Note Samba" já rendia milhões nos Estados Unidos e na Europa. Ou seriam os advogados do compositor tão distraídos que não atentaram para o caso? A semelhança de "Insensatez" com a música de Chopin foi motivo de muitas brincadeiras de músicos americanos, amigos de Jobim, como o saxofonista Gerry Mulligan que chegou a gravar o *Prelúdio nº 4* em arranjo bossanovístico. Enfim, a questão do plágio musical é assunto complexo e controvertido, que nem sempre é focalizado com uma argumentação técnica, isenta de paixão. Mas, voltando a "Insensatez", esta canção foi lançada por João Gilberto no seu terceiro elepê, que completa a vital trilogia estabelecedora dos padrões característicos da bossa nova. Aliás, das 62 composições lançadas por Tom Jobim nesse período de intensa produtividade (1957 a 1961), apenas três ("Desafinado", "Corcovado" e "Insensatez") tiveram sua primeira gravação por João Gilberto. "Insensatez" é basicamente formada por uma frase de oito compassos no modo menor, usada com extremo bom gosto em quatro sequências que baixam em três tons inteiros, com a quarta permanecendo na tonalidade da terceira. Esses 32 compassos são repetidos em função da letra, dirigida ao coração do poeta, a princípio recriminando-o por fazer "chorar de dor o seu amor, um amor tão delicado", depois exortando-o a pedir perdão, "porque quem não pede perdão não é nunca perdoado". A qualidade da canção proporcionou-lhe uma extensa discografia, que vai de Elis, Nara e Sylvia Telles a estrangeiras como Peggy Lee, Nancy Wilson, Morgana King (na versão em inglês intitulada "How Insensitive"), isso sem falar dos habituais intérpretes da obra de Jobim (Sinatra, Ella Fitzgerald) e até dos não habituais como Nelson Gonçalves, além de inúmeros músicos de jazz.

"Nossos Momentos" (samba-canção), Luís Reis e Haroldo Barbosa

O radialista, compositor e colunista de turfe Haroldo Barbosa sempre fez boas letras, modernas, inteligentes, espirituosas. Mas foi só com uns vinte anos de carreira que encontrou o parceiro ideal na pessoa do pianista-compositor Luís Reis, também comentarista de corridas de cavalo. Essa dupla reinou no início dos anos 1960, quando lançou sucessos em série, a maioria nas vozes de Elizeth Cardoso e de Miltinho. O samba-canção "Nossos Momentos" ("Momentos são iguais àqueles em que eu te amei/ palavras são iguais àquelas que eu te dediquei/ eu escrevi na fria areia um nome para amar..."), em que se destaca a melodia de Luís Reis, é um desses sucessos.

"Palhaçada" (samba), Luís Reis e Haroldo Barbosa

Ao contrário de "Nossos Momentos", "Palhaçada" mostra o lado não romântico da parceria Luís Reis-Haroldo Barbosa e é o seu maior sucesso. Num estilo sincopado, meio bossa nova, o samba focaliza as desventuras de um sujeito que, apesar de enganado e abandonado por uma mulher, admite aceitá-la de volta com as desvantagens que isso possa representar: "Mas se ela quiser/ voltar pra mim/ vai ser assim/ cara de palhaço/ roupa de palhaço/ até o fim". Mais conhecido como "Cara de Palhaço", "Palhaçada" teve só em 1961 onze gravações, o que comprova o seu sucesso. Contudo a do personalíssimo Miltinho foi a que marcou, sem demérito para as dos rivais Ivon Curi, Dóris Monteiro, Isaura Garcia e Elizeth Cardoso.

"Tenho Ciúme de Tudo" (bolero), Waldir Machado

Até o final dos anos 1950, havia em nossa música popular cantores ecléticos, que gravavam para todos os gostos, dos mais refinados aos menos exigentes. Foi nessa ocasião que começaram a surgir os primeiros especialistas num tipo de música popularesca, de sentimentalismo exagerado que, tempos depois, passou a ser rotulada de brega-romântico. Entre eles salientou-se a figura do pernambucano José Adauto Michiles, que com o nome artístico de Orlando Dias tornou-se um dos mais populares cantores bregas de sua geração. Com voz, físico e postura cênica ideais para o gênero — canto emocionado, mímica espalhafatosa, roupas em desalinho —, Orlando apresentava-se em toda parte, vendendo aos milhares discos em que interpretava canções como "Tenho Ciúme de Tudo" — "Sou louco por ti/ eu sofro por ti/ te amo em segredo/ (...)/ Tenho ciúme do sol, do luar, do mar/ tenho ciúme de tudo", e num rompante: "Tenho ciúme até da roupa que tu vestes". Um dos quinze ou vinte boleros que Waldir Machado fez para seu repertório, "Tenho Ciúme de Tudo" era o carro-chefe de Orlando Dias em 1961.

"Ternura Antiga" (samba-canção), Dolores Duran e Ribamar

No final de 1960, o compositor-pianista Ribamar (José Ribamar Pereira da Silva) foi convidado a participar do festival As Dez Mais Lindas Canções de Amor, realizado na TV Rio, sob o patrocínio das lojas O Rei da Voz. Grande amigo e parceiro (em cinco canções) de Dolores Duran, Ribamar então descobriu em rascunhos deixados pela compositora os versos que transformou na obra-prima "Ternura Antiga": "Ai, tua distância tão antiga/ esta ternura tão amiga/ e o desencanto de esperar/ sim, eu não te amo porque quero/ ai, se eu pudesse esqueceria/ vivo e vivo só porque te espero/ ai, esta amargura, esta agonia...". Aí está a temática da sofredora resignada que vê no amante a razão de sua vida, já mostrada em outras letras de Dolores, como na também obra-prima "Leva-me Contigo". E o surpreendente é que essa temática nada tem a ver com a personalidade da autora, livre, alegre, divertida e de muitos amores... Cantada por Lucienne Franco no festival, em que foi superada apenas por "Canção em Tom Maior" (de Ary Barroso), "Ternura Antiga" consagrou-se imediatamente na primorosa interpretação de Tito Madi. Na verdade, foi flagrante na finalíssima a torcida do apresentador Flávio Cavalcanti pela vitória da música de Ary, talvez para amaciar seu relacionamento com o compositor, a quem havia criticado duramente a propósito da letra de "Aquarela do Brasil". "Canção em Tom Maior" é uma composição bem feita, meio puxada para o monumental, porém inegavelmente inferior ao melhor nível de Ary. Um dos grandes sucessos de Dolores, com 48 gravações até o ano 2000, "Ternura Antiga" tem versões em espanhol ("Amargura y Agonia") e francês ("Vieille Tendresse" e "Tendrement"). Já os citados rascunhos renderam uma segunda parceria póstuma Dolores-Ribamar, o belo samba "O Que é Que Eu Faço?" (1961), mais conhecido por "Se Não é Amor", seu verso inicial.

OUTROS SUCESSOS

"Brigitte Bardot" (marcha/carnaval), Miguel Gustavo
"Coisa Mais Linda" (samba), Carlos Lyra e Vinicius de Moraes
"Eu Já Fiz Tudo" (bolero), Romeu Nunes e Almeida Serra
"Fiz o Bobão" (samba), Luís Reis e Haroldo Barbosa
"A Lua é dos Namorados" (marcha/carnaval), Klecius Caldas, Armando Cavalcanti e Brasinha
"Maria Chiquinha" (canção cômica), Guilherme Figueiredo e Geysa Bôscoli
"Ninguém Chora por Mim" (bolero), Evaldo Gouveia e Jair Amorim
"Onde Estarás" (bolero), Evaldo Gouveia e Jair Amorim
"Perdão para Dois" (balada), Palmeira e Alfredo Corletto
"Perdoa-me pelo Bem que te Quero" (bolero), Waldir Machado
"Poema das Mãos" (samba-canção), Luís Antônio
"Poema do Adeus" (samba-canção), Luís Antônio
"Quem Quiser Encontrar o Amor" (samba), Carlos Lyra e Geraldo Vandré
"Quero Morrer no Carnaval" (samba/carnaval), Luís Antônio e Eurico Campos
"Rancho das Flores" (marcha-rancho), Vinicius de Moraes (arranjo sobre melodia de J. S. Bach)
"Seria Tão Diferente" (samba-canção), Adelino Moreira e Tônio Luna
"Só Vou de Mulher" (samba), Luís Reis e Haroldo Barbosa
"Solidão" (samba-canção), Adelino Moreira
"Você e Eu" (samba), Carlos Lyra e Vinicius de Moraes

GRAVAÇÕES REPRESENTATIVAS

AGOSTINHO DOS SANTOS
RGE, 10309-a, "Nossos Momentos"

ANÍSIO SILVA
Odeon, 14729, "Onde Estarás"

OS CARIOCAS
Continental, 17965-b, "Só Vou de Mulher"

CAUBY PEIXOTO
RCA Victor, BBL 1156 (lp), "Perdão para Dois"

ELZA SOARES
Odeon, MOFB 3198 (lp), "Boato"

ISAURA GARCIA
Odeon, MOFB 3237 (lp), "Água de Beber"

JOÃO GILBERTO
Odeon, MOFB 3202 (lp), "Amor em Paz"
Odeon, MOFB 3202 (lp), "O Barquinho"
Odeon, MOFB 3202 (lp), "Insensatez"

MILTINHO
RGE, 10298-a, "Palhaçada"
RGE, 10291-a, "Poema do Adeus"

NELSON GONÇALVES
RCA Victor, BBL 1161 (lp), "Fica Comigo esta Noite"

ORLANDO DIAS
Odeon, MOFB 3222 (lp), "Tenho Ciúme de Tudo"

TITO MADI
CBS, 37197 (lp), "Ternura Antiga"

MÚSICAS ESTRANGEIRAS DE SUCESSO NO BRASIL

"Ansiedad", José Enrique Sarabia
"Bat Masterson", Bart Corwin e Havens Wray
"Calcutta", Heino Gaze
"The Exodus Song", Ernest Gold e Pat Boone
"G. I. Blues", S. Tepper e R. C. Bennett
"Greenfields", Terry Gilkyson, Frank Miller e Richard Dehr
"Me Da Risa" (Faz-me Rir), Francisco Yoni e Edmundo Arias
"My Home Town", Paul Anka
"Never on Sunday", Manos Hadjidakis
"La Novia", Joaquin Prieto
"Pepe", Hans Wittstatt
"Run Samson Run", Neil Sedaka e Howard Greenfield

CRONOLOGIA

20/01: John Kennedy toma posse na presidência dos Estados Unidos.

27/01: Morre no Rio de Janeiro (RJ) o compositor J. Cascata (Álvaro Nunes).

31/01: Jânio Quadros toma posse na presidência da República.

03: É lançado o primeiro disco de Elis Regina (Continental, 17894, "Dá Sorte" e "Sonhando"). Os fonogramas deste disco seriam aproveitados no elepê inicial da cantora (na ocasião com 16 anos), lançado ainda em 1961.

12/04: O soviético Iuri Gagarin torna-se o primeiro homem a realizar uma viagem espacial.

16/06: Morre no Rio de Janeiro (RJ) o compositor Caninha (Oscar José Luís de Morais)

13/08: É erguido o Muro de Berlim.

25/08: Jânio Quadros renuncia à presidência da República. O presidente da Câmara, Ranieri Mazzilli, assume a presidência da República, interinamente, em razão da ausência do vice João Goulart, em missão no exterior.

30/08: É divulgado manifesto dos ministros militares contra a posse de João Goulart.

02/09: O Congresso aprova emenda constitucional instituindo o regime parlamentarista no Brasil.

07/09: João Goulart toma posse na presidência da República, sendo o cargo de primeiro ministro ocupado por Tancredo Neves.

08/09: Nasce no Rio de Janeiro (RJ) a cantora Fernanda Abreu (Fernanda Sampaio de Lacerda Abreu).

Um admirável melodista, Carlos Lyra é um dos criadores da bossa nova, tendo muito contribuído para a sua difusão nos meios universitários.

V. 1962

DESTAQUES

"Estão Voltando as Flores" (marcha-rancho), Paulo Soledade

Apesar de ser uma marcha-rancho, "Estão Voltando as Flores" não foi feita para carnaval. Surgiu num momento de euforia de Paulo Soledade, em dezembro de 1960, quando, após ter estado convalescente de uma cirurgia de alto risco, sentiu-se completamente recuperado. Vinte e dois anos depois, em depoimento concedido ao Arquivo da Cidade do Rio de Janeiro, Paulo afirmou: "Foi uma composição que fiz em quinze minutos, sem violão, sem nada, e que representa para todos que a ouvem um hino de recuperação". Daí os versos e a melodia vibrantes, otimistas, que na realidade eram dirigidos à sua mulher: "Vê, estão voltando as flores/ vê, nessa manhã tão linda/ vê, como é bonita a vida/ vê, há esperança ainda". Mas, como já acontecera a outras canções de sucesso, foi difícil encontrar quem quisesse gravá-la. "Não é comercial", disseram diretores de gravadoras e cantores a quem a música foi mostrada. O curioso é que todos eram amigos do compositor. Por fim, já desanimado e disposto a bancar o disco, Paulo procurou mais um amigo, o Valtinho da Tonelux, na época dirigindo a gravadora Mocambo, que aceitou o projeto, desde que o autor providenciasse uma cantora sem contrato com outra empresa. Então, indicada por Marino Pinto, Helena de Lima teve a primazia de lançar "Estão Voltando as Flores", a melhor canção de Paulo Soledade, segundo ele mesmo.

"Influência do Jazz" (samba), Carlos Lyra

Em setembro de 1961, Carlos Lyra fundou, juntamente com Oduvaldo Vianna Filho, Ferreira Gullar e outros companheiros, o CPC (Centro Popular de Cultura) da União Nacional dos Estudantes. Na ocasião, o compositor começava a considerar a bossa nova apenas uma forma musical moderninha de repetir as mesmas coisas românticas de sempre. Isso refletiu-se em sua produção que, sem afastar-se de todo do romantismo, passou a tomar contornos nacionalistas, a partir de composições como "Mister Golden", "Canção do Subdesenvolvido" e este surpreendente "Influência do Jazz", que questionava tendências observadas em sambas da época ("Pobre samba meu/ foi se misturando, se modernizando/ e se perdeu..."). Bem sincopado, o samba mesclava tradição e modernidade, lembrando sua melodia, propositalmente, canções americanas como "Indian Love Call", da opereta *Rose -Marie* e "You Were Meant for Me", do filme *Cantando na Chuva*. "Influência do Jazz" foi lançado pelo Tamba Trio (Luís Eça, Hélcio Milito e Bebeto) num programa de Zé Trindade, transmitido aos domingos pela TV Rio. O motivo da presença do Tamba no programa cômico era que seus componentes estavam iniciando carreira e o pessoal da televisão arranjara aquela brecha no horário nobre para apresentá-los, embora o conjunto e a música nada tivessem a ver com o humor do Zé. Em seguida, "Influência do Jazz" tornou-se sucesso, sendo até executado duas vezes no famoso show de bossa nova no Carnegie Hall, por Lyra e o quarteto de Oscar Castro Neves.

"Lembranças" (samba-canção), Raul Sampaio e Benil Santos

"Quem Eu Quero Não me Quer" (bolero), Raul Sampaio e Ivo Santos

Cantor, integrante do Trio de Ouro por vários anos e compositor, com mais de duzentas músicas gravadas, Raul Sampaio viveu a sua melhor fase no início dos anos 1960. Em 1962, por exemplo, ele emplacou dois grandes sucessos, o samba-canção "Lembranças", cantado pelo amigo Miltinho, e o bolero "Quem Eu Quero Não me Quer", em gravação sua, lançada no final de 61, mas que estourou nas paradas depois do carnaval de 62. Embora autor de repertório eclético, que vai do carnaval ("Eu Chorarei Amanhã") ao mais intenso romantismo, é neste último estilo que melhor se exprime, a ele pertencendo "Lembranças" ("Lembro um olhar/ lembro um lugar/ teu vulto amado/ lembro um sorriso/ e o paraíso/ que tive ao teu lado") e "Quem Eu Quero Não me Quer ("Quem eu quero não me quer/ quem me quer mandei embora/ e por isso eu já não sei/ o que será de mim agora"). Aliás, um de seus boleros, "Estou Pensando em Ti", ganharia uma versão mexicana de Agustin Lara, lançada inicialmente sem o nome de Raul. Nascido em Cachoeiro de Itapemirim, o compositor homenagearia a sua cidade na canção "Meu Pequeno Cachoeiro", oficializada em 1966 como hino do município, e que, além de sua gravação (em 1963), foi sucesso na voz de Roberto Carlos (em 1970), outro ilustre cachoeirense.

"Leva Eu Sodade" (toada), Tito Neto e Alventino Cavalcanti

O ponto alto da toada "Leva Eu Sodade", lançada pelos Cantores de Ébano, é sua letra, ingênua, tosca, de uma simplicidade comovedora: "Ô leva eu/ minha sodade/ eu também quero ir/ minha sodade/ quando chego na ladeira tenho medo de cair/ leva eu, ô leva eu.../ minha sodade". Essas características seriam valorizadas pela interpretação do grupo, puxada pelas vozes dolentes de Nilo Amaro e Noriel Arantes, este um baixo profundo que depois fez carreira solo com o nome de Noriel Vilela. A saída de Noriel provocou um vazio difícil de ser preenchido no conjunto, pois seu tipo de voz, tradicional na música americana (em grupos negros como os Ink Spots e os Four Knights, ou na área *country* com Don Williams e Mark McCauley), é incomum no Brasil. Quando finalmente foi encontrado um substituto, o cantor Geraldo, os Cantores de Ébano se recompuseram, chegando a regravar a toada em 1980, sem alcançar a mesma projeção. Nilo Amaro e seus Cantores de Ébano cultivavam um repertório eclético que ia das baladas internacionais ("Greenfields", o bolero "La Novia") a canções brasileiras como "O Uirapuru", "A Lenda do Abaeté" e a simplória "Leva Eu Sodade".

"A Mesma Rosa Amarela" (samba), Capiba e Carlos Pena Filho

"O poeta Carlos Pena Filho me deu uma letra para eu usá-la num frevo" — relembrava Capiba —, "mas achei a letra bonita demais para música de carnaval, que é passageira. Então, preferi usá-la num samba." Deu certo, pois com aqueles versos ("Você tem quase tudo dela/ o mesmo perfume, a mesma cor/ a mesma rosa amarela/ só não tem o meu amor"), Capiba fez um samba moderno, estilo bossa nova, que seria sucesso nacional. Infelizmente, Carlos Pena Filho não conheceu este sucesso. Em 27 de junho de 60, um carro em que viajava em companhia do político Moura Cavalcanti foi violentamente abalroado numa rua de Recife por um ônibus dirigido por um bêbado. Atingido na cabeça, Carlos entrou em coma, morrendo quatro dias depois, aos 31 anos de idade.

"Meu Nome é Ninguém" (samba-canção),
Luís Reis e Haroldo Barbosa

Além das atividades no rádio, onde fez de tudo — de contrarregra e discotecário a criador e superprodutor de programas musicais e humorísticos, função que continuou na televisão —, e no jornalismo turfístico, Haroldo Barbosa arranjou tempo para se consagrar como pródigo versionista de composições estrangeiras e letrista de sambas-canção com vários parceiros, entre os quais o compositor/pianista Luís Reis. Juntos os dois chegaram às paradas de sucessos com "Palhaçada", "Nossos Momentos", "Moeda Quebrada" e "Meu Nome é Ninguém", competindo com a bossa nova, então em grande evidência. Logo chamando a atenção com os surpreendentes versos iniciais — "Foi assim/ a lâmpada apagou/ a vista escureceu/ um beijo então se deu/ e veio a ânsia louca..." —, "Meu Nome é Ninguém" é um samba--canção intenso, audacioso, na descrição de um ato amoroso. Daí os autores terem escolhido o canto sincopado de Miltinho para gravá-lo, ao invés do estilo suave de Elizeth Cardoso, a intérprete preferida dos autores. Já no final a letra sugere que o fato descrito tanto pode relatar o término de um caso de amor como a ocorrência de um episódio isolado, oportunístico, que deve ser mantido em segredo: "Quem sou eu/ quem é você/ foi assim/ só Deus sabe quem/ deixou de querer bem/ não somos mais alguém/ o meu nome é ninguém/ e o seu nome também/ ninguém".

"Na Cadência do Samba" (samba), Ataulfo Alves e Paulo Gesta

Existem dois sambas com o título de "Na Cadência do Samba". O primeiro, de Luís Bandeira, foi por ele lançado em junho de 1956, sem maior sucesso. Tempos depois, adotado como prefixo e fundo musical para cenas de futebol no jornal cinematográfico *Canal 100*, de Carlos Niemeyer, popularizou-se, tornando-se conhecido pelo verso inicial "Que Bonito É". Já o segundo, seis anos mais novo, é um dos melhores da última fase de Ataulfo Alves, impressionando pelo curioso estribilho: "Sei que vou morrer não sei o dia/ levarei saudades da Maria/ sei que vou morrer não sei a hora/ levarei saudades da Aurora/ eu quero morrer numa batucada de bamba/ na cadência bonita do samba". Além da versão de Ataulfo, "Na Cadência do Samba" fez sucesso cantado por Elizeth Cardoso, que por coincidência gravou também o samba do Luís Bandeira.

"Oba" (samba/carnaval), Osvaldo Nunes

Veio de um bloco, o Bafo da Onça, o samba "Oba", de Osvaldo Nunes, maior sucesso do carnaval de 62. Este sucesso deveu-se principalmente à gravação do autor com o bloco, que transmitia aos foliões um clima de autêntica empolgação: "Nessa onda/ que eu vou/ olha a onda Iaiá/ é o Bafo da Onça/ que acabou de chegar/ olha a rapaziada, oba/ vem dizendo no pé, oba/ as cabrochas gingando, oba...". Violento, brigão, sempre metido em confusões, o troncudo homossexual Osvaldo Nunes foi uma espécie de Madame Satã em reedição musical. Na madrugada de 18 de junho de 1991, ele morreria assassinado em seu apartamento no bairro carioca da Lapa.

"Prelúdio para Ninar Gente Grande" (**"Menino Passarinho"**) (balada), Luiz Vieira

Um dos maiores sucessos de Luiz Vieira é "Prelúdio para Ninar Gente Grande", mais conhecido como "Menino Passarinho", em razão do verso "sou menino passarinho com vontade de voar". Tal como "O Menino de Braçanã", outro êxito de Vieira, "Menino Passarinho" é uma canção sentimental, de letra meio pitoresca ("Quando estou nos braços teus/ sinto o mundo bocejar"), mas que também sugere um clima místico-romântico, acentuado pela interpretação contrita do autor, a melhor entre as várias versões gravadas.

"Volta por Cima" (samba), Paulo Vanzolini

Não é verdade que "Volta por Cima" tenha alguma coisa a ver com a morte do filho do autor, ocorrida anos depois de sua criação. A letra deste samba é, isto sim, "uma questão de filosofia de vida, como eu gostaria de ser", afirma o Dr. Paulo Vanzolini, mestre em zoologia pela Universidade de Harvard, diretor do Museu de Zoologia da Universidade de São Paulo e um dos mais festejados componentes do reduzido grupo de compositores paulistas de sucesso nacional. Muito original e primorosamente elaborada num período de seis meses, diz a composição: "Chorei/ não procurei esconder/ todos viram/ fingiram/ pena de mim não precisava/ ali onde chorei qualquer um chorava/ dar a volta por cima que eu dei/ quero ver quem dava...". E adiante, num arremate em alto astral: "Levanta, sacode a poeira e dá a volta por cima". Esses versos ajudariam a popularização da expressão "dar a volta por cima", citada no dicionário Aurélio como o ato de superar, resolver uma situação difícil, desagradável, problemática. Oferecido a alguns cantores, "Volta por Cima" acabou gravado pelo mineiro Noite Ilustrada, numa ocasião em que Vanzolini estava em viagem na Amazônia. Noite Ilustrada atuava na boate Moleque, onde os frequentadores costumavam fazer coro sempre que ele interpretava a composição. Então, atendendo à pretensão do sambista, o produtor Alfredo Borba autorizou a gravação, que teve um arranjo bem simples do clarinetista Portinho. Quando Vanzolini retornou a São Paulo, foi surpreendido com o seu samba tocando nas rádios e disputando as primeiras colocações nas paradas, para logo se fixar como o maior sucesso de Noite Ilustrada.

A propósito, este apelido pitoresco foi dado ao cantor (que se chama Mário de Souza Marques Filho) em 1951, quando ele participava de um show comandado por Zé Trindade na cidade mineira de Além Paraíba. No momento da apresentação, o comediante esqueceu o seu nome e, vendo-lhe num bolso um exemplar da revista *Noite Ilustrada*, não se apertou: "E agora com vocês a grande revelação... Noite Ilustrada". O apelido pegou de tal forma que até Denise, mulher do cantor, o chamava de Noite.

Elizeth Cardoso, uma das grandes intérpretes da música brasileira, transitou com sucesso entre os períodos pré e pós-bossa nova.

"Vou Ter um Troço" (marcha/carnaval),

Arnô Provenzano, Otolindo Lopes e Jackson do Pandeiro

Utilizando o esquema de uma primeira parte em andamento lento, em contraste com uma segunda muito rápida, em andamento de frevo, "Vou Ter um Troço" foi a marcha preferida pelos foliões de 1962: "Sai de perto de mim/ olhar pra você não posso/ me segura que eu vou ter um troço/ me segura que eu vou ter um troço". Além de grande intérprete de ritmos nordestinos, Jackson do Pandeiro integrou a partir de 1955 o bloco dos cantores habituais do carnaval brasileiro, ao lado de Blecaute, Risadinha e Jorge Goulart, entre outros. Seu primeiro sucesso no gênero foi o samba "Vou Gargalhar" (de Edgar Ferreira), em 55, cujo disco trazia no lado B "Micróbio do Frevo". Mas seu maior sucesso carnavalesco é "Vou Ter um Troço", gravado no mesmo ano em que comemorou com o "Frevo do Bi" o segundo campeonato mundial de futebol conquistado pelo Brasil.

OUTROS SUCESSOS

"Amor" (tango), Antenógenes Silva e Ernâni Campos
"Amor em Chá-Chá-Chá", Fernando Costa e Rossini Pinto
"E a Vida Continua" (bolero), Evaldo Gouveia e Jair Amorim
"Esta Noite ou Nunca" (samba-canção), Adelino Moreira
"Garota de Saint-Tropez" (marcha), João de Barro e Jota Júnior
"Garota Solitária" (chá-chá-chá), Adelino Moreira
"Malena" (rock), Fernando Costa e Rossini Pinto
"Meu Querido Lindo" (chá-chá-chá), Moacyr Franco e Canarinho
"Não Me Perguntes" (samba-canção), Adelino Moreira
"Ninguém Gostou de Alguém Como Eu Gosto de Ti" (bolero), Waldir Machado
"O Que é Que Eu Faço" (samba), Dolores Duran e Ribamar
"Palavras de Amor" (bolero), Paulo Borges
"Poema" (bolero), Fernando Dias
"Poema do Olhar" (samba-canção), Evaldo Gouveia e Jair Amorim
"Pouca Duração" (samba), Pacífico Mascarenhas
"Quem É" (bolero), Silvinho e Maurílio Lopes
"Se a Vida Parasse" (bolero), Romeu Nunes e Milton Nunes
"Tamanco no Samba" (samba), Orlann Divo e Helton Menezes
"Tu És o Maior Amor da Minha Vida" (bolero), Silvinho e De Carvalho

GRAVAÇÕES REPRESENTATIVAS

AGNALDO RAYOL
Copacabana, CLP 11243 (lp), "E a Vida Continua"

ANÍSIO SILVA
Odeon, 14797, "Se a Vida Parasse"

CARLOS LYRA
Philips, P-630492-L (lp), "Influência do Jazz"

CONJUNTO FARROUPILHA
Columbia, 3197-a, "A Mesma Rosa Amarela"

ELIZETH CARDOSO
Copacabana, 6446-b, "Na Cadência do Samba"

HELENA DE LIMA
Mocambo, 15339-a, "Estão Voltando as Flores"

LUIZ VIEIRA
Copacabana, CLP 11249 (lp), "Prelúdio para Ninar Gente Grande"

MILTINHO
RGE, 10368-a, "Meu Nome é Ninguém"

NILO AMARO E SEUS CANTORES DE ÉBANO
Odeon, MOFB 3260 (lp), "Leva Eu Sodade"

NOITE ILUSTRADA
Philips, P61187H-a, "Volta por Cima"

OSVALDO NUNES
Mocambo, 15403-b, "Oba"

RAUL SAMPAIO
RGE, 10350-a, "Quem Eu Quero Não Me Quer"

MÚSICAS ESTRANGEIRAS DE SUCESSO NO BRASIL

"L'Arlequin de Tolede", Hubert Giraud e Jean Drejac
"Come September" (Quando Setembro Vier), Bobby Darin
"Dónde Estás Corazón", Luis Martinez Serrano e Augusto Berto
"Escandalo", Ruben Fuentes e Rafael Cardenas
"Et Maintenant", Gilbert Becaud e Pierre Delanoë
"Let's Twist Again", Kal Mann e David Appell
"Moon River", Henry Mancini e Johnny Mercer
"Multiplication", Bobby Darin
"Recuerdo", Chucho Martinez Gil
"Rock-A-Hula Baby", Fred Wise, Ethel Lee e David Hill
"Las Secretarias", Pepe Luiz
"Speedy Gonzalez", Buddy Kaye, Ethel Lee e David Hill
"Tender Is the Night", Sammy Francis Webster

CRONOLOGIA

11/03: Morre no Rio de Janeiro (RJ) o compositor Zé Dantas.

21/05: Nasce no Rio de Janeiro (RJ) o instrumentista/compositor Roberto Frejat.

23/05: *O Pagador de Promessas*, de Anselmo Duarte, ganha a Palma de Ouro em Cannes.

11/06: Morre no Rio de Janeiro (RJ) o compositor/arranjador Vadico (Osvaldo Gogliano).

17/06: O Brasil ganha em Santiago do Chile o VII Campeonato Mundial de Futebol, vencendo na partida final a Tcheco-Eslováquia por 3 x 1.

24/07: A Globo e a Time Life assinam acordo de cooperação técnica para a instalação de uma emissora de televisão no Rio de Janeiro.

02/08: Estreia na boate Au Bon Gourmet, no Rio de Janeiro, o show *Encontro*, que reúne João Gilberto, Tom Jobim, Vinicius de Moraes e o conjunto Os Cariocas.

05/08: Morre em Los Angeles (EUA), aparentemente por ingestão de uma overdose de barbitúricos, a atriz Marilyn Monroe.

23/08: Nasce no Rio de Janeiro (RJ) a cantora Paula Toller (Paula Toller Amora).

23/09: Nasce no Rio de Janeiro (RJ) o cantor Paulo Ricardo (Paulo Ricardo Oliveira Nery de Medeiros).

10: É lançado o primeiro disco de Bob Dylan.

05/10: A gravadora inglesa Parlophone lança o primeiro disco dos Beatles ("Love Me Do" e "P.S. I Love You").

31/10: Nasce em Petrópolis (RJ) o violonista Raphael Rabello (Rafael Batista Rabello).

21/11: Realiza-se no Carnegie Hall, em Nova York, o famoso show com Tom Jobim, João Gilberto e outros que lançou a bossa nova nos Estados Unidos.

Tito Madi destacou-se como sofisticado compositor
e intérprete de sambas românticos.

VI. 1963

DESTAQUES

"Balanço Zona Sul" (samba), Tito Madi

Em texto na contracapa do elepê de Wilson Simonal, *Tem Algo Mais*, o jornalista Ricardo Galeno recomendou ao final: "Há também um número espetacular que prefiro silenciar sobre. Apenas digo que é espetacular e que, por si só, vale e justifica o título do LP". O "algo mais" pressupunha estar-se diante de um cantor que acrescentava novidades à música brasileira e o elogio certamente se referia à performance de Simonal no arranjo de Lyrio Panicalli para "Balanço Zona Sul", cujo autor tinha feito questão de lhe oferecer a prioridade da primeira gravação. Nascido Chauki Maddi no interior de São Paulo, o sempre discreto Tito Madi fez marcante carreira nas boates da Zona Sul do Rio de Janeiro nos anos 1950. Aí interpretava com reconhecida delicadeza suas composições de sucesso na fase pré-bossa nova, tais como "Chove Lá Fora", "Cansei de Ilusões" e "Não Diga Não", que consagraram com toques de modernidade seu estilo romântico de música, letra e interpretação. Embora tivesse depois gravado "Balanço Zona Sul", Tito parece ter tido a intuição que a música combinaria melhor na interpretação de bossa e balanço de Simonal, o que se confirmou. Com voz amaciada, este soube dar o toque de ligeira sensualidade ao balançado da garota que, andando devagar do Leme até o Leblon, junta "um punhado de gente que sofre com seu andar". Um gracioso retrato da atração feminina que inflama a rapaziada nas praias da Zona Sul do Rio. Foi a faixa de maior sucesso do álbum de estreia do cantor na Odeon, revelando seu potencial para se tornar uma das mais destacadas atrações na fase áurea dos barzinhos do celebrado Beco das Garrafas. Localizado num beco da rua Duvivier em Copacabana, reunia quatro pequenos clubes, dois do tipo inferninho, Bacarat e Ma Griffe, e dois dedicados à música, Bottle's e Little Club, onde Simonal estreou. Nestes ocorreram os inovadores *pocket shows* criados pelos produtores Mieli e Bôscoli para um público que se amontoava no acanhado espaço disponível para assistir às novas atrações, que ocuparam o lugar da bossa nova, tais como Tamba Trio, o quinteto de Sérgio Mendes, Jorge Ben e Simonal. Vidrado na música de Tito Madi, este regravou-a dois anos depois no elepê *S'imbora*, desta vez em arranjo para *big-band* de Erlon Chaves.

"Garota de Ipanema" (samba),
Antônio Carlos Jobim e Vinicius de Moraes

Em depoimento para a revista *Manchete*, em 1965, Vinicius conta como conheceu a garota de Ipanema: "Seu nome é Heloísa Eneida Menezes Pais Pinto, mas todos a chamam de Helô (Helô Pinheiro, depois de casada). Há três anos, ela passava ali no cruzamento de Montenegro e Prudente de Morais, e nós a achávamos demais. De nosso posto de observação, no Veloso, enxugando a nossa cervejinha, Tom e eu emudecíamos à sua vinda maravilhosa. (...) E lá ia ela toda linda, a garota de Ipanema, desenvolvendo no percurso a geometria espacial de seu balanceio quase samba. (...) Para ela fizemos, com todo o respeito e mudo encantamento, o samba que a colocou nas manchetes do mundo inteiro e fez da nossa querida Ipanema uma palavra mágica para os ouvintes estrangeiros". Naquele 1962 em que a canção foi feita, a bela Heloísa tinha quinze anos e passava realmente todos os dias pelo bar Veloso, situado na mesma rua Montenegro onde ela morava. Naturalmente, sabia-se admirada pelos frequentadores do bar, pois nas vezes em que lá entrava era saudada pelos assovios de praxe. O que não sabia era que tinha sido a inspiradora de "Garota de Ipanema", segredo só revelado pelos autores em 1965. Mas, se a visão da musa aconteceu no Veloso, a criação do samba teve lugar noutros ambientes e em etapas distintas. Inicialmente, em Petrópolis, Vinicius aprontou-lhe a letra, até com certa dificuldade, tendo composto duas versões, para aproveitar a segunda (a primeira chamava-se "A Menina que Passa"). Em seguida, foi a vez de Tom musicar o poema, tarefa também trabalhosa, que ele realizou em sua então nova moradia na rua Barão da Torre. Ao final, o compositor deu a "Garota de Ipanema" uma de suas mais originais melodias, igualmente alegre e triste, bem de acordo com a letra que exalta a beleza radiante da moça que passa, ao mesmo tempo em que lamenta a solidão do poeta, condenado a admirá-la à distância. Destinada a uma comédia chamada *Blimp*, jamais concluída por Vinicius, "Garota de Ipanema" acabou sendo lançada no show *Encontro*, que estreou em 2 de agosto de 62 e permaneceu 45 dias em cartaz na boate Au Bon Gourmet, em Copacabana. Este espetáculo reuniu pela única vez num palco os três grandes da bossa nova — Antônio Carlos Jobim, Vinicius de Moraes e João Gilberto — mais o conjunto Os Cariocas, e lançou, além de "Garota de Ipanema", "Só Danço Samba" e "Samba do Avião", sendo a primeira e a segunda as últimas canções da dupla Tom-Vinicius. Todas essas composições saíram em disco no início de 1963, tendo Pery Ribeiro, Os Cariocas e o Tamba Trio a primazia de gravarem "Garota de Ipanema". Em abril, Tom Jobim a apresentava aos americanos no elepê *The Composer of Desafinado Plays*. Ao final do ano, a Verve lançou o *single* de Astrud Gilberto e Stan Getz, disco que vendeu milhões e estabeleceu o prestígio internacional de "The Girl from Ipanema", título da versão do letrista Norman Gimbel. Amadora até então, Astrud encantou os americanos pela simplicidade e a ausência da afetação das cantoras de experiência formal. Esse *single* e o álbum *Getz/Gilberto*, que contém a gravação integral com a participação de João Gilberto cantando em português, receberam quatro prêmios Grammy: melhor *single*, melhor álbum, melhor performance de jazz instrumental e melhor gravação. Em meados dos anos 1990, "Garota de Ipanema" ostentava uma discografia de centenas de gravações, com intérpretes das mais variadas tendências, não apenas na área nacional — Astrud, Baden Powell, Os Cariocas, Cauby Peixoto, Dick Farney, Elis Regina, Eumir Deodato, Hermeto Pascoal, João Gilberto, Leny Andrade, Leila Pinheiro, Lúcio Alves, Nara Leão, Tim Maia —, mas, principalmente, na internacional em que, além dos habituais intérpretes da obra jobiniana — Frank Sinatra, Ella Fitzgerald, Stan Getz, Sara Vaughan, Charlie Byrd — ressaltam figuras como Anita O'Day, Al Jarreau, Erroll Garner, Earl Hines, Herbie Mann, Louis Armstrong, Nancy Wilson, Nat King Cole, Oscar Peterson, Peggy Lee, Stéphane Grappelli, Vic Damone e muitos outros.

"Marcha da Quarta-Feira de Cinzas" (marcha-rancho),
Carlos Lyra e Vinicius de Moraes

Composta antes de 1964, a "Marcha da Quarta-Feira de Cinzas" é assim uma espécie de protesto premonitório contra a realidade imposta pela ditadura militar. Pertence àquela fase inicial do CPC em que Carlos Lyra, como já foi dito, incorpora à sua obra uma temática político-nacionalista, tendo sido feita no mesmo dia em que ele e Vinicius haviam concluído o "Hino da UNE" ("De pé a jovem guarda/ a classe estudantil/ sempre na vanguarda/ trabalha pelo Brasil..."). Mas, com sua mensagem disfarçada no lirismo melancólico de uma marcha-rancho, a composição pode ser considerada um belo exemplar do gênero música de protesto: "Acabou nosso carnaval/ ninguém ouve cantar canções/ ninguém passa mais brincando feliz/ e nos corações/ saudades e cinzas foi o que restou...". A passagem com o acorde de sétima maior de dó antecedendo a frase "e no entanto é preciso cantar", após a pungente primeira parte, cria um momento mágico, na medida em que envolve a plateia inteira e a faz cantar suavemente embalada por um simples violão. Um clássico de seu tempo, a "Marcha da Quarta-Feira de Cinzas" é uma daquelas raras canções capazes de encerrar com elevada dose de emoção um espetáculo musical. Embora consagrada pela voz de Nara Leão, teve sua gravação inicial por Jorge Goulart em fevereiro de 63.

"Mas Que Nada" (samba), Jorge Ben

Na própria letra de "Mas Que Nada", Jorge Ben afirma que seu samba é um "misto de maracatu" ("Este samba que é misto de maracatu/ é samba de preto velho/ samba de preto tu"). Com efeito, "Mas Que Nada" e as outras composições de seu elepê de estreia, *Samba Esquema Novo* — que vendeu cem mil cópias em dois meses —, são um misto de samba e maracatu, com melodias e harmonias simplórias, quase primitivas, concentrando-se a ênfase no ritmo, que ele comanda com seu violão percussivo. Complementam o estilo as letras também muito simples, cheias de palavras inventadas, de função apenas rítmica, que o compositor canta com voz personalíssima, absolutamente adequada ao repertório. "Mas Que Nada" tornou-se conhecida no exterior pela versão americanizada de Sérgio Mendes e seu grupo Brasil 66, ao qual faltava exatamente o forte de Ben, ou seja, o balanço. Sem ser antigo nem moderno, mas exibindo influências de rock e bossa nova, Jorge Ben teve no início de carreira trânsito livre nos programas de maior sucesso na tevê como *O Fino da Bossa* e *Jovem Guarda*. Já na terceira década de atividade, ele mudaria o nome para Jorge Ben Jor.

"Parei na Contramão" (rock), Roberto Carlos e Erasmo Carlos

Enquanto a quase totalidade dos cantores ligados à onda do iê-iê-iê, e mais tarde ao movimento Jovem Guarda, gravava versões de músicas estrangeiras, o jovem cantor negro Baby Santiago (Fulgêncio Santiago) fazia, desde 1961, composições sobre assuntos brasileiros como o "Rock do Saci". O pioneiro Baby seria seguido pela dupla Roberto e Erasmo Carlos que percebendo, conscientemente ou não, esse caminho para o rock nacional, tratou de criar o seu próprio repertório. Assim, apesar do êxito inicial de Roberto ter sido uma versão de "Splish Splash" (Bobby Darin e Jean Murray, versão de Erasmo Carlos), logo aconteceria, incluído no mesmo elepê, "Parei na Contramão", um dos primeiros grandes sucessos de autoria brasileira na área do rock. Como a maior parte do repertório americano no gênero, os três acordes fundamentais dos blues — tônica, subdominante e dominante — constituem a base de sua melodia, enquanto a letra explora um símbolo de *status* da juventude, o automóvel: "Vinha voando no meu carro, quando vi pela frente/ na beira da calçada um broto displicente/ joguei o pisca-pisca para a esquerda e entrei/ a velocidade que eu vinha não sei/ pisei no freio obedecendo ao coração/ e parei, parei na contramão". O espírito de rebeldia e o impulso dançante do jovem estão presentes nesta gravação, marcada pela guitarra, contrabaixo e a voz anasalada do maior ídolo da mocidade brasileira nos anos seguintes, Roberto Carlos.

"Samba do Avião" (samba), Antônio Carlos Jobim

Por toda a vida, Tom Jobim conservou um medo enorme de avião. Em sua primeira viagem para Nova York, por exemplo, o embarque teve lances de dramática indecisão, só se realizando depois que o amigo Fernando Sabino o convenceu de que o avião não iria cair. Sentia assim o maestro uma sensação de alívio nos momentos de chegada, quando sabia que em poucos minutos estaria são e salvo, pisando em terra firme. Toda essa alegria ele procurou transmitir no "Samba do Avião" em que, além de descrever a aterrissagem no aeroporto do Galeão, faz uma singela declaração de amor ao Rio de Janeiro — "Este samba é só porque/ Rio eu gosto de você". Como não poderia deixar de ser, a canção descreve a paisagem vista de cima, contrastando com outros postais musicais cariocas. Com numerosa discografia nacional e internacional, "Samba do Avião" tornou-se um clássico do repertório do grupo vocal Os Cariocas, em inspirado arranjo de Severino Filho, que faz a voz mais aguda, ocasionalmente em falsete, nesse excepcional quarteto. A primeira gravação de "Samba do Avião" seria de Elza Laranjeira em disco de 78 rotações lançado em outubro de 1962 pela RGE. Contudo paralelamente, em setembro desse ano, já existia o elepê *Canção que Inspirou Você*, de Cauby Peixoto, na RCA, contendo sua interpretação de "Samba do Avião". Nenhuma delas obteve sucesso como a dos Cariocas.

"Samba em Prelúdio" (samba-canção),
Baden Powell e Vinicius de Moraes

No final de 62, talvez considerando esgotado o ciclo bossa nova, ao lado de Tom Jobim, Vinicius de Moraes saiu de circulação, trancando-se em seu apartamento no Parque Guinle, para compor com o novo parceiro Baden Powell. Então, durante quase três meses, tempo em que consumiram vinte caixas de uísque, os dois fizeram 25 canções, o que deu uma media de 0,8 caixas por canção. Dessa produção obsessiva resultaram os famosos afro-sambas e mais algumas composições fundamentais, como "Samba em Prelúdio", cuja letra pertence à vertente mais romântica da obra de Vinicius: "Eu sem você/ sou só desamor/ um barco sem mar/ um campo sem flor/ tristeza que vai/ tristeza que vem/ sem você, meu amor, eu não sou ninguém".

Composto em forma contrapontística sobre um tema de Heitor Villa-Lobos (o prelúdio/introdução da *Bachianas nº 4*), "Samba em Prelúdio" é classificado pelos autores como uma homenagem ao mestre. Seu sucesso imediato, puxado pela gravação de Geraldo Vandré e Ana Lúcia, na ocasião jovens iniciantes que o poeta procurava ajudar, seria confirmado por outras gravações como a do próprio Vinicius com Odete Lara.

"Só Danço Samba" (samba),
Antônio Carlos Jobim e Vinicius de Moraes

Integrando a derradeira leva de produções da dupla Tom e Vinicius, "Só Danço Samba" é a primeira composição bossa nova que faz referência explícita ao ato de dançar. Caiu assim como uma luva no repertório dos *pocket-shows*, que o dançarino e coreógrafo americano Lennie Dale — o "inventor" da dança da bossa nova — apresentava no Beco. "Só Danço Samba" era como se tivesse sido feito para esse fim, inspirando a coreografia de movimentos de braços e quadris, que Lennie depois ensinaria a Elis Regina. Entretanto, como se sabe, não seria no Beco e sim no Au Bon Gourmet, abrindo o show *Encontro*, nas vozes de João Gilberto e do quarteto Os Cariocas, que se deu a estreia de "Só Danço Samba". Aliás, esse arranjo cantado no espetáculo seria consagrado no elepê do conjunto lançado em 1963. A composição é quase um blues, a partir de sua simplicidade melódica e do impulso rítmico sincopado no verso "vai, vai, vai, vai, vai". Harmonicamente, também se aproxima desse gênero, com os característicos acordes de tônica, subdominante e dominante presentes, mais um motivo para estimular o improviso. A letra, muito simples e direta, exalta a superioridade do samba sobre o twist, o calipso e o chá-chá-chá, um tema, digamos, não muito original. Mas, "Só Danço Samba" fez sucesso, sendo lançado nos Estados Unidos por Tom e João, o primeiro em seu disco instrumental para a Verve e o segundo no álbum *Getz/Gilberto*, ambos gravados em 1963.

"Tudo de Mim" (bolero), Evaldo Gouveia e Jair Amorim

Depois de ter umas dez canções gravadas por vários cantores, a dupla Evaldo Gouveia-Jair Amorim descobriu em Altemar Dutra o seu intérprete ideal. E isso aconteceu logo no elepê de estreia do artista, que incluía as composições "Maldito" e "Tudo de Mim", de autoria de Gouveia e Amorim. Seresteiro de voz pungente, Altemar dizia como ninguém versos do tipo "Só minha vida não te dou, como dar? Se morto estou", do bolerão "Tudo de Mim", sucesso maior do disco. A partir de então e até o final dos anos 1960 Altemar Dutra monopolizaria a produção romântica da dupla.

Na boate Au Bon Gourmet, em Copacabana, reuniram-se pela única vez em um show Vinicius de Moraes, Tom Jobim e João Gilberto, a santíssima trindade da bossa nova.

OUTROS SUCESSOS

"Amor Sincero" (bolero), Silvinho e Roberto Muniz
"Ave-Maria dos Namorados" (samba-canção), Evaldo Gouveia e Jair Amorim
"Baby, Meu Bem" (rock), Hélio Justo e Tito Santos
"Bolinha de Sabão" (samba), Adilson Azevedo e Orlann Divo
"Chica da Silva" (samba-enredo/carnaval), Anescar e Noel Rosa de Oliveira
"Chove Chuva" (samba), Jorge Ben
"Deixa" (samba), Baden Powell e Vinicius de Moraes
"Ela é Carioca" (samba), Antônio Carlos Jobim e Vinicius de Moraes
"Enigma" (samba-canção), Adelino Moreira
"Esta Noite Eu Queria que o Mundo Acabasse" (bolero), Silvinho
"Eu Agora Sou Feliz" (samba/carnaval), Mestre Gato e Jamelão
"Foi Assim" (samba-canção), Lupicínio Rodrigues
"A Lua é Camarada" (marcha/carnaval), Klecius Caldas e Armando Cavalcanti
"O Morro Não Tem Vez" (samba), Antônio Carlos Jobim e Vinicius de Moraes
"Mulher" (bolero), Getúlio Macedo
"O Que Eu Gosto de Você" (samba), Sílvio César
"Piedosa Mentira" (tango), Adelino Moreira
"Por Causa de Você Menina" (samba), Jorge Ben
"Quem Tudo Quer Nada Tem" (bolero), Evaldo Gouveia e Jair Amorim
"Rio" (samba), Roberto Menescal e Ronaldo Bôscoli
"Sonhar Contigo" (bolero), Adilson Ramos e Armelindo Leandro
"Tem Bobo Pra Tudo" (samba), Manoel Brigadeiro e João Correia da Silva
"Triste e Abandonado" (balada), Hélio Justo e Erly Muniz
"O Uirapuru" (toada), Murilo Latini e Jacobina
"Zé da Conceição" (samba), João Roberto Kelly

GRAVAÇÕES REPRESENTATIVAS

ADILSON RAMOS
RCA Victor, BBL 1259 (lp), "Sonhar Contigo"

Altemar Dutra
Odeon, MOFB 3321 (lp), "Tudo de Mim"

Os Cariocas
Philips, P-632152-L (lp), "Rio"
Philips, P-632152-L (lp), "Samba do Avião"
Philips, P-632152-L (lp), "Só Danço Samba"

Cauby Peixoto
RCA Victor, BBL 1229 (lp), "Ave-Maria dos Namorados"

Isaura Garcia
Odeon, 14844, "Tem Bobo pra Tudo"

Jair Rodrigues
Philips, P-632162-L (lp), "O Morro Não Tem Vez"

Jorge Ben
Philips, P-632161-L (lp), "Chove Chuva"
Philips, P-632161-L (lp), "Mas Que Nada"

Nelson Gonçalves
RCA Victor, 80.2547-b, "Enigma"

Pery Ribeiro
Odeon, MOFB 3314 (lp), "Garota de Ipanema"

Roberto Carlos
CBS, 37304 (lp), "Parei na Contramão"

Silvinho
Philips, P-632129-L (lp), "Mulher Governanta"

Sônia Delfino
Philips, P-61203H, "Bolinha de Sabão"

Vinicius de Moraes e Odete Lara
Elenco, ME 1 (lp), "Samba em Prelúdio"

MÚSICAS ESTRANGEIRAS DE SUCESSO NO BRASIL

"Afrikaan Beat", Bert Kaempfert
"Al Di La", Mogol e Carlo Donida
"Baby Elephant Walk" (O Passo do Elefantinho), Henry Mancini e Hal David
"Baby Sittin' Boogie", Johnny Parker
"Blame It on the Bossa Nova", Cynthia Weil e Barry Mann
"Chariot", Jacques Plante, J. W. Stole e Del Roma
"Cuando Calienta el Sol", Carlos Rigual e Mario Rigual
"Days of Wine and Roses", Henry Mancini e Johnny Mercer
"Hava Nagila", A. Z. Idelsohn
"I Can't Stop Loving You", Don Gibson
"Papa-Oom-Mow-Mow", Al Frazier, Carl White, Turner Wilson Jr. e John Harris
"Roberta", Luigi Naddeo e Paolo Lepore
"Sabrá Dios", Alvaro Carrillo
"Splish Splash", Bobby Darin e Jean Murray
"Ti Guardarò nel Cuore" (Doce Amargura), Riz Ortolani, Marcello Ciorciolini e Nino Oliviero

CRONOLOGIA

06/01: Realiza-se o plebiscito que determina o fim do parlamentarismo e a volta do presidencialismo no Brasil.

04/04: Morre no Rio de Janeiro (RJ) o compositor Ari Kerner Veiga de Castro

22/04: O governo do estado da Guanabara adquire o Arquivo Almirante, o maior acervo de documentos sobre a música popular brasileira existente na época.

25/05: O Brasil sagra-se Campeão Mundial de Basquetebol masculino. Na partida final, realizada no Rio de Janeiro, vence os Estados Unidos por 85 a 81.

14/06: Morre no Rio de Janeiro (RJ) o compositor Jorge Faraj.

16/06: A soviética Valentina Tereshkova torna-se a primeira mulher a realizar uma viagem espacial. Morre no Rio de Janeiro o compositor Lamartine Babo.

10/10: Morre em Paris a cantora/compositora Edith Piaf.

22/11: É assassinado em Dallas (Texas, EUA) John Fitzgerald Kennedy, presidente dos Estados Unidos.

VII. 1964

DESTAQUES

"Berimbau" (samba), Baden Powell e Vinicius de Moraes

Em que pese a qualidade de outras composições de Baden e Vinicius, o melhor da parceria são os chamados afro-sambas. Esta série inspirou-se em um elepê sobre sambas de roda e pontos de macumba, gravados nos terreiros da Bahia, que Vinicius ganhara do compositor baiano Carlos Coqueijo. O primeiro afro-samba a se destacar foi "Berimbau". Tendo a parte inicial calcada no som monocórdico desse instrumento e em cuja letra ressaltam alguns versos ideológicos ("O dinheiro de quem não dá/ é o trabalho de quem não tem"), o samba explode na segunda parte, com um refrão vibrante e agressivo ("Capoeira me mandou/ dizer que já chegou/ chegou para lutar"), que é sustentado por um ritmo forte de candomblé. Com tais características, "Berimbau" contrasta com o suave "Samba em Prelúdio", sucesso anterior da dupla. Frequentemente executado pelos trios instrumentais que proliferavam na época no rastro do Tamba Trio, "Berimbau", cujo sucesso tornou o instrumento conhecido em todo o país, também recebeu grandes interpretações vocais, além de algumas gravações do próprio Baden, que o executou várias vezes no programa *O Fino da Bossa*.

"Bigorrilho" (samba-coco/carnaval),
Paquito, Romeu Gentil e Sebastião Gomes

O carnaval de 64 foi marcado pelo surpreendente sucesso do samba-coco "Bigorrilho". Muito mais coco do que samba, a composição é baseada em tema folclórico, aproveitando também o verso "trepa Antônio, siri tá no pau", do samba "O Malhador", de Pixinguinha, Donga e Mauro de Almeida, gravado por Baiano em 1918. No antigo samba a expressão "siri tá no pau" era entoada por um corinho, em resposta a cada verso cantado pelo Baiano. Além do ritmo, que enseja aos dançarinos uma coreografia original, concorreu para o sucesso de "Bigorrilho" uma boa dose de malícia disfarçada na aparente ingenuidade da letra: "Lá em casa tinha um bigorrilho/ bigorrilho fazia mingau/ bigorrilho foi quem me ensinou/ a tirar o cavaco do pau/ trepa Antônio, siri tá no pau...". O êxito de "Bigorrilho" ultrapassou o período carnavalesco, tornando-se por algum tempo número obrigatório nos shows de seu lançador, Jorge Veiga.

"Cabeleira do Zezé" (marcha/carnaval),
João Roberto Kelly e Roberto Faissal

O uso masculino do cabelo comprido ainda não era de todo aceito no Brasil em 1964. Daí o surgimento de composições, como "Cabeleira do Zezé", colocando em dúvida a masculinidade do usuário da nova moda. "Olha a cabeleira do Zezé/ será que ele é.../ será que ele é...", dizia a marchinha, adiante arrematada com a repressiva sugestão "corta o cabelo dele.../ corta o cabelo dele...". Mas logo mais, na segunda metade da década, estaria todo o mundo (principalmente a moçada da música popular) exibindo vastas cabeleiras, numa boa, livre de críticas ou preconceitos. Especialista em marchinhas e vinhetas musicais para programas de televisão, João Roberto Kelly seria o último bom compositor a se dedicar à canção de carnaval tradicional, sendo "Cabeleira do Zezé" lançada por Jorge Goulart, o seu abre-alas de uma numerosa série de sucessos carnavalescos.

"Deixa Isso pra Lá" (samba), Alberto Paz e Edson Menezes

O samba "Deixa Isso pra Lá", que tornou conhecido Jair Rodrigues, tem apenas uma metade cantada, sendo a outra falada. Por isso era "música para ser vista", pois ao recitar sua primeira parte — "Deixa que digam/ que pensem/ que falem/ deixa isso pra lá/ vem pra cá/ o que é que tem/ eu não estou fazendo nada/ você também..." — Jair aproximava-se da plateia gingando e gesticulando com a mão direita espalmada. Esta encenação, um tanto maliciosa, foi a razão do sucesso. Musicalmente inexpressivo, "Deixa Isso pra Lá" é, pode-se dizer, um *rap* precursor em ritmo de samba.

"Diz que Fui por Aí" (samba), Zé Kéti e Hortênsio Rocha

Em seu elepê de estreia, Nara Leão surpreendeu o produtor Aloisio de Oliveira ao reunir os bossanovistas Baden Powell, Vinicius de Moraes e Carlos Lyra aos sambistas Cartola, Nelson Cavaquinho e Zé Kéti, na época ignorados pelas gravadoras. Mas apesar da desaprovação de alguns puristas, o disco deu certo, com a musa da bossa nova cantando a seu modo sambas como "O Sol Nascerá", "Luz Negra" e este "Diz que Fui por Aí", que trata da caminhada errante de um boêmio, com seu violão debaixo do braço, que para em qualquer esquina, entra em qualquer botequim e, despreocupado, recomenda: "Se alguém perguntar por mim, diz que fui por aí". Complementando a ótima interpretação de Nara, esta faixa tem uma participação primorosa do violonista Geraldo Vespar.

"Luz Negra" (samba), Nelson Cavaquinho e Amâncio Cardoso

Como foi dito, Nelson Cavaquinho é um dos três grandes sambistas desvendados ao grande público pela musa da bossa nova, Nara Leão, em seu elepê de estreia. Entre as músicas deste disco está um samba de título antinômico, "Luz Negra", exemplo perfeito do estilo trágico de Nelson Cavaquinho. Sendo um dos muitos artistas de esquerda que frequentavam o restaurante Zicartola, para ouvir na fonte a música dos sambistas, o falecido cineasta Leon Hirszman teve, num daqueles encontros, a ideia de pedir a Nelson um tema para o seu primeiro longa-metragem. O filme era *A Falecida*, baseado na peça homônima de Nelson Rodrigues, com Fernanda Montenegro no papel principal, e a música, "Luz Negra". Orquestrado para o filme por Radamés Gnattali, o samba ganhou uma letra, muito elogiada e até considerada shakespeareana, o que seria um exagero: "Sempre só/ eu vivo procurando alguém/ que sofra como eu também/ e não consigo achar ninguém/ (...)/ A luz negra de um destino cruel/ ilumina o teatro sem cor/ onde estou desempenhando o papel/ de palhaço do amor...". "Luz Negra" é o que na gíria pode ser definido como o máximo de "música para baixo", mormente em função da adequada melodia da primeira parte, que, em linha descendente, finaliza num impressionante grave, como se estivesse chegando ao fundo de um poço. Este samba consolidaria o seu sucesso ao ser regravado em junho de 1965 por Elizeth Cardoso, no elepê *Elizeth Sobe o Morro*, com a participação de um grupo de bambas como Nelson Sargento, Paulinho da Viola e o próprio Nelson Cavaquinho, que canta a segunda parte.

"Matriz ou Filial" (samba-canção), Lúcio Cardim

É comum atribuir-se a Lupicínio Rodrigues a autoria de "Matriz ou Filial", um autêntico samba-canção "dor de cotovelo". Como se não bastasse a linha melódica abolerada, sempre associada ao clima de "inferninho", e o tratamento dramático do tema paixão-rivalidade-arrependimento, a composição ainda seria, não por acaso, lançada por Jamelão, o intérprete maior de Lupicínio: "Quem sou eu/ pra ter direitos exclusivos sobre ela/ se eu não posso sustentar/ os sonhos dela/ se nada tenho e cada um vale/ o que tem...". Entretanto, o autor desses versos é o santista Lúcio Cardim, personagem da noite, como Lupi, e que integrou em sua época um restrito grupo de compositores paulistas reconhecidos e gravados em outros estados. As reflexões e tiradas surpreendentes do ambiente de *bas fond*, dominantes na obra de Cardim, podem ser apreciadas em "Matriz ou Filial", que ele chegou a gravar, juntamente com outras composições de sua autoria, num elepê (o único em toda sua carreira) intitulado *Obra-Prima*, em 1978.

"Nanã", Moacir Santos e Mário Telles

Em um de seus habituais passeios pelo Parque Guinle, ao tempo em que morava no bairro carioca da Glória, o admirado maestro-arranjador Moacir Santos começou a entoar em ritmo ternário um lamento, imaginando uma procissão. Cantarolando as sílabas "nã, nã, nã, nã", ele foi sendo seduzido pela beleza daquele tema e de sua original resolução nas duas notas bem graves, que o ajudaram a fixar a melodia. Passou então a tocá-lo ao clarinete, em companhia de Baden Powell e Tom Jobim, em reuniões informais, sendo que numa delas, em casa de Nara Leão, o tema despertou a atenção do cineasta Cacá Diegues, futuro marido da cantora. Entusiasmado, Cacá resolveu usá-lo na abertura do filme *Ganga Zumba*, cantado por Nara, a primeira a gravá-lo quando ainda nem letra havia recebido. Logo depois, Vinicius de Moraes, parceiro de Moacir em algumas canções, fez-lhe uns versos meio sensuais que não agradaram ao compositor. "O quadro não era aquele, com gente espiando um banho de Nanã", recorda Moacir, justificando-se: "Nanã é uma mistura de sons onomatopaicos e, ao mesmo tempo, o nome de uma divindade africana, que pode ser a mãe de Nossa Senhora ou a deusa do mar, dependendo da religião". Na verdade, é o Deus Supremo em algumas seitas africanas e, em cultos afro-brasileiros, um orixá feminino, mãe de todos os orixás e a mais velha deusa das águas. É ainda sincretizada, em diferentes regiões, ora com Santa Bárbara, ora com Nossa Senhora da Candelária, mas, principalmente, com Sant'Ana, mãe de Maria. Coube a Mário Telles, irmão de Sylvia Telles, fazer a letra definitiva da canção, gravada em 1964 por Simonal em grande interpretação, respeitando os graves desse tema singular. Naquele mesmo ano, Moacir Santos, professor de vários músicos, passou numa aula de orquestração ao aluno Sérgio Mendes duas composições de sua autoria, "Nanã" e "Coisa nº 2", sugerindo-lhe uma formação inusitada para os sopros: dois trombones e um saxofone tenor. Nasceu dessa sugestão o esquema original do grupo Sérgio Mendes & Bossa Rio, que gravaria em seguida um disco marcante, cujo repertório incluía as composições citadas. Com apenas um elepê brasileiro, intitulado *Coisas*, que mostra o melhor de sua obra até 1965, o pernambucano Moacir José dos Santos tem o restante de sua discografia gravada em Los Angeles, onde, desde 67, leciona, faz arranjos e compõe *jingles* e música para o cinema. "Tenho em casa mais de cem 'Nanãs', sendo umas cinquenta americanas", in-

Um marco na história do violão brasileiro, Baden Powell é também o autor de vários clássicos, cujo forte impulso rítmico remete às origens africanas de nossa música popular.

forma Moacir, acrescentando que uma dessas gravações está em seu álbum *The Maestro* (1972), que mereceu uma indicação para o Grammy.

"Rua Augusta", Hervê Cordovil

Em atividade desde os anos 1930, quando foi parceiro de Noel Rosa ("Triste Cuíca"), e autor de vários sucessos na era do baião ("Pé de Manacá", "Cabeça Inchada", "Sabiá na Gaiola") e do samba de boate ("Uma Loura"), Hervê Cordovil foi um dos mais respeitados maestros-aranjadores da Rádio e TV Record, ao lado de Gabriel Migliori, Renato de Oliveira, Ciro Pereira e outros. Com a sua versatilidade, fez aos cinquenta anos "Rua Augusta" para o repertório do filho Ronnie Cord, composição que focalizava a famosa passarela onde a juventude paulistana ia na época paquerar, bem no íngreme trecho que fica entre a avenida Paulista e a rua Estados Unidos. Além de endereço da boate Lancaster, "o templo do twist", a Augusta era o centro dos "rachas", motivo para a letra de Hervê: "Entrei na rua Augusta a 120 por hora/ botei a turma toda do passeio pra fora/ fiz curva em duas rodas sem usar a buzina/ parei a quatro dedos da vitrina... Legal!". A terceira estrofe da canção foi cortada pela censura: "Comigo não tem mais esse negócio de farda/ não paro o meu carro nem se for na esquina/ tirei a 130 a maior fina do guarda/ tirei o maior grosso da menina". Com uma harmonia muito simples, vinculada ao blues, "Rua Augusta" é considerada por Erasmo Carlos e Tony Campello "o primeiro hino do rock brasileiro". Foi o maior sucesso de Ronnie Cord (Ronald Cordovil), um dos ídolos do período pré-Jovem Guarda, que veio a falecer em 1986 com apenas 46 anos.

"O Sol Nascerá" (samba), Cartola e Elton Medeiros

A carreira de Cartola divide-se em duas fases: a "fase pobre", dos anos 1930 aos 1950, em que teve somente quatorze composições gravadas, e a "fase rica", de 1964 a 1980, quando, redescoberto e consagrado, lançou a maior e melhor parte de sua obra. Pode-se dizer que essa segunda fase começa com o lançamento de "O Sol Nascerá", que tem também especial significação para o coautor Elton Medeiros, pois é o seu primeiro sucesso. Embora gravado em 1964 por Nara Leão, "O Sol Nascerá" foi composto três anos antes, em casa de Cartola, na época muito frequentada por Elton, Zé Kéti, Nelson Cavaquinho e outros sambistas. E foi feito de improviso, de forma até pitoresca, conforme relembra o próprio Elton: "Tínhamos acabado de fazer um samba chamado 'Castelo de Pedrarias', quando chegou o amigo Renato Agostini com a mulher. Então, mostramos-lhe o samba e ele nos desafiou a fazer outro, ali na hora, em sua presença. Topamos o desafio e pouco depois estava pronto 'O Sol Voltará', que o Renato adorou. Na gravação, atendendo a um pedido de Aloisio de Oliveira, mudamos o título para 'O Sol Nascerá', que ficou até melhor". Curto, como convém a uma composição feita de improviso, "O Sol Nascerá" é um samba que procura passar esperança e otimismo ("A sorrir/ eu pretendo levar a vida...") e tem a participação de Cartola e Elton tanto na letra como na melodia. Já o "Castelo de Pedrarias" perdeu-se para sempre nas brumas do esquecimento...

OUTROS SUCESSOS

"Amigo, Palavra Fácil" (samba), Jorge de Castro e Verinha Falcão
"Aquarela Brasileira" (samba-enredo/carnaval), Silas de Oliveira
"Beijo Gelado" (bolero), Rubens Machado
"Bicho do Mato" (samba), Jorge Ben
"Cansei de Pedir" (bolero), Nuno Soares
"Consolação" (samba), Baden Powell e Vinicius de Moraes
"É Fácil Ser Feliz", Fernando César e Aloisio Silva Araújo
"É Proibido Fumar", Roberto Carlos e Erasmo Carlos
"Formosa" (samba), Baden Powell e Vinicius de Moraes
"Inútil Paisagem", Antônio Carlos Jobim e Aloisio de Oliveira
"Lado a Lado" (bolero), Jerônimo Bragança e Nóbrega de Souza
"Leda", Adilson Ramos e Gentil Ramon
"Louco, Ela é Seu Mundo" (samba), Wilson Batista e Henrique de Almeida (lançado inicialmente em 1947, sem maior sucesso)
"Marcha da Cegonha" (marcha/carnaval), José Messias
"Marcha do Remador" (marcha/carnaval), Antônio Almeida e Oldemar Magalhães
"O Menino das Laranjas",[1] Theo de Barros
"Minha História de Amor", José Messias
"Que Queres Tu de Mim" (bolero), Evaldo Gouveia e Jair Amorim
"Serenata da Chuva", Evaldo Gouveia e Jair Amorim
"Somente uma Saudade" Hélio Justo e Daisy Justo
"Telefone" (samba), Roberto Menescal e Ronaldo Bôscoli

[1] Em meados dos anos 1960, as gravadoras deixaram de informar o gênero das composições nos rótulos dos discos.

GRAVAÇÕES REPRESENTATIVAS

ALTEMAR DUTRA
Odeon, MOFB 3384 (lp), "Que Queres Tu de Mim"
Odeon, MOFB 3366 (lp), "Serenata da Chuva"

OS CARIOCAS
Philips, P-632177-L (lp), "Telefone"

JAIR RODRIGUES
Philips, P-632717-L (lp), "Deixa Isso pra Lá"

JORGE GOULART
Mocambo, 15544-b, "Cabeleira do Zezé"

NARA LEÃO
Elenco, ME 10 (lp), "Diz que Fui por Aí"
Elenco, ME 10 (lp), "Luz Negra"
Elenco, ME 10 (lp), "O Sol Nascerá"

QUARTETO EM CY
Forma FM 4 (lp), "Berimbau"

ROBERTO CARLOS
CBS, 37352 (lp), "É Proibido Fumar"

RONNIE CORD
RCA Victor, BBL 1294 (lp), "Rua Augusta"

WILSON SIMONAL
Odeon, MOFB 3396 (lp), "Consolação"
Odeon, MOFB 3396 (lp), "Nanã"

MÚSICAS ESTRANGEIRAS DE SUCESSO NO BRASIL

"America", Leonard Bernstein
"La Bamba", tema popular
"Can't Buy Me Love", John Lennon e Paul McCartney

"Dominique", Soeur Sourire
"Encadenados" (Acorrentados), Carlos A. Briz
"The Hully Gully", Fred Sledge Smith e Clifford Goldsmith
"I Want to Hold Your Hand", John Lennon e Paul McCartney
"If I Had a Hammer" ("Datemi un Martello"), Lee Hays e Pete Seeger
"Io Che Amo Solo Te", Sergio Endrigo
"Una Lacrima sul Viso", Lunero e Mogol
"My Boy Lollipop", Morris Levy e Johnny Roberts
"Road Hog" (O Calhambeque), John Loudermilk e Gwen Loudermilk
"Scrivi", Charlie Rich e Carlo Rossi
"She Loves You", John Lennon e Paul McCartney
"Twist and Shout", Bert Russell e Phil Medley

CRONOLOGIA

07/01: É promulgada a lei nº 488, que torna a marcha "Cidade Maravilhosa", de André Filho, hino oficial do estado da Guanabara.

31/01: Morre no Rio de Janeiro (RJ) o compositor Getúlio Marinho (Amor).

09/02: Morre no Rio de Janeiro (RJ) o compositor Ary Barroso.

18/02: Morre no Rio de Janeiro (RJ) o arranjador/compositor Vicente Paiva.

19/02: Morre no Rio de Janeiro (RJ) o compositor Zeca Ivo (José Ivo da Costa).

25/02: Cassius Clay ganha o título de Campeão Mundial de Boxe, categoria peso pesado, ao derrotar em Miami (Florida, EUA) Sonny Liston.

10/03: A estilista inglesa Mary Quant lança a moda da minissaia.

13/03: Estreia no Rio o filme *Deus e o Diabo na Terra do Sol*, de Glauber Rocha.

31/03: Inicia-se em Minas Gerais um movimento militar contra o governo João Goulart.

02/04: João Goulart deixa a presidência e viaja para o Uruguai, onde pede asilo político. Ranieri Mazzilli, presidente da Câmara, assume interinamente a presidência.

15/04: O marechal Humberto de Castelo Branco assume a presidência da República.

15/05: Morre no Rio de Janeiro (RJ) o compositor Armando Cavalcanti.

27/09: Morre em Natal (RN) o compositor Hianto de Almeida.

10/10 a 24/10: Realizam-se em Tóquio (Japão) os XVIII Jogos Olímpicos da Era Moderna.

15/10: Nikita Khruschev é derrubado do poder na U.R.S.S., sendo substituído por Leonid Brezhnev (como secretário do Partido Comunista) e Alexei Kossigin (como primeiro-ministro). Morre no Rio de Janeiro (RJ) o compositor/jornalista Antônio Maria. Morre em Santa Mônica (Califórnia, EUA) o compositor Cole Porter.

10/12: Estreia no Rio de Janeiro o show *Opinião*, de Oduvaldo Vianna Filho, Paulo Pontes, Armando Costa e Ferreira Gullar, com Nara Leão, Zé Kéti e João do Vale.

Com uma obra situada na fronteira entre o popular e o erudito, o vencedor de festivais Edu Lobo é parceiro do teatrólogo-letrista Gianfrancesco Guarnieri em importantes espetáculos como *Arena Conta Zumbi*, de caráter político-social.

VIII. 1965

DESTAQUES

"Arrastão", Edu Lobo e Vinicius de Moraes

Surgindo no momento em que o pessoal da bossa nova começava a tomar outros rumos, Edu Lobo escolheu um caminho realista, que misturava protesto social e regionalismo. Era uma linha de certa forma influenciada pelo trabalho de Carlos Lyra no Centro Popular de Cultura da UNE, e que introduzia na moderna canção brasileira asperezas da música nordestina. Requintado em sua simplicidade aparente, o vibrante "Arrastão" pertence à leva inicial das composições de Edu, tendo se sagrado vencedor do I Festival de Música Popular Brasileira, da TV Excelsior, que projetou seu nome e o de Elis Regina. Curiosamente, a ideia da melodia nasceu numa reunião na casa dos Caymmi, quando era cantada a "História de Pescadores", do anfitrião. Na terceira parte, intitulada "Temporal" ("Pedro!/ Chico!/ Lino!/ Zeca!..."), Edu começou a improvisar um contracanto, que acabou se tornando a base da canção. Já a letra, de Vinicius de Moraes, temperada pelo misticismo que dominava sua produção no momento, focaliza uma cena de pescaria, finalizada com uma puxada de rede repleta de peixes: "Ê... tem jangada no mar/ ê, iê, ê/ hoje tem arrastão/ ê, todo mundo pescar/ (...)/ nunca jamais se viu tanto peixe assim...". "Arrastão" funcionou como uma espécie de divisor de águas entre a bossa nova e um tipo de música inicialmente chamada de "música popular moderna", ou MPM. Esta sigla depois seria impropriamente trocada por MPB, mas MPB sempre foi e continuaria sendo usada como designativa de música popular brasileira, não importando se moderna ou antiga.

"Carcará", João do Vale e José Cândido

João do Vale já tinha mais de dez anos de Rio de Janeiro e várias músicas gravadas — algumas em seu nome, outras em nomes de terceiros quando Cartola o convidou a frequentar o Zicartola. Era uma oportunidade para ele mostrar seu repertório, pois lá os compositores podiam cantar à vontade. E foi naquele ambiente que surgiu a ideia do *Opinião*, um musical de protesto contra a ditadura recém-instalada. O espetáculo — cuja autoria era de Paulo Pontes, Ferreira Gullar, Armando Costa e Oduvaldo Vianna Filho e a direção de Augusto Boal — juntava um compositor urbano (Zé Kéti), um nordestino (João do Vale) e uma moça da alta classe média (Nara Leão), três personagens bem diferentes e uma só opinião. Encenado no então Teatro de Arena, em Copacabana, a partir de 10/12/1964, mostrava canções contestadoras, como "Carcará", lançada por Nara, mas que acabaria consagrando a estreante Maria Bethânia, que assumiu o seu papel em 13/02/1965, permanecendo até o final da temporada. "Carcará" é a mais conhecida composição da obra impregnada de realismo do rude maranhense João do Vale, um observador profundo da paisagem e da vida nordestina. Um tipo de gavião ("grande, do tamanho de um galo", assegura João), o carcará, ou caracará, sabe superar os problemas de sobrevivência, porque ao sentir fome "pega, mata e come", e quando em perigo "avoa que nem avião". Valente e decidido, "mais coragem do que home", o carcará simboliza o ideal libertário da canção. Um dos momentos mais explosivos do número era o trecho discursivo, com informações sobre dados estatísticos de caráter social, exaltado numa crescente e proposital agressividade de Bethânia, que produzia um efeito ameaçador. Isso prenunciava seu pendor para a declamação de textos dramáticos, uma característica marcante de seu estilo. Detalhe: o tal trecho declamado — "1950, mais de dois milhões de nordestinos viviam fora de seus estados natais. 10% da população do Ceará emigrou; 13% do Piauí; 15% da Bahia; 17% de Alagoas..." — foi copiado de um relatório da Sudene. Outro enxerto utilizado no arranjo é um pequeno trecho da "Missa Agrária", de Carlos Lyra e Gianfrancesco Guarnieri.

"Os Cinco Bailes da História do Rio" (samba-enredo/carnaval),
Silas de Oliveira, Bacalhau e Dona Ivone Lara

Foi da maior importância a contribuição do talentoso compositor Silas de Oliveira para o processo de sistematização e fixação do samba-enredo, gênero que assumiu o lugar da canção carnavalesca tradicional, a partir dos anos 1960. Atuando desde jovem no ambiente sambístico da Serrinha, no subúrbio carioca de Madureira, Silas seria um dos fundadores do Império Serrano, em março de 47, escola para a qual faria seus famosos sambas, que se tornaram clássicos, como "Sessenta e Um Anos de República", "Aquarela Brasileira", "Heróis da Liberdade", "Pernambuco Leão do Norte", alguns com outro bamba, Mano Décio da Viola. Em 1965, ano do IV Centenário do Rio de Janeiro, o Império Serrano — favorito absoluto no desfile, mas, que alcançou apenas o segundo lugar — lançou o seu belo samba, "Os Cinco Bailes da História do Rio", composição que culmina com uma visão do baile da Ilha Fiscal, o último do império: "Ao erguer a minha taça com euforia/ brindei aquela linda valsa/ já no amanhecer do dia/ a suntuosidade me acenava/ e alegremente sorria/ algo acontecia/ era o fim da monarquia". Silas fez este samba na sala da escolinha local, da Irmã Zélia, que ele gostava de utilizar depois das aulas. Era lá que se encontrava, com o parceiro Bacalhau, quando chegou Dona Ivone Lara, trazida por um jornalista amigo. "Os Cinco Bailes da História do Rio" já estava bem encaminhado, mas faltava um pedaço, que os dois, naquele momento meio "altos", não conseguiam completar. Então, Dona Ivone sugeriu uns versos que, aprovados na hora, fizeram-na entrar na parceria e se tornar a primeira mulher compositora de samba-enredo, quebrando uma injustificável tradição machista.

"Das Rosas", Dorival Caymmi

A valsa "Das Rosas" estava quase pronta quando, numa visita à Bahia, Caymmi fez de improviso um samba em homenagem a uma moça chamada Rosa, empregada de seu pai. Como o samba ficou ótimo, o compositor resolveu juntá-lo à valsa, em uma jogada original que deu certo. Assim, no final de 64, ele lançou o samba-valsa "Das Rosas", de sucesso praticamente simultâneo no Brasil e nos Estados Unidos (com o nome "And Roses and Roses" e letra em inglês de Ray Gilbert), que lhe propiciaria uma temporada naquele país. Nessa temporada, Caymmi cantou no show de televisão de Andy Williams, que havia lançado a versão americana da canção, e gravou um elepê, sempre acompanhado pelo conjunto The Girls from Bahia, que era o Quarteto em Cy. Uma peça atípica do repertório caymmiano, "Das Rosas" mostra o ecletismo do autor.

"Festa de Arromba", Roberto Carlos e Erasmo Carlos

Ao participar de um programa do Chacrinha no Natal de 1964 que reuniu todo o elenco da TV Excelsior, Erasmo Carlos teve a ideia de fazer uma canção que homenageava os principais artistas do rock brasileiro da época. Compôs então "Festa de Arromba", que descreve em versos bem-humorados, animadíssimos, uma hipotética festa animada pela presença de todo aquele pessoal do iê-iê-iê: "Vejam só que festa de arromba/ no outro dia fui parar/ (...)/ Ronnie Cord com um copo na mão/ enquanto Prini Lorez bancava o anfitrião/ (...)/ Wanderléa ria e Cleide desistia/ de agarrar um doce/ (...)/ Renato e seus Blue Caps/ tocavam na piscina/ The Clevers no terraço/ Jet Blacks no salão/ (...)/ Vejam só quem acabou de chegar/ Roberto Carlos em seu novo carrão/ (...)/ Hey, hey (hey, hey)/ que onda/ que festa de arromba...". Assim a letra citava dezesseis personagens da música jovem, "uma escolha salomônica", segundo Paulo Cesar de Araújo em *Roberto Carlos em detalhes*, "pois dividia o elenco da festa entre oito paulistas e oito cariocas, com claro objetivo de agradar fãs e disc-jóqueis das duas principais cidades do país". Erasmo lançou "Festa de Arromba" em abril de 1965, num compacto simples que chegou às paradas de sucesso em outubro, dois meses depois da estreia do programa *Jovem Guarda* na TV Record de São Paulo e dois antes do estouro de "Quero Que Vá Tudo Pro Inferno". Naturalmente, a data em que a letra foi feita justifica a ausência de alguns nomes importantes surgidos depois, como Eduardo Araújo, Martinha, Ronnie Von, Sérgio Reis e Leno e Lilian.

"Minha Namorada", Carlos Lyra e Vinicius de Moraes

Ao comporem "Minha Namorada", pouco antes de escrever a peça *Pobre Menina Rica*, seus autores não faziam muita fé no sucesso desta canção de amor. Mas, a realidade é que a letra de "Minha Namorada" — classificada por Elis Regina como "a maior cantada da música brasileira" — é de arrasar as resistências dos mais empedernidos corações femininos: "E se mais do que minha namorada/ você quer ser minha amada/ minha amada, mas amada pra valer/ (...)/ você tem que vir comigo em meu caminho/ e talvez o meu caminho seja triste pra você/ (...)/ e você tem que ser estrela derradeira/ minha amiga e companheira/ no infinito de nós dois...". Isso é Vinicius em momento de lirismo supremo, só alcançado em alguns poemas ou canções como "Eu Sei que Vou te Amar". Na melodia de Carlinhos, o acorde menor de si bemol, com a sétima sobre a sílaba "mi", em "ser *mi*-nha até morrer" e o arremate final às frases sequenciais são detalhes que situam "Minha Namorada" como um primoroso exemplo de equilíbrio na conjunção letra e música. Uma das melhores versões desta canção é a do conjunto Os Cariocas — na ocasião, em sua formação mais duradoura, com o falecido Luís Roberto como solista. Outra boa versão é a de Maria Creuza, Vinicius e Toquinho, gravada em 1972, na qual foi restaurado o recitativo original "Meu poeta, eu hoje estou contente,/ todo mundo de repente ficou lindo,/ ficou lindo de morrer,/ eu hoje estou me rindo,/ nem eu mesmo sei de quê...".

"O Neguinho e a Senhorita" (samba),
Noel Rosa de Oliveira e Abelardo Silva

O "Noel" e o "Rosa" do Noel Rosa de Oliveira fazem parte de seu nome verdadeiro, não sendo, como poderia parecer, uma homenagem a Noel Rosa. Também compositor, esse outro Noel pertence ao morro do Salguei-

O compositor maranhense João do Vale e o sambista carioca Zé Kéti são personagens importantes de *Opinião*, o primeiro espetáculo contestador realizado na época do regime militar.

ro, onde nasceu em 15 de julho de 1920, quando o xará de Vila Isabel tinha apenas nove anos. Aliás, ali nasceu, viveu e aprendeu, pois foi o Salgueiro que lhe deu notoriedade. Embora com um sucesso no carnaval de 49 ("Falam de Mim"), ele realmente só se projetaria fazendo para os Acadêmicos do Salgueiro sambas-enredo como "Quilombo dos Palmares" (com Nescarzinho e Valter Moreira, em 60) e "Chica da Silva" (com Nescarzinho, em 63). Esses dois sambas abriram-lhe as portas da mídia, dando-lhe oportunidade de aparecer e gravar suas músicas, entre as quais "O Neguinho e a Senhorita", a primeira a levá-lo às paradas, cantada por Noite Ilustrada. Uma composição ingênua, este samba descreve o romance do Neguinho com "a filha da madame" ("O Neguinho gostou da filha da madame/ que nós tratamos de Sinhá"), um caso de preconceito racial leve, com final feliz, pois, à revelia de madame, "senhorita foi morar lá na colina com o Neguinho que é compositor", e até acabou se tornando "rainha da escola". Noel Rosa de Oliveira, que morreu em 18 de março de 1988, emplacou novo sucesso na trilha do "Neguinho", a batucada "Vem Chegando a Madrugada" (com Zuzuca), desta vez na voz de Jair Rodrigues.

"Opinião" (samba), Zé Kéti

Além do título de uma peça que, como foi dito, reuniu no palco Nara Leão, Zé Kéti e João do Vale, o samba "Opinião" inspirou os nomes de um jornal, de um teatro, do grupo que encenou a peça e do segundo elepê de Nara, lançado no final de 1964. Simbolizando uma resistência ao processo de remoção de favelas, que então executava o governo do estado da Guanabara, "Opinião" é uma canção de protesto explícito ("Podem me prender/ podem me bater/ podem até deixar-me sem comer/ que eu não mudo de opinião/ daqui do morro eu não saio não..."), que, cantada numa época de forte repressão, funcionou como desafio à ditadura vigente. Daí a razão do sucesso da composição e do musical, que instituiu um esquema de contestação ao regime, logo adotado por diversos grupos. Ano de prestígio máximo de Zé Kéti, 1965 foi marcado ainda pelos sucessos de seus sambas "Malvadeza Durão", "Nega Dina" e "Acender as Velas".

"Pau de Arara", Carlos Lyra e Vinicius de Moraes

Carlos Lyra ainda vivia sua fase de maior criatividade — que coincidiu com o melhor período do contemporâneo Tom Jobim — quando começou a sua parceria com Vinicius de Moraes. Então, certo dia, ao entregar ao poeta uma fita com várias melodias para serem letradas, dele recebeu a sugestão de transformarem aquele repertório num musical. Assim surgiu *Pobre*

Menina Rica, com Vinicius criando-lhe as letras, o enredo e os personagens numa estada em Petrópolis, onde também criara os versos de "Garota de Ipanema". Com o papel título destinado a Nara Leão, a peça narrava a historinha de uma solitária menina rica, que se apaixonava por um mendigo, integrante de uma inacreditável comunidade de desvalidos, estabelecida ao lado de sua casa. Com tal enredo servindo de pretexto para a apresentação de uma série de belas canções, como "Primavera", "Maria Moita", "Sabe Você" e "Samba do Carioca", a peça foi inicialmente exibida no Teatro Maison de France, sendo depois levada para o Teatro de Bolso, quando vários atores seriam substituídos. Entre estes estava o paulista de Bauru, Ary Toledo, que pediu a Lyra para gravar "Pau de Arara", a música que cantava no palco. Essa composição era inspirada num tipo real, um pobre nordestino que sobrevivia dançando xaxado na praia de Copacabana e que, de repente, teve a ideia de melhorar seus rendimentos... comendo gilete. Em três longas estrofes, entremeadas por trechos recitados, a canção desfia espirituosamente as desventuras do personagem, que no final promete um sensato retorno às origens: "Vou-me embora pro meu Ceará/ porque lá tenho um nome/ e aqui não sou nada, sou um Zé-com-Fome". Depois de uma gravação realizada em estúdio e lançada num compacto, Ary Toledo voltou a gravar "Pau de Arara", desta vez ao vivo, no Teatro Record, durante o programa *O Fino da Bossa*, versão que ganhou gargalhadas estrepitosas da plateia e de Elis Regina, o que acabou enriquecendo em alegria e espontaneidade a performance do intérprete. O sucesso do disco foi tamanho, que fez muita gente pensar que Ary Toledo era realmente "um mísero cearense", autor de "O Comedor de Gilete", nome pelo qual a composição ficou conhecida. Relembrando *Pobre Menina Rica*, Carlinhos Lyra conta que, ao tomar conhecimento do enredo da peça (na qual faria o mendigo seresteiro), ponderou com o parceiro: "Mas, Vinicius, você não acha assim meio artificial esse negócio de uma menina rica e bonitona se apaixonar por um mendigo?". Ao que o poeta respondeu: "Acontece que esse é um mendiguinho muito simpático, incrementado, arrumadinho", e, reforçando a argumentação, fulminou: "Além do mais era primavera, parceirinho, primavera, entendeu?".

"Pedro Pedreiro" (samba), Chico Buarque

No dia 5 de maio de 1965, chegou às lojas o primeiro disco de Chico Buarque de Hollanda, um compacto simples da RGE que apresentava "Pedro Pedreiro" e "Sonho de um Carnaval". Na ocasião, às vésperas de completar vinte anos, Chico sonhava em cantar como João Gilberto, compor como Tom Jobim e fazer versos como Vinicius de Moraes. Relevando-se a inexperiência do estreante, pode-se afirmar que os sonhos do autor de "Pedro Pedreiro" não estavam assim tão distantes da realidade. Ao longo de sessenta versos, este samba conta as (des)esperanças de Pedro, um operário de obras, que vive esperando por alguma coisa — a palavra "esperando" é repetida 36 vezes no poema — que não acontece, mas, se acontecer, pouco ou nada irá influir no curso de sua existência miserável: "Esperando, esperando, esperando/ esperando o sol/ esperando o trem/ esperando aumento para o mês que vem/ esperando um filho para esperar também/ esperando a festa/ esperando a sorte/ esperando a morte/ esperando o norte/ esperando o dia de esperar ninguém/ esperando enfim nada mais além...". Marco inicial da carreira profissional de Chico Buarque, o alentado samba "Pedro Pedreiro" seria, então, por ele repetido à exaustão em todas as suas apresentações, por exigência de seus primeiros admiradores.

"Preciso Aprender a Ser Só", Marcos Valle e Paulo Sérgio Valle

Durante algum tempo, amigos de Marcos Valle como Joyce, Edu Lobo e Dori Caymmi acharam, depois de conhecerem uma de suas novas criações, que a composição já era tão bonita que nem sequer precisava ter letra. Com um encadeamento muito bem elaborado para uma melodia intuitiva e esplendidamente desenvolvida sobre um tema que, inclusive, era aproveitado na segunda parte, em menor, a canção também impelia Marcos a concordar com a ideia. Isso até que seu irmão, Paulo Sérgio, propôs escrever-lhe uma letra romântica, conseguindo criar um poema perfeitamente ajustado ao espírito da melodia — "Ah, se eu te pudesse fazer entender/ sem teu amor eu não posso viver/ e sem nós dois/ o que resta sou eu". "Preciso Aprender a Ser Só" foi originalmente apresentada por Elis Regina num show no Teatro Paramount, em maio de 64, do qual participava o próprio Marcos, cantando com ela "Terra de Ninguém", canção de protesto de sua autoria (com Paulo Sérgio), que se tornaria tema de abertura de *O Fino da Bossa*. Depois, ambas as canções seriam muito divulgadas no celebre elepê *Dois na Bossa*, com Elis, Jair Rodrigues e o Jongo Trio, gravado ao vivo em abril de 65, quase ao mesmo tempo em que Marcos lançou-as, acompanhado por arranjos de Eumir Deodato. "Preciso Aprender a Ser Só" foi premiada pela Rádio Jornal do Brasil como a melhor canção de 65, tendo recebido nesse ano inúmeras gravações como as de Alaíde Costa, Dóris Monteiro, Pery Ribeiro e Os Cariocas. Em 1975, participando em Los Angeles de um disco de Sarah Vaughan, Marcos Valle mostrou-lhe suas canções, levando-a a planejar a gravação de um álbum de música brasileira. Esse projeto se concretizou no final de 77, apresentando em uma das faixas "If I Went Away", a versão americana de "Preciso Aprender a Ser Só". Curiosamente, a canção inspirou uma resposta: "Preciso Aprender a Só Ser", de Gilberto Gil.

"Quero que Vá Tudo pro Inferno", Roberto Carlos e Erasmo Carlos

Tal como Orlando Silva, que foi o primeiro ídolo de massa criado pelo rádio no Brasil, Roberto Carlos seria o primeiro criado pela televisão. A canção que marca o início desse reinado é "Quero que Vá Tudo pro Inferno". Foi a partir de seu lançamento no programa *Jovem Guarda*, da TV Record, no final de 1965, seguido do disco homônimo, que Roberto Carlos se tornou o cantor-compositor pop de maior expressão na música brasileira, embora já frequentasse havia mais de três anos as paradas de sucesso. Aliás, o sucesso da canção e do programa foi tão forte que fez de Roberto, em pouquíssimo tempo, líder de audiência em televisão e campeão de vendagem de discos. Naturalmente, para acontecer em plena década de 1960 um fenômeno desses teria que receber, como recebeu, o apoio maciço de uma poderosa agência de publicidade, no caso a Magaldi, Maia & Prosperi, que seguia padrões americanos. Mas, como o futuro mostraria, Roberto Carlos — mesmo depois de deixar de ser novidade — manteria o prestígio, conquistando novos admiradores e conservando os antigos, o que é uma prova de talento e competência. Poética e musicalmente pobre, alguns pontos abaixo do nível alcançado por canções posteriores ("De que vale o céu azul/ e o sol sempre a brilhar/ se você não vem/ e eu estou a lhe esperar/ (...)/ quero que você/ me aqueça neste inverno/ e que tudo mais/ vá pro inferno..."), "Quero que Vá Tudo pro Inferno" é emblemático do primeiro estágio das carreiras de Roberto e de seu parceiro Erasmo Carlos, quando os dois representavam os papéis de jovens e rebeldes roqueiros.

"Rosa de Ouro" (samba),
Elton Medeiros, Paulinho da Viola e Hermínio Bello de Carvalho

Estimulado pelo êxito de *Menestrel*, série de concertos que reunia música popular e música erudita, Hermínio Bello de Carvalho partiu em março de 1965 para a realização de *Rosa de Ouro*, um ousado espetáculo com duas estrelas sexagenárias coadjuvadas por um grupo de compositores sambistas. Brilhava em sua primeira parte Araci Cortes, a "senhora rainha" do teatro de revista, e na segunda, Clementina de Jesus, a rainha das corimas, dos jongos e dos sambas duros, herdeira do canto de sua ancestralidade africana, raíz também da música de Elton Medeiros, Paulinho da Viola, Jair do Cavaquinho, Nescarzinho do Salgueiro e Nelson Sargento, o quinteto que, inclusive, apresentava o samba "Rosa de Ouro", tema de abertura e encerramento do show: "Ela tem uma rosa de ouro nos cabelos/ e outras mais, tão graciosas/ (...)/ e seu olhar faz de mim/ um cravo ciumento/ (...)/ Rosa de ouro/ que tesouro/ ter essa rosa plantada no fundo do peito...". Além de reverenciar a tradição dos antigos ranchos e cordões carnavalescos, *Rosa de Ouro* era um espetáculo sambista, que revolucionou o musical brasileiro, criando uma nova linguagem que tinha como característica básica a exploração da obra de compositores ligados às escolas de samba. Nascido no ambiente do Zicartola e exibido com grande sucesso, *Rosa de Ouro* ensejava aos espectadores momentos de diversão e feliz alheamento da tenebrosa realidade que lhes era imposta pela então iniciada ditadura militar.

"Samba de Verão", Marcos Valle e Paulo Sérgio Valle

Uma espécie de temporão da bossa nova, "Samba de Verão" lembra o estilo que consagrou a dupla Menescal e Bôscoli. Aliás, um ídolo de Marcos Valle, Roberto Menescal seria não por acaso um dos primeiros a conhecer o "Samba de Verão", quando o próprio autor mostrou-lhe a composição, ao violão, na Pedra do Arpoador, provocando o auspicioso comentário: "Vai ser um estouro". Marcos havia concluído a música sem maior esforço, tentando transmitir o seu lado esportivo de surfista, bem como o clima de sensualidade das praias cariocas. Como vaticinara Menescal, "Samba de Verão" foi um grande sucesso. Lançada ainda sem letra pelo grupo Os Catedráticos, de Eumir Deodato, a composição teve a sua estreia cantada no elepê *O Compositor e o Cantor*, que foi o segundo de Marcos Valle, seguindo-se várias versões que a tornaram uma das mais gravadas em 1965. Dois anos depois, estourou nos Estados Unidos, em gravação do Walter Wanderley Trio. Por conta desse sucesso, Marcos seria convidado para se apresentar no show de tevê de Andy Williams, que também gravou "Samba de Verão", além de outros artistas como Johnny Mathis, Caterina Valente e Connie Francis, em versão de Norman Gimbel que, curiosamente, aparece nos discos ora como "Summer Samba", ora como "So Nice".

"Sentimental Demais", Evaldo Gouveia e Jair Amorim

No final dos anos 1950 o astro Nelson Gonçalves, da RCA, não saía das paradas de sucessos cantando, principalmente, músicas de Adelino Moreira. Então a Odeon resolveu enfrentar à gravadora rival com um repertório semelhante, gravado por cantores como Anísio Silva, o mais bem sucedido, que se destacou com sucessos como "Interesseira", "Quero Beijar-te as Mãos" e sobretudo o bolero "Alguém me Disse", de Evaldo Gouveia e Jair Amorim. Em 1963, com a popularidade de Anísio em declínio, a gravadora reagiu lançando Altemar Dutra — um jovem de voz aguda e interpretações veementes — no elepê *A Grande Revelação*, cujo o trunfo era o bolerão "Que Sabes Tu de Mim", não por coincidência de autoria de Evaldo Gouveia e Jair Amorim. Dois anos e três elepês depois, Altemar chegaria ao auge da carreira com o sucesso "Sentimental Demais". Autores: Evaldo e Jair, os maiores especialistas no gênero: "Sentimental eu sou/ eu sou demais/ eu sei que sou assim/ porque assim ela me faz/ as músicas que eu/ vivo a cantar/ tem sabor igual/ por isso é que se diz/ como ele é sentimental...". Curiosamente o título (da composição e do disco) sintetiza em duas palavras o espírito do gênero, preconceituosamente chamado de brega-romântico: "Sentimental Demais".

"Trem das Onze" (samba), Adoniran Barbosa

A singeleza quase ridícula do episódio — um indivíduo, filho único, tem que interromper um encontro amoroso para não perder o último trem, pois sua mãe não dorme enquanto ele não chegar —, cantado de forma patética nos versos de Adoniran Barbosa, é a razão principal da popularidade de "Trem das Onze". O dilema do suburbano de Jaçanã comoveu não somente os paulistanos, mas o público de todo o país, fazendo deste samba um grande sucesso, inclusive invadindo o carnaval carioca de 65, para o qual não fora destinado. Contribuiu também para este sucesso a interpretação dos Demônios da Garoa, absolutamente identificada com o motivo da composição, tanto assim que "Trem das Onze" se tornou peça obrigatória em suas apresentações. Incluída na letra para rimar com "manhã", Jaçanã tem pouco a ver com a vida de Adoniran. Apenas, ao final dos anos 1950, ele fez uma temporada no Circo do Batista, lá estacionado, onde interpretava personagens do programa radiofônico *História das Malocas*, na ocasião muito em evidência. Mas, se andou de trem, deve ter sido no das sete, para não atrasar o espetáculo. A propósito, o ramal que servia a Jaçanã foi extinto pouco tempo depois.

OUTROS SUCESSOS

"Acender as Velas" (samba), Zé Kéti
"Festa do Bolinha", Roberto Carlos e Erasmo Carlos
"Folhas no Ar" (samba), Elton Medeiros e Hermínio Bello de Carvalho
"A Garota do Baile", Roberto Carlos e Erasmo Carlos

"Garota Moderna", Evaldo Gouveia e Jair Amorim
"Gatinha Manhosa", Roberto Carlos e Erasmo Carlos
"Joga a Chave, Meu Amor" (marcha/carnaval), João Roberto Kelly e J. Rui
"Malvadeza Durão" (samba), Zé Kéti
"Mascarada" (samba), Zé Kéti e Elton Medeiros
"Mexericos da Candinha", Roberto Carlos e Erasmo Carlos
"Minhas Madrugadas" (samba), Paulinho da Viola e Candeia
"Mulata Iê-Iê-Iê" (marcha/carnaval), João Roberto Kelly
"Não me Esquecerás", Oto Borges
"Não Quero Ver Você Triste", Roberto Carlos e Erasmo Carlos
"Nunca Mais Brigarei Contigo", Elias Soares e Sebastião Rodrigues
"Um Par de Alianças", Leonel Cruz e Gentil Gilberto
"Parei, Olhei", Rossini Pinto
"Primavera", Carlos Lyra e Vinicius de Moraes
"Rancho da Praça Onze" (marcha-rancho), João Roberto Kelly e Chico Anysio
"Reza", Edu Lobo e Ruy Guerra
"Saravá" (samba/carnaval), Carvalhinho, Jorge Silva e Zilda do Zé
"Sinfonia da Mata", Adelino Moreira
"Terra de Ninguém", Marcos Valle e Paulo Sérgio Valle
"Trovador" (marcha-rancho), Evaldo Gouveia e Jair Amorim

GRAVAÇÕES REPRESENTATIVAS

ALTEMAR DUTRA
Odeon, MOFB 3414 (lp), "Sentimental Demais"
Odeon, MOFB 3414 (lp), "O Trovador"

OS CARIOCAS
Philips, P-632710-L (lp), "Minha Namorada"

CHICO BUARQUE
RGE, 70149 (cs),[2] "Pedro Pedreiro"

[2] cs: compacto simples

Dalva de Oliveira
Odeon, MOFB 3416 (lp), "Rancho da Praça Onze"

Demônios da Garoa
Chantecler, CMG 2294 (lp), "Trem das Onze"

Dorival Caymmi
Elenco, ME 17 (lp), "Das Rosas"

Elis Regina
Philips, P-632765-L (lp), "Arrastão"
Philips, P-632742-L (lp), "Preciso Aprender a Ser Só"

Elizeth Cardoso
Copacabana, CLP 11434 (lp), "Malvadeza Durão"

Marcos Valle
Odeon, MOFB 3376 (lp), "Samba de Verão"

Maria Bethânia
RCA Victor, LCD 1119 (cs), "Carcará"

Nara Leão
Philips, P-632732-L (lp), "Acender as Velas"
Philips, P-632732-L (lp), "Opinião"

Noite Ilustrada
Philips, 365095 PB (cs), "O Neguinho e a Senhorita"

Roberto Carlos
CBS, 37400 (lp), "Não Quero Ver Você Triste"
CBS, 37402 (lp), "Quero que Vá Tudo pro Inferno"

MÚSICAS ESTRANGEIRAS DE SUCESSO NO BRASIL

"Abbracciami Forte", Mogol e Carlo Donida
"Amore Scusami", Vito Pallavicini e Gino Mescoli
"A Casa d'Irene", Franco Maresca e Mario Pagano

"Don't Let them Move" (Querida), George Garret e Chuck Howard
"Eight Days a Week", John Lennon e Paul McCartney
"Fais Attention" (Preste Atenção), Jean Loup Chauby e Bob Du Pac
"Fallaste Corazón" (Falhaste Coração), Cuco Sanchez
"A Hard Day's Night", John Lennon e Paul McCartney
"Help", John Lennon e Paul McCartney
"The House of the Rising Sun", Alan Price
"Io Che Non Vivo Senza Te", Pino Donaggio e Vito Pallavicini
"Ma Vie", Alain Barriere
"Michael" ("Row the Boat Ashore"), David Fisher
"Ol' Man Mose" (História de um Homem Mau), Louis Armstrong e Zilner Randolph
"Que c'Est Triste Venise", Françoise Dorin e Charles Aznavour
"Red Roses for a Blue Lady", Sid Tepper e Ray Brodsky (lançada em 1948)
"Sabor a Mi", Alvaro Carrillo
"Se Piangi, se Ridi", Mogol, Gianni Marchetti e Roberto Satti
"Shame and Scandal in Family", H. Donaldson e S. H. Brown
"Theme from Zorba the Greek", Mikis Theodorakis
"The Wanderer" (Lobo Mau), Ernest Maresca

CRONOLOGIA

28/01: Morre no Rio de Janeiro (RJ) o compositor Marino Pinto.

15/02: Morre em Santa Mônica (Califórnia, EUA) o cantor/pianista Nat King Cole.

01/03: É comemorado o IV Centenário da cidade do Rio de Janeiro.

18/03: Estreia no Teatro do Jovem, no Rio de Janeiro, o espetáculo *Rosa de Ouro*, de Hermínio Bello de Carvalho, com Clementina de Jesus, Araci Cortes e vários compositores ligados às escolas de samba.

04: Realiza-se o I Festival de Música Popular Brasileira, promovido pela TV Excelsior (Rio de Janeiro e São Paulo) e vencido pela composição "Arrastão", de Edu Lobo e Vinicius de Moraes, cantada por Elis Regina.

26/04: É inaugurada a TV Globo do Rio de Janeiro.

01/05: Estreia no Teatro de Arena de São Paulo a peça *Arena Conta Zumbi*, de Augusto Boal e Gianfrancesco Guarnieri, música de Edu Lobo, com o próprio Guarnieri, Lima Duarte e grande elenco.

02/05: O "Pássaro Madrugador", satélite americano para comunicação comercial, é utilizado pela primeira vez para a transmissão de programas de televisão.

19/05: Estreia na TV Record de São Paulo o programa *O Fino da Bossa*, apresentado por Elis Regina e Jair Rodrigues.

16/08: É transmitido diretamente do ginásio do Maracanãzinho, no Rio de Janeiro, o capítulo final da telenovela *O Direito de Nascer*.

22/08: Estreia na TV Record de São Paulo o programa *Jovem Guarda*, comandado por Roberto Carlos, Erasmo Carlos e Wanderléa.

03/09: É inaugurado o Museu da Imagem e do Som do Rio de Janeiro.

27/10: É promulgado pelo presidente Castelo Branco o Ato Institucional nº 2, que extingue os partidos políticos existentes e cria o sistema do bipartidarismo.

13/11: É instituído o Cruzeiro Novo, nova moeda que equivaleria a mil cruzeiros antigos.

12: Estreia no Teatro de Arena, no Rio de Janeiro, o espetáculo *O Samba Pede Passagem*, de Oduvaldo Vianna Filho e Armando Costa, com Araci de Almeida, Ismael Silva e a participação do MPB 4.

Jair Rodrigues, Nara Leão e Chico Buarque, os grandes vencedores do II Festival da TV Record, o primeiro com "Disparada" e os demais com "A Banda". Na época com vinte anos, Chico logo se tornaria um de nossos maiores poetas/compositores de todos os tempos.

IX. 1966

DESTAQUES

"Apelo" (samba), Baden Powell e Vinicius de Moraes

Pertencendo, como foi dito, à linha chopiniana adotada por Tom Jobim em "Insensatez" e "Retrato em Branco e Preto", "Apelo" é um dos maiores sucessos da dupla Baden Powell-Vinicius de Moraes. Sucesso que, pode-se afirmar, se deve em boa parte à bela melodia de Baden, superior à letra de Vinicius ("Ah! Meu amor não vás embora/ vê a vida como chora/ vê que triste esta canção..."), romântica, bem construída, mas sem o brilho de tantas outras desse período de produção intensa, em que ele abasteceu repertórios de vários parceiros. Lançado por Sílvio Aleixo no início de 1966, "Apelo" ganhou nesse ano gravações memoráveis, como a de Elizeth Cardoso, dramática, densa, emocionada, a de Dóris Monteiro, tranquila, intimista, ou a do próprio Baden Powell, um primor de sensibilidade e técnica violonística.

"A Banda" (marcha), Chico Buarque

A passagem de uma banda desperta alegria e prazer em um grupo de pessoas, mergulhadas na monotonia de suas vidas insignificantes ("A minha gente sofrida/ despediu-se da dor/ pra ver a banda passar/ cantando coisas de amor"). Mas o encantamento tem apenas o tamanho de uma canção, voltando tudo à rotina anterior no momento em que a música deixa de ser ouvida ("Mas para o meu desencanto/ o que era doce acabou/ tudo tomou seu lugar/ depois que a banda passou"). Espantando a dor, a desesperança, a imobilidade, a banda simboliza a importância da música para a vida. Na visão do poeta, a música é amor, emoção, movimento; o silêncio, tristeza, sofrimento, solidão. Composição típica da fase inicial de Chico, com seu estilo lírico-narrativo, "A Banda" dividiu com "Disparada" o primeiro lugar no II Festival da TV Record. Seu sucesso foi fulminante, tendo o compacto de lançamento, gravado por Nara Leão, vendido 55 mil cópias em quatro dias. Porém, sua maior façanha foi entrar para o repertório de bandas de música do mundo inteiro, mesmo não sendo uma marcha militar.

"Brigas" (bolero), Evaldo Gouveia e Jair Amorim

Ao final de um programa da TV Globo, numa época em que sua carreira, já entrara em declínio, Altemar Dutra declarou: "A música com a qual eu gostaria de ser lembrado nos próximos trinta, sessenta, cem anos é 'Brigas'". Então, cantou para os telespectadores este bolero, que abria seu elepê *Sinto que Te Amo*, em 1966: "Veja só/ que tolice nós dois/ brigarmos tanto assim/ se depois/ vamos nós a sorrir/ trocar de bem no fim...". Com um público cativo, fiel comprador de seus discos, Altemar sustentou por vários anos a posição de trovador romântico da Odeon, sempre interpretando um repertório que incluía em cada elepê um mínimo de duas ou três canções da dupla Evaldo Gouveia e Jair Amorim. Todas elas dolentes, chorosas e sentimentais como "Brigas".

"Canto de Ossanha" (samba), Baden Powell e Vinicius de Moraes

Um dos melhores e mais conhecidos dos afro-sambas, "Canto de Ossanha" deve muito de seu sucesso à interpretação empolgante que lhe deu Elis Regina nas diversas vezes que o apresentou em *O Fino da Bossa*. Aliás, a letra de "Canto de Ossanha" foi concluída num ensaio do programa, conforme relembrou Elis numa entrevista radiofônica (*Programa do Zuza*, Rádio Jovem Pan, 17/05/1978): "Eu me lembro nitidamente de 'Canto de Ossanha': a letra tinha acabado de ficar pronta, Vinicius estava sentado num banquinho, Baden no outro, eu no meio e o papel na frente pra gente cantar a primeira vez". Obedecendo o esquema de outros afros, "Canto de Ossanha" os supera na melodia expressiva de Baden e no poema ambíguo de Vinicius que, segundo ele mesmo (no encarte do elepê *Os Afro-Sambas*), "faz refletir e trata, sem hesitar, de problemas da vida e do amor" ("... o homem que diz 'sou' não é/ porque quem é mesmo é 'não sou'..."). Já a divindade que lhe inspirou o nome pouco ou nada tem a ver com a letra. Ossanha (também Ossaim, Ossonhe ou Ossamin) é o orixá das folhas litúrgicas e medicinais. É também adivinho na África, sendo sincretizado no Brasil com São Benedito. Em alguns candomblés foi transformado em orixá feminino e sincretizado com a Caipora, de nossa mitologia indígena.

"Disparada", Theo de Barros e Geraldo Vandré

Em 1966, o compositor Geraldo Vandré participou vitoriosamente de três grandes festivais musicais promovidos pela televisão: em junho, foi 1º lugar na TV Excelsior, com "Porta Estandarte" (parceria de Fernando Lona); em outubro, tirou o 1º lugar na TV Record, com "Disparada" (parceria de Theo de Barros); e ainda em outubro, ficou em 2º lugar na TV Rio (1º

Festival Internacional da Canção), com "O Cavaleiro" (parceria de Tuca). Dessas três composições, a de maior repercussão seria inegavelmente "Disparada", a mais vigorosa canção de protesto surgida até então, um verdadeiro cântico revolucionário. Musicado por Theo sobre uma versalhada que Geraldo Vandré havia escrito durante uma viagem, "Disparada" é uma moda de viola com sotaque nordestino. "A intenção era compor uma moda de viola baseada no folclore da região Centro-Sul, porém nossas raízes se infiltraram no processo e resultou uma catira de chapéu de couro", esclarece Theo na contracapa de seu primeiro elepê. Para apresentar "Disparada", os autores escolheram Jair Rodrigues, então no auge da popularidade, entregando o acompanhamento ao Trio Novo — Theo (viola), Heraldo do Monte (violão) e Airto Moreira (percussão) — reforçado pelo Trio Marayá. O Trio Novo atuou na eliminatória e na gravação de estúdio, mas não pôde participar da final (por já ter compromisso agendado para a data), sendo os seus músicos substituídos por Aires (viola), Gianulo (violão) e Manini (percussão). Mas nas duas fases o resultado foi excelente, com a canção sendo ruidosamente aclamada pela facção mais politizada da plateia — principalmente em trechos como "Mas o mundo foi rodando/ nas patas do meu cavalo/ e já que um dia montei/ agora sou cavaleiro/ laço firme, braço forte/ de um reino que não tem rei..." — que rivalizava em número e entusiasmo com os partidários de "A Banda", de Chico Buarque. Em vista disso, embora "A Banda" tenha ganho pelos votos dos jurados, a direção da Record resolveu considerar as duas concorrentes empatadas na primeira colocação, a fim de evitar um confronto entre os torcedores. Uma nota pitoresca na apresentação de "Disparada" foi a utilização de uma queixada de burro como instrumento de percussão. A novidade, descoberta por Airto Moreira numa loja em Santo André, emprestou maior rusticidade ao acompanhamento, além de evocar uma visão forte da seca.

"Louvação", Gilberto Gil e Torquato Neto

Quando às sete horas e 29 minutos da manhã do dia 29 de julho de 1966, o locutor Augusto Tovar da Rádio Jovem Pan viu-se obrigado a interromper a programação para anunciar que havia um incêndio no edifício das organizações Record, na avenida Miruna, a música que estava no ar era "Louvação", com Elis Regina e Jair Rodrigues. Foi por esse motivo que a direção da Record decidiu tocá-la intermitentemente, assim que as emissoras de rádio (PRA 5 — São Paulo, PRB 9 — Record e PRH 7 — Pan Americana) e de televisão (Canal 7 — Record), que funcionavam no local do incêndio, voltaram a operar, ainda que em condições precárias. Teve assim a música de Gil, de uma forma inusitada, uma divulgação maciça (bem superior à das outras canções de sua fase inicial), "louvando a quem bem merecia", muito especialmente os bombeiros, como reconheceu o editorial do *Jornal da Tarde*, em 1º de agosto. Como nas demais parcerias com Torquato, Gil recebera dele a letra de "Louvação" pronta, alterando-a ligeiramente ao colocar-lhe a melodia. No poema, cuidadosamente construido, o alegre refrão, repetido quatro vezes, é sempre modificado no terceiro e quarto versos, dizendo, na primeira vez: "Meu povo preste atenção — atenção, atenção/ repare se estou errado"; na segunda: "Quem 'stiver me escutando/ (...)/ que me escute com cuidado"; na terceira: "De todos peço atenção/ (...)/ falo de peito lavado; e na quarta: "Se me ouvirem com atenção/ (...)/ saberão se estive errado". Nos estribilhos, que intercalam o refrão, são louvadas coisas, como "a esperança", "a paz", "o amor", "a amizade" e, finalmente, em seis versos preciosos: "Louvo quem canta e não canta/ porque não sabe cantar/ mas que cantará na certa/ quando enfim se apresentar/ o dia certo e preciso/ de toda a gente cantar". A primeira gravação de "Louvação" foi realizada ao vivo, com Elis Regina, Jair Rodrigues e o Bossa Jazz Trio, durante uma apresentação de *O Fino da Bossa*, para o elepê *Dois na Bossa nº 2*, que assim emplacou quatro hits ("Louvação", "Tristeza", "Upa Neguinho" e "Canto de Ossanha"). A exposição de "Louvação" teve aspectos inovadores, dos quais participaram Gilberto Gil e os irmãos Adilson e Amilson Godoy, sendo estes, além de arranjadores, respectivamente, diretor musical do disco e líder do trio. A levada do refrão foi a mesma que em geral utilizava-se até então em preparações ou interlúdios instrumentais, mas, nunca em refrões cantados. Baseava-se numa acentuação rítmica quebrada, sem pulsação, que passava para baião nos dois versos finais, sendo que, no estribilho, o ritmo mudava para samba. Esse contraste, rapidamente percebido e exteriorizado pela manifestação da plateia, logo no início da gravação, ficava ainda mais acentuado, por serem refrão e estribilho repetidos várias vezes, em razão da própria concepção original de composição. Em seu elepê de estreia, lançado no início de 1967 e de título homônimo ao da canção, Gil gravou-a, passando para samba o que anteriormente tinha ritmo de baião.

"Mamãe Passou Açúcar em Mim", Carlos Imperial

Quando Elis Regina decidiu tomar férias de seu programa na TV Record *O Fino da Bossa*, em dezembro de 1965, Wilson Simonal foi convidado a assumir seu posto de apresentadora, facilitando maior aproximação com a turma da *Jovem Guarda*, da mesma emissora. Foi o primeiro passo para ser contratado pelo Canal 7 e ter seu próprio programa *Show em Si...*

Um artista completo, Gilberto Gil faz música e letra de quase toda sua grande obra, que ele mesmo gravou com a maior competência.

monal, estreado em julho de 1966, no qual o cantor, então considerado elitista, pôde exercer sua comunicabilidade com a plateia através de uma mudança gradual de repertório. Esse processo se iniciara com sua gravação do que foi rotulado genericamente de samba jovem, mas que de fato tinha uma levada alegre e dançante, impulsionada por palmas, um corinho jovem, pitadas de *soul music* e citações da série *Peter Gunn* em arranjo do experiente Edmundo Peruzzi com o grupo de rock The Fevers. Essa combinação aproveitava a onda de baladinhas dançantes nos arranjos de Herb Alpert para o cantor americano de cultura latina Chris Montez, em sucessos que tomavam conta do país na época como "Call Me" e "The More I See You". Na letra galhofa de Carlos Imperial, com parceria não creditada a Eduardo Araújo, o autor se gabava de deixar os brotos gamadinhos, pois quando era neném não tinha talco e "mamãe passou açúcar em mim", que Simonal pronunciava "ni mim", provavelmente já com a intenção de alcançar um extrato de público mais jovem e menos elitista. Gravada em maio de 1966, foi incluída depois na trilha sonora do primeiro filme dos Trapalhões, *Na Onda do Iê-Iê-Iê*, no qual Simonal tinha uma participação. Foi esse o ponto de partida do que pode ser considerado na carreira do Simona, como era conhecido no meio, como o *crossover* que lhe traria um êxito sem precedentes e daria início a um novo estilo na música dançante brasileira, denominado pilantragem. A expressão até então associada à desonestidade ganhou um significado positivo ligado à habilidade de uma pessoa esperta ou, segundo seu criador Carlos Imperial, "a apoteose da irresponsabilidade consciente", explicação típica de quem, considerando-se um cafajeste assumido, tinha o costume de criar frases de efeito. O repertório de sucessos de Simonal calcado na pilantragem culminou com a façanha inédita de comandar em 28 de setembro de 1969, no ginásio do Maracanãzinho, um coro de vinte mil pessoas cantando afinadas em pianíssimo ou fortíssimo "Meu Limão, Meu Limoeiro", na adaptação do mesmo Imperial com a participação de César Camargo Mariano nas mudanças rítmicas, melódicas e harmônicas desse tema folclórico adaptado por José Carlos Burle em 1937.

"Namoradinha de um Amigo Meu", Roberto Carlos

Superando sucessos como "Eu te Darei o Céu" e "Negro Gato", a canção de maior popularidade do elepê de Roberto Carlos, lançado em 1966 — o primeiro depois do estouro de "Quero que Vá Tudo pro Inferno" —, foi "Namoradinha de um Amigo Meu". Tratando de uma paixão proibida, e a duras penas reprimida, dizia a letra: "Estou amando loucamente/ a namoradinha de um amigo meu/ (...)/ se os dois souberem/ nem mesmo sei o que eles/ vão pensar de mim/ (...)/ vou procurar alguém/ que não tenha ninguém/ pois comigo aconteceu/ gostar da namorada de um amigo meu...". Ao contrário da maioria absoluta das canções de Roberto Carlos, compostas em parceria com Erasmo Carlos, "Namoradinha de um Amigo Meu" é assinada apenas por Roberto. De certa forma, essa personalização favoreceria um boato, negado pelo cantor, de que a composição referia-se a um caso realmente vivido por ele e que envolvia um casal em evidência na época.

"Negro Gato", Getúlio Côrtes

Getúlio Côrtes conheceu a turma de Roberto e Erasmo Carlos em um programa de rádio em 1961. Embora roqueiro de primeira hora, fã de Elvis Presley e Little Richard, ele gostava de outros gêneros, tanto assim que dublava na ocasião uma gravação de Sammy Davis Jr. De sua convivência com aquele pessoal, que logo estaria liderando a Jovem Guarda, surgiu a oportunidade de ele se profissionalizar, a princípio como assistente de produção do grupo Renato e seus Blue Caps — no qual Erasmo atuou como *crooner* — e depois como compositor, um dos preferidos de Roberto Carlos nos primeiros anos de sua carreira. Foi assim que, entrando em seu elepê de 66, "Negro Gato" tornou-se um grande sucesso. "Ele tinha me pedido uma música e entreguei 'O Gênio'", esclarece Getúlio em entrevista ao jornalista Antônio Carlos Miguel em 1998. "Mas Erasmo e Evandro Ribeiro, diretor artístico da CBS, também sugeriram que ele gravasse 'Negro Gato'." Um clássico da Jovem Guarda, este rock é representativo do estilo brincalhão de Getúlio, um bem-humorado carioca de Madureira: "Eu sou um negro gato de arrepiar/ e esta minha vida é mesmo de amargar/ (...)/ um dia lá no morro, pobre de mim/ queriam minha pele para tamborim/ apavorado, desapareci no mato/ eu sou um negro gato...". Com o final da Jovem Guarda, Getúlio praticamente deixou de compor, sendo porém relembrado em regravações de seus antigos sucessos, como é o caso de "Negro Gato", revivido em versões de Marisa Monte e Luiz Melodia, que acabou recebendo dos amigos o apelido de Negro Gato. Para os que veem nesta canção uma conotação de protesto identificada com a causa negra, informa o compositor, um dos raros artistas negros ligados à Jovem Guarda: "perto de minha casa havia um maldito gato que não me deixava dormir. Um dia, durante uma madrugada, tive a ideia para a música".

"Procissão", Gilberto Gil

"Procissão" foi uma das três músicas que Gilberto Gil cantou em suas primeiras apresentações no programa *O Fino da Bossa*, em junho e julho de

66, sendo as outras "Eu Vim da Bahia" e "Viramundo". A composição, uma espécie de baião estilizado, descreve uma procissão, tomando por modelo as que Gil assistia em Ituaçu, sua cidade natal no interior da Bahia, e ressalta o contraste de uma vida melhor, prometida por Jesus, com a situação de abandono do homem do sertão: "Olha lá vai passando a procissão/ se arrastando que nem cobra pelo chão/ as pessoas que nela vão passando/ acreditam nas coisas lá do céu/ (...)/ eles vivem penando aqui na terra/ esperando o que Jesus prometeu". De acordo com o próprio Gil, no livro *Todas as letras*, "Procissão" "é uma canção bem ao gosto do CPC, o Centro Popular de Cultura, solidária a uma interpretação marxista da religião, vista como ópio do povo e fator de alienação da realidade, segundo o materialismo dialético". A plateia do programa adorava a maneira como Gil a interpretava, clara e contagiante, e sobretudo o arremate final, "se existe um Jesus no firmamento/ cá na Terra isso tem que se acabar". A gravação original, realizada em outubro de 1965, foi lançada em um compacto simples da RCA, com "Roda" no outro lado e a informação de que as canções eram do espetáculo *Arena Canta Bahia*. No início de 1967, Gil gravou-a em nova versão, mais elaborada, incluída em seu elepê de estreia na Philips. Essas gravações apresentam, à guisa de introdução, trecho de um cântico católico ("Meu divino São José/ aqui estou em vossos pés/ dai-nos chuva em abundância/ meu Jesus de Nazaré"), muito entoado nas procissões de pedir chuva no interior do Nordeste. Existem ainda mais três versões de "Procissão" gravadas por Gilberto Gil: a do elepê de 1968, a do Festival de Montreux, em 1978, e a do álbum *Gil em Concerto*, em 1987, todas elas de muito boa qualidade.

"Pra Dizer Adeus", Edu Lobo e Torquato Neto

Uma ocasião, depois de muita bebedeira, o piauiense Torquato Neto, então novato no Rio de Janeiro e que seria depois considerado o mentor intelectual do tropicalismo, discutiu com o amigo Nacif Elias num banco de praça sobre a melhor forma de suicídio. Segundo Toninho Vaz em *Para mim chega*, biografia do letrista, os dois chegaram à conclusão de que era com gás. Torquato tinha 17 anos. Aos 21, em 1966, foi encontrar-se com Edu Lobo, a quem conhecera através do cineasta Ruy Guerra, no apartamento onde o compositor morava, à rua Barão de Ipanema no Rio, para passarem a tarde trabalhando com música. Foi como nasceu a primeira de suas parcerias, uma canção melancólica de alguém que está se despedindo: "Adeus/ vou para não voltar/ e onde quer que eu vá/ sei que vou sozinho...". Além de ter feito a plangente melodia, Edu contribuiu na letra de Torquato com os versos iniciais da parte B, "Ah, pena eu não saber/ como te contar/ que o amor foi tanto". Torquato finalizou: "E no entanto eu queria dizer, vem/ eu só sei dizer, vem/ nem que seja só, pra dizer adeus". A gravação de Elis Regina desse clássico da canção — ao vivo, em 11 de julho de 1966 com o Zimbo Trio no programa da TV Record *O Fino da Bossa*, mas que só veio a público em 1994 — foi ainda mais carregada de emoção que a realizada em estúdio para o elepê *Elis*, lançado em outubro de 1966. Outras sucederam a esta última, como a de Maria Bethânia com Edu no elepê de ambos em 1967. Na noite de 9 de novembro de 1972, data de seu vigésimo oitavo aniversário, Torquato Neto escreveu frases de amor e de despedida num caderno de espiral, vedou a janela do banheiro no apartamento, trancou-se e abriu o gás. Quando ouviu pelo rádio a notícia do suicídio, Edu compreendeu a verdade da letra de Torquato.

"Tristeza" (samba/carnaval), Haroldo Lobo e Niltinho

Último samba de estilo tradicional a vencer no carnaval, "Tristeza" foi também o último sucesso, aliás póstumo, de Haroldo Lobo (morto em julho de 65), um dos mais férteis e premiados compositores carnavalescos. Originalmente um extenso samba do então iniciante Niltinho (Nilton de Souza), "Tristeza" seria remontado por Haroldo, que lhe deu o toque profissional, reduzindo-lhe o tamanho e enxertando-lhe alguns compassos de uma antiga melodia de sua autoria. Daí resultou um belo samba, ao mesmo tempo vibrante e sentimental, que o povo consagrou: "Tristeza/ por favor vai embora/ minha alma que chora/ está vendo o meu fim...". Lançado por Ari Cordovil, teria a sua gravação marcante na interpretação registrada ao vivo por Jair Rodrigues, no já citado programa *O Fino da Bossa*. Essa gravação antecederia dezenas de outras, inclusive no exterior, onde "Tristeza" ganhou uma versão em inglês, de Norman Gimbel, com o título de "Goodbye Sadness". Seu sucesso foi tão grande que Niltinho passou a ser chamado de Niltinho Tristeza.

"Upa Neguinho", Edu Lobo e Gianfrancesco Guarnieri

O ouvido apurado de Elis Regina para detectar o potencial de uma canção relativamente pobre e transformá-la em sucesso seria posto à prova pela primeira vez em "Upa Neguinho". A princípio grafada como "Upa Negrinho", a composição era cantada por Gianfrancesco Guarnieri na peça *Arena Conta Zumbi*, estreada no Teatro de Arena de São Paulo em 1ª de maio de 1965. Refere-se sua letra a um personagem, menino cafuz, a quem se pede para crescer depressa, na expectativa, talvez, de que um dia possa ajudar a melhorar um mundo onde a liberdade é apenas uma esperança. Em sua simplicidade, "Upa Negrinho" era quase uma vinheta, que servia de ligação entre algumas cenas. Mas, ao ouvi-la, Elis bateu pé e só sossegou quando obteve a permissão para gravá-la, quebrando a resistência de Edu Lobo, que tudo fez para que ela desistisse. Ao apresentá-la em cena, Guarnieri era acompanhado por um trio de flauta (Eném), violão (Carlos Castilho) e percussão (Anunciação), já tendo a canção na ocasião a famosa introdução, com o acorde de quinta diminuta sob a quarta nota, que funcionava como um chamamento para o refrão: "Upa negrinho na estrada/ upa pra lá e pra cá/ virge que coisa mais linda/ upa negrinho começando a andar...". Mas, não existiam os breques com percussão, que seriam criados por Elis nos versos "capoeira/ posso ensinar/ ziquizira/ posso tirar/ valentia/ posso emprestar/ mas liberdade só posso esperar...". Elis também acentuou com palmas e sem vocal a quarta repetição da frase da introdução, que entoava "pa-ta-ta-trii--trii-triipa-ta-ta...", fechando sua interpretação com um ardoroso final, que não existia na peça. Pode-se assim dizer que a cantora reinventou a música, ao adaptá-la ao seu próprio estilo. Isso ocorreu com mais duas canções da peça, também incorporadas ao seu repertório: "A Mão Livre do Negro", que virou "Estatuinha", e "Zambi no Açoite", transformada em "Zambi". Cantado em público por Elis pela primeira vez na noite da gravação ao vivo de *O Fino da Bossa*, pelo então técnico de som Zuza Homem de Mello (para o disco *Dois na Bossa nº* 2), "Upa Neguinho" foi recebido entusiasticamente pela plateia. O sucesso desse elepê abafou o do disco de estreia de Elis na Philips (*Samba Eu Canto Assim*), motivando prognósticos desfavoráveis ao seu futuro como cantora de estúdio que, como se sabe, não se confirmaram. "Upa Neguinho" tornou-se número obrigatório nos espetáculos de Elis, que o cantou, inclusive, no Midem e no Olympia de Paris, por ocasião de sua primeira turnê internacional. Regravou-o ainda várias vezes, a última das quais no Festival de Montreux em 1979. Tão forte se tornou a integração Elis/"Upa Neguinho", que raramente outros cantores se atrevem a gravar esta composição.

OUTROS SUCESSOS

"O Carango", Nonato Buzar e Carlos Imperial
"O Cavaleiro", Geraldo Vandré e Tuca
"Cinderela", Adelino Moreira
"Coruja", Deny e Dino
"Devo Tudo a Você", Renato Barros

"Devolva-me", Renato Barros e Lilian Knapp
"Dia das Rosas", Luís Bonfá e Maria Helena Toledo
"É Papo Firme", Renato Corrêa e Donaldson Gonçalves
"Eu te Agradeço", Sílvio César
"Eu te Darei o Céu", Roberto Carlos e Erasmo Carlos
"Guarânia da Saudade", Luiz Vieira
"Morena dos Olhos D'Água", Chico Buarque
"No Balanço do Jequibau", Mário Albanese e Ciro Pereira
"Nossa Canção", Luís Ayrão
"Olê Olá", Chico Buarque
"Pede Passagem", Sidney Miller
"Porta Estandarte", Geraldo Vandré e Fernando Lona
"A Rita", Chico Buarque
"Roda", Gilberto Gil e João Augusto
"Saveiros", Dori Caymmi e Nelson Motta
"Tempo Feliz", Baden Powell e Vinicius de Moraes
"Vem Chegando a Madrugada", Zuzuca e Noel Rosa de Oliveira
"A Volta", Roberto Carlos e Erasmo Carlos

GRAVAÇÕES REPRESENTATIVAS

ALTEMAR DUTRA
Odeon, MOFB 3472 (lp), "Brigas"

CARLOS JOSÉ
CBS, 37414 (lp), "Guarânia da Saudade"

CHICO BUARQUE
RGE, XRLP 5303 (lp), "A Rita"

ELIS REGINA
Philips, P-632792-L (lp), "Canto de Ossanha"
Philips, P-765001P (lp), "Pra Dizer Adeus"
Philips, P-6327292-L (lp), "Upa Neguinho"

ELIS REGINA E JAIR RODRIGUES
Philips, P-632792-L (lp), "Louvação"

Elizeth Cardoso
Copacabana, CLP 11482 (lp), "Apelo"

Gilberto Gil
RCA Victor, LC 6169 (cs), "Procissão"

Jair Rodrigues
Philips, P-765004-P (lp), "Disparada"
Philips, P-632792-L (lp), "Tristeza"

Nara Leão
Philips, P-765003-P (lp), "A Banda"
Philips, P-632787-L (lp), "Olê Olá"

Roberto Carlos
CBS, 37475 (lp), "Eu te Darei o Céu"
CBS, 37475 (lp), "Namoradinha de um Amigo Meu"

Os Vips
Continental, 33-401-a (cs), "A Volta"

Wilson Simonal
Odeon, MOFB 3470 (lp), "Mamãe Passou Açúcar em Mim"

MÚSICAS ESTRANGEIRAS DE SUCESSO NO BRASIL

"Aline", Christophe
"California Dreamin'", John E. A. Phillips e Michelle Phillips
"Day Tripper", John Lennon e Paul McCartney
"Forget Him" (Esqueça), Marc Anthony (Tony Hatch)
"Gina", Les Reed e Mitch Murray
"Girl" (Meu Bem), John Lennon e Paul McCartney
"Hang on Sloopy" (Pobre Menina), Bert Russell e Wes Farrell
"Io te Daró di Piu", Mano Remigi e Alberto Testa
"It's Gonna be All Right" (Você Não Soube Amar), Gerrard Marsden
"Juanita Banana", Tash Howard e Murray Kenton
"La Mamma" (Mamãe), Charles Aznavour, Robert Gall e Don Black
"Michelle", John Lennon e Paul McCartney

"Il Mondo", Gianni Meccia, Carlo Pes, Lilli Greco e Jimmy Fontana
"Satisfaction", Mick Jagger e Keith Richards
"The Shadow of Your Smile" (Adeus às Ilusões), Johnny Mandel e Paul Francis Webster
"Strangers in the Night", Bert Kaempfert, Charles Singleton e Eddie Snyder
"Il Silenzio", Guglielmo Brezza e Nino Rosso
"Somehow It Got To Be Tomorrow" (Ternura), E. Levitt e K. Karen
"Somewhere My Love" (Tema de Lara), Maurice Jarre e Paul Francis Webster
"Stop the Wedding" (Pare o Casamento), A. Resnick e K. Young
"Whipped Cream" (Creme Batido), Naomi Neville
"Yesterday", John Lennon e Paul McCartney

CRONOLOGIA

11/05: Morre no Rio de Janeiro (RJ) o compositor José Maria de Abreu.

06: Realiza-se o Festival Nacional de Música Popular, promovido pela TV Excelsior (São Paulo/Rio), vencido pela canção "Porta Estandarte", de Geraldo Vandré e Fernando Lona, interpretada por Tuca.

30/07: A Inglaterra ganha em Londres o VIII Campeonato Mundial de Futebol, derrotando na final a Alemanha Ocidental por 4 a 2.

15/08: Morre no Rio de Janeiro (RJ) o poeta/jornalista Orestes Barbosa.

27/09: Morre no Rio de Janeiro (RJ) a cantora lírica Cristina Maristany.

09 e 10: Realiza-se o II Festival de Música Popular Brasileira, promovido pela TV Record de São Paulo. Ganham o primeiro lugar, empatadas, as composições "A Banda", de Chico Buarque, e "Disparada", de Theo de Barros e Geraldo Vandré, defendidas, respectivamente, por Nara Leão e Jair Rodrigues.

03/10: O Congresso Nacional brasileiro elege o marechal Artur da Costa e Silva presidente da República.

04/10: Morre no Rio de Janeiro (RJ) o compositor/pintor Heitor dos Prazeres.

22/10 a 30/10: Realiza-se o I Festival Internacional da Canção (FIC), promovido pela TV Rio (Rio de Janeiro), ganho pela composição "Frag den Wind", de Helmut Zacharias e Carl J. Schauble, representante da Alemanha Ocidental. Na fase nacional, a vencedora foi "Saveiros", de Dori Caymmi e Nelson Motta, interpretado por Nana Caymmi.

03/11: Morre no Rio de Janeiro (RJ) o compositor Nelson Lins e Barros.

17/12: Morre em desastre de automóvel em Maricá (RJ) a cantora Sylvia Telles.

Criativo e surpreendente, Caetano Veloso é um dos poetas/compositores brasileiros mais imaginativos de nossa música.

X. 1967

DESTAQUES

"Alegria, Alegria", Caetano Veloso

Composta num estilo cinematográfico-descritivo, "Alegria, Alegria" focaliza a caminhada de um transeunte pelas ruas de uma grande cidade. Aliás, a ideia da canção surgiu na rua, mais precisamente durante um passeio de Caetano Veloso pelas ruas de Copacabana. Só que na composição, o passeio e a postura do passeante têm sentido metafórico, o que torna "Alegria, Alegria" uma espécie de manifesto precursor do movimento tropicalista. Em sua caminhada vadia ("por entre fotos e nomes/ os olhos cheios de cores"), desprezando signos e convenções ("sem lenço, sem documento"), ele deseja somente viver a aventura da liberdade sem limites ("nada no bolso ou nas mãos/ eu quero seguir vivendo/ amor/ eu vou/ por que não? por que não?"). Além de projetá-lo nacionalmente, a composição aproximou Caetano das vanguardas concretistas — atraindo-lhe as bênçãos de Augusto de Campos e Gilberto Mendes, entre outros e do universo do rock, a partir do momento em que ele chamou os Beat Boys para acompanhá-lo na apresentação e gravação da música. Foi assim, sustentada pelo som eletrificado deste conjunto de iê-iê-iê, constituído por músicos argentinos, que "Alegria, Alegria", uma marcha de melodia muito simples, sobre acordes perfeitos sem acidentes e antecedida por uma introdução elementar, classificou-se em quarto lugar no III Festival de MPB da TV Record, para a irritação dos puristas.

"O Caderninho", Olmir Stocker

Durante um ensaio para o programa *Jovem Guarda*, o guitarrista gaúcho Olmir Stocker, o Alemão, estava mostrando a Simonal um samba que fizera havia pouco tempo, quando chegaram Wanderléa e Erasmo Carlos. Imediatamente, Erasmo mostrou-se interessadíssimo pela canção, tendo Alemão, na época integrante do grupo Os Vandecos, dado a ele a música para gravar. "O Caderninho" foi composto ao tempo em que o guitarrista morava no bairro paulistano da Casa Verde, sendo inspirado pelos encantos de uma garota, que diariamente ele via passar uniformizada por sua rua, rumo à escola. Com uma melodia graciosa, bem resolvida, e uma letra inocente, que revela uma criativa forma de declaração de amor, a canção caiu em cheio no gosto da juventude: "Eu queria ser o seu caderninho/ pra poder ficar juntinho de você/ inclusive na escola eu iria com você entrar/ e na volta juntinho ao seu corpo eu iria ficar/ e em casa, então, você me abriria/ para me estudar e se assustaria/ ao ver revelado em seu caderninho/ meu rosto lhe olhando/ dizendo baixinho/ benzinho não posso viver/ longe de você". No arranjo para a gravação, Alemão alterou o ritmo original, incrementando o conjunto de Erasmo, Os Tremendões, com um vibrafone, lá-lá-lás de vocal masculino e a marcação de palmas, para reproduzir o mesmo clima dançante das interpretações de cantores como Chris Montez e Trini Lopez, de muito sucesso na ocasião. Este tipo de adaptação seria muito usado pelo cantor Wilson Simonal no auge de sua carreira.

"Carolina", Chico Buarque

A timidez de Chico Buarque foi indiretamente responsável pela existência de "Carolina". Contratado pela TV Globo para comandar *Shell em Show Maior*, ao lado de Norma Bengell, ele chegou a gravar o primeiro programa, mas não houve argumento capaz de convencê-lo a gravar o segundo. Nem mesmo o de que teria de pagar uma multa por descumprimento de contrato. Foi então que entrou em cena o diretor da emissora, Walter Clark, com a solução conciliatória: a multa seria cancelada em troca da inscrição de uma composição de sua autoria no II Festival Internacional da Canção, promovido pela Globo. Esta composição foi "Carolina", terceira classificada no festival e pela qual Chico jamais se entusiasmou, apesar do grande sucesso que obteve. Ainda pertencente ao período lírico-nostálgico que marcou o início de sua carreira, "Carolina" também não entusiasmaria a ala, digamos, mais avançada da crítica. Mas é certamente um belo samba romântico, um tanto amargo, sobre o desencanto de uma mulher que se esqueceu de viver, enquanto "o tempo passou na janela". Concluída às pressas, em meio a uma viagem de avião, a composição foi gravada e defendida no festival pelas irmãs Cynara e Cybele, do Quarteto em Cy, recebendo em seguida gravações de Elizeth Cardoso, Isaura Garcia e Nara Leão.

"Coração de Papel", Sérgio Reis

Magoado por haver brigado com a namorada Ruth, Sérgio Reis dedilhava o violão, enquanto aguardava o almoço, preparado por dona Clara, sua mãe. Como estava demorando, resolveu escrever uma letra, mas logo desistiu da tarefa e, ao jogar fora o papel, comentou para dona Clara: "meu coração está amassado como aquela bola de papel". De repente, percebendo que a imagem poderia funcionar como motivo para uma canção, retomou o violão e compôs em poucos minutos "Coração de Papel", terminando-a antes mesmo do almoço ficar pronto. Dias depois, vindo à sua casa o produtor Tony Campello, em busca de repertório para a dupla Deny e Dino, gostou tanto da composição que acabou sugerindo uma fita demo com o próprio Sérgio, o mais indicado para cantar sua pungente melodia: "Se você pensa que meu coração é de papel/ não vá pensando pois não é/ ele é igualzinho ao seu/ e sofre como eu/ por que fazer chorar assim/ a quem lhe ama...". Aprovada por Milton Miranda, diretor da Odeon, "Coração de Papel" foi gravada por Sérgio num compacto duplo, acompanhado pela orquestra de Peruzzi, com o reforço vocal dos Fevers, Golden Boys e Trio Esperança. Apesar de bem executada nas rádios, a composição recebeu um impulso definitivo do Chacrinha, que durante oito semanas ofereceu um prêmio de mil cruzeiros novos ao calouro que melhor a interpretasse. Com isso deslanchou o sucesso de "Coração de Papel" no Rio de Janeiro, suplantando nas paradas suas maiores rivais, "O Bom Rapaz", com Wanderley Cardoso, e "Meu Grito", com Agnaldo Timóteo. Em tempo: teve um *happy end* o romance de Sérgio e Ruth, com o casamento dos dois.

"Domingo no Parque", Gilberto Gil

No pródigo ano musical de 1967, "Domingo no Parque" ficou em segundo lugar no III Festival de MPB da TV Record, ganho por "Ponteio". Inovadora em vários aspectos, a composição procura fundir musicalmente o tradicional/nordestino com o pop/internacional, enquanto, poeticamente, utiliza uma forma cinematográfica de narração, tal como a concorrente "Alegria, Alegria". A diferença entre as duas — observa Décio Pignatari, citado por Augusto de Campos no livro *Balanço da bossa* — é que "a letra de Gil lembra montagens eisensteinianas, com seus closes e suas 'fusões', (ao passo que) a de Caetano é uma 'letra-câmara-na-mão', mais ao modo informal de um Godard, colhendo a realidade casual". A letra de "Domingo no Parque" descreve o drama passional de três personagens: o feirante José ("rei da brincadeira"), o operário João ("rei da confusão") e a mulher Juliana, objeto de disputa entre os dois. Em ritmo de baião, a canção focaliza a presença do trio no parque, desde o instante em que José avista Juliana com João, na roda gigante, até o desfecho trágico do encontro, momentos depois — "Amanhã não tem feira — ê, José/ não tem mais construção — ê, João/ não tem mais brincadeira — ê, José/ não tem mais confusão — ê, João...". Gil e Os Mutantes interpretaram "Domingo no Parque" sobre um arranjo de vanguarda do maestro Rogério Duprat, que associava os sons da orquestra e das guitarras elétricas a ruídos presumíveis de um parque de diversões. Informa o compositor (no livro *Todas as letras*) que a canção foi feita durante uma madrugada num quarto do Hotel Danúbio, em São Paulo. Ele chegara com Nana Caymmi, sua mulher na época, de uma visita à casa do pintor Clóvis Graciano, onde muito se falara da Bahia e de Dorival Caymmi (pai de Nana), e sentiu vontade de fazer uma composição "*à la* Caymmi". "Peguei papel e violão e trabalhei a noite toda. Já era dia quando eu terminei", conclui Gil.

"Eu e a Brisa", Johnny Alf

Obra encomendada para o casamento de um amigo do autor, esta romântica balada foi uma das concorrentes do III Festival de MPB da Record. Não teve sorte, porém, pois os jurados não se impressionaram com a sua beleza, nem com a boa interpretação da cantora Márcia ou com o arranjo de José Briamonte, desclassificando-a para as finais. Mesmo assim, "Eu e a Brisa" foi aos poucos se impondo e ganhando prestígio para se tornar a mais solicitada e gravada canção de Johnny Alf ("Ah, se a juventude que essa brisa canta/ ficasse aqui comigo mais um pouco/ eu poderia esquecer a dor/ de ser tão só/ pra ser um sonho..."). E seu destino inicial acabou sendo cumprido: vetada pelo padre oficiante do casamento do amigo de Johnny Alf, ela tornou-se uma das composições brasileiras executadas com frequência nessas cerimônias.

"Máscara Negra" (marcha-rancho/carnaval),
Zé Kéti e Hildebrando Pereira Matos

Ainda prestigiado pelo sucesso do show *Opinião*, Zé Kéti ganhou o carnaval de 67 com a marcha-rancho "Máscara Negra". Reproduzindo o lirismo suave que caracteriza o gênero, a composição trata do reencontro de um Pierrô com uma Colombina que conhecera no carnaval anterior. E, ao contrário de outras canções inspiradas na *commedia dell'arte*, aqui é o Arlequim quem chora pelo amor de colombina: "Tanto riso/ oh, quanta alegria/ mais de mil palhaços no salão/ arlequim está chorando pelo amor da Colombina/ no meio da multidão". Tendo acontecido numa época em que a música carnavalesca tradicional saía de moda, o sucesso de "Máscara Negra" pode ser considerado uma façanha. A propósito, este sucesso chegou a gerar uma polêmica sobre a coautoria da composição, que seria de Deusdedith Pereira Matos e não de seu irmão Hildebrando, conforme consta na edição. Mas, como os dois já haviam morrido na ocasião, a questão não teve maiores consequências, entrando "Máscara Negra" para o repertório de Dalva de Oliveira como um de seus últimos sucessos.

"O Mundo Encantado de Monteiro Lobato"

(samba-enredo/carnaval), Darci, Luís e Batista da Mangueira

Com o samba-enredo já começando a ocupar o espaço do tradicional, "O Mundo Encantado de Monteiro Lobato" consagrou-se como um dos grandes sucessos do carnaval de 67, mantendo-se ainda nas paradas musicais nos meses seguintes. Valorizado por uma boa melodia, este samba da Mangueira, campeã do ano, enaltece o gênio e a obra de Monteiro Lobato, destacando sua literatura infantil: "Com seus contos triunfais/ os seus personagens fascinantes/ nas histórias tão vibrantes/ na literatura infantil/ enriquecem o cenário do Brasil/ e assim, neste cenário de real valor/ eis o mundo encantado/ que Monteiro Lobato criou". Tendo exaltado Caxias (1953), Vargas (1956) e Villa-Lobos (1966), a Estação Primeira de Mangueira ganharia com Monteiro Lobato um desfile oficial pela primeira vez com um tema biográfico. O fato voltaria a se repetir com as homenagens a Braguinha (em 1984, ano da inauguração do sambódromo), Dorival Caymmi (1986), Carlos Drummond de Andrade (1987) e Chico Buarque (1998). Também homenageados pela Mangueira, Chiquinha Gonzaga (1985) e Tom Jobim (1992) não tiveram a mesma sorte.

"Ponteio", Edu Lobo e Capinan

Recém-chegado de uma viagem à Europa, Edu Lobo não se sentia inclinado a participar do III Festival de MPB da TV Record, apesar da insistência de Dori Caymmi, que lhe pedia uma letra para a canção que deveria inscrever. De qualquer forma, procurando atender o amigo, começou a pensar no assunto e até encontrou um mote, que lhe pareceu de forte apelo popular: "Ai, quem me dera agora/ eu tivesse a viola pra cantar". A parceria entretanto gorou, pois Dori optou por Nelson Motta, com quem ganhara o festival da TV Rio com "Saveiros", e que acabou fazendo os versos da canção, "O Cantador", defendida no festival por Elis Regina. Mas o mote permaneceu e, desenvolvido por Edu, originou outra composição, que ele entregaria a Capinan para letrar, aproveitando uma ideia que anotara num caderno de projetos: "Ponteio". Já então decidido a participar do festival da Record, o compositor convidou o amigo de infância Theo de Barros e o Quarteto Novo (Hermeto Pascoal, Heraldo do Monte, Airto Moreira e Theo) para ensaiarem e participarem do arranjo de "Ponteio". Chamou ainda o conjunto Momento Quatro e uma amiga do Teatro de Arena, a cantora Marília Medalha, cuja apresentação cênica teve a orientação de Augusto Boal. Após a introdução, com a flauta de Hermeto, a extensa letra da canção, entremeada por repetições do mote original, é entoada em diferentes climas e num crescendo intenso, que culmina no final triunfante. Assim "Ponteio" venceu um dos mais disputados festivais de todos os tempos, sobrepujando com os aplausos do público a "Domingo no Parque", "Roda Viva", "Alegria, Alegria" e até "O Cantador", a preferida de Edu. Do ponto de vista rítmico, a vencedora inovou com um ponteado no desenho dos baixos (colcheia-semicolcheia-colcheia-colcheia), dando a sensação de um baião mais sincopado do que o típico baião de Luiz Gonzaga. Esta levada seria aproveitada por Edu em outras composições como "Casa Forte", "Zanzibar" e "Currupião", tornando-se ainda modelo de um baião de andamento mais veloz, muito utilizado em temas instrumentais por outros compositores. Posteriormente, ele constatou que esse desenho rítmico já existia em peças de Heitor Villa-Lobos. "Ponteio" tem gravações memoráveis como as de Radamés Gnattali, Sivuca, Zimbo Trio e, no exterior, a da *big-band* de Woody Herman.

"Quem te Viu, Quem te Vê" (samba), Chico Buarque

"Quem te Viu, Quem te Vê" foi mostrado ao público pela primeira vez no dia 16 de fevereiro de 67, durante o *Pra Ver a Banda Passar*, um musical comandado por Chico Buarque e Nara Leão e criado pela TV Record em cima do sucesso de "A Banda". Por causa da timidez dos apresentadores — classificados pelo produtor Manoel Carlos como "a maior dupla de desanimadores de auditório" — o programa não obteve sucesso, ao contrário de "Quem te Viu, Quem te Vê", que logo estaria nas paradas radiofônicas. Bem ao estilo de Ataulfo Alves, este samba comenta a sina adversa de uma passista desgarrada de suas origens: "Hoje o samba saiu procurando você/ quem te viu, quem te vê/ quem não a conhece não pode mais ver pra crer/ quem jamais a esquece não pode reconhecer". Gravado por Chico e Nara, foi principalmente um sucesso da cantora, abrindo o seu elepê de 1967.

"Roda Viva", Chico Buarque

Ao mesmo tempo em que se classificava em terceiro lugar no Festival Internacional da Canção, com "Carolina", Chico Buarque repetia a colocação no III Festival da TV Record com "Roda Viva". Não seria porém como música de festival e sim como tema de uma peça homônima que "Roda Viva" entraria para a história. Escrita por Chico em 25 dias e montada pelo diretor José Celso Martinez Corrêa, essa peça estrearia no Teatro Princesa

Edu Lobo, o compositor de "Arrastão" e "Ponteio",
marcos da moderna música popular brasileira.

Isabel, no Rio de Janeiro, em 15/01/1968. Criticando a situação do artista, triturado pela mídia — o personagem principal, o cantor Ben Silver, é um ídolo inventado e imposto ao público pela publicidade —, o espetáculo teve uma encenação chocante, agressiva e provocadora, pela maneira livre e audaciosa como Zé Celso tratou o texto, com total aprovação do autor. Aliás, Chico aproveitaria a oportunidade para se livrar da incômoda imagem de bom moço, que teimavam em lhe impingir. Acontece que apresentada no agitado ano de 1968, quando a radicalização da ditadura militar caminhava para a edição do AI-5, *Roda Viva* gerou uma intensa reação de grupos de direita ligados ao regime, que culminou com a agressão aos atores e a destruição dos cenários no Teatro Galpão, em São Paulo, seguidas de novas agressões em Porto Alegre, o que determinou o final das encenações em 3 de outubro. Então, os participantes da peça foram enfiados num ônibus e despachados para fora do estado, com a recomendação de não retornarem. Mas, voltando à canção, "Roda Viva" é uma longa e muito bem elaborada composição, com uma melodia soturna que realça e complementa o pessimismo fatalista do poema ("Faz tempo que a gente cultiva/ a mais linda roseira que há/ mas eis que chega a roda viva/ e carrega a roseira pra lá..."). A canção foi defendida no festival da Record e gravada pelo próprio Chico, com o apoio do MPB 4, numa versão que pode ser considerada definitiva.

"Ronda" (samba-canção), Paulo Vanzolini

Se alguém realizasse um concurso para eleger a canção mais executada nos bares noturnos de São Paulo, a vencedora seria muito certamente "Ronda", do biólogo-compositor Paulo Vanzolini, cuja obra gravada não chega a cinquenta músicas. "Ronda" traduz na letra e na melodia o que há de mais comovedor para a alma do boêmio, com a história da mulher — naturalmente, também frequentadora da noite — que, "com perfeita paciência", segue em busca do amante, ainda que na convicção de um dia encontrá-lo "bebendo com outras mulheres, rolando um dadinho, jogando bilhar...". "E nesse dia então", promete a personagem, "vai dar na primeira edição: cena de sangue num bar da avenida São João". Sem dúvida, este samba-canção é uma obra-prima condensada em poucos versos, sob a forma de uma narrativa cinematográfica. Inspirada e composta na época em que o autor, ainda jovem, servia ao Exército e costumava arrebanhar soldados bêbados em bares e prostíbulos, teve a sua primeira gravação em agosto de 53, no Rio, com a cantora Inezita Barroso, em disco RCA cujo lado A trazia a moda "Marvada Pinga". O problema era que não tinha sido escolhida uma música para o lado B. Então, como Paulo Vanzolini e sua mulher estavam no estúdio, acompanhando Inezita, foi sugerido que se incluísse uma composição de sua autoria, pois não havia tempo a perder. Assim, de forma improvisada, "Ronda" foi gravada, com a cantora sendo apoiada por um grupo de músicos de primeira, entre os quais Garoto, Zé Menezes, Bola Sete, Chiquinho do Acordeom e Abel Ferreira, tendo este inventado uma introdução na hora. Entretanto, o disco não despertou o menor interesse e "Ronda" permaneceu desconhecida, menos pelos boêmios, companheiros de noitadas do autor. Quatorze anos depois, ao realizar o disco-brinde *Onze Sambas e uma Capoeira*, apenas com canções de Vanzolini, o produtor Marcus Pereira escolheu "Ronda" para uma das faixas, entregando-a a Cláudia Morena. Isso marcou o começo de sua escalada para o sucesso consagrador, atingido pela calorosa versão da cantora Márcia, e de outras também expressivas gravações como as de Carmen Costa, Ângela Maria, Nora Ney e Maria Bethânia. Precedida pela clássica introdução que reproduz seus compassos finais, "Ronda" tem a virtude de conquistar o ouvinte logo a partir das notas iniciais, o que se deve ao charme produzido pela descida de meio em meio tom, nas notas mi, mi bemol e ré, que recaem sobre as sílabas "da", de "ci-*da*-de", no primeiro verso, "rar" e "trar" das palavras "pro-cu-*rar*" e "en-con-*trar*", no segundo, respectivamente harmonizadas com acordes de lá menor com sétima, dó menor com lá no baixo e ré com sétima. Em 1978, Caetano Veloso utilizou a melodia de sua frase final para arrematar a sua canção "Sampa". Pertencente à casta dos bons compositores que não sabem tocar instrumento algum, Paulo Vanzolini não se envergonha de confessar que não consegue distinguir a diferença entre os modos maior e menor da música.

"Travessia", Milton Nascimento e Fernando Brant

Milton Nascimento morava numa pensão em São Paulo, quando compôs três canções que iriam mudar o curso de sua vida. "Achei que uma delas não era para mim, nem para o Márcio Borges botar letra", declarou o compositor em um programa da Rádio JB sobre a sua carreira, em outubro de 1990. "Então fui a Belo Horizonte e pedi ao amigo Fernando Brant para fazê-la." Mas Brant, que jamais havia feito uma letra, recusou sensatamente a incumbência. Só que o obstinado Milton ignorou a recusa e, deixando-lhe uma gravação da música, retornou a São Paulo, avisando-lhe que em sua próxima visita a Belo Horizonte queria ver a letra pronta. Já havia um título — "O Vendedor de Sonhos" —, uma frase como introdução — "Quem quer comprar meu sonho?" — e um tema para a canção: a história de um personagem, uma espécie de caixeiro viajante, que vendia sonhos. No entanto, Fernando preferiu criar uma letra diferente sobre o rompimento de um namoro e a expectativa de superar esta situação. Quando Milton voltou e viu a letra, gostou tanto que até bebeu um vinho de Caldas, para comemorar com o novo parceiro o nascimento da canção. Já o título "Travessia" seria encontrado no texto do livro *Grande sertão: veredas*, de Guimarães Rosa, mais precisamente em sua última palavra. Foi assim, meio surpreso, que Fernando Brant descobriu-se poeta. Juntamente com as outras duas composições — "Morro Velho" (só de Milton) e "Maria, Minha Fé" (letra de Márcio Borges) —, "Travessia" foi inscrita no II FIC. Aliás, inscrição feita à revelia dos autores, por Agostinho dos Santos, que havia recebido as músicas para gravar. A verdade é que a melhor das três, "Travessia", qualificada como "toada que vem de Minas", acabou por se classificar em segundo lugar no festival e ainda proporcionou o prêmio de melhor intérprete a Milton Nascimento. Esta canção excepcional mostra que Milton já começou fazendo música séria e não apenas música bonita, como analisaria o arranjador Eumir Deodato, em depoimento a Zuza Homem de Mello, em setembro de 1968: "O contexto geral da música dele é baseado em música clássica, adaptada a ritmos desconhecidos totalmente. Até hoje não consegui descobrir o impulso rítmico que ele dá às suas músicas. É uma coisa totalmente nova, misteriosa, intrigante e desafiadora". "Travessia", que é e sempre será uma peça importante na obra coerente e equilibrada de Milton Nascimento, possui inúmeras gravações de cantores como Agostinho dos Santos, Elis Regina e Leny Andrade, instrumentistas como Luís Eça, Paulo Moura, Lindolfo Gaya, e no exterior Sarah Vaughan (com Milton), Joe Williams e outros, com o título de "Bridges" e letra de Gene Lees.

"Triste Madrugada", Jorge Costa

A notícia do roubo de um violão do Chico Buarque na noite paulistana inspirou Jorge Costa a compor "Triste Madrugada". Na ocasião, meados dos anos 1960, a ligação da figura de Chico com o sucesso era tão forte que ele, até de forma involuntária, fornecia boas dicas aos colegas compositores. A amizade com Chico Buarque nasceu numa lancheria que ele frequentava, o Sandchurra da Galeria Metrópole, em São Paulo, vizinha do Open Door onde Jorge era cantor da noite. Lançado por Jair Rodrigues, no auge da carreira, "Triste Madrugada" é um sambinha curto, ao mesmo tempo sentimental e muito animado (apesar do título...), fácil de cantar e que segue a trilha de "Vem Chegando a Madrugada", sucesso do ano anterior: "Triste madrugada foi aquela/ que eu perdi meu violão/ não fiz serenata pra ela/ e nem cantei uma linda canção...". A esse estribilho segue-se uma segunda parte, também breve, que termina com esses versos: "Abre a janela amor/

abre a janela/ dê um sorriso e joga uma flor para mim/ cantando assim/ la-raiá lá-lá laraiá...". Alagoano, nascido em 1922, Jorge Costa morou no Recife, passou pelo Rio de Janeiro, onde conviveu com o pessoal da Mangueira, para finalmente se fixar em São Paulo a partir de 1952, onde se juntou à turma do samba paulista, como Geraldo Filme e Germano Mathias. Germano foi o intérprete que mais gravou suas composições, como "Falso Rebolado". Jorge Costa lançou apenas dois elepês em 25 anos de carreira.

"Vem Quente que Eu Estou Fervendo",
Carlos Imperial e Eduardo Araújo

Cantor e compositor, o mineiro Eduardo Araújo é também fazendeiro e criador de gado, como o pai e o irmão Lívio, na cidade de Joaíma (MG). Uma ocasião, ao discutir um impasse numa transação de gado, Lívio, que é muito espirituoso, disse para o comprador: "Para a gente fechar o negócio vou tirar umas tantas cabeças e fazer o preço. Se a proposta lhe convier, pode vir quente que eu estou fervendo". Imediatamente, Eduardo sentiu que a frase dava música e começou a compor o refrão, deixando a segunda parte para o parceiro Carlos Imperial. Um letrista razoável, atento aos modismos e com o faro do sucesso, mas, sobretudo, figura de grande importância no processo de popularização do rock no Brasil — participou de uma infinidade de programas de rádio e televisão e ajudou na iniciação profissional de vários artistas, inclusive Roberto Carlos —, Imperial fez então uma letra rebelde e divertida: "Pode tirar seu time de campo/ o meu coração é do tamanho de um trem/ iguais a você eu apanhei mais de cem/ (...)/ Mas se você quer brigar/ e acha que com isso estou sofrendo/ se enganou meu bem/ pode vir quente que eu estou fervendo...". "Rei do Rock de Minas", Eduardo Araújo andava na época afastado das atividades artísticas, morando numa fazenda, depois de ter sido, no início dos anos 1960, um assíduo convidado de programas das rádios e tevês como *Alô Brotos* (Mayrink Veiga), *Hoje é Dia de Rock* (TV Rio) e *Os Brotos Comandam* (TV Continental). Mesmo assim, resolveu retornar para gravar na Odeon o seu primeiro elepê, *O Bom*, que incluiu "Vem Quente que Eu Estou Fervendo", com a harmonia da primeira parte passando para o modo maior, por sugestão do maestro Peruzzi, a fim de dar, segundo ele, maior peso ao arranjo da banda. No entanto, foi a gravação de Erasmo Carlos, imediatamente posterior, com um grupo de rock e mantendo a harmonia original, que estourou nas paradas. Coincidindo com outros êxitos seus como "O Bom" (em que seu nome, por lapso, não constou como coautor) e "Goiabão", "Vem Quente" projetaria Eduardo entre os ídolos da juventude, sendo ele convidado para comandar, ao lado da cantora Silvinha, com quem se casou, o programa *O Bom*, transmitido aos sábados pela TV Excelsior, na mesma linha do *Jovem Guarda*, da Record. Já Carlos Imperial, que morreu aos 57 anos, em 4 de novembro de 1992, deixou além de "Vem Quente que Eu Estou Fervendo", vários grandes sucessos como "A Praça", "Mamãe Passou Açúcar em Mim", "Nem Vem que Não Tem", "O Carango" e o samba "Você Passa Eu Acho Graça", numa parceria surpreendente com Ataulfo Alves.

OUTROS SUCESSOS

"Acorda Maria Bonita", Volta Seca
"O Bom Rapaz", Geraldo Nunes
"Com Açúcar, com Afeto", Chico Buarque
"Como é Grande o Meu Amor por Você", Roberto Carlos
"Coração Vagabundo", Caetano Veloso
"Doce de Coco", Cláudio Fontana e Wanderley Cardoso
"Eu Sou Terrível", Roberto Carlos e Erasmo Carlos
"Eu Te Amo Mesmo Assim", Martinha
"Linda Mascarada" (marcha-rancho/carnaval), João Roberto Kelly e David Nasser
"Lunik 9", Gilberto Gil
"Mancada" (samba), Gilberto Gil
"Margarida", Gutemberg Guarabira
"Maria, Carnaval e Cinzas", Luís Carlos Paraná
"Meu Grito", Roberto Carlos
"Não Presto Mas Eu Te Amo", Roberto Carlos
"Noite dos Mascarados" (marcha), Chico Buarque
"Palmas no Portão", Valter Dionísio e D'Acri Luiz
"Para Pedro", João Mendes e José Portela Delavy
"A Praça", Carlos Imperial
"Prova de Fogo", Erasmo Carlos
"Quando", Roberto Carlos
"Só Vou Gostar de Quem Gosta de Mim", Rossini Pinto
"Tijolinho", Wagner Benatti

GRAVAÇÕES REPRESENTATIVAS

AGNALDO TIMÓTEO
Odeon, MOFB 3488 (lp), "Meu Grito"

CAETANO VELOSO
Philips, 365222 PB (cs), "Alegria, Alegria"

CHICO BUARQUE E O MPB 4
RGE, 70280 (cs), "Roda Viva"

CHICO BUARQUE E OS TRÊS MORAIS
RGE, XRLP 5314 (lp), "Noite dos Mascarados"

CYNARA E CYBELE
CBS, 33528 (cs), "Carolina"

DALVA DE OLIVEIRA
Odeon, MOFB 3884 (lp), "Máscara Negra"

EDU LOBO E MARÍLIA MEDALHA
Philips, R765014L (lp), "Ponteio"

ELZA SOARES
Odeon, MOFB 3500 (lp), "O Mundo Encantado de Monteiro Lobato"

GILBERTO GIL
Philips, 365223 PB (cs), "Domingo no Parque"

MILTON NASCIMENTO
Codil, CDL 13003 (lp), "Travessia"

NARA LEÃO
Philips, R765006L (lp), "Com Açúcar, Com Afeto"
Philips, R765006L (lp), "Quem Te Viu, Quem Te Vê"

ROBERTO CARLOS
CBS, 37525 (lp), "Quando"
CBS, 37525 (lp), "Só Vou Gostar de Quem Gosta de Mim"

Ronnie Von
Polydor, LPNG 44005 (lp), "A Praça"

Wanderley Cardoso
Copacabana, CLP 11505 (lp), "O Bom Rapaz"

MÚSICAS ESTRANGEIRAS DE SUCESSO NO BRASIL

"Alfie", Burt Bacharach e Hal David
"All You Need Is Love", John Lennon e Paul McCartney
"Black is Black" (Quem Não Quer), Tony Hayes, Steve Wadey e Michelle Grainger
"Born Free" (Livre), John Barry e Don Black
"C'Era un Ragazzo che come me Amava I Beatles e I Rolling Stones", Franco Migliacci e Mauro Lusini
"For Your Love" (Vivo Só), Graham Gouldman
"Guantanamera", José Marti e Hector Angulo
"Ho Capito che ti Amo", Luigi Tenco
"Un Homme et une Femme", Francis Lai e Pierre Barouh
"Lucy in the Sky With Diamonds", John Lennon e Paul McCartney
"Music to Watch Girls By", Tony Velona e Sidney Ramin
"No Milk Today", Graham Gouldman
"Penny Lane", John Lennon e Paul McCartney
"Run for Your Life" (Dona do Meu Coração), John Lennon e Paul McCartney
"See You in September", Sherman Edwards e Sid Wayne
"Sgt. Pepper's Lonely Hearts Club Band", John Lennon e Paul McCartney
"Something Stupid" (Coisinha Estúpida), Clarence Carson Parks
"Sunny", Bobby Hebb
"There's a Kind of Hush", Les Reed e Geoff Stevens
"This Is My Song", Charles Chaplin
"A Whiter Shade of Pale", Keith Reid e Gary Brooker
"What Does It Take" (Vivendo Sem Você), James Glaser
"Winchester Cathedral", Geoff Stevens

CRONOLOGIA

24/01: O Congresso Nacional promulga a nova Constituição.

11/02: Morre em São Paulo (SP) o maestro/compositor Alberto Marino.

15/03: Artur da Costa e Silva toma posse na presidência da República.

01/07: Nasce no Rio de Janeiro (RJ) a cantora Marisa Monte.

04/09: É constituída a chamada Frente Ampla, que reune políticos de diversas tendências como Juscelino Kubitschek, João Goulart e Carlos Lacerda.

10: Realiza-se o III Festival da Música Popular Brasileira, promovido pela TV Record de São Paulo e vencido por "Ponteio", de Edu Lobo e Capinan. Realiza-se o II Festival Internacional da Canção, promovido pela TV Globo do Rio de Janeiro e vencido pela composição "Per una Donna", de Marcello, Martino e Perreta, representante da Itália. Na fase nacional venceu "Margarida", de Gutemberg Guarabira, interpretada pelo Grupo Manifesto.

09/10: Ernesto "Che" Guevara é morto na Bolívia.

03/12: O cirurgião Christian Barnard realiza na Cidade do Cabo (África do Sul) o primeiro transplante de coração humano.

Cantando juntos "Viola Enluarada" no início de suas carreiras,
Milton Nascimento e Marcos Valle seguiram caminhos distintos,
tendo em comum a qualidade de suas canções.

XI. 1968

DESTAQUES

"Alvorada" ("Alvorada no Morro") (samba),
Cartola, Carlos Cachaça e Hermínio Bello de Carvalho

A dupla de patriarcas do samba Cartola (Angenor de Oliveira) e Carlos Cachaça (Carlos Moreira de Souza) foi fundamental para a formação das escolas e fixação dos padrões rítmicos do próprio samba. Grandes amigos, casados com duas irmãs, estes pioneiros, além de contribuírem para que o samba se livrasse da herança do maxixe, são responsáveis pela incorporação ao gênero de um texto que não existia nas letras primitivas de seus contemporâneos. Isso, para não falar da importância dos dois na formação e desenvolvimento da Escola de Samba Estação Primeira de Mangueira, à qual seus nomes e suas músicas estão intrinsecamente ligados. A história de "Alvorada" começou numa madrugada, quando Cartola e Cachaça, descendo o morro do Pendura a Saia, sentiram-se impressionados com os primeiros raios de sol que iluminavam o cenário, contrastando a beleza da cena com o sofrimento dos moradores do lugar. Fizeram, então, a primeira parte do samba: "Alvorada lá no morro que beleza/ ninguém chora, não há tristeza/ ninguém sente dissabor/ o sol colorindo é tão lindo, é tão lindo/ e a natureza sorrindo/ tingindo, tingindo a alvorada". A segunda parte surgiu na casa de Hermínio Bello de Carvalho, onde tinham ido para completar a composição. Hermínio fez a letra, enquanto Cartola compunha a melodia na hora. Em suas primeiras gravações, com Odete Amaral e Clara Nunes, o samba saiu com o título de "Alvorada no Morro". Depois, inclusive nas gravações de Cartola e Carlos Cachaça, o nome foi simplificado para "Alvorada". Detalhe curioso é que essas duas figuras fariam os seus primeiros elepês na velhice, Cartola aos 65 anos e Cachaça aos 74, sendo ambos os discos realizados por iniciativa de um mesmo produtor, J. C. Botezelli, o Pelão.

"Andança", Danilo Caymmi, Edmundo Souto e Paulinho Tapajós

"Andança" foi feita na casa de Beth Carvalho, por três jovens que, como ela, iniciavam na época suas carreiras: os compositores Danilo Caymmi,

Edmundo Souto e Paulinho Tapajós. Danilo compôs a melodia da primeira parte, Edmundo a da segunda e, novamente Danilo, a da parte que é usada em contracanto, cabendo a Paulinho fazer a letra, que trata da caminhada sem fim de um romântico andarilho: "No passo da estrada/ só faço andar/ tenho a minha amada/ a me acompanhar/ vim de longe, léguas/ cantando eu vim/ vou, não faço tréguas/ sou mesmo assim...". Meio samba, meio toada, moderna e bem estruturada, "Andança" mostra certa influência do estilo Milton Nascimento, uma tendência que pode ser observada no final dos anos 1960, principalmente em músicas concorrentes aos festivais. Aliás, o próprio Milton afirmou em depoimento a Zuza Homem de Mello, em junho de 1969: "Não há muita diferença entre minha música e a de Danilo e Dori, porque a gente faz a mesma coisa, de um modo geral. Menos na melodia e na letra, mais na harmonia e no ritmo". Apresentada por Beth Carvalho e os Golden Boys, "Andança" foi a terceira colocada na parte nacional do III FIC e uma das mais aplaudidas pelo público.

"Baby", Caetano Veloso

Maria Bethânia tem tudo a ver com a canção "Baby", pois foi ela quem a encomendou ao irmão Caetano Veloso. "Ela já tinha o título e grande parte da letra" — esclarece Caetano, no livro *Verdade tropical*. "'Baby', ela queria que a canção se chamasse. E fazia questão de que nela fosse feita referência a uma T-shirt em que se podia ler a frase 'I love you'. (...) E que a canção tinha que terminar dizendo: 'leia na minha camisa, baby, I love you'." Assim a música foi feita, encaixando-se os seus versos, com sugestões de comportamento ("Você precisa saber da piscina/ da margarina/ da Carolina/ da gasolina/ você precisa saber de mim/ baby, baby/ eu sei que é assim..."), na estética tropicalista, e, por extensão, no repertório do elepê *Tropicália ou Panis et Circensis*, na ocasião em preparação. No entanto, ao contrário da canção, Bethânia não se encaixou, ou melhor, não quis se encaixar no projeto, decidida que estava em não mais participar de grupos ou movimentos artísticos. Na verdade, ela detestara ter sido, dois anos antes, transformada em musa da canção de protesto em razão do sucesso de "Carcará". Então, "Baby" foi gravada por Gal Costa, tornando-se o seu primeiro grande sucesso, com uma interpretação que deslumbrou o autor, deixando-o fortemente emocionado, ainda no estúdio. Gal conseguiu sobrepor ao belo arranjo para cordas de Rogério Duprat um suave e nostálgico clima intimista de bossa nova — com o qual ela tanto se identificava, ela que era considerada na Bahia o "João Gilberto de saias" —, misturado com o de balada *rock and roll*, que nada tinha a ver com o João, mas estava presente nas entrelinhas do novo movimento. O próprio Caetano Veloso reforçou essa indução com a sua participação, citando em contracanto o final de "Diana", balada de Paul Anka que fizera sucesso no Brasil em 1958. "Baby" ficou sendo um marco na carreira de Gal Costa, que soube aproveitar esse tremendo impulso para em seguida se projetar definitivamente, ao entregar-se a um estilo francamente pop, em "Divino, Maravilhoso", numa surpreendente guinada de 180 graus.

"Caminhando" ("Pra Não Dizer que Não Falei de Flores"),
Geraldo Vandré

Foi preocupado com uma possível rejeição do público e do júri que Geraldo Vandré entrou em cena para defender sua canção "Caminhando" na eliminatória paulista do III Festival Internacional da Canção. A preocupação tinha dois motivos: primeiro, a lembrança da vaia e da desclassificação que sofrera em 1967, na Record, com a música "Ventania"; segundo, o esquema que escolhera para apresentar "Caminhando" — sozinho no palco, acompanhado apenas de um violão. Mas o público o aplaudiu freneticamente e o júri acabou por lhe dar o segundo lugar na final, quando cantou com o Quarteto Livre. Propositalmente despojada no aspecto melódico-harmônico (apoia-se somente em dois acordes), "Caminhando" tem o seu forte no teor revolucionário da letra — "Vem, vamos embora/ que esperar não é saber/ quem sabe, faz a hora/ não espera acontecer/ (...)/ Nas escolas, nas ruas/ campos, construções/ somos todos soldados/ armados ou não...". Era um enorme passo à frente do ponto alcançado por "Disparada", dois anos antes. Essa postura audaciosa de desafio à ditadura, em pleno 1968, quando se processava a radicalização do regime, empolgou a plateia presente ao Maracanãzinho que, inconformada por não haverem os jurados dado a vitória a "Caminhando", repudiou a vencedora "Sabiá". O sucesso fulminante da canção de Vandré seria, porém, logo interrompido pela censura, enquanto o autor exilava-se no Chile. Muitos anos depois, extinta a proscrição, "Caminhando" pôde novamente ser apreciada como exemplo de canto político-revolucionário. Uma curiosidade: classificada pelo maestro Lindolfo Gaya como uma guarânia e pelo próprio Vandré como "um rasqueado de beira de praia", "Caminhando" mereceu do general Luís de França Oliveira, secretário de Segurança da Guanabara, o seguinte comentário, em entrevista que justificava a sua proibição: "'Pra Não Dizer que Não Falei de Flores' tem letra subversiva e sua cadência é do tipo de Mao Tsé-Tung" (sic).

"Divino, Maravilhoso", Caetano Veloso e Gilberto Gil

1968 foi de fato o ano da grande guinada na carreira da baiana Gal Costa. Como se não bastasse seu êxito com "Baby", consagrou-se em definitivo no IV Festival da Música Popular Brasileira da TV Record. Profundamente impressionada com os discos de Janis Joplin, rompeu com seu estilo "João Gilberto de saias" e atacou com uma nova postura que levou o público a proclamar entusiasticamente "Já ganhou!" assim que terminou de cantar "Divino, Maravilhoso" na segunda eliminatória de 25 de novembro. A baianinha tímida deixou aturdido até o compositor Caetano Veloso com sua performance na busca de uma maneira extrovertida de se comunicar: avançava na passarela aproximando-se do público, vestida com roupas berrantes, cabeleira *black power*, agachava-se e encarava as pessoas berrando "Uaaaau!" antes do refrão. O atuante empresário dos baianos Guilherme Araújo costumava exclamar "Divino! Maravilhoso!" diante do que gostava muito, o que era frequente. Assim surgiu o título da canção, que "trazia sugestões do clima de rebeldia estudantil contra a ditadura e quase prefigurava, em suas imagens violentas, a luta armada (...) a melodia era, deliberadamente, o pop mais doce (...) mas as palavras chamavam uma menina (...) para participar de algo não dito mas que requeria 'Atenção, ao pisar o asfalto, o mangue/ Atenção para o sangue sobre o chão/ (...)/ Atenção, tudo é perigoso/ tudo é divino, maravilhoso/ atenção para o refrão'", segundo descreveu o próprio Caetano em seu livro *Verdade tropical*. A canção ficou em terceiro lugar, sendo vencedora do festival "São São Paulo, Meu Amor" de Tom Zé. Seu título foi aproveitado em um programa de Caetano e Gil na TV Tupi, cujas atitudes, consideradas provocadoras pelos militares, desencadearam a prisão de ambos em 27/12/1968, o ano mais abundante em competições de canções brasileiras na era dos festivais.

"Geleia Geral", Gilberto Gil e Torquato Neto

A canção "Geleia Geral" representa uma síntese dos cânones do próprio movimento tropicalista, além de ser modelo de seu contorno poético. Seus versos contêm arremedos de ufanismo patriótico ("Formiplac e céu de anil/ (...)/ salve o lindo pendão dos seus olhos") e citações, as mais diversas, explícitas ou implícitas, distribuídas por suas estrofes e o trecho declamado entre elas. Há também alusões sarcásticas a passagens da literatura brasileira como o *Manifesto Antropófago*, de Oswald de Andrade ("Pindorama, país do futuro/ (...)/ com o roteiro do sexto sentido"), a "Canção do Exílio", de Gonçalves Dias ("Minha terra é onde o sol é mais limpo"), ou a *Memórias sentimentais de João Miramar*, também de Oswald, conforme salienta o brasilianista Charles Perrone (em *Masters of Contemporary Brazilian Song*). No refrão são abordados, no mesmo estilo destrambelhado, do folclore brasileiro ao *rock and roll*: "Ê, bumba-yê-yê-boi/ ano que vem, mês que foi/ Ê, bumba-yê-yê-yê/ é a mesma dança meu boi". No aspecto musical, vale mencionar que este refrão é construído sobre a repetição de seis compassos, divididos em ternários e binários, fazendo o arranjo de Rogério Duprat citações de *O Guarani*, de Carlos Gomes (sob o verso declamado sobre as "relíquias do Brasil") e da canção "All the Way", após o verso "um elepê de Sinatra". Essas considerações mostram a relevância da extensa e discutida letra que Torquato Neto, o teórico do tropicalismo, fez para "Geleia Geral", composição gravada por Gilberto Gil em *Panis et Circensis*, o disco básico da relativamente escassa discografia do movimento. A expressão "Geleia Geral", que também seria título de uma coluna de Torquato no jornal carioca *Última Hora*, em 1971/72, tem sua origem anterior à canção: Décio Pignatari havia escrito para a revista de literatura *Invenção* um artigo sobre os princípios da linguagem concretista, que terminava afirmando que "na geleia geral brasileira alguém tem de fazer o papel de medula e de osso", referindo-se à postura do grupo concretista. A ligação de Décio e dos irmãos Augusto e Haroldo de Campos com Caetano Veloso ensejou o aproveitamento da expressão.

"Lapinha" (samba), Baden Powell e Paulo César Pinheiro

Capoeirista valente, famoso em todo o estado da Bahia no começo do século, Valdemar de Tal, o Besouro Mangangá, também conhecido como Cordão de Ouro, virou lenda depois de sua morte violenta, daí surgindo um refrão popular, "a música do Besouro". Este refrão, que Baden ouviu do baiano Canjiquinha e das moças do Quarteto em Cy, acabou servindo de base à composição "Lapinha", vencedora da 1ª Bienal do Samba, promovida pela TV Record em maio de 68: "Quando eu morrer/ me enterre na Lapinha/ calça-culote, paletó almofadinha". Elaborado com um novo parceiro, o então iniciante Paulo César Pinheiro, "Lapinha" seria mais um afro-samba que Baden acrescentava ao seu repertório e, como tal, muito apropriadamente lançado pela melhor intérprete do gênero, a cantora Elis Regina, que o defendeu na Bienal. Mas, voltando ao pitoresco refrão, a Lapinha citada, informa mestre Caymmi, "é o Largo da Lapinha, local de Salvador onde se realizam festas cívicas, como o 2 de julho, e que jamais foi cemitério". Deve ter entrado no samba por sua importância como lugar tradicional, além de ser uma boa rima para "almofadinha". Aliás, a tal "calça-culote", que completa o traje do defunto, seria uma possível corruptela de "calça, colete". Já o mangangá, origem do apelido, é o nome de um vespão de ferroada dolorosa e, no Nordeste, também de um besouro grande que rói determinados tipos de madeira. É ainda usado, em sentido figurado, para designar indivíduo grande, mandão.

"Mudando de Conversa" (samba),
Maurício Tapajós e Hermínio Bello de Carvalho

A personagem indaga sobre "aquela velha amizade, aquele papo furado todo fim de noite num bar do Leblon", lamentando a ausência dessas amenidades em sua vida atual. Este é o tema de "Mudando de Conversa", um samba moderno, romântico, um pouco nostálgico e tipicamente carioca. Só que a composição nasceu, não em um bar do Leblon, mas, na legendária Taberna da Glória, no bairro homônimo. Conta Hermínio que ele e o parceiro, Maurício Tapajós, haviam passado a noite trabalhando, em seu apartamento, em cima de uma sugestão de Cacaso que resultaria na ópera popular *João-Amor e Maria*. De manhã cedinho, a dupla desceu para o desjejum na Taberna, sendo o café-com-leite logo substituído pelo chope gelado, no momento em que surgiu a ideia do samba. "A ópera foi um fiasco", informa o poeta, "mas 'Mudando de Conversa', um grande sucesso." Tanto sucesso, que daria nome a um musical com Clementina de Jesus, Nora Ney, Ciro Monteiro, Jards Macalé, o conjunto Os Cinco Crioulos e um regional comandado pelo Mestre Dino. Embora destinado a Ciro Monteiro, que àquela época tinha uma preguiça enorme para aprender músicas novas, o samba acabou sendo gravado por Dóris Monteiro, em atenção a um pedido de Milton Miranda, diretor da Odeon.

"Pressentimento" (samba),
Elton Medeiros e Hermínio Bello de Carvalho

Cantado por Marília Medalha sobre um belo arranjo do violonista Carlos Castilho (sua introdução incorporou-se à canção), "Pressentimento" classificou-se em terceiro lugar na 1ª Bienal do Samba, atrás de "Lapinha" e "Bom Tempo". Num estilo que lembra mestre Cartola, a composição possui letra e melodia sofisticadas, elaboradas a partir de uma ideia inicial de Hermínio Bello de Carvalho, tendo Elton Medeiros musicado os versos à medida em que iam surgindo. Com um começo sofrido, queixoso ("Ai, ardido peito/ quem irá entender o teu segredo"), o samba cresce e culmina nos versos finais, ante a expectativa de realização da felicidade desejada: "Vem, que o sol raiou/ os jardins estão florindo/ tudo faz pressentimento/ que este é o tempo ansiado/ de se ter felicidade". Composto à época do show *Mudando de Conversa*, de Hermínio, quando Os Cinco Crioulos, liderados por Elton, substituíam Ataulfo Alves, "Pressentimento" não se destinava à Bienal, alimentando seus autores modestas pretensões, ao inscrevê-lo. A saída de Ataulfo, deixando a peça antes da estreia, ocorreu em razão da doença que o levaria à morte um ano depois.

"A Rã" ("The Frog"), João Donato e Caetano Veloso

Autor de importante obra musical, que aos poucos foi tendo os seus temas instrumentais transformados em canções — letradas na maioria das vezes por Caetano e Gil —, o acreano João Donato viveu grande parte da década de 1960 na Califórnia. Lá, entrosando-se com os músicos locais, adquiriu boa reputação como pianista, chegando a tocar com astros do jazz, entre os quais Bud Shank e Chet Baker. Isso sem perder o contato com os brasileiros, especialmente com Sérgio Mendes, o de maior sucesso nos Estados Unidos na ocasião. Um dia, usando a desculpa de que estava faltando água em sua casa (inaceitável em Los Angeles), Donato pediu a uma das cantoras do grupo do Sérgio para tomar banho em seu banheiro. Licença concedida, Don Juan Donato entrou rapidamente em ação, jogando todo o seu charme em cima da moça, ao executar ao violão — como se tomado de súbita inspiração — um engenhoso e original tema em ré menor, de apenas quatro notas (ré, mi, fá e sol), ao mesmo tempo em que entoava sons onomatopaicos, imitação perfeita do coaxar de sapos da região amazônica. Resultado: mais alguns dias e "The Frog" era gravado por Sérgio Mendes e Brasil 66, no álbum *Look Around*, de 1968. Dois anos depois, o tema recebia uma versão de João Gilberto, que o gravou em seu elepê mexicano com o título de "O Sapo". Curiosamente, como a segunda parte do tema não termina na tônica, fica o final indefinido, o que induz a uma repetição da música *ad infinitum*, como um *loop*. Para contornar essa possibilidade, o autor encontrou uma resolução magistral, utilizando o segundo grau da escala com acorde de dominante maior com sétima. Em 1972, quando Donato já havia regressado ao Brasil e atuava como diretor musical de Gal Costa, Caetano Veloso converteu "O Sapo" em "A Rã", aprontando-lhe nova letra, truncada, como exige a música e usando apenas três verbos: "Coro de cor/ sombra de som de cor/ de mal me quer/ de mal me quer de bem/ de bem me diz/ de me dizendo assim/ serei feliz...". Então, "A Rã" saltou para o sucesso, entrando no elepê *Cantar* e no show homônimo de Gal. Em tempo: naquela tarde em Los Angeles, João Donato faturou dois coelhos de uma só vez, ou melhor, um coelho e uma coelha.

"Retrato em Branco e Preto" (samba),
Antônio Carlos Jobim e Chico Buarque

Segundo sua irmã Helena, Tom Jobim compôs o tema "Zíngaro", inspirado em um violinista cigano, que "na verdade era ele próprio, radicado naquele estranho mundo (os Estados Unidos) e sentindo saudade de seu país". Em 1965, a composição foi incluída no elepê *A Certain Mr. Jobim*, gravado numa igreja transformada em estúdio, em Manhattan, com a participação de um de seus arranjadores favoritos, o alemão Claus Ogerman. O título "Retrato em Branco e Preto" surgiu depois, com a letra dramática de Chico Buarque, que trata de um amor desesperado ("Lá vou eu de novo como um tolo/ procurar o desconsolo/ que cansei de conhecer/ novos dias tristes/ noites claras/ versos, cartas, minha cara/ ainda volto a lhe escrever..."). Mais uma vez, Tom Jobim oferece uma lição de economia e inteligência: os três primeiros compassos, criados sobre uma melodia de quatro notas vizinhas — ré, dó sustenido, mi e dó natural — são idênticos, mas, com harmonizações diferentes. O intervalo inicial da canção, uma segunda menor, vai sendo ampliado e explorado de várias maneiras à medida que a melodia avança, aumentando a tensão, a dramaticidade, o que é muito bem aproveitado no poema do Chico. Ritmicamente, dos dezesseis compassos de "Retrato em Branco e Preto", treze são absolutamente iguais, formados por oito colcheias. Tais observações podem, à primeira vista, levar à conclusão de que a canção é repetitiva e até pobre, quando na realidade é exatamente o oposto, um tratado sobre o que é possível fazer com um intervalo de duas notas. Tom Jobim sabia como ninguém partir de uma célula simples e enriquecê-la ao máximo. Em 1968, "Retrato em Branco e Preto" seria gravado pelo próprio Tom com o Quarteto 004. Esta foi a primeira de uma série de interpretações emocionantes, como as de Chico Buarque, Elis e Tom, João Gilberto (em três registros diferentes) e a do trompetista Chet Baker, que em gravação filmada para o documentário *Let's Get Lost*, feita pouco antes de sua morte, realizou num improviso comovente um autêntico hino de amor a Tom Jobim.

"Sá Marina", Antônio Adolfo e Tibério Gaspar

Já nos tempos de adolescente, o pianista Antônio Adolfo tocava no Beco das Garrafas, integrando o conjunto Samba Cinco ou participando de sessões de jazz e de bossa nova. Em 1967, quando liderava o Trio 3-D e tinha quatro elepês gravados, iniciou uma parceria com o letrista Tibério Gaspar, vivendo a dupla nos quatro anos seguintes uma fase de grande sucesso, com participações assíduas em festivais e trilhas sonoras de novelas. São dessa

Chico Buarque criou belíssimas letras para composições de Tom Jobim, como "Retrato em Branco e Preto" e "Sabiá". A afinidade entre os dois ultrapassava o campo da música: ambos eram torcedores do Fluminense.

época composições como "Meia-Volta", "Juliana", "Teletema", "BR-3" e a popularíssima "Sá Marina": "Descendo a rua da ladeira/ só quem viu pode contar/ cheirando a flor de laranjeira/ Sá Marina, eh! vem pra dançar...". Lançada em 1967 pelo conjunto O Grupo, a canção estourou com Wilson Simonal no começo do ano seguinte, permanecendo por dezenove semanas nos primeiros lugares das paradas de sucesso. Uma toada-moderna, segundo o próprio Adolfo, "Sá Marina" é produto de uma tendência muito em moda na época, que procurava juntar influências harmônicas da bossa nova a estruturas tradicionais da música brasileira, no caso a toada. Pode ser incluída naquela vertente de "Andança" e "Viola Enluarada", canções filiadas, como foi dito, ao estilo Milton Nascimento, apresentando, porém, "Sá Marina" características mais dançantes, com seu ritmo bem marcado e ligeiramente aproximado do iê-iê-iê.

"Sabiá", Antônio Carlos Jobim e Chico Buarque

A princípio chamava-se "Gávea" e destinava-se ao repertório do soprano Maria Lúcia Godoy. Então seu autor, Tom Jobim, foi convidado a concorrer no III FIC e, só tendo aquela música inédita na ocasião, inscreveu-a, pedindo a Chico Buarque para fazer-lhe uma letra. Jobim, que detestava festivais, já rejeitara um convite do diretor Augusto Marzagão para atuar como jurado e, não querendo parecer grosseiro, sentia-se agora na obrigação de concorrer. Sem maiores pretensões, é verdade, pois achava a composição — que passara a chamar-se "Sabiá", depois da letra do Chico — serena demais para impressionar num festival. Em sua concepção, música de festival devia ser movimentada e barulhenta, para causar impacto. Por isso, apostou com Vinicius de Moraes uma caixa de uísque como não ganharia. Mas, em sua serenidade, "Sabiá" era uma belíssima composição, valorizada pelo poema gonçalviano de Chico Buarque, que a tornou uma espécie de "Canção do Exílio" de nosso tempo: "Vou voltar/ sei que ainda vou voltar/ para o meu lugar/ foi lá/ e é ainda lá/ que eu hei de ouvir cantar/ uma sabiá...". Nada disso, entretanto, comoveu o público do Maracanãzinho que, empolgado pela panfletária "Caminhando", explodiu na mais furiosa vaia já dirigida a um grande artista brasileiro, quando o resultado foi anunciado. E para azar de Tom Jobim, ele a recebeu sozinho, pois naquela noite Chico Buarque se encontrava a milhares de quilômetros, em Veneza. Uma semana depois, atendendo a um apelo angustiado do parceiro, Chico estaria ao seu lado para assistir a uma nova vitória de "Sabiá", desta vez sem vaia, na fase internacional da competição. E Tom Jobim teve mesmo que pagar a aposta a Vinicius: uma caixa de Johnnie Walker Black Label.

"Samba do Crioulo Doido", Sérgio Porto

Observador afiado do cotidiano brasileiro, que criticava de forma inteligente e espirituosa, Sérgio Porto, o Stanislaw Ponte Preta, teve a oportunidade de conhecer o sucesso como compositor nos últimos meses de vida com o "Samba do Crioulo Doido". Satirizando as dificuldades dos autores de samba-enredo, obrigados a desenvolverem em suas composições temas históricos — muitas vezes absolutamente inadequados a uma descrição poética —, Sérgio fez neste samba uma divertida caricatura do gênero, misturando escravas, princesas, imperadores e estações de trens: "Foi em Diamantina/ onde nasceu JK/ que a princesa Leopoldina/ arresolveu se casá/ mas Chica da Silva/ tinha outros pretendentes/ e obrigou a princesa/ a se casá com Tiradentes...". E arrematou a confusão com o disparate maior, digno de um Lamartine Babo: "Assim se conta essa história/ que é dos dois a maior glória/ Dona Leopoldina virou trem/ e Dom Pedro uma estação também". Com um prólogo falado, em que o autor esclarece ter o crioulo endoidado de vez, ao compor sobre o tema "A atual conjuntura", o "Samba do Crioulo Doido" — cujo título tornou-se uma expressão popular — foi gravado pelo Quarteto em Cy, virando em seguida um musical, *O Show do Crioulo Doido*, estrelado pelo elenco do disco. Sérgio Marcos Rangel Porto morreu de um ataque cardíaco no dia 29 de setembro de 1968.

"Sei Lá Mangueira" (samba),
Paulinho da Viola e Hermínio Bello de Carvalho

Este samba nasceu de uma visita, talvez a primeira, de Hermínio Bello de Carvalho ao ponto mais alto do Morro da Mangueira, ciceroneado por Cartola e Carlos Cachaça. Ao ver lá de cima e em tão ilustre companhia o belo panorama, o poeta emocionou-se e compôs este canto de amor à sua escola: "Vista assim do alto/ mais parece o céu no chão/ sei lá/ em Mangueira a poesia/ feito um mar que se alastrou/ e a beleza do lugar/ pra se entender/ tem que se achar/ (...)/ sei lá, não sei/ sei lá, não sei não/ a Mangueira é tão grande/ que nem cabe explicação...". Mais tarde, em casa, Hermínio concluía o poema, quando chegou Paulinho da Viola, que achou os versos ótimos e fez a melodia na hora. O que Paulinho, portelense ferrenho, não gostou foi da inscrição de "Sei Lá Mangueira" no IV Festival de MPB da TV Record, feita pelo parceiro em atenção a um pedido do jornalista Flávio Porto, irmão de Sérgio Porto. Mas, no final deu tudo certo, pois a música, embora não tenha alcançado boa classificação, acabou indiretamente causando a feitura de outra obra-prima, o samba "Foi um Rio que Passou em Minha Vida".

"Soy Loco por Ti América", Gilberto Gil e Capinan

Numa reunião no Hotel Danúbio, em São Paulo, o produtor Manoel Barenbein e o arranjador Júlio Medaglia discutiam com Caetano Veloso a ordem de localização das músicas de seu primeiro elepê, praticamente concluído, quando ouviram no rádio a notícia da morte de Ernesto Che Guevara. Imediatamente, Caetano ligou para Capinan e pediu uma letra sobre o assunto. Horas depois estava pronta "Soy Loco por Ti América", com melodia de Gilberto Gil. Esta canção-homenagem ao revolucionário Che Guevara é um baião, enxertado de ritmos latino-americanos, com letra no mais castiço portunhol, onde palmeiras tropicais se misturam a trincheiras "del hombre muerto": "Soy loco por ti America/ soy loco por ti de amores/ estou aqui de passagem/ sei que adiante/ um dia vou morrer/ de susto, de bala ou vício". O arranjo rumbado e o piano percussivo remetem a uma ambientação sonora — estilo *Latin America* — dos filmes de Carmen Miranda, um dos símbolos do tropicalismo, disfarçando com perspicácia a referência a Guevara e, por extensão, à revolução cubana. Assim, incluída no disco à última hora, "Soy Loco por Ti América" salientou-se, sobretudo, pelo contraste com as demais faixas, apesar de sua melodia trivial. Foi, de certa forma, o primeiro sinal de futuras incursões realizadas por Caetano no universo da música hispano-americana, cultivada em discos e shows e acumulando um considerável repertório do gênero.

"Tropicália", Caetano Veloso

Classificado pelo concretista Augusto de Campos como "oswaldiano, antropofágico, desmistificador", o primeiro elepê solo de Caetano Veloso, lançado em 1968, o credencia como um dos poetas-compositores mais imaginativos de sua geração. Neste disco polêmico e experimentador, o destaque maior pertence à canção "Tropicália". Dividida em cinco partes de melodias primárias e iguais, cada uma terminando com um surpreendente par de "vivas", a composição oferece uma visão crítica e sintetizada da realidade brasileira, contrapondo valores dessa realidade, numa colagem de símbolos, imagens e citações — "Eu organizo o movimento/ eu oriento o carnaval/ eu inauguro o monumento/ no Planalto Central do país/ viva a bossa-sa-sa/ viva a palhoça-ça-ça-ça-ça...". Embora Caetano tivesse concebido esta letra detalhadamente, frase por frase, e até mesmo algumas rimas como "Carmen Miranda" com "banda", a gravação não ocorreu sob restrito controle, com se poderia esperar, tendo mesmo acontecido lances insólitos, como o do texto referente à carta de Pero Vaz de Caminha, que o baterista Dirceu Chuchu improvisou, sem sequer conhecer a letra, induzido apenas pelos sons de pássaros cantando e da percussão gravados na abertura. O próprio título "Tropicália", cuja origem foi longamente comentada por Caetano, no livro *Verdade tropical* — e que acabaria denominando o movimento poético-musical que marcou aquele final de década —, só seria adotado por insistência do produtor Manoel Barenbein, desprezando-se a opção "Mistura Fina", considerada boa pelo compositor. Júlio Medaglia é o autor do excelente arranjo de "Tropicália".

"Vesti Azul" (**"Anjo Azul"**), Nonato Buzar

O diretor do selo Equipe, Osvaldo Cadaxo, pediu ao compositor Nonato Buzar, autor do sucesso "O Carango", uma música para a cantora Adriana, de quatorze anos, filha de um amigo seu. Mal terminara o encontro e Nonato já começava a cantarolar letra e melodia da nova canção, logo informando a um incrédulo Cadaxo que a música estava pronta. Assim nasceu "Anjo Azul" — título que é uma homenagem ao legendário filme de Marlene Dietrich — em que o autor completava as pausas com passagens instrumentais, as quais, embora sem letra, faziam parte da composição, uma toada, dançante, urbana: "Estava na tristeza que dava dó/ vivia vagamente, andava só/ mas eis que de repente apareceu/ um brotinho lindo que me convenceu/ dizendo que devia vestir azul/ (...)/ Vesti azul/ pã pã paã pã paã/ minha sorte então mudou...". Dias depois, enquanto Ed Lincoln preparava o arranjo para Adriana, Nonato mostrou em São Paulo a música a Wilson Simonal que gostou e pediu para que ele a gravasse numa fita cassete. Daí surgiriam, quase ao mesmo tempo, as duas gravações com títulos diferentes, a de Adriana (na Equipe) como "Anjo Azul" e, para surpresa do autor, a de Simonal (na Odeon) como "Vesti Azul". Campeãs de vendagem, ambas adotavam o estilo "pilantragem", já mencionado, tendo prevalecido o título "Vesti Azul", em razão principalmente do sucesso de Simonal, que na ocasião comandava o programa *Show em Si... monal*, na TV Record. "Vesti Azul" seria gravada, em versão de Paul Anka e Sammy Cahn, no exterior com o nome de "Something Else". Parceiro de Chico Anysio e Carlos Imperial, Nonato Buzar emplacou sucessos como os temas das telenovelas *Irmãos Coragem* (1970/71) e *Verão Vermelho* (1971/72), tendo atuado quatro anos na França com o seu grupo País Tropical.

"Viola Enluarada", Marcos Valle e Paulo Sérgio Valle

A saudade do Brasil, sentida por Marcos Valle durante uma longa estada (a maior até então) nos Estados Unidos, levou-o a compor uma toada dolente, com harmonia bem brasileira, que traria em sua bagagem de volta, sem nome e sem letra. Ainda em Nova York, às vésperas do retorno, ele ouvira de Eumir Deodato elogios entusiasmados a um novo compositor, chamado Milton Nascimento, que despontara no II FIC e para cujas músicas havia escrito os arranjos. Assim, ao chegar ao Rio, procurou logo conhecê-lo, tendo esse encontro acontecido na casa de Tom Jobim, no Leblon. Na ocasião, como seu irmão Paulo Sérgio já havia aprontado a letra da toada que se chamou "Viola Enluarada", Marcos e Milton tiveram a oportunidade de cantá-la juntos pela primeira vez: "A mão que toca um violão/ se for preciso faz a guerra/ mata o mundo, fere a terra...". Ao contrário de outras músicas de protesto, em que o êxito se baseia quase tão somente na força da letra, "Viola Enluarada" possui, além dos belos versos libertários, uma rica melodia, que a classifica entre as grandes canções brasileiras do século. Isso era reconhecido pelo exigente Jacob do Bandolim, que tinha um projeto de gravá-la, não realizado em virtude de sua morte. Divulgada inicialmente em shows do Quarteto em Cy e da cantora Eliana Pittman, a canção foi lançada pela Odeon num compacto com seus contratados Marcos Valle e Milton Nascimento. Nesta gravação, que tem arranjo de Dori Caymmi, a dupla canta exatamente como o fazia nas reuniões com os amigos. Aliás, a boa participação de Milton, bem à vontade, acontece não por acaso, pois a composição encaixa-se em seu estilo como se por ele tivesse sido feita. Sucesso instantâneo (já havia uma lista de pedidos dos lojistas antes da gravação existir), "Viola Enluarada" foi incluída no álbum seguinte de Marcos, propiciando pela segunda vez a ele e a Paulo Sérgio o prêmio de melhor canção do ano, oferecido pela Rádio Jornal do Brasil.

"Wave" (**"Vou Te Contar"**), Antônio Carlos Jobim

Ao lado dos maiores sambistas vivos em 1968, Tom Jobim foi um dos convidados a participar da I Bienal do Samba da TV Record. Inscreveu sua composição criada um ano antes nos Estados Unidos, gravada ao piano com músicos americanos e arranjo do alemão Claus Ogerman, em versão ainda instrumental, com o título de "Wave". Como para a Bienal seria necessário uma letra, Tom convidou Chico Buarque para a parceria, dizendo "Você não quer ficar rico? Essa música vai fazer sucesso". Por mais que tentasse, Chico não conseguia passar do início, restando ao próprio Tom fazer a letra, mantendo o único verso que Chico conseguira escrever, "Vou te contar". Com o título "Onda" foi então inscrita na I Bienal para ser defendida por Roberto Carlos, que justamente no período das eliminatórias do festival, junho de 1968, estava nos Estados Unidos em viagem de lua de mel. Assim, "Onda" ficou fora da Bienal. A primeira gravação cantada ocorreu no elepê *Retrato em Branco e Preto* com o Quarteto 004, e em agosto do mesmo ano também fazia parte do elepê *Discomunal*, gravado ao vivo no Teatro Toneleros. Estranhamente, figurava neste em duas faixas diferentes: uma era instrumental, com o hepteto de Paulo Moura sob o título original, "Wave"; no outro lado do disco, a versão vocal com o mesmo quarteto vocal 004, o próprio Tom ao piano e o acréscimo do interlúdio instrumental que passou a integrar a composição. O título, porém, era "Vou Te Contar", que se tornou o mais conhecido, ao passo que "Onda" desapareceu. Dezenas de outras gravações de "Wave" surgiram nos anos seguintes, inclusive interpretadas por cantores americanos como Ella Fitzgerald, Frank Sinatra, Tony Bennett e Anita O'Day, obviamente com letra em inglês. Bastante desgostoso com versões de suas canções anteriores, feitas pelos novos sócios majoritários em seus direitos autorais, Gene Lees, Ray Gilbert ou Norman Gimbel, Tom Jobim fez ele próprio uma excelente versão, demonstrando perfeito entendimento da prosódia da língua inglesa, como nos dois versos finais de primeira parte: "The fundamental loneliness goes/ whenever two can dream a dream together", onde ainda utiliza a assonância da vogal "o" entre "loneliness" e "goes". É após essa frase que ocorre a criativa modulação para a segunda parte, típica de compositores como Tom Jobim. Com a experiência que teve como arranjador no início da carreira, Tom sabia como preencher os espaços vazios, ou seja, as pausas nas composições originais. E três anos depois de "Wave" deu prova disso ao criar sobre a mesma sequência harmônica novo tema instrumental, que recebeu o título de "Tide". Não é pois por acaso que as capas dos dois elepês *Wave* e *Tide* têm layout praticamente igual, a partir da mesma tipologia nos títulos de quatro letras. A foto vermelha de *Wave* é de uma girafa, e a de *Tide*, azul, do Cristo Redentor.

OUTROS SUCESSOS

"Amor de Carnaval" (samba/carnaval), Zé Kéti
"Até Quarta-Feira" (marcha/carnaval), Paulo Sette e Humberto Silva
"Bom Tempo" (samba), Chico Buarque
"As Canções que Você Fez pra Mim", Roberto Carlos e Erasmo Carlos
"Ciúme de Você", Luís Ayrão
"Coisas do Mundo Minha Nega", Paulinho da Viola
"Dá Nela, Saudade" (samba/carnaval), Carlos Imperial e Adilson Silva
"Eu Daria a Minha Vida", Martinha

"Eu te Amo, Eu te Amo, Eu te Amo", Roberto Carlos
"Eu Tenho um Amor Melhor que o Seu", Roberto Carlos
"Helena, Helena, Helena", Alberto Land
"Januária" (samba), Chico Buarque
"Lindoneia", Caetano Veloso
"Modinha", Sérgio Bittencourt
"Nem Vem que Não Tem", Carlos Imperial
"Parabéns, Querida", Roberto Corrêa e Sílvio Son
"Perto dos Olhos, Longe do Coração", Dori Edson e Marcos Roberto
"A Pobreza", Renato Barros
"Pra Nunca Mais Chorar", Carlos Imperial e Eduardo Araújo
"Quero lhe Dizer Cantando", Reinaldo Rayol e Renato Corrêa
"Se Você Pensa", Roberto Carlos e Erasmo Carlos
"Se Você Voltar", Nenéo
"Segura Este Samba Ogunhê", Osvaldo Nunes
"Só o Ôme", Edenal Rodrigues
"Superbacana", Caetano Veloso
"Tempos Idos" (samba), Cartola e Carlos Cachaça
"Tive Sim" (samba), Cartola
"Última Canção", Carlos Roberto
"Você Passa Eu Acho Graça" (samba), Ataulfo Alves e Carlos Imperial
"Voltei" (samba), Osvaldo Nunes, Denis Lobo e Celso de Castro

GRAVAÇÕES REPRESENTATIVAS

Beth Carvalho e os Golden Boys
Odeon, 7B-323 (cs), "Andança"

Caetano Veloso
Philips, R765026L (lp), "Soy Loco por Ti América"
Philips, R765026L (lp), "Tropicália"

Clara Nunes
Odeon, MOFB 3557 (lp), "Você Passa Eu Acho Graça"

Cynara e Cybele
CBS, 37580 (lp), "Sabiá"

Elis Regina
Philips, 365242 PB (cs), "Lapinha"

Gal Costa e Caetano Veloso
Philips, R765040L (lp), "Baby"

Gilberto Gil
Philips, R765040L (lp), "Geleia Geral"

Marcos Valle e Milton Nascimento
Odeon, MOFB 3531 (lp), "Viola Enluarada"

Odete Amaral
MOFB 3568 (lp), "Alvorada no Morro"
MOFB 3568 (lp), "Sei Lá Mangueira"

Quarteto em Cy
Elenco, CED 8 (cdp),[3] "Retrato em Branco e Preto"
Elenco, CED 8 (cdp), "Samba do Crioulo Doido"

Roberto Carlos
CBS, 37585 (lp), "Eu te Amo, Eu te Amo, Eu te Amo"
CBS, 37585 (lp), "Se Você Pensa"

Taiguara
Odeon, MOFB 3570 (lp), "Modinha"

Wilson Simonal
Odeon, MOFB 3547 (lp), "Sá Marina"

MÚSICAS ESTRANGEIRAS DE SUCESSO NO BRASIL

"Aranjuez Mon Amour", Joaquin Rodrigo
"The Good, the Bad and the Ugly", Enio Morricone
"The Ballad of Bonnie and Clyde", Mitch Murray e Peter Callander

[3] cdp: compacto duplo.

"Le Bruit des Vagues", Pascal Seuran, Serge Lebrall e Romuald
"Canzone per Te", Sergio Bardotti e Sergio Endrigo
"The Fool on the Hill", John Lennon e Paul McCartney
"Free Again", Armand Canfora, Jess Baselli, Michel Jourdan e Robert Colby
"Hello, Goodbye", John Lennon e Paul McCartney
"Hey Jude", John Lennon e Paul McCartney
"Honey", Bobby Russell
"Lady Madonna", John Lennon e Paul McCartney
"The Last Waltz", Les Reed e Barry Mason
"Love is Blue", Andre Popp e Pierre Cour
"Pata Pata", Miriam Makeba e Jerry Ragovoy
"La Pretendida", Pepe Avila
"Revolution", John Lennon e Paul McCartney
"San Francisco", John Philips
"Summer Rain", James Hendricks

CRONOLOGIA

07/01: Vai ao ar pela última vez o programa *Jovem Guarda*, da TV Record.

13/01: Morre em São Paulo (SP) o cantor Arnaldo Pescuma.

15/01: Estreia no Teatro Princesa Isabel, no Rio, a peça *Roda Viva*, de Chico Buarque.

12/02: Morre no Rio de Janeiro (RJ) o instrumentista/arranjador Astor Silva.

19/02: Realiza-se no Teatro João Caetano, no Rio de Janeiro, o histórico recital de Elizeth Cardoso, Jacob do Bandolim, Zimbo Trio e Época de Ouro, produzido por Hermínio Bello de Carvalho e em benefício do Museu da Imagem e do Som.

28/03: O estudante Edson Luís de Lima Júnior é morto pela polícia, em conflito no restaurante do Calabouço, no Rio de Janeiro.

04/04: É assassinado numa varanda do Hotel Lorraine, em Memphis (Tennesee, EUA), o líder negro Martin Luther King.

05: Realiza-se a 1ª Bienal do Samba, promovida pela TV Record de São Paulo e vencida pela composição "Lapinha", de Baden Powell e Paulo César Pinheiro, cantada por Elis Regina.

Estudantes franceses apoiados por intelectuais, políticos e trabalhadores, revoltam-se em Paris contra o governo, provocando grave crise.

06/06: É assassinado em Los Angeles (Califórnia, EUA) o senador Robert Kennedy.

26/06: Realiza-se no Rio de Janeiro (RJ) a "Passeata dos Cem Mil" contra a ditadura.

07/07: Morre no Rio de Janeiro (RJ) o compositor Wilson Batista.

07/08: É realizada no Dancing Avenida, no Rio de Janeiro, a festa de lançamento do elepê *Tropicália ou Panis et Circencis*. Cinco dias depois, a festa seria repetida no Avenida Danças, lançando o disco em São Paulo.

20/08: Tropas do Pacto de Varsóvia invadem a Tcheco-Eslováquia.

23/08: Morre em São Paulo o cantor/compositor Vicente Celestino.

09: Realiza-se o III Festival Internacional da Canção, promovido pela TV Globo do Rio de Janeiro e vencido pela composição "Sabiá", de Tom Jobim e Chico Buarque.

29/09: Morre no Rio de Janeiro (RJ) o jornalista/compositor Sérgio Porto.

12/10 a 27/10: Realizam-se na Cidade do México os XIX Jogos Olímpicos.

13/10: Morre no Rio de Janeiro (RJ) o poeta Manuel Bandeira.

28/10: Estreia na TV Tupi de São Paulo o programa tropicalista *Divino Maravilhoso*, com Caetano Veloso, Gilberto Gil, Gal Costa e Os Mutantes.

01/11: Chega ao Rio de Janeiro a Rainha Elizabeth da Inglaterra em visita oficial ao Brasil.

04/11: Estreia na TV Tupi de São Paulo *Beto Rockfeller*, uma telenovela que reformulou a história do gênero.

11 e 12: Realiza-se o IV Festival de Música Popular Brasileira, promovido pela TV Record de São Paulo e vencido por "São São Paulo, Meu Amor", de Tom Zé.

13/12: É promulgado em Brasília (DF) o Ato Institucional nº 5, que fecha o Congresso, suspende as liberdades individuais, elimina o equilíbrio entre os Poderes e dá atribuições excepcionais ao presidente da República.

O irreverente grupo Os Mutantes, de Arnaldo Baptista, Rita Lee e Sérgio Dias, fez a ponte entre o tropicalismo e o novo rock brasileiro.

XII. 1969

DESTAQUES

"Ando Meio Desligado", Arnaldo Baptista, Rita Lee e Sérgio Dias

A canção "Ando Meio Desligado" abriu *A Divina Comédia ou Ando Meio Desligado*, o terceiro elepê de Os Mutantes. Formado originalmente por Rita Lee e os irmãos Arnaldo e Sérgio Dias Baptista, este grupo fez a ponte entre o tropicalismo e o então nascente rock brasileiro. Incluída inicialmente no repertório do espetáculo *Planeta dos Mutantes*, a composição teve que ser retirada porque estava inscrita no IV FIC, cujo regulamento exigia ineditismo. Segundo Carlos Calado, no livro *A divina comédia dos Mutantes*, "Ando Meio Desligado" "foi composta quase na marra", pois os três não dispunham de "nada muito interessante na gaveta" a poucos dias do encerramento das inscrições. Assim, prossegue Calado, "tinham acabado de fumar um baseado no quarto do Sérgio, quando ele mostrou a primeira parte de uma melodia, que logo ganhou uma linha de baixo inspirada em 'Time of the Season', *hit* do conjunto inglês The Zombies". Então Rita fez a letra, com a colaboração de Arnaldo. Mas, apesar de seu início vinculado à sensação de desligamento produzida pela maconha ("Eu nem sinto meus pés no chão/ olho e não vejo nada"), "Ando Meio Desligado" é na verdade uma canção de amor, digamos, à moda dos Mutantes, sendo sua letra uma das mais românticas do grupo: "Eu só penso se você me quer/ eu nem vejo a hora de lhe dizer/ aquilo tudo que eu decorei/ e depois do beijo que eu já sonhei/ você vai sentir, mas, por favor/ não leve a mal...". Décima colocada no FIC, a canção ganhou versão em inglês, intitulada "I Feel a Little Spaced Out", gravada pelo próprio grupo em 1970, mas não lançada até 1995.

"Aquele Abraço" (samba), Gilberto Gil

Em dezembro de 68, no auge da repressão desencadeada pelo AI-5, Caetano Veloso e Gilberto Gil foram presos e recolhidos a um quartel do Exército no subúrbio de Deodoro, no Rio de Janeiro. Meses depois, confinados na Bahia, os dois tiveram permissão da ditadura para exilar-se em Londres. Desse episódio ficou "Aquele Abraço", uma composição em que Gil despede-se do Rio e do povo brasileiro, em versos bem-humorados cantados em ritmo de samba: "O Rio de Janeiro continua lindo/ o Rio de Janeiro continua sendo/ o Rio de Janeiro, fevereiro e março/ alô, alô, Realengo, aquele abraço/ alô torcida do Flamengo, aquele abraço...". No livro *Todas as letras*, o compositor conta que começou a fazer a canção em casa de Mariah Costa, mãe de Gal, numa visita ao Rio, quando negociava a liberação para o exílio. No avião, de volta para Salvador, ele a completou sobre uma melodia fácil a fim de não esquecê-la. Quanto ao mote "aquele abraço", esclarece: "era assim que os soldados me saudavam no quartel". O que Gil desconhecia era o fato de a expressão ter sido popularizada pelo comediante Lilico, que a usava como bordão num programa de televisão. "Aquele Abraço" permaneceu durante dois meses em primeiro lugar nas paradas de sucesso e é uma das composições mais executadas de Gilberto Gil.

"Atrás do Trio Elétrico", Caetano Veloso

Enquanto em Salvador, no carnaval de 1969, o povo cantava e dançava "Atrás do Trio Elétrico", seu autor vivia no Rio a expectativa de ser libertado da prisão, imposta pela ditadura. A libertação aconteceu realmente na quarta-feira de cinzas, só que de forma parcial, pois, como foi dito acima, Caetano Veloso e Gilberto Gil passaram a um regime de confinamento na Bahia, seguindo-se o exílio em Londres. Com esta marcha-frevo — mais tarde o gênero foi alcunhado de frevo baiano, sendo um frevo acelerado —, o compositor homenageava o Trio Elétrico Dodô e Osmar, que deu uma nova feição ao carnaval da Bahia. Entusiasmados com a exibição do grupo de frevo pernambucano Vassourinhas nas ruas de Salvador, em 1949, o rádio-técnico Dodô (Antônio Adolfo Nascimento, morto em 15/06/1978) e Osmar (Osmar Macedo, um virtuose no bandolim, morto em 30/06/1997, e pai do também bandolinista Armandinho) saíram no carnaval de 1950 sobre um velho carro Ford, equipado com dois alto-falantes, tocando guitarra e bandolim de madeira maciça, eletrificados, uma criação de Dodô, logo chamados de paus-elétricos ou guitarra baiana. A repercussão da novidade, bem maior do que se poderia esperar, os levou a ampliar o equipamento (para oito alto-falantes) e transformar o duo em trio, com a inclusão do percussionista Temístocles Aragão. Nascia assim, em 1951, o Trio Elétrico Dodô e Osmar. Caetano intuiu a projeção que a sua marcha-frevo daria ao carnaval baiano com uma letra cujo primeiro verso se tornou quase um dito popular: "Atrás do trio elétrico só não vai quem já morreu/ quem já botou pra rachar aprendeu/ que é do outro lado do lado de lá, do lado que é lá do lado de lá...". A simples leitura desses versos confunde quem não conhece a melodia, porque as sílabas "la" e "do" (cada uma repetida sete vezes) recaem ora em tempo forte, ora em tempo fraco, dando a sensação de haver uma síncope que a rigor não existe nesse trecho de cinco compassos. E mais: "la" e "lá" são ao mesmo tempo a primeira sílaba do substantivo "lado" e o advérbio "lá", provocando assim um efeito paronímico. Esses truques rítmicos e prosódicos constituem uma atração a mais na obra de Caetano, aparecendo com certa frequência, como em "Chuva, Suor e Cerveja", de 1972. Gravada inicialmente num compacto, em dezembro de 68, com o autor acompanhado por um pequeno grupo dirigido por Rogério Duprat, "Atrás do Trio Elétrico" logo começou sua escalada para se consagrar como um hino ao trio elétrico, esta instituição que transcendeu as fronteiras da Bahia e até as do próprio carnaval.

"Cantiga por Luciana", Edmundo Souto e Paulinho Tapajós

A dupla Edmundo Souto e Paulinho Tapajós ganhou o primeiro lugar no IV Festival Internacional da Canção com a doce "Cantiga por Luciana", superando a colocação de "Andança", que fizeram (com Danilo Caymmi) para o FIC de 1968. Embora sem a força do sucesso anterior (lembra um pouco o adágio da toada "Cinderela", de Adelino Moreira), a composição encanta pela singeleza do tema, que lhe dá um clima de canção infantil: "Luciana, Luciana/ sorriso de menina dos olhos de mar/ Luciana, Luciana/ abrace esta cantiga por onde passar". Esse clima é realçado pela interpretação da cantora Evinha (Eva Correia José Maria), que a gravou e defendeu no festival. Integrante do Trio Esperança, Evinha iniciou uma bem-sucedida carreira solo a partir dessa gravação.

"Casaco Marrom" (**"Bye Bye, Ceci"**),
Renato Corrêa, Danilo Caymmi e Gutemberg Guarabira

Depois de interpretarem "Andança" no III FIC de 1968 com Beth Carvalho, os Golden Boys, formados pelos irmãos Roberto, Ronaldo e Renato Corrêa, além de um primo, deixaram de ser exclusividade da Jovem Guarda, ao mesmo tempo em que Roberto foi se aproximando de autores de festivais como Gutemberg Guarabira, a quem levou com Danilo Caymmi a melodia inacabada de uma composição inédita. A letra e o final foram completados semanas depois em Petrópolis quando Gut, agoniado em retornar para o Rio de Janeiro, queria "voltar aos tempos de mim". Incluiu uma frase em francês, "Bye bye, Ceci, nous allons", a forma como se despedia da mãe ao sair para as noites de música num bar do Leme, vestindo um casaco de veludo cotelê marrom do qual não se separava mesmo sob o intenso calor carioca. Animado com a canção, Gut sugeriu aos parceiros inscrevê-la no II Festival de Música Brasileira de Juiz de Fora, certo de que iriam arrebatar o primeiro prêmio, o que de fato aconteceu. Em 2 de junho de 1969, "Casaco Marrom" foi a vencedora do festival na voz de Cynara, do Quarteto em Cy. Mas a gravação da canção coube a Evinha, recém-convidada para iniciar sua carreira individual na Odeon, sob a produção de seu irmão Renato, também se lançando na nova função. Assim, a ex-integrante do Trio Esperança, que era completado por seus irmãos Regina e Mário, se projetou logo na estreia com uma canção que caiu como uma luva na sua interpretação delicada e cativante. Posteriormente, Renato firmou-se como excelente produtor, e Evinha, que obteria novo êxito em 1970 com sua gravação de "Teletema", estabeleceu-se na França a partir dessa década. Casada com Gérard Gambus, pianista da orquestra de Paul Mauriat, manteve carreira com as irmãs Mariza e Regina no novo Trio Esperança, em interpretações *a cappella*, além de esporádicos espetáculos no Brasil.

"Charles, Anjo 45", Jorge Ben

Depois de uma fase sem grandes sucessos, que se seguiu ao estouro inicial em 63, a estrela de Jorge Ben voltou a brilhar em 1969 com "Charles, Anjo 45", "País Tropical", "Que Pena", "Cadê Teresa", isso sem falar em "Crioula", "Domingas" e "Que Maravilha", feita com Toquinho, uma de suas raras parcerias. Todas essas composições, com exceção da última, faziam parte do elepê *Jorge Ben*, lançado no final de 69, cuja importância rivaliza com a do disco de 63. Concorrente no IV FIC, "Charles, Anjo 45" é um samba de estrutura melódico-harmônica muito simples, sustentada por forte percussão, características habituais na obra de Ben. Seu ponto alto é a longa letra, que narra as aventuras e desventuras do personagem Charles (fictício, segundo o autor), um "Robin Hood dos morros", marginal "protetor dos fracos e dos oprimidos": "Oba, oba, oba, Charles/ como é que é my friend Charles?/ como vão as coisas, Charles?...". Mas, um dia Charles "marcou bobeira e foi tirar, sem querer, umas férias numa colônia penal". Então, Jorge Ben arremata o samba vaticinando a volta triunfal de seu anti-herói para restabelecer a felicidade no morro. Chocante por sua temática transgressora, "Charles, Anjo 45" antecipou em vários anos o samba ácido de Bezerra da Silva e até o próprio *rap*, pois é em parte recitado, sendo ainda premonitório sobre a situação dos morros cariocas, atingidos pela expansão do tráfico de drogas. Embora vaiada por parte da plateia, a composição alcançou imediata popularidade, que cresceria nos meses seguintes, principalmente depois de ser levada ao Midem em Cannes, juntamente com outros sucessos de Ben. Nessas apresentações e também na faixa incluída no elepê, o compositor cantou apoiado pelo Trio Mocotó — Nereu (pandeiro), Fritz (cuíca e violão) e Joãozinho Paraíba (atabaque) —, cujos componentes atuavam separadamente e se juntaram para acompanhá-lo. A aproximação aconteceu no Jogral, bar paulistano de Luís Carlos Paraná, onde os três participavam das "canjas" de Jorge, frequentador do estabelecimento. No auge dessa sua grande fase, Jorge Ben seria adotado pelo tropicalismo, tendo por várias vezes tomado parte no programa de televisão *Divino Maravilhoso*.

"As Curvas da Estrada de Santos", Roberto Carlos e Erasmo Carlos

Em seu elepê de 1969, Roberto Carlos lançou várias músicas do filme *Roberto Carlos e o Diamante Cor de Rosa*, o segundo que realizou sob a direção de Roberto Farias. Um dos sucessos do disco foi a canção "As Curvas da Estrada de Santos", sobre as proezas de um automobilista que procura esquecer seus desenganos desafiando, com o pé no acelerador, as curvas da estrada de Santos. É, mais ou menos, uma reedição do rebelde de "Quero que Vá Tudo pro Inferno", com um carro mais veloz. Mas o disco oferece também emoções menos arriscadas com canções como "Oh, Meu Imenso Amor" e "As Flores do Jardim de Nossa Casa", todas elas candidatas certas aos primeiros lugares das paradas radiofônicas.

"Hoje", Taiguara

Possuidor de um marcante estilo de interpretação, romântico, intenso, até com uma certa tendência ao monumental, Taiguara firmou-se como um dos mais assíduos cantores de festivais, defendendo músicas suas ou de outros compositores, algumas delas premiadas (como "Modinha", de Sérgio Bittencourt, e "Helena, Helena, Helena", de Alberto Land). Típico desse estilo é o seu maior sucesso, a balada "Hoje", que canta sobre bela melodia o desabafo de um personagem desiludido com as agruras da vida e do amor: "Mas, hoje/ as minhas mãos enfraquecidas e vazias/ procuram nuas, pelas luas, pelas ruas/ na solidão das noites frias por você". Muito visado pela censura, Taiguara (Taiguara Chalar da Silva) teve sua popularidade em declínio ao terminar a era dos festivais, passando a se dedicar ao estudo musical com Hermeto Pascoal, com quem aprendeu a fazer arranjos. Nascido no Uruguai, mas criado no Brasil, morreu aos 51 anos em 14 de fevereiro de 1996.

"País Tropical", Jorge Ben

"País Tropical" nasceu de um telefonema de Jorge Ben para a sua musa (na época) Teresa. O compositor, rubro-negro doente, acabara de assistir a uma vitória do Flamengo e telefonara para dividir com a musa a sua alegria — daí a presença da "nega Teresa" nos versos da canção. A ser verdadeira esta história, contada pelo dissimulado Ben, estaria plenamente justificada a euforia de "País Tropical", uma composição espirituosa e otimista, que passa a ideia de um poeta exultante com a vida e a terra onde vive: "Moro/ num país tropical/ abençoado por Deus/ e bonito por natureza (mas que beleza)/ em fevereiro (em fevereiro)/ tem carnaval (tem carnaval)/ tenho um fusca e um violão/ sou Flamengo, tenho uma nega chamada Teresa...". Tudo isso é cantado no inconfundível estilo Jorge Ben, aqui incorporando uma nova bossa, a das palavras pronunciadas sem a última sílaba. Esta brincadeira com as síncopes gerou um efeito pitoresco, aumentando a curiosidade sobre a canção, uma das mais populares de Ben: "Mó/ num pá tropi/ abençoá por Dê/ e boni por naturê...". Adotado, como foi dito, pelo tropicalismo, Jorge Ben incorpora a "País Tropical" influências do movimento, sendo uma de suas primeiras gravações a do trio Caetano-Gil-Gal, e sucesso na voz de Wilson Simonal.

"O Pequeno Burguês" (samba), Martinho da Vila

Reformulador do samba-enredo, ao qual deu maior dinâmica, Martinho José Ferreira, o Martinho da Vila, foi se consagrar como estilizador de um outro tipo de samba, o partido-alto. "O que fiz foi pegar o partido-alto — que não era usado nem nas escolas, ficando apenas nos grupos e rodinhas — e dar uma forma, armando uma historinha com versos e refrão muito característico", esclareceu o sambista em entrevista a Tárik de Souza, nos anos 1980 (*História da Música Popular Brasileira*). Esse esquema ele usou em seu primeiro grande sucesso, "O Pequeno Burguês", e noutros sambas lançados na ocasião. "O Pequeno Burguês" narra a luta de um personagem sem recursos, que dá duro para se formar numa faculdade particular e receber o seu "canudo de papel": "Felicidade, passei no vestibular/ mas a faculdade é particular/ particular, ela é particular/ (...)/ Mas felizmente/ eu consegui me formar/ mas da minha formatura/ não cheguei a participar...". Além de vitorioso nas carreiras de cantor e compositor, Martinho tornou-se um batalhador pela valorização e difusão da cultura negra.

"Sentado à Beira do Caminho", Roberto Carlos e Erasmo Carlos

Um motivo musical muito simples, que se repete monotonamente ao longo de três estrofes, entremeadas por um curto refrão. Com esta estrutura a melancólica balada "Sentado à Beira do Caminho" narra a tragédia de um sujeito que, desprezado pela amada, parece serenamente conformado, sem disposição para reagir: "Vejo caminhões e carros apressados a passar por mim/ estou sentado à beira de um caminho que não tem mais fim/ meu olhar se perde na poeira dessa estrada triste/ onde a tristeza e a saudade de você ainda existe...". E, apesar de afirmar no refrão "Preciso acabar logo com isto/ preciso lembrar que eu existo, eu existo, eu existo", o personagem permanece inerte, lamentando a solidão, até o final da canção. Na verdade, "Sentado à Beira do Caminho" é uma metáfora que expõe o desengano de Erasmo Carlos ante o fim do movimento Jovem Guarda e o que isso representa para a sua carreira. Esta composição, de retumbante sucesso na voz do próprio Erasmo, tem na melodia certas semelhanças — não tantas quanto achava a cantora Maysa — com "Vaya con Dios", uma balada americana dos anos 1950.

"Sinal Fechado", Paulinho da Viola

Concorrendo no V Festival de Música Popular Brasileira da TV Record, em novembro de 69, Paulinho da Viola ganhou o primeiro lugar com "Sinal Fechado". Na verdade, o resultado surpreendeu muita gente que esperava uma repetição do acontecido no festival anterior, quando ganhou uma composição tropicalista. Mas deu "Sinal Fechado", o que até provocou uma certa polêmica, com parte da crítica discordando do resultado. Esta canção, bem diferente de tudo o que Paulinho havia feito até então, seria, segundo ele próprio, uma consequência de contatos que mantivera "com músicos mais recentes" como "Caetano, Gil, Chico e Edu", entre outros. "Fiz uso", esclarece o compositor, "de melodia simples, de harmonias simples, onde acrescentei a todos os acordes uma segunda menor, buscando o clima angustiante vivido pelos personagens da música." Daí a letra meio vanguardista que complementa a melodia: "Olá, como vai?/ (...)/ tudo bem, eu vou indo correndo/ pegar meu lugar no futuro. E você?/ tudo bem, eu vou indo em busca de um sono/ tranquilo, quem sabe?...". Podendo ser classificada como uma discreta canção de protesto, "Sinal Fechado" foi lançada pelo autor num compacto simples no final de 69, tendo sido incluída e dado título, cinco anos depois, a um elepê de Chico Buarque em que ele gravou música alheia, em razão da atuação da censura que vetava toda a sua produção.

OUTROS SUCESSOS

"Avenida Iluminada" (marcha-rancho), Newton Teixeira e Brasinha
"Bahia de Todos os Deuses" (samba-enredo), Bala e Manoel Rosa

"Bloco de Sujo" (samba/carnaval), Luís Reis e Luís Antônio
"Cadê Teresa" (samba), Jorge Ben
"Casa de Bamba" (samba), Martinho da Vila
"O Conde" (samba), Evaldo Gouveia e Jair Amorim
"Eu Disse Adeus", Roberto Carlos e Erasmo Carlos
"As Flores do Jardim de Nossa Casa", Roberto Carlos e Erasmo Carlos
"Iaiá do Cais Dourado" (samba-enredo/carnaval), Martinho da Vila e Rodolfo de Souza
"Irene", Caetano Veloso
"Juliana", Antônio Adolfo e Tibério Gaspar
"Levanta a Cabeça" (samba), Osvaldo Nunes e Ivan Nascimento
"Meia-Volta" ("Ana Cristina"), Antônio Adolfo e Tibério Gaspar
"Mustang Cor de Sangue", Marcos Valle e Paulo Sérgio Valle
"Não Identificado", Caetano Veloso
"Não Vou Ficar", Tim Maia
"Oh! Meu Imenso Amor", Roberto Carlos e Erasmo Carlos
"Pra Que Dinheiro" (samba), Martinho da Vila
"Que Maravilha", Jorge Ben e Toquinho
"Que Pena", Jorge Ben
"Sentinela", Milton Nascimento e Fernando Brant
"Será Será", Nelson Ned
"Socorro, Nosso Amor Está Morrendo", Fábio
"Sua Estupidez", Roberto Carlos e Erasmo Carlos
"Tudo Passará", Nelson Ned
"Zazueira", Jorge Ben

GRAVAÇÕES REPRESENTATIVAS

CAETANO VELOSO
Philips, 365264 PB (cs), "Atrás do Trio Elétrico"

EVINHA
Odeon, MOFB 3599 (lp), "Cantiga por Luciana"
Odeon, MOFB 3607 (lp), "Casaco Marrom"

GAL COSTA
Philips, R765058L (lp), "Que Pena"

Gilberto Gil
Philips, 365288 PB (cs), "Aquele Abraço"

Jair Rodrigues
Philips, R765081L (lp), "Bahia de Todos os Deuses"

Jorge Ben
Philips, R765100L (lp), "Charles, Anjo 45"
Philips, R765100L (lp), "País Tropical"

Martinho da Vila
RCA Victor, BBL 1488 (lp), "Casa de Bamba"
RCA Victor, BBL 1488 (lp), "O Pequeno Burguês"

Nelson Ned
Copacabana, 811 (cs), "Tudo Passará"

Paulinho da Viola
Odeon, 7BD-1190 (cdp), "Sinal Fechado"

Roberto Carlos
CBS, 37645 (lp), "As Curvas da Estrada de Santos"
CBS, 37645 (lp), "As Flores do Jardim de Nossa Casa"
CBS, 37645 (lp), "Oh! Meu Imenso Amor"

Taiguara
Odeon, MOFB 3614 (lp), "Hoje"

Wilson Simonal
Odeon, MOFB 3576 (lp), "Meia Volta" ("Ana Cristina")

MÚSICAS ESTRANGEIRAS DE SUCESSO NO BRASIL

"Aquarius", James Rado, Galt MacDermot e Gerome Ragni
"The Ballad of John and Yoko", John Lennon e Paul McCartney
"Crimson and Clover", Peter Lucia e Tommy James
"F... Comme Femme", Adamo
"For Once in My Life", Ronald Miller e Orlando Murden

"Get Back", John Lennon e Paul McCartney
"Good-Morning Starshine", James Rado, Galt MacDermot e Gerome Ragni
"Un Jour un Enfant", Emile Stern e Eddy Marnay
"Let the Sunshine In", James Rado, Gat MacDermot e Gerome Ragni
"Light My Fire", Jim Morrison, John Densmore, Robert Krieger e Ray Manzarek
"Love Is All", Les Reed e Barry Mason
"Mrs. Robinson", Paul Simon
"My Way" ("Comme d'Habitude"), Jacques Revaux, Claude François, Gillis Thibault e Paul Anka
"Ob-la-di, Ob-la-da", John Lennon e Paul McCartney
"Sugar, Sugar", Jeff Barry e Andy Kim
"Those Were the Days", Gene Raskin
"A Time for Us" (tema do filme *Romeu e Julieta*), Nino Rota, Larry Kosik e Eddie Snyder
"To Sir With Love", Don Black, Marc London e R. Granier
"Tomorrow, Tomorrow", Barry Gibb e Maurice Gibb
"Zingara", Luigi Albertelli e Enrico Riccardi

CRONOLOGIA

30/04: Morre no Rio de Janeiro (RJ) o compositor/cantor Ataulfo Alves.

20/07: O homem chega à lua. O feito pioneiro é realizado pelos astronautas americanos Neil Armstrong e Erwin Aldrin.

08/08: Morre no Rio de Janeiro (RJ) o compositor Hekel Tavares.

12/08: Morre no Rio de Janeiro (RJ) o flautista/compositor Dante Santoro.

13/08: Morre no Rio de Janeiro (RJ) o bandolinista/compositor Jacob do Bandolim (Jacob Pick Bittencourt).

16/08: Morre em São Paulo (SP) o compositor Denis Brean (Augusto Duarte Ribeiro).

15/08 a 17/08: Realiza-se o Festival de Woodstock (Nova York-EUA), assistido por cerca de quatrocentas mil pessoas, um marco na história do rock.

31/08: Vitimado por um derrame cerebral, Costa e Silva deixa a presidência da República, assumindo o poder uma junta constituída pelo general Lira Tavares, almirante Augusto Rademaker e o marechal do ar Márcio de Souza Melo. 183.341 pessoas assistem ao jogo Brasil x Paraguai, batendo o recorde de público no Estádio do Maracanã. Nesta partida a seleção brasileira classificou-se para a Copa do Mundo, vencendo por 1 x 0.

09: Realiza-se o IV Festival Internacional da Canção, promovido pela TV Globo do Rio de Janeiro e vencido pela composição "Cantiga por Luciana", de Edmundo Souto e Paulinho Tapajós.

01/09: Estreia na TV Globo do Rio de Janeiro o *Jornal Nacional.*

01/10: Realiza-se o voo inaugural do Concorde, o primeiro avião comercial capaz de atingir velocidade supersônica.

22/10: O Congresso Nacional é reaberto, após dez meses de recesso, a fim de eleger presidente da República o general Emílio Garrastazu Médici.

27/10: Morre em Niterói (RJ) o compositor Gadé (Osvaldo Chaves Ribeiro).

30/10: O general Médici toma posse na presidência da República.

11: Realiza-se o V Festival de Música Popular Brasileira, promovido pela TV Record de São Paulo e vencido pelo samba "Sinal Fechado", de Paulinho da Viola.

19/11: Pelé marca no Maracanã, em partida Santos x Vasco da Gama, o milésimo gol de sua carreira.

08/12: Morre no Rio de Janeiro (RJ) o compositor/instrumentista Augusto Vasseur.

Irrequieto e talentoso, Tim Maia entra para a história como o primeiro *soul man* de nossa música popular.

XIII. 1970

DESTAQUES

"Apesar de Você", Chico Buarque

Na Europa havia mais de um ano, Chico Buarque voltou ao Rio em março de 70, influenciado por André Midani, diretor de sua gravadora, que lhe assegurava "estar melhorando a situação no Brasil". Mas descobrindo ao chegar que, ao contrário, a situação piorara, externou seu desapontamento no samba "Apesar de Você" que, entre outras coisas, afirmava: "Você vai pagar e é dobrado/ cada lágrima rolada/ nesse meu penar/ apesar de você/ amanhã há de ser/ outro dia/ você vai se dar mal/ etc. e tal...". Por incrível que pareça, este desabusado recado à ditadura, propositalmente muito mal disfarçado numa fictícia briga de namorados, passou pela censura e foi lançado por Chico num compacto simples. Resultado: o samba estourou nas rádios e já se aproximava da cifra de cem mil discos vendidos, quando o governo entendeu a mensagem e, imediatamente, proibiu a música, recolheu e destruiu os discos e, para completar, puniu o censor incompetente. Apenas se esqueceu de destruir a matriz, o que possibilitou a reedição do original, depois que a tempestade passou. Daí em diante, e até o final da ditadura, Chico seria implacavelmente marcado pelos censores, sofrendo suas letras os mais absurdos vetos e rejeições. A situação chegou ao ponto de ele ter que se disfarçar, sob os pseudônimos de Julinho da Adelaide e Leonel Paiva, para aprovar três composições, sendo uma delas, "Acorda Amor", incluída no elepê *Sinal Fechado*, em 1974. Descoberta a farsa, porém, a censura criou novas exigências: toda letra apresentada teria que ser acompanhada de cópias da carteira de identidade e do CPF do compositor.

"Azul da Cor do Mar", Tim Maia

Com um projeto de carreira artística interrompido por uma viagem aos Estados Unidos, de onde seria deportado em 1964, Tim Maia chegaria como cantor às paradas radiofônicas em 70 com dois grandes sucessos: "Azul da Cor do Mar", de sua autoria, e "Primavera", de Cassiano e Rochael. Da aventura novaiorquina, em que fez de tudo para sobreviver, ele contabilizaria como lucro o conhecimento dos ritmos negros americanos, que o converteriam no primeiro *soul man* brasileiro e marcariam para sempre o seu estilo. "Azul da Cor do Mar" é uma canção curta, de melodia comum e versos que discorrem sobre as desigualdades da vida, procurando passar, entretanto, uma mensagem otimista: "Mas quem sofre sempre tem que procurar/ pelo menos vir a achar/ razão para viver/ ver na vida algum motivo pra sonhar/ ter um sonho todo azul/ azul da cor do mar...". Na verdade, mais do que a canção, o que impressionou os ouvintes foi o vozeirão rouco de Tim e sua maneira *soul* de cantar, duas autênticas novidades na época. Original, talentoso, ele teria porém uma carreira de altos e baixos, muito prejudicada por seu temperamento agressivo e contestador. Era, pode-se afirmar, um brigão irreverente que dizia o que lhe vinha à cabeça, sem se importar com as consequências. Tim Maia (Sebastião Rodrigues Maia) morreu aos 56 anos, em 15 de março de 1998, num hospital em Niterói.

"Bandeira Branca" (marcha-rancho/carnaval),
Max Nunes e Laércio Alves

A era da canção carnavalesca começa em 1917, com o samba "Pelo Telefone", e termina em 1970 com a marcha-rancho "Bandeira Branca". Depois desse ano, somente o samba-enredo faria sucesso, limitando-se o repertório tradicional a algumas marchinhas que são revividas pelas orquestras em meio aos bailes de carnaval. Assim, "Bandeira Branca", uma composição romântica, de melodia e versos tristes, tornou-se paradoxalmente o último clássico do repertório carnavalesco: "Bandeira branca, amor/ não posso mais/ pela saudade que me invade/ eu peço paz...". Foi também o último sucesso de Dalva de Oliveira.

"BR-3", Antônio Adolfo e Tibério Gaspar

Após a vitória na etapa nacional do V Festival Internacional da Canção, Tony Tornado, o intérprete de "BR-3", foi cumprimentado no Palácio das Laranjeiras pelo presidente Médici, que o incentivou a vencer também a competição internacional. Era um reflexo do clima de euforia que o país atravessava em 1970 após a terceira vitória no campeonato mundial de futebol no México, em pleno regime da ditadura militar. Meses antes, o pianista Antônio Adolfo havia mostrado a seu parceiro Tibério Gaspar uma nova melodia que fizera numa viagem de ônibus a Belo Horizonte, no estilo da consagrada "Teletema" que fizera parte da trilha da novela *Véu de Noiva*. Tibério empenhou-se na ideia de abordar desmandos do regime ditatorial ("Há um crime/ no longo asfalto dessa estrada"), associados à atitude psicodélica da juventude ("Há um sonho/ viagem multicolorida/ às vezes ponto de partida") ambientando a letra na perigosa rodovia BR-135, anteriormente denominada BR-3 ("E a gente morre/ na BR-3"). Tencionando participar do festival, ofereceram a interpretação a Wilson Simonal e a Tim Maia, que por diferentes razões não concordaram em defendê-la. Através do cantor Orlann Divo, Tibério conheceu num inferninho de Copacabana um cantor negro que também dançava, um grandalhão de cabeleira *black power*, exatamente o perfil que procurava. Calçando botas pretas, camisa aberta ao peito, onde se via a pintura de um sol colorido, Tony Tornado, nome sugerido pelo produtor fonográfico Mariozinho Rocha para Antônio Viana Gomes, causou a maior sensação no palco do Maracanãzinho já na segunda eliminatória. Consagrou-se espetacularmente, derrotando na final, em 18 de outubro, "Universo no Teu Corpo", de Taiguara, e "Eu Também Quero Mocotó", de Erlon Chaves. Tony gravou "BR-3" em seu primeiro elepê. Nos meses seguintes, Tony Tornado, o arranjador Erlon Chaves e Wilson Simonal foram as maiores vítimas de um verdadeiro massacre racista, que praticamente ceifou suas carreiras. Embora tenha se consagrado tricampeão mundial de futebol, o Brasil não conquistou o tricampeonato do V FIC, para decepção do presidente Médici. A vencedora foi "Pedro Nadie", da rival Argentina...

"Eu Te Amo Meu Brasil", Dom

Dom (Eustáquio Gomes de Farias) declarou em entrevista ao pesquisador Paulo Cesar de Araújo que compôs "Eu Te Amo Meu Brasil" em novembro de 1969, num momento de entusiasmo pelo Brasil: "Eu me lembro que havia realmente um orgulho das pessoas de ser brasileiras, apenas captei isso. Registrei numa canção esse entusiasmo que estava presente em todos os corações". E concluiu, justificando o exagero: "Era a marca da época e eu fui de roldão envolvido nisso também...". Sucesso no final de 1970, quando foi lançado pelo conjunto Os Incríveis, cantando em uníssono, essa marcha agradou em cheio aos militares. Sua letra impregnada de nacionalismo ufanista chegou mesmo a ser publicada num livro de moral e cívica, disciplina obrigatória no curso médio na época: "Eu te amo, meu Brasil, eu te amo/ meu coração é verde, amarelo, branco e azul de anil/ eu te amo, meu Brasil, eu te amo/ ninguém segura a juventude do Brasil". E comprovando essa admiração, o ministro da Educação, Jarbas Passarinho, adotou no ano seguinte a balada "Você Também é Responsável", de Dom e Ravel, como uma espécie de hino do Mobral (Movimento Brasileiro de Alfabetização), um projeto então lançado pelo governo. A dupla formada pelos irmãos cearenses Dom e Ravel (Eduardo Gomes de Farias) atuou intensamente em shows em todo o país na década de 1970, gravando quatro elepês e vários compactos. O curioso é que o sucesso "Eu Te Amo Meu Brasil" não foi gravado comercialmente pela dupla, embora muito presente em seus shows.

"Foi um Rio que Passou em Minha Vida" (samba),
Paulinho da Viola

A história de "Foi um Rio que Passou em Minha Vida" tem muito a ver com a de outro samba famoso, "Sei Lá Mangueira", musicado por Paulinho da Viola que, para amaciar corações portelenses magoados com a sua homenagem à escola rival, compôs este canto de amor e fidelidade à sua querida Portela: "Ah, minha Portela/ quando vi você passar/ senti meu coração apressado/ todo o meu corpo tomado/ minha alegria voltar/ não posso definir aquele azul/ não era do céu/ não era do mar/ foi um rio que passou em minha vida/ e o meu coração se deixou levar". Um dos mais talentosos integrantes da geração de sambistas revelada nos anos 1960, Paulinho recebeu influência direta de compositores tradicionais, como Cartola, e desenvolve o samba à sua maneira, modernizando-o sem desfigurá-lo. Isso pode ser observado em composições como "Foi um Rio que Passou em Minha Vida", o samba que consolidou seu prestígio de cantor e compositor. Ainda inconformado com o mal-estar não declarado dos compositores da Portela pelo seu "Sei lá Mangueira", Paulinho passava diante da livraria que costumava frequentar na avenida México, no centro carioca, e, sem entrar, ficou observando os livros expostos na vitrine. O título de um deles ficou de tal forma gravado em sua memória que não conseguiu se desvencilhar daquela frase, "Por onde andou meu coração". Foi a chave da inspiração para o samba que perseguia compor desde 1968, e que se tornou um verdadeiro hino da Portela, restabelecendo com juros sua relação com os compositores da escola azul e branco.

"Gente Humilde",
Garoto, Vinicius de Moraes e Chico Buarque

"Gente Humilde" teria surgido nos anos 1940, durante uma visita do violonista Garoto a um subúrbio carioca. De repente, ao observar aquelas pessoas e suas casas modestas, ele resolvera homenageá-las numa canção. Tempos depois, acabaria gravando-a num acetato para o professor mineiro Valter Souto, registro que possibilitou a sobrevivência da composição, que se mantinha inédita em disco comercial. Finalmente, quase quinze anos depois da morte de Garoto, Baden Powell mostrou-a a Vinicius de Moraes que, apaixonando-se pelo tema, deu-lhe uma letra em parceria com Chico Buar-

Pertencente à geração de sambistas que despontou na década de 1960, Paulinho da Viola recebeu influências de compositores tradicionais, que desenvolve à sua maneira, modernizando-as sem desfigurá-las.

que. Aliás, uma letra primorosa que, segundo o próprio Chico, é quase toda de Vinicius: "São casas simples, com cadeiras na calçada/ e na fachada escrito em cima que é um lar/ pela varanda, flores tristes e baldias/ como a alegria que não tem onde encostar...". Em que pese um certo exagero sentimental, o poema exprime em belas imagens a admiração comovida dos autores pelo modo de vida conformado daquela gente, "que vai em frente, sem nem ter com que contar".

"Jesus Cristo", Roberto Carlos e Erasmo Carlos

A vertente mística da obra de Roberto e Erasmo Carlos começou em 1970 com a canção "Jesus Cristo". E começou muito bem, pois este rock-hino, cantado com respeitoso entusiasmo por Roberto ("Jesus Cristo/ Jesus Cristo/ Jesus Cristo/ eu estou aqui"), puxou a vendagem de seu elepê anual e ainda ensejou à cantora Cláudia a oportunidade de se consagrar com uma outra gravação. De certa forma inspirada no sucesso de "Superstar", de Lloyd Weber e Tim Rice, composição que precedeu em dois anos a ópera-rock *Jesus Christ Superstar*, "Jesus Cristo" é uma das canções de Roberto que permanecem no tempo. Assim, 27 anos depois de seu lançamento, voltaria a ser ouvida em todo o país, quando cantada pelo autor e uma grande multidão, por ocasião da missa celebrada pelo papa João Paulo II no Parque do Flamengo, em sua passagem pelo Rio, em outubro de 1997.

"Madalena", Ivan Lins e Ronaldo Monteiro de Souza

Havia um sobradinho na rua Jaceguai, nº 27, no bairro carioca da Tijuca, que no período entre 1965 e 1971 foi muito frequentado por uma turma de jovens, na maioria universitários, que então iniciavam sua carreira artística. Entre seus *habituées* estavam Aldir Blanc, Luiz Gonzaga Júnior, César Costa Filho e Ivan Lins que, incentivados pelos anfitriões — o psiquiatra Aloisio Porto Carreiro e sua mulher Maria Ruth — aproveitavam as reuniões para mostrar, de preferência, suas novas composições. Foi nesse ambiente que tiveram primeiras audições alguns futuros sucessos da música popular, como "Madalena", um samba diferente que projetou Ivan Lins: "Oh! Madalena/ o meu peito percebeu/ que o mar é uma gota/ comparado ao pranto meu...". Autor de obra altamente individualizada, Ivan Lins teve as características de seu estilo de imediato percebidas por Elis Regina, a lançadora de "Madalena". No ótimo arranjo que Chiquinho de Morais criou para essa gravação, pode-se ouvir nitidamente o piano percutido do compositor, seu toque inconfundível.

"Menina", Paulinho Nogueira

Faltava somente uma faixa para completar o elepê *Paulinho Nogueira Canta suas Composições*, quando o produtor Júlio Nagib marcou sua gravação para o dia seguinte, procurando ganhar tempo para lançar o disco antes do Natal de 1969. Então, sob pressão, o violonista lembrou-se de um tema que criara para o filme *Meu Nome é Tonho*, de Ozualdo Candeias, aproveitando-lhe os compassos iniciais como ponto de partida da nova composição. Cansado de "fazer" meninos, já que seus sucessos anteriores chamavam-se "Menino, Desce Daí", "Menino Jogando Bola" e "Quando o Menino Crescer", ele resolveu desta vez "fazer" uma menina, o que até lhe pareceu mais fácil, pois em quinze minutos aprontou-lhe a letra: "Menina que um dia conheci criança/ me aparece assim de repente/ linda, virou mulher/ menina, como pude te amar agora/ te carreguei no colo, menina...". Terminada a gravação, Paulinho não acreditava muito em suas possibilidades de sucesso, uma vez que, em razão da urgência do produtor, nem tivera tempo para preparar-lhe uma harmonia caprichada. Mas, contrariando a expectativa, "Menina" logo começou a ser tocada intensamente nas rádios, inclusive no Rio, onde o apresentador Adelzon Alves entrevistou o autor em seu programa, tendo na ocasião repetido a canção uma dúzia de vezes. Estimulada pela venda do elepê, a RGE lançaria "Menina" também em compacto, tornando-se esta composição o maior sucesso de Paulinho Nogueira, com gravações na França e na Itália. Para completar, seria ainda incluída na trilha sonora da telenovela *Irmãos Coragem*. Exímio violonista, professor de artistas como Toquinho, entre outros, Paulinho Nogueira é conhecido também pela autoria de um importante método de violão.

"Pra Frente Brasil", Miguel Gustavo

Muita música já foi feita em homenagem à seleção brasileira de futebol, algumas até de bastante sucesso como a "Marcha do Scratch Brasileiro", de Lamartine Babo, que praticamente inaugurou em 1950 os alto-falantes do Maracanã, e "A Taça do Mundo é Nossa", de Maugeri, Maugeri Sobrinho, Dagô e Lauro, marcha comemorativa das copas de 1958 e (devidamente atualizada) de 1962. Nenhuma, entretanto, tem a força, a beleza e a popularidade de "Pra Frente Brasil", do compositor Miguel Gustavo. Quem assistiu a epopeia do tricampeonato mundial é imediatamente transportado àqueles dias de euforia ao ouvi-la, de preferência na gravação original do Coral do Joab: "Todos juntos, vamos/ pra frente Brasil, Brasil/ salve a seleção...". O mais curioso é que esta composição era a princípio um simples *jingle*, encomendado por uma cervejaria patrocinadora de transmissões esportivas. Mas a vibração que "Pra Frente Brasil" despertou nos noventa milhões de brasileiros, citados em seus versos, transcendeu sua função promocional, transformando-a no hino da seleção.

"Procurando Tu", Antônio Barros e J. Luna

O paraibano Antônio Barros viajava como contrabaixista do conjunto do *Ana Nery*, navio que realizava cruzeiros turísticos pela costa brasileira, quando começou a compor um xote inspirado numa lembrança infantil. Frequentemente, sua mãe quando não o via por perto exclamava: "Menino, onde é que tu tá? Tô procurando tu". Quando o *Ana Nery* naquela viagem aportou em Salvador, a música estava pronta para ser cantada pelo Trio Nordestino, grupo que Barros abastecia com marchinhas e forrozinhos de pé de serra. Pouco depois, assistindo à gravação do trio, ele aceitou a inclusão como parceiro do disc-jóquei J. Luna, da Bahia, que nem conhecia, mas poderia ajudar na promoção do disco no Nordeste, o que de fato ocorreu. No Sul, porém, a perspectiva de sucesso de uma música tão regionalista era mínima. Assim, o êxito aconteceria por iniciativa de um funcionário da gravadora que, chamando a atenção dos animadores de discotecas para uma interpretação maliciosa que poderia ser dada à letra, os convenceu a incluir "Procurando Tu" na programação dançante. A repercussão foi tal, que não demorou muito para a composição ("Morena, diga onde é que tu tá?/ onde é que tu tá?/ onde é que tava tu?/ passei a noite procurando tu/ procurando tu/ procurando tu...") ser gravada também por Ivon Curi, Jackson do Pandeiro e até pelo próprio autor, contratado pela Philips na esteira do sucesso que emparelhou "Procurando Tu" com as músicas de Roberto Carlos nas paradas.

OUTROS SUCESSOS

"O Amor é o Meu País", Ivan Lins e Ronaldo Monteiro de Souza
"Assim na Terra como no Céu", Roberto Menescal e Paulinho Tapajós
"BR-3", Antônio Adolfo e Tibério Gaspar
"O Cabeção", Roberto Corrêa e Sílvio Son
"Cento e Vinte, Cento e Cinquenta, Duzentos Quilômetros por Hora", Roberto Carlos e Erasmo Carlos
"Coqueiro Verde", Roberto Carlos e Erasmo Carlos
"É de Lei", Baden Powell e Paulo César Pinheiro
"Eu Amo Você", Cassiano e Sílvio Rochael

"Hotel das Estrelas", Jards Macalé e Duda Machado
"Irmãos Coragem", Nonato Buzar e Paulinho Tapajós
"London, London", Caetano Veloso
"Meu Laiá-Raiá", Martinho da Vila
"Meu Pequeno Cachoeiro", Raul Sampaio
"Paixão de um Homem", Waldick Soriano
"Pra Você", Sílvio César
"Primavera", Cassiano e Sílvio Rochael
"Primeiro Clarim" (marcha-rancho/carnaval), Klecius Caldas e Rutinaldo
"Quero Voltar pra Bahia", Paulo Diniz
"Se Eu Pudesse Conversar com Deus", Nelson Ned
"Teletema", Antônio Adolfo e Tibério Gaspar
"Tudo se Transformou", Paulinho da Viola
"Universo no Teu Corpo", Taiguara
"Vai Ser Assim", Martinha
"Verão Vermelho", Nonato Buzar
"Vista a Roupa Meu Bem", Roberto Carlos e Erasmo Carlos
"Vou Deitar e Rolar", Baden Powell e Paulo César Pinheiro

GRAVAÇÕES REPRESENTATIVAS

Ângela Maria
Copacabana, CLP 11600 (lp), "Gente Humilde"

Chico Buarque
Philips, 365315 (cs), "Apesar de Você"

Dalva de Oliveira
Odeon, MOFB 3628 (lp), "Bandeira Branca"

Elis Regina
Philips, 441473 (cdp), "Madalena"
Philips, R765112L (lp), "Vou Deitar e Rolar"

Evinha
Odeon, MOFB 3525 (lp), "Teletema"

Gal Costa
Philips, R765126L (lp), "London, London"

Martinho da Vila
RCA Victor, BBL 1533 (lp), "Meu Laiá-Raiá"

Paulinho da Viola
Odeon, MOFB 3629 (lp), "Foi um Rio que Passou em Minha Vida"

Paulinho Nogueira
RGE, XRLP 5346 (lp), "Menina"

Roberto Carlos
CBS, 37695 (lp), "Cento e Vinte, Cento e Cinquenta, Duzentos Quilômetros por Hora"
CBS, 37695 (lp), "Jesus Cristo"

Tim Maia
Polydor, LPNG 44053 (lp), "Azul da Cor do Mar"
Polydor, LPNG 44053 (lp), "Primavera"

MÚSICAS ESTRANGEIRAS DE SUCESSO NO BRASIL

"ABC", Deke Richards, Berry Gordy Jr., Freddy Perren e Fonce Mizell
"Airport Love Theme", Alfred Newman e Paul Francis Webster
"The Boxer", Paul Simon
"Bridge Over Troubled Water", Paul Simon
"Everybody's Talkin'", Fred Neil
"I Want You Back", Deke Richards, Berry Gordy Jr., Freddy Perren e Fonce Mizell
"Je t'Aime Moi Non Plus", Serge Gainsbourg
"Let It Be", John Lennon e Paul McCartney
"Let It Bleed", Mick Jagger e Keith Richards
"Marie Jolie", Evangelos Papathanassiou (Vangelis) e Boris Bergman
"Midnight Cowboy", John Berry
"My Pledge of Love", Joseph Stafford Jr.
"Picking up Pebbles" (Adeus Solidão), Johnny Curtis
"Raindrops Keep Fallin' on My Head", Burt Bacharach e Hal David

"Reflections of My Life", William Campbell e Thomas McAleese
"Something", George Harrison
"Superstar", Leon Russell e Bonnie Bramlett
"Ti Voglio Tanto Bene", Ernesto de Curtis e Domenico Furnó
"Venus", Robbie Van Leeuwen
"Yellow River", Jeff Christie
"Zambullite de Cabeza" (Fumacê), Carlos Alberto Fernandez Melo

CRONOLOGIA

08/05: É lançado o último álbum dos Beatles (o elepê *Let It Be*), que em seguida iniciam carreiras individuais.

21/06: O Brasil ganha na Cidade do México o IX Campeonato Mundial de Futebol, vencendo na final a Itália por 4 a 1.

11/07: Morre em Lisboa o cançonetista Geraldo Magalhães, muito popular no início do século como integrante da dupla Os Geraldos.

12/07: Morre em São Paulo (SP) o cantor/compositor Raul Torres.

18/09: Morre em Londres o guitarrista Jimi Hendrix.

24/09 a 05/10: Realiza-se o V Festival Internacional da Canção, promovido pela TV Globo e vencido pela canção "Pedro Nadie", de Piero (em parceria com José Tcherkaski), representante da Argentina. Na fase nacional, venceu "BR-3", de Antônio Adolfo e Tibério Gaspar, defendida por Tony Tornado.

04/10: Morre em Hollywood (Califórnia, EUA) a cantora Janis Joplin.

09/10: É iniciada a construção da Rodovia Transamazônica.

06/11: Morre no México o compositor Agustin Lara.

03/12: Morre em São Paulo (SP) o compositor Luís Carlos Paraná.

Cantando com graça e originalidade um repertório essencialmente sambístico, Clara Nunes foi a primeira brasileira a ultrapassar a cifra de cem mil discos vendidos, quebrando um velho tabu reverenciado pelas gravadoras.

XIV. 1971

DESTAQUES

"Como Dois e Dois", Caetano Veloso

Um rock-balada especial, pois assinado por Caetano Veloso, "Como Dois e Dois" tem seu intérprete ideal em Roberto Carlos, embora possua ainda uma boa gravação de Gal Costa. Na realidade, a composição nasceu de uma visita feita por Roberto a Caetano em seu exílio londrino. De volta ao Brasil, Caetano comporia "Como Dois e Dois", que representaria uma retribuição à homenagem que recebera de Roberto e Erasmo Carlos em "Debaixo dos Caracóis dos Seus Cabelos". Mas "Como Dois e Dois" é também uma canção de protesto, deixando transparecer em seus versos ambíguos referências à ditadura ("Tudo certo como dois e dois são cinco") e ao drama do exílio ("Tudo é igual quando eu canto e sou mudo/ (...)/ quando você me ouvir chorar/ tente, não cante, não conte comigo/ falo, não calo, não falo, deixo sangrar/ algumas lágrimas bastam pra consolar..."). "Como Dois e Dois" foi incluída no elepê lançado por Roberto Carlos no final de 71, um dos melhores de sua discografia e que apresentava ainda sucessos como "Detalhes" e a já mencionada "Debaixo dos Caracóis dos Seus Cabelos". A propósito, o bom relacionamento de Caetano com o rock começou em 1967, quando Maria Bethânia chamou-lhe a atenção para o trabalho de Roberto Carlos, enquanto Gilberto Gil o aproximava dos Beatles. Numa entrevista publicada no *Songbook Caetano Veloso*, ele relembrou que por essa época (em 17 de julho de 1967) experimentou uma sensação de desencanto ao assistir, ao lado de Nara Leão, em São Paulo, a passagem de uma quixotesca passeata de artistas e estudantes contra "o iê-iê-iê internacionalizante".

"Construção", Chico Buarque

O elepê *Chico Buarque de Hollanda nº 4*, lançado em 1970, e que teve as bases gravadas no Brasil e a voz na Itália, é um disco de transição em que ele encerra a fase inicial de sua carreira e anuncia a seguinte, menos lírica e mais preocupada com a realidade. Isso fica claro na faixa "Agora Falando Sério", em que canta: "Dou um chute no lirismo/ um pega no cachorro/ e um tiro no sabiá/ dou um fora no violino/ faço a mala e corro/ pra não ver a banda passar". Um ano depois, inaugurando a nova fase, Chico lançaria outro disco importante, um verdadeiro marco em sua carreira, no qual se destaca a obra-prima "Construção". Esta composição tem uma melodia repetitiva, desenvolvida apenas sobre dois acordes, e uma letra extraordinária, de qualidade rara numa canção popular. É a elegia para um operário morto no exercício da profissão e narra o seu último dia, da saída de casa para o trabalho ("Beijou sua mulher como se fosse a última"), até o momento da queda fatal ("E se acabou no chão feito um pacote flácido"). Nessa letra moderna e requintada, o autor emprega ousados processos de construção poética como, por exemplo, a alternância das proparoxítonas finais, "como se fossem peças de um jogo num tabuleiro", segundo o próprio Chico em entrevista concedida na época: "Dançou e gargalhou como se ouvisse música/ e tropeçou no céu como se fosse um bêbado/ (...)/ Dançou e gargalhou como se fosse o próximo/ e tropeçou no céu como se ouvisse música...". Apresentando além de "Construção" outras preciosidades, este elepê foi campeão de vendagem, chegando a disputar por várias semanas a primeira colocação nas paradas de sucesso.

"Cotidiano", Chico Buarque

Da mesma safra de "Construção" é a também obra-prima "Cotidiano", segunda faixa do elepê de 1971. De versos impregnados do que poderia ser chamado de realismo conjugal, a composição inicia na obra de Chico Buarque um ciclo que renderia sucessos como "Atrás da Porta", "Eu Te Amo" etc. Justificando o título, "Cotidiano" trata da monótona rotina da vida em comum de um casal, o fenômeno psicológico da habituação, responsável pelo fracasso de muito casamento: "Todo dia ela faz tudo sempre igual/ me sacode às seis horas da manhã/ me sorri um sorriso pontual/ e me beija com a boca de hortelã". E a canção prossegue em seis estrofes curtas, entoadas sobre uma melodia igual, o que acentua o clima de monotonia desejado. O mais curioso na letra é a marcação de alguns atos do ritual diário pelos sabores identificados pelo paladar do protagonista: "E me beija com a boca de hortelã/ (...)/ e me beija com a boca de café/ (...)/ e me calo com a boca de feijão...". A canção termina com a repetição da estrofe inicial, ou seja, anunciando que o novo dia será idêntico ao anterior. Admirador de "Cotidiano", Vinicius de Moraes fez com Toquinho, em 1972, "Cotidiano nº 2", dando ao tema um enfoque diferente.

"Debaixo dos Caracóis dos Seus Cabelos",
Roberto Carlos e Erasmo Carlos

As visitas de muitos amigos brasileiros, como Jorge Mautner, Júlio Bressane e Hélio Oiticica, ajudaram Caetano Veloso a suportar as agruras de seu exílio londrino. Nenhuma delas, porém, o emocionou mais do que a de Roberto Carlos e sua mulher Nice. Confessa o compositor (no livro *Verdade tropical*) que chegou a chorar copiosamente ao ouvir Roberto cantar na ocasião, acompanhando-se ao violão, "As Curvas da Estrada de Santos", canção que acabara de gravar: "Eu chorava tanto e tão sem vergonha que, não tendo lenço nem disposição de me afastar dali, assoei o nariz e enxuguei os olhos na barra do vestido preto de Nice". Impressionado com a emoção do amigo, Roberto o homenagearia em seu disco seguinte com a composição "Debaixo dos Caracóis dos Seus Cabelos": "Debaixo dos caracóis dos seus cabelos/ uma história pra contar/ de um mundo tão distante/ debaixo dos caracóis dos seus cabelos/ um soluço e a vontade/ de ficar mais um instante...". A canção teve grande sucesso, inspirando ao mesmo tempo, conforme foi dito, a homenagem-resposta "Como Dois e Dois", de Caetano Veloso. Detalhe: à época da visita de Roberto Carlos, Caetano já havia recuperado quase que totalmente a vasta cabeleira encaracolada que cultivara por mais de dois anos e que fora tosada pelos militares na prisão em Marechal Deodoro, no Rio de Janeiro.

"Detalhes", Roberto Carlos e Erasmo Carlos

Menos rebeldia e mais romantismo, esta seria a tendência gradativamente adotada no repertório de Roberto Carlos a partir do final da Jovem Guarda. Tal tendência já se mostra bem acentuada no seu elepê de 1971, quando o cantor aos trinta anos, casado e pai de família, procura conquistar um novo público, digamos, mais amadurecido. E o faz por meio de canções como "Detalhes", uma das melhores de sua parceria com Erasmo Carlos. Em seis partes cantadas sobre uma mesma melodia, a composição trata das confissões de um nostálgico personagem, que relembra um antigo amor, ao mesmo tempo em que dá conselhos à ex-amada. Essas reminiscências incluem a enumeração de detalhes como a velha calça desbotada, seus erros de português, a visão de seu sorriso no retrato do outro e, por fim, a recomendação para que não diga, sem querer, o seu nome à pessoa errada. Sobre um arranjo delicado e adequadamente colorido para uma melodia que afinal se repete tantas vezes, a gravação de Roberto para esta canção, fácil apenas na aparência, atesta o alto nível de interpretação alcançado por ele, um dos maiores cantores românticos de nossa música popular. Por tudo isso "Detalhes" logo se tornou uma peça praticamente exigida pelo público em todas as suas apresentações.

"Ê Baiana" (samba),
Fabrício Silva, Baianinho, Ênio Santos Ribeiro e Miguel Pancrácio

Dona de um potencial para o sucesso, mal aproveitado pela Odeon, Clara Nunes decidiu em 1971 escolher o samba, especialmente o chamado samba de raiz, como novo estilo a ser adotado em sua carreira. Então, divergindo dos dirigentes da gravadora, que achavam um mau negócio "mulher gravando samba", propôs para a produção de seu próximo elepê a contratação do radialista Adelzon Alves, em evidência na ocasião com um programa sambístico. Ao aceitar o trabalho, Adelzon impôs condições, aprovadas por Clara, que exigiam a escolha de vestimentas, penteados e comportamento identificados com as origens afro do novo repertório, surpreendente por incluir músicas de compositores de escolas de samba. E, numa antecipação ao elepê, o entrosamento da dupla (que evoluiu para um relacionamento amoroso) foi testado num bem sucedido compacto com os sambas-enredo "Misticismo da África ao Brasil" (do Império da Tijuca) e "Festa para um Rei Negro" (do Salgueiro). Assim, apoiado nesse êxito, foi lançado o disco em que se destacaram o citado "Misticismo da África ao Brasil" e o samba de quadra "Ê Baiana", uma composição de letra simplória, primeiro grande sucesso de Clara Nunes, que ressalta a força de seu canto: "Ê baiana/ ê ê ê baiana, baianinha/ ê baiana/ ê ê ê baiana...". Cantado em 1968 na quadra da Mocidade de Padre Miguel, "Ê Baiana" espalhou-se em seguida por outras quadras, como a da União da Ilha, onde o samba foi descoberto por Adelzon. Três anos depois do disco de estreia, Clara, com o elepê *Alvorecer*, ultrapassaria a marca de cem mil discos vendidos, desmentindo o prognóstico dos dirigentes de sua gravadora, além de alavancar as carreiras de outras cantoras como Beth Carvalho e Alcione.

"Festa para um Rei Negro" ("Pega no Ganzê")
(samba-enredo/carnaval), Zuzuca

No carnaval de 71, quando o samba-enredo já ocupava o espaço da canção tradicional, o compositor Zuzuca (Adil de Paula) procurou ganhar a preferência dos foliões inserindo entre as longas estrofes de "Festa para um Rei Negro" um refrão curto, bem sincopado, segundo ele, baseado no ritmo do caxambu (um tipo de batuque de origem folclórica que nada tem a ver com o tema da composição). Resultado: "Festa para um Rei Negro", samba-enredo dos Acadêmicos do Salgueiro, alcançou um sucesso extraordinário que transcendeu o período carnavalesco. Só que com o nome de "Pega no Ganzê", em razão do refrão consagrado pelo público: "Ô lê lê, ô lá lá/ pega no ganzê/ pega no ganzá". No carnaval seguinte, Zuzuca repetiu o artifício no samba "Mangueira, Minha Madrinha Querida" ("Tengo-tengo, Santo Antônio e Chalé/ minha gente/ é muito samba no pé"), mas já então sem a força da novidade. Coube a Jair Rodrigues a principal gravação de "Festa para um Rei Negro" que, classificada como "samba-reisado", puxou a vendagem de seu elepê de título homônimo.

"Tarde em Itapoã", Toquinho e Vinicius de Moraes

A parceria Toquinho-Vinicius iniciou-se com a canção "Como Dizia o Poeta", apresentada pela primeira vez em setembro de 1970, durante uma temporada dos dois no Teatro Castro Alves, em Salvador. Na época foi realizada uma gravação improvisada para execução exclusiva na Rádio Difusora de São Paulo, tendo a música alcançado uma animadora repercussão entre os ouvintes. Depois de fazerem mais duas composições, Toquinho conseguiu convencer Vinicius, com a ajuda de Gesse, mulher do poeta, a entregar-lhe uma letra que ele pretendia que fosse musicada por Dorival Caymmi. Então o compositor trabalhou dois meses para considerar pronta "Tarde em Itapoã". "Quando ele ouviu, a princípio ficou meio indeciso. Achou boa, com uma certa dúvida. Começamos a cantá-la e as pessoas se apaixonavam pela música. Foi aí que ganhei Vinicius", revela Toquinho no livro *Vinicius sem ponto final*, de seu irmão João Carlos Pecci. Na verdade, a melodia do violonista caiu como uma luva na letra de Vinicius: "Um velho calção de banho/ o dia pra vadiar/ um mar que não tem tamanho/ e um arco-íris no ar/ depois, na Praça Caymmi/ sentir preguiça no corpo/ e numa esteira de vime/ beber uma água de coco". "Tarde em Itapoã" abriu o elepê *Como Dizia o Poeta... Música Nova*, que revelou o primeiro lote de canções interpretadas pelos dois e a cantora Marília Medalha. Com a inclusão do Trio Mocotó foi criado o respectivo espetáculo, que depois da estreia em São Paulo, projetou pelo país o repertório da dupla, mantida em atividade até a morte do poeta em 1980. Autor de extensa obra, Vinicius de Moraes adorava compor com figuras ilustres da MPB, tendo sido Toquinho o seu último parceiro fixo. Em que pese a existência de ótimas canções assinadas pelos dois — como "Regra Três", "Testamento" e o grande sucesso "Tarde em Itapoã" —, é evidente uma queda de qualidade na produção de Vinicius nos anos 1970. Principalmente se comparada com a do esplendoroso período por ele vivido nas duas décadas anteriores.

"Você Abusou", Antônio Carlos e Jocafi

A dupla baiana Antônio Carlos (Antônio Carlos Marques Pinto) e Jocafi (José Carlos Figueiredo) existia havia três anos, quando se mudou para o Rio de Janeiro, contratada pela RCA em 1971. A mudança deu sorte, pois meses depois eles alcançavam as primeiras colocações nas paradas de sucesso com "Você Abusou": "Você abusou/ tirou partido de mim, abusou/ tirou partido de mim, abusou/ tirou partido de mim, abusou...". Um sambinha despretensioso, que acentua sua despretensão na própria letra ("se o quadradismo dos meus versos/ vai de encontro aos intelectos"), "Você Abusou" acabou se tornando uma espécie de composição-padrão no repertório de Antônio Carlos e Jocafi. Esse padrão seria utilizado em sucessos como "Desacato" e "Teimosa", dando, porém, a essas e outras canções uma impressão de repetição, de coisa já ouvida. Mas "Você Abusou" ultrapassou fronteiras, tendo um sucesso extraordinário na França (com o título de "Fais Comme l'Oiseau") e outros países europeus, sucesso que se estendeu a países asiáticos, como o Japão, onde seus autores ganharam um segundo lugar no World Popular Song Festival, realizado em 1974, com a canção "Diacho de Dor". O curioso é que Antônio Carlos e Jocafi parece que não faziam a princípio muita fé em "Você Abusou", acreditando mais em "Mudei de Ideia", que deu título ao seu primeiro elepê.

OUTROS SUCESSOS

"Amada Amante", Roberto Carlos e Erasmo Carlos
"Amanda", Taiguara
"Balada nº 7" ("Mané Garrincha"), Alberto Luís
"Bloco da Solidão" (marcha-rancho/carnaval), Evaldo Gouveia e Jair Amorim
"Boêmio Demodê", Adelino Moreira
"O Cafona", Marcos Valle e Paulo Sérgio Valle
"Carta de Amor", Waldick Soriano
"Cravo e Canela", Milton Nascimento
"De Noite na Cama", Caetano Veloso
"De Tanto Amor", Roberto Carlos e Erasmo Carlos
"Desacato", Antônio Carlos e Jocafi
"Deus lhe Pague", Chico Buarque
"Impossível Acreditar que Perdi Você", Márcio Greyck e Cobel
"Independência ou Morte", Zédi

"Lapa em Três Tempos" (samba-enredo/carnaval), Ary do Cavaco e Rubens
"Menina da Ladeira", João Só
"Minha Gente Amiga", Ronnie Von e Antônio Pedro Costa
"Mudei de Ideia", Antônio Carlos e Jocafi
"Pra Começo de Assunto" ("Lá-Lá-Lá-Lá-Lá"), Elizabeth
"Quem Mandou Você Errar", Cláudia Barroso
"Salve, Salve Brasileiro", Eduardo Araújo e Marcos Durães
"A Tonga da Mironga do Cabuletê", Toquinho e Vinicius de Moraes
"Traumas", Roberto Carlos e Erasmo Carlos
"Valsinha", Chico Buarque e Vinicius de Moraes
"Você", Tim Maia
"Você Mudou Demais", Dik Júnior

GRAVAÇÕES REPRESENTATIVAS

Antônio Carlos e Jocafi
RCA Victor, BSL 1547 (lp), "Você Abusou"

Chico Buarque
Philips, 6349.017 (lp), "Construção"
Philips, 6349.017 (lp), "Cotidiano"
Philips, 6349.017 (lp), "Deus lhe Pague"

Clara Nunes
Odeon, MOFB 3667 (lp), "Ê Baiana"

Jair Rodrigues
Philips, 6349.005 (lp), "Festa para um Rei Negro" ("Pega no Ganzê")

Paulinho da Viola
Odeon, MOFB 3670 (lp), "Lapa em Três Tempos"

Roberto Carlos
CBS, 137729 (lp), "Amada Amante"
CBS, 137745 (lp), "Como Dois e Dois"
CBS, 137745 (lp), "Debaixo dos Caracóis dos Seus Cabelos"
CBS, 137745 (lp), "Detalhes"

Taiguara
Odeon, MOFBB 3679 (lp), "Amanda"

Vinicius de Moraes e Toquinho
RGE, USLP 5352 (lp), "A Tonga da Mironga do Cabuletê"

Vinicius de Moraes, Toquinho e Marília Medalha
RGE, USLP 5352 (lp), "Tarde em Itapoã"

MÚSICAS ESTRANGEIRAS DE SUCESSO NO BRASIL

"Anonimo Veneziano", Stelvio Cipriani
"Another Day", Paul McCartney e Linda McCartney
"Be My Baby", Jeff Barry, Ellen Greenwich e Phil Spector
"Candida", Tony Wine e Irwin Levine
"Fire and Rain", James Taylor
"Gesù Bambino" (Minha História), Lucio Dalla e Paola Pallotino
"Have You Ever Seen the Rain", John C. Fogerty
"If", David Gates
"It Don't Come Easy", Richard Starkey (Ringo Starr)
"It's Too Late", Carole King e Tony Stern
"Love Story", Francis Lai e Carl Sigman
"Mother", John Lennon
"My Sweet Lord", George Harrison
"Never Can Say Goodbye", Clifton Davis
"No Matter What", William Peter Ham
"Oh Me, Oh My", Jim Doris
"Rose Garden", Joe South
"Sixteen Tons" (Dezesseis Toneladas), Merle Travis
"You've Got a Friend", Carole King

CRONOLOGIA

06/04: Morre em Nova York o compositor Igor Stravinsky.

02/06: O Brasil adota o mar territorial de duzentas milhas.

06/07: Morre em Nova York o músico/cantor Louis Armstrong.

17/08: Nasce no Rio de Janeiro (RJ) o cantor Ed Motta.

09: Realiza-se o VI Festival Internacional da Canção, promovido pela TV Globo do Rio de Janeiro e vencido pela composição "Y Después del Amor", de Arturo Castro, representante do México. Na fase nacional venceu "Kyrie", de Paulinho Soares e Marcelo Silva.

14/09: Morre em São Paulo (SP) o cantor/compositor Caco Velho (Mateus Nunes)

23/09: Morre no Rio de Janeiro (RJ) o cantor Déo (Ferjalla Rizkalla).

20/10: Estreia no Mark Hellinger Theater, em Nova York, a ópera-rock *Jesus Christ Superstar*, de Andrew Lloyd Weber e Tim Rice.

25/10: A República Popular da China é admitida na ONU.

10/11: Morre no Rio de Janeiro (RJ) o compositor Alberto Ribeiro.

Sem ser antigo ou moderno, Jorge Ben sempre teve livre trânsito em áreas distintas da MPB, como a Tropicália e a Jovem Guarda. Na foto, tirada à época de "Fio Maravilha", ele canta com o Trio Mocotó, ou seja, Fritz, Nereu e João Paraíba.

XV. 1972

DESTAQUES

"Acabou Chorare", Moraes Moreira e Luiz Galvão

Tudo começou com *O Desembarque dos Bichos Depois do Dilúvio Universal*, espetáculo de estreia do grupo, em 1968. Um ano depois, os Novos Baianos desembarcariam, literalmente, em São Paulo para participar do V Festival de MPB da TV Record, defendendo a música "De Vera", de Moraes e Galvão. Em seguida, viriam o primeiro elepê (*Ferro na Boneca*), a mudança para o Rio e o encontro com João Gilberto, que lhes "apresentou o samba de verdade de Assis Valente" e os "aconselhou a se voltarem para dentro de si mesmos", segundo Luiz Galvão, letrista, biógrafo e mentor intectual do grupo. A influência do João foi decisiva para o sucesso, que chegaria com o elepê seguinte, *Acabou Chorare*, lançado no final de 72 e que permaneceria entre os primeiros colocados no *hit parade* por mais de trinta semanas. Não é assim à toa que a canção "Acabou Chorare" tem muito a ver com João Gilberto, na forma, no estilo e até no próprio título: quando ainda criança, Bebel, filha de João e Miúcha, confundia frequentemente o português com o castelhano, em razão do período em que os três viveram no México. Um dia, ao levar um tombo e ver o João aproximar-se aflito para socorrê-la, a menina exclamou, engolindo o choro: "acabou chorare, papai". Então, conhecendo o episódio contado pelo cantor, Galvão resolveu incluir a expressão numa canção que fez com Moraes, inspirada em uma abelhinha solitária que certa manhã lhe invadira o quarto: "Acabou chorare/ ficou tudo lindo/ de manhã cedinho/ tudo cá-cá-cá/ na fé-fé-fé...". Destacam-se ainda no segundo elepê dos Novos Baianos o samba rasgado "Besta é Tu", a pitoresca "Preta Pretinha" e o antigo sucesso "Brasil Pandeiro", de Assis Valente, em boa hora resgatado do esquecimento. Rejeitado por Carmen Miranda, "Brasil Pandeiro" fora lançado originalmente em 1941 pelo conjunto Anjos do Inferno, na época em grande evidência.

"Águas de Março", Antônio Carlos Jobim

Baseado numa ideia de Sérgio Ricardo, *O Pasquim* lançou em maio de 1972, com um show no Teatro da Praia, a novidade do "Disco de Bolso", um compacto simples que apresentava duas músicas, sendo uma de um compositor consagrado e a outra de um iniciante. Convidados por Sérgio, participaram do disco inaugural Antônio Carlos Jobim, com "Águas de Março", e João Bosco, em parceria com Aldir Blanc, com "Agnus Sei". Teria assim um lançamento diferente essa importante composição de Jobim que, ao lado de "Matita Perê", prenuncia uma intensificação em sua obra do uso de temas ligados à natureza. Aparentemente simples, "Águas de Março" possui na realidade uma estrutura sofisticada, extremamente trabalhada, que a distingue como uma das composições mais inteligentes da música brasileira. Essa estrutura apoia uma melodia caracterizada pela obstinada repetição de uma pequena célula rítmico-melódica, construída basicamente com duas notas (a 3ª e a fundamental do acorde de tônica), harmonizada por um encadeamento de quatro acordes, com o uso de inversões e outras diferenças sutis — e é neste ponto que se situa a parte mais rica da criação de Jobim — que se resolve invariavelmente no acorde de tônica a cada final de frase, ou seja, de quatro em quatro compassos, nada menos que 18 vezes durante toda a peça. Com a troca de acordes, as mesmas notas, sempre repetidas, vão adquirindo colorido renovado, soando como se fossem notas diferentes, enquanto os referidos acordes acabam por se fixar de tal maneira que, ao se cantarolar "Águas de Março", eles vêm intuitivamente à imaginação, por meio de nosso ouvido interno. Essa sofisticação se estende à letra, talvez a melhor entre todas que Jobim escreveu. Em dezenas de versos incisivos, diretos, quase sem adjetivação, o poema passa impressões sobre um final de verão no campo, enunciando minuciosamente os componentes da paisagem, encharcada pelas águas de março. O curioso é que esses dados são transmitidos de forma independente, como frações de um quadro, que o ouvinte ajuntará ao seu gosto: "É pau, é pedra/ é o fim do caminho/ é um resto de toco/ é um pouco sozinho/ (...)/ É um passo, é uma ponte/ é o sapo, é uma rã/ é um belo horizonte/ é uma febre terçã/ são as águas de março/ fechando o verão/ é a promessa de vida/ no teu coração...". Esta paisagem é a de uma propriedade do compositor, na localidade de Poço Fundo, no estado do Rio, onde ele costumava passar fins de semana. Foi lá que nasceu, em março de 72, "Águas de Março", numa casinha de pau a pique, apelidada de Barraco 2, na qual Tom morou ao tempo em que sua casa maior era construída. Na ocasião, segundo Helena Jobim (no livro *Um homem iluminado*), "ele trabalhava obsessivamente em 'Matita Perê'. Subitamente, surgiu em sua cabeça um tema novo. Teresa, sua mulher, ouviu, meio dormindo e disse que o tema era lindo. Então, ele pediu uma folha de papel e, não achando no momento nada melhor, ela lhe deu um papel de embrulho do pão", no qual foi registrada a ideia inicial da canção. Naturalmente, Tom conhecia o poema "O caçador de esmeraldas", de Olavo Bilac, que cita as chuvas de março: "Foi em março, ao findar das chuvas, quase à entrada/ do outono, quando a terra, em sede requeimada,/ bebera longamente as águas da estação...". Mas, enquanto nos versos de Bilac as águas de março são citadas de passagem (por molharem a terra de onde "Fernão Dias Paes Leme entrou pelo sertão"), nos de Jobim são o próprio tema da composição. Entre dezenas de gravações de "Águas de Março", destacam-se as duas de Elis Regina, a de João Gilberto e a do próprio Tom Jobim com a Banda Nova.

"Casa no Campo", Zé Rodrix e Tavito

Incluída no excelente elepê que Elis Regina lançou em 72 — aquele da capa com a cantora posando numa cadeira de vime e cujo repertório ostentava ainda músicas como "Águas de Março", "Mucuripe" e "Nada Será Como Antes" —, "Casa no Campo" acabou se tornando uma espécie de manifesto de intenções de boa parte da juventude da época: "Eu quero uma casa no campo/ (...)/ onde eu possa ficar do tamanho da paz/ (...)/ Eu quero carneiros e cabras pastando/ (...)/ meu filho de cuca legal/ (...)/ Eu quero uma casa no campo/ (...)/ onde eu possa plantar meus amigos/ meus discos e livros/ e nada mais...". O sucesso desta canção surpreendeu até mesmo o seu letrista, Zé Rodrix, que relembra: "Na época, integrando o grupo Som Imaginário, eu viajava de ônibus para Goiânia, numa turnê com Gal Costa, quando avistei pela janela uma plácida paisagem de macelas-do-campo, contrastando com o difícil momento profissional que eu vivia". Então, inspirado pela paisagem, ele escreveu, ainda na estrada, a letra de "Casa no Campo", que foi musicada pelo guitarrista mineiro Tavito e concorreu no VI FIC, em 71, com júri presidido por Elis Regina. Ao ouvir a composição, a cantora resolveu gravá-la, dando-lhe uma suave interpretação em consonância com o desejo de vida alternativa exposto nos versos, lançando-a num compacto juntamente com outra música, "Nada Será Como Antes", que complementava aqueles ideais. Quando chegou a hora de gravar o elepê (o primeiro que fez com arranjos de César Camargo Mariano), Elis já tinha duas canções para puxar-lhe a vendagem. Posteriormente, "Casa no Campo" internacionalizou-se, em gravações da orquestra de Paul Mauriat e de Ornella Vanoni, cantando em italiano. Há também uma gravação importante de Tavito e coro *a cappella*, realizada em 1979. Já Zé Rodrix, que com Sá e Guarabira é considerado responsável pela criação do chamado rock rural, confessou em entrevista à *Folha de S. Paulo* que "nunca acreditou muito nesse papo de campo", considerando-se um sujeito cem por cento urbano.

"Chuva, Suor e Cerveja", Caetano Veloso

Este frevo é a segunda incursão bem-sucedida de Caetano Veloso na área da música carnavalesca, praticamente abandonada pelos grandes compositores a exceção de baianos (como Moraes Moreira e Luiz Caldas) e pernambucanos (Alceu Valença, Carlos Fernando). Na esteira de "Atrás do Trio Elétrico", Caetano volta a utilizar aqui dois expedientes em que é mestre: as atropeladas de letra, ou seja, a aceleração no ritmo de emissão de determinadas palavras para que possam caber na frase musical (como no verso "eu acabo de perder a cabeça") e a capacidade de usar a prosódia para provocar síncopes, que podem confundir ouvintes e até cantores menos atentos: "Acho que a chuva ajuda a gente a se ver/ venha, veja, deixa, beija/ seja o que Deus quiser". Em ambas as situações o efeito rítmico é instigante e, como foi dito, constitui uma atração a mais na obra de Caetano. "Chuva, Suor e Cerveja" foi lançada em dezembro de 1971 num compacto duplo intitulado *O Carnaval de Caetano*. Este disco, de acompanhamento modesto mas competente, inclui ainda "Barão Beleza" (de Tuzé de Abreu), "Pula-Pula" (de Macalé e Capinan), "Qual é Baiana?" e "La Barca", sendo as duas últimas de Caetano em parceria com Moacir Albuquerque.

"Eu Quero é Botar Meu Bloco na Rua", Sérgio Sampaio

Quem frequentou nos anos 1970 e 1980 a noite do Baixo Leblon, na Zona Sul carioca, em especial bares como o Jobi, o Gatão, o Luna e o Diagonal, redutos de artistas e intelectuais boêmios, há de ter cruzado muitas vezes e prestado a atenção na figura exótica do cantor e compositor "maldito" Sérgio Sampaio. Isso porque, com seu porte magérrimo, seu cabelão comprido e seu comportamento bizarro, sempre bebendo, cantando ou gargalhando com espalhafato, ele jamais poderia passar despercebido ao mais distraído *habitué* do lugar. Sérgio deixou várias composições, mas, somente um grande sucesso, "Eu Quero é Botar Meu Bloco na Rua", finalista do VII FIC e que é uma espécie de marcha-rancho, confessional ("Há quem diga/ que eu fugi da raia/ que eu morri de medo/ quando o pau quebrou"), que culmina num vibrante estribilho: "Eu quero é botar meu bloco na rua/ brincar, botar pra ferver/ eu quero é botar meu bloco na rua/ gingar, pra dar e vender". Tais características a incluem entre as boas canções de protesto da época, embora o autor não tenha chegado a ser um especialista do gênero. Primo do também cantor e compositor Raul Sampaio, Sérgio morreu em 1994, aos 47 anos, tendo gravado quatro elepês.

"Expresso 2222", Gilberto Gil

Identificado com o elepê do mesmo nome, básico na discografia de Gil e em que se destaca o seu vigoroso *punch* ao violão, aprimorado durante o exílio londrino, "Expresso 2222" foi lançada inicialmente em um compacto duplo, encartado numa edição especial da revista *Bondinho*, em fevereiro de 72. A imagem do expresso está muito ligada a reminiscências do autor, que na infância viajava nos trens da Companhia Leste Brasileiro pelo interior da Bahia. Em seu livro *Todas as letras*, Gil conta que a canção nasceu quando, um dia em Londres, anotou num caderno uma frase fortemente rítmica que lhe veio à mente: "Começou a circular o Expresso 2222, que parte direto de Bonsucesso pra depois". O curioso é que este final "pra depois" sugeriu-lhe uma parada imediata, levando-o "a deixar aquilo ali como um vinho, num barril de carvalho, para envelhecer", só voltando à composição um ano mais tarde. Então completou e musicou "Expresso 2222", mantendo a linha originária da frase em razão da naturalidade das síncopes iniciais. "É evidente" — afirma Gil — "que a ideia da viagem está ligada às drogas, os modificadores e expansores de consciência da época." A gravação, inteiramente despojada, com violão, percussão e nada mais, é uma expressiva demonstração da vitalidade rítmica do compositor como intérprete, capaz de prescindir de grandes recursos técnicos e instrumentais para produzir um sucesso como este, de longa permanência, desde que tenha o seu violão, descendente direto dos violões de Caymmi e de João Gilberto.

"Fio Maravilha", Jorge Ben

Futebol e música popular, duas paixões brasileiras, sempre conviveram bem, com cantores e compositores pretendendo mostrar habilidades de craques (Chico Buarque, Paulinho da Viola) em suas peladas e craques de verdade (Pelé, Júnior) se arriscando vez por outra em canções ou cantorias. Houve até um jogador, Roberto Cunha, ponta-direita do Flamengo e do São Cristóvão, que chegou a titular da seleção brasileira, atuando no Sul-Americano de 37 e na Copa do Mundo de 38 (marcou o gol da vitória do Brasil contra a Tchecoslováquia) e que é autor de um samba de relativo sucesso, "Fui a Paris", gravado por Moreira da Silva em 1942. Essa mútua admiração acabaria gerando um bom repertório de canções que enaltecem as glórias da seleção, dos clubes e de um sem número de heróis futebolísticos como Leônidas da Silva, Pelé, Garrincha, Zico e... Fio (João Batista de Sales), inspirador de "Fio Maravilha", que nem seria tão herói assim, jamais tendo se firmado nos times por onde passou. Mas, o flamenguista "doente" Jorge Ben se encantou com a figura desse atacante rubro-negro, dentuço e desengonçado, capaz de mesclar gols de mestre com jogadas bisonhas de principiante. Então, Ben o colocou nas alturas, homenageando-o com uma criação, cujo refrão empolgante reafirma o seu decantado suíngue: "Fio Maravilha/ nós gostamos de você/ (...)/ Fio Maravilha/ faz mais um pra gente ver". Este último verso se refere a um gol espetacular ("gol de anjo, um verdadeiro gol de placa"), descrito, lance por lance, na primeira parte da composição: "Aos trinta e três minutos do segundo tempo/ depois de fazer uma jogada celestial em gol/ tabelou, driblou dois zagueiros/ deu um toque, driblou o goleiro/ só não entrou com bola e tudo/ porque teve humildade em gol". Só mesmo Jorge Ben para transformar uma narrativa de locutor esportivo em música e Fio em um novo Garrincha... O fato é que "Fio Maravilha" ganhou em 1972 o VII Festival da Canção da Rede Globo, fase nacional, empatado com "Diálogo", de Baden Powell e Paulo César Pinheiro. Na ocasião a música foi muito bem defendida pela cantora mineira Maria Alcina, até então praticamente desconhecida, que impressionou a plateia com seu jeito extravagante, sua voz andrógina e seu físico, que lembra a antiga vedete Josephine Baker. Já o VII FIC foi o último do ciclo dos festivais, encerrando assim uma fase auspiciosa da MPB na televisão, com grande proveito para ambas as partes. O mais curioso da história desta canção, porém, ainda estava por acontecer: o homenageado processou o compositor (perdeu a ação em 73), ocasionando a mudança do título, que passou para "Filho Maravilha", e a troca do verso "a galera agradecida assim cantava" por "a magnética agradecida assim cantava". Jorge Ben, que ainda em 72 lançou o sucesso "Taj Mahal", depois plagiado por Rod Stewart em "Do Ya' Think I'm Sexy", tem outras composições futebolísticas — "Zagueiro", "Camisa 10 da Gávea" (homenagem a Zico) e "Umbabarauma", esta sobre o futebol africano.

"Mucuripe", Fagner e Belchior

Tal como a dupla Bosco-Blanc, Fagner e Belchior também foram lançados para o sucesso num "Disco de Bolso" (nº 2) do *Pasquim*, com Fagner interpretando "Mucuripe". A outra face do disco trazia Caetano Veloso cantando "A Volta da Asa Branca", de Luiz Gonzaga e Zé Dantas. Marco inicial na carreira de seus autores, "Mucuripe" teria o sucesso consolidado com as gravações de Elis Regina, lançada em outubro de 72, e de Roberto Carlos, três anos depois. Vencedora do Festival de Música Popular do Centro de Estudos Universitários de Brasília (CEUB), onde Fagner estudava arquitetura em 1971, esta canção praieira — de título homônimo ao de uma praia cearense, ponto único de saída e chegada de jangadas em Fortaleza — tem os versos impregnados de um lirismo ao mesmo tempo ingênuo e pungente:

"As velas do Mucuripe/ vão sair para pescar/ e eu vou levar as minhas mágoas/ pras águas fundas do mar/ hoje à noite namorar/ sem ter medo da saudade/ e sem vontade de casar...", e que até, de forma precursora, mostra uma certa preocupação ecológica — "Paletó de linho branco/ que até o mês passado/ lá no campo ainda era flor...". Fagner e Belchior seriam as figuras mais destacadas do grupo de artistas cearenses que migrou para o eixo Rio-São Paulo nos anos 1970.

"Nada Será Como Antes", Milton Nascimento e Ronaldo Bastos

Numa demonstração de sintonia com o seu tempo, Elis Regina lançou "Nada Será Como Antes" e "Casa no Campo", juntas, num mesmo compacto, representando essas composições, cada uma a seu modo, os anseios da juventude brasileira na ocasião. Gravada numa levada dançante e com um interlúdio de cordas, "Nada Será Como Antes" é uma canção política, tendo a ideia da letra surgido, curiosamente, quando o autor Ronaldo Bastos lia um artigo sobre a questão do "amanhã" na música brasileira. Então, transferindo o enfoque da área musical para a política, ele expôs em versos metafóricos o drama dos que se preocupavam com o destino imprevisível dos exilados pela ditadura, entre os quais estava o seu próprio irmão: "Eu já estou com o pé nesta estrada/ qualquer dia a gente se vê/ sei que nada será como antes amanhã/ que notícias me dão dos amigos/ que notícias me dão de você/ sei que nada será como está, amanhã/ ou depois de amanhã/ resistindo na boca da noite um gosto de sol". Ronaldo, Milton Nascimento e muitos outros viviam gregariamente no país, compenetrados na utópica missão de salvar o mundo por meio das obras de arte que criavam, constituindo-se "Nada Será Como Antes" um autêntico libelo de oposição ao regime vigente. Além de Elis, Milton, autor da melodia, gravou esta canção no álbum *Clube da Esquina* (em 1972) e, novamente, em 1976, numa versão em inglês (do próprio Ronaldo, com René Vincent) intitulada "Nothing Will Be as It Was". Esta versão seria gravada também por Sarah Vaughan no disco *Brazilian Romance* (em 1987), com arranjo de Dori Caymmi.

"Oração de Mãe Menininha", Dorival Caymmi

O cinquentenário de mãe de santo da venerável Mãe Menininha do Gantois foi comemorado numa grande festa que congregou todo o povo baiano. Na ocasião, formou-se uma comissão de notáveis para a promoção dos festejos, dela participando Jorge Amado, Carybé, Pierre Verger e Dorival Caymmi, que marcou o evento compondo esta belíssima "Oração de Mãe Menininha": "Ai, minha mãe/ minha mãe, Menininha/ ai, minha mãe/ Menininha do Gantois./ A estrela mais linda, hein?/ tá no Gantois/ a beleza do mundo, hein?/ tá no Gantois...". Este "é um canto de amor e amizade que fiz para aquela senhora a quem venero e admiro há tantos anos", declarou Caymmi, que confirma o título da composição, às vezes publicado de forma incorreta: "é 'Oração *de* Mãe Menininha', mesmo, assim como o povo costuma dizer 'oração de Santo Antônio', 'oração de São José'...". Gravada pelo autor e pelo duo Gal-Bethânia, a canção tornou conhecida no país a figura de Mãe Menininha do Gantois. A propósito, Gantois foi um francês que fez fortuna na Bahia no século XIX. Com a Abolição, ele permitiu que ex-escravos seus, entre os quais ancestrais de Menininha, habitassem uma de suas terras em Salvador, lugar que acabou sendo chamado de Alto do Gantois. Foi ali que nasceu e viveu a famosa mãe de santo.

"Partido Alto", Chico Buarque

De bem com o público e de mal com a censura, Chico Buarque desenvolveu intensa atividade artística em 1972, que incluiu a participação como ator e autor da trilha sonora no filme *Quando o Carnaval Chegar*, a peça musical *Calabar* (que não chegou a ser encenada), versões para o espetáculo *O Homem de La Mancha* e, por fim, um show com Caetano Veloso, no Teatro Castro Alves, em Salvador. Uma das músicas compostas para o filme foi o samba "Partido Alto", que se tornou um sucesso, em gravação do MPB 4. Imitando, sem rigorismo musicológico, essa forma primitiva de samba, ele criou uma espirituosa letra em que, entremeadas por um refrão, são cantadas quatro estrofes, procurando dar a impressão de que elas estão sendo improvisadas por partideiros. E sem prejuízo do humor, aproveitou para lançar mais algumas farpas contra a ditadura — "Deus me deu mão de veludo pra fazer carícia/ Deus me deu muitas saudades e muita preguiça/ Deus me deu pernas compridas e muita malícia/ pra correr atrás de bola e fugir da polícia/ um dia ainda sou notícia...". Como era fácil de prever, a censura considerou o samba "uma ofensa ao povo brasileiro" e só consentiu em sua liberação depois de vetar algumas palavras como "titica" ("Como é que pôs no mundo essa pouca titica", que passou a "pobre coisica") e "brasileiro" ("Na barriga da miséria eu nasci brasileiro", substituído por "batuqueiro"). "Partido Alto" tem uma versão francesa com o curioso título de "Qui Ces't Celui-la?".

"Pérola Negra", Luiz Melodia

Luiz Melodia tem nome de sambista, pinta de sambista, é nascido e criado num reduto de sambistas (o bairro carioca do Estácio), mas jamais foi sambista, embora nada tenha contra o samba. Apenas faz um gênero de música diferente, a música de Luiz Melodia, que reflete influências de blues, rock, *soul* e até de samba-canção, enfim de um universo habitado por Billie Holiday, B. B. King, o tecladista-arranjador Taj Mahal, os Beatles, Jorge Ben e Maria Bethânia, artistas que ele curte e admira. Um pouco disso tudo, misturado à sua maneira, deu composições como "Pérola Negra", uma canção de amor diferente, confessional, rude, instigante: "Tente passar pelo que estou passando/ tente apagar este teu novo engano/ tente me amar pois estou te amando/ baby, te amo, nem sei se te amo/ (...)/ Arranje algum sangue/ escreva no pano/ pérola negra, te amo, te amo...". Peça fundamental na obra de Luiz Melodia, "Pérola Negra" foi composta em 1969, quando ele tinha dezoito anos, recebendo originalmente o título de "My Black". Dois anos depois, por sugestão do poeta Waly Salomão, que apresentou Luiz Melodia a Gal Costa, "My Black" passou a chamar-se "Pérola Negra", sendo lançada pela cantora no show *Fa-Tal: Gal a Todo Vapor* e em seguida no elepê homônimo, com grande sucesso.

"Preta Pretinha", Moraes Moreira e Luiz Galvão

No livro *Anos 70: novos e baianos*, Luiz Galvão conta a história da canção "Preta Pretinha", que nasceu de um romance frustrado do compositor com uma jovem niteroiense: "A jovem combinou comigo para que eu fosse a Niterói conhecer seu pai e, na volta, ela viria morar comigo no apartamento dos Novos Baianos, em Botafogo. Pegamos a barca, conheci o pai dela mas, na volta, ela se arrependeu e voltou para o seu namorado. À noite, escrevi a letra sob o impacto desse insucesso e, na certa, o subconsciente deu uma panorâmica em todas as minhas histórias de amor". Assim, veio-lhe à lembrança a figura de Socorrinho ("Só, somente só..."), uma antiga namorada de Juazeiro, que completou a inspiração para os versos de "Preta Pretinha": "Enquanto eu corria/ assim eu ia/ lhe chamar/ enquanto corria a barca/ em minha cabeça/ não passava/ só, somente só/ assim vou lhe chamar/ assim você vai ser/ lá-iá-lá-iá/ lá-iá-lá-iá-lá-iá/ preta, preta pretinha/ (...)/ abre a porta e a janela/ e vem ver o sol nascer...". A música de Moraes Moreira para esta letra — comparada por Augusto de Campos a um poema de Oswald de Andrade — saiu espontaneamente e tem grande simplicidade harmônica, sendo possível acompanhá-la apenas com dois acordes. Isso lhe enseja a possibilidade de tornar-se uma das primeiras músicas a serem incluídas no repertório de quem principia o estudo de violão. Na gravação dos Novos Baianos, realizada em quatro canais no estúdio da Somil, com um bandolim à portuguesa tocado por Pepeu Gomes na introdução, essa singeleza foi habilmente enfeitada por Moraes, ao repetir e enfatizar trechos da canção, tanto na primeira como na segunda parte, o que lhe deu uma feição mais rica do que se fosse seguido o formato básico A-A1-B. A insistente repetição dos versos "eu ia lhe chamar/ enquanto corria a barca", com a participação do coro e um salto de oitava do cantor, criou um mini-refrão de grande efeito e, certamente, mais uma razão para fazer de "Preta Pretinha" o principal sucesso dos Novos Baianos. Daí o motivo de ter sido várias vezes gravada por Moraes e até aproveitada na propaganda de uma cadeia de lojas de perfumaria, o que proporcionou a Galvão a compra de um sítio com os rendimentos dos direitos recebidos.

"Vapor Barato", Jards Macalé e Waly Salomão

O show *Fa-Tal: Gal a Todo o Vapor*, que virou elepê, foi o grande acontecimento musical do verão de 1972, transformando a cantora em musa e mito sexual da turma que frequentava o Píer de Ipanema, local também chamado de Dunas da Gal ou Dunas do Barato. O show misturava clássicos como "Antonico" (Ismael Silva), "Falsa Baiana" (Geraldo Pereira) e "Assum Preto" (Luiz Gonzaga e Humberto Teixeira) com música pop da época como "Pérola Negra" (Luiz Melodia), "Como Dois e Dois" (Caetano Veloso) e "Vapor Barato", de Jards Macalé e Waly Salomão, sendo este o responsável pela direção do espetáculo. Compositores de obra extravagante, Salomão e Macalé podem ser incluídos no rol dos chamados artistas "malditos". Chegaram os dois a desenvolver um movimento denominado de "Morbeza Romântica", representando a palavra "morbeza" uma combinação de "morbidez" com "beleza", que eles afirmam caracterizar o repertório romântico da música brasileira. Com um título alusivo aos vapores da *Cannabis sativa* que impregnavam os ares do Píer, e uma letra, segundo Waly, "direta, frontal, oposta à tendência liricista e nebulosa que predominava, dizendo o que era possível naquele momento de desencanto", "Vapor Barato" dá uma ideia do estilo adotado pela dupla. Sobre essa letra ("Oh, sim, eu estou cansado/ mas não pra dizer/ que não acredito mais em você"), Macalé pôs uma melodia e logo "Vapor Barato" se tornaria o hino dos *hippies* (especialmente dos que frequentavam as Dunas), que era cantado com entusiasmo pelas plateias do show da Gal. Habituado a vaias (como as que recebeu quando defendeu "Gotham City" no IV FIC) e polêmicas, o carioca Jards Annet da Silva, apelidado de Macalé por ser ruim de bola (como um Tião Macalé que jogou no Botafogo do Rio à época em que Macalé queria ser craque), encontrou o seu parceiro ideal, pelo menos para aquele momento, na figura inquieta do poeta baiano Waly Salomão (que em 71/72 assinava "Sailormoon"), resultando desse encontro, além de "Vapor Barato", músicas como "Mal Secreto", "O Faquir da Dor", "Senhor dos Sábados", "Anjo Exterminador" e "Dona do Castelo". Uma curiosidade: antes de ser apelido do compositor e de vários jogadores de futebol, Makalé (com "k") era o nome de um general etíope que comandou as forças do imperador Selassié na luta contra os exércitos invasores de Mussolini, em 1936. As fotografias do general negro, pomposamente fardado, muito publicadas pela imprensa da época, acabaram por popularizar o seu nome.

OUTROS SUCESSOS

"Acontece", Cartola
"Agora Eu Sei", Edson Roberto e Helena dos Santos
"Alô, Alô, Taí Carmen Miranda" (samba-enredo/carnaval), Wilson Diabo, Heitor Rocha e Maneco
"Alô Fevereiro", Sidney Miller
"Atrás da Porta", Chico Buarque e Francis Hime
"Bala com Bala", João Bosco e Aldir Blanc
"Balada do Louco", Arnaldo Baptista e Rita Lee
"Besta é Tu", Pepeu Gomes, Luiz Galvão e Moraes Moreira
"Boêmio 72", Adelino Moreira
"Cais", Milton Nascimento e Ronaldo Bastos
"Casa e Comida", Rossini Pinto
"Como Vai Você", Antônio Marcos
"A Dança da Solidão", Paulinho da Viola
"Das Duzentas pra Lá", João Nogueira
"Esperança Perdida", Adeilton Alves e Délcio Carvalho
"Eu Não Sou Cachorro Não", Waldick Soriano
"Ilu Ayê" ("Terra da Vida") (samba-enredo/carnaval), Cabana e Norival Reis
"Mangueira, Minha Madrinha Querida" ("Tengo-Tengo") (samba-enredo/carnaval), Zuzuca
"Mon Amour, Meu Bem, Ma Femme", Cleide de Lima
"A Montanha", Roberto Carlos e Erasmo Carlos
"Oração de um Jovem Triste", Alberto Luís
"Oriente", Gilberto Gil
"Por Amor", Roberto Carlos e Erasmo Carlos

"Por Deus Eu Juro", Cláudia Barroso
"Quando as Crianças Saírem de Férias", Roberto Carlos e Erasmo Carlos
"Regra Três", Toquinho e Vinicius de Moraes
"Taj Mahal", Jorge Ben
"Você é Linda", Roberto Carlos e Erasmo Carlos
"Você Não Entende Nada", Caetano Veloso
"Vou Tirar Você Desse Lugar", Odair José

GRAVAÇÕES REPRESENTATIVAS

CAETANO VELOSO
Philips, 6245.006 (cdp), "Chuva, Suor e Cerveja"

CLARA NUNES
Odeon, MOFB 3709 (lp), "Ilu Ayê" ("Terra da Vida")

DORIVAL CAYMMI
Odeon, SMOAB 6007 (lp), "Oração de Mãe Menininha"

ELIANA PITTMAN
Odeon, MOFB 3720 (lp), "Das Duzentas pra Lá"

ELIS REGINA
Philips, 6349.032 (lp), "Águas de Março"
Philips, 6349.032 (lp), "Casa no Campo"
Philips, 6349.032 (lp), "Mucuripe"

GAL COSTA
Philips, 6349.020 (lp), "Pérola Negra"

GILBERTO GIL
Philips, 6349.034 (lp), "Expresso 2222"

JAIR RODRIGUES
Philips, 6349.018 (lp), "Mangueira, Minha Madrinha Querida"

Milton Nascimento
Odeon, SMOAB 6005/6 (lp), "Cravo e Canela"
Odeon, SMOAB 6005/6 (lp), "Nada Será Como Antes"

MPB 4
Philips, 6349.056 (lp), "Partido Alto"

Novos Baianos
Som Livre, SSIG 6004 (lp), "Acabou Chorare"
Som Livre, SSIG 6004 (lp), "Preta Pretinha"

Roberto Carlos
CBS, 137795 (lp), "A Montanha"
CBS, 137795 (lp), "Você é Linda"

MÚSICAS ESTRANGEIRAS DE SUCESSO NO BRASIL

"Alone Again" ("Naturally"), Raymond O'Sullivan
"Ben", Walter Scharf e Don Black
"Concerto pour un Eté", Alain Morisod
"Everything I Own", David Gates
"Un Gatto nel Blu", Totó Savio
"Got to Be There", Elliot Willensky
"Imagine", John Lennon
"Long Ago, Tomorrow", Burt Bacharach e Hal David
"Mammy Blue", Hubert Giraud e Phil Trim
"My World", Barry Gibb e Robin Gibb
"Rock and Roll Lullaby", Barry Mann e Cynthia Weil
"Rocket Man", Elton John e Bernie Turpin
"Shaft", Isaac Hayes
"So Far Away", Carole King
"Soley, Soley", Fernand Arbey
"There's No More Corn on the Brasos", Jean Innemee e Johnny Hoes
"Wild Life", Paul McCartney e Linda McCartney
"Without You", Thomas Evans e William Peter Ham

CRONOLOGIA

01/01: Morre na França o cantor/ator Maurice Chevalier.

11/01: Caetano Veloso chega ao Rio de Janeiro, de volta do exílio londrino. Três dias depois chega Gilberto Gil.

16/01: Morre em Niterói (RJ) o compositor Valfrido Silva.

22/01: Morre no Rio de Janeiro (RJ) o compositor Miguel Gustavo.

02: O presidente norte-americano Richard Nixon visita a China Popular, seguindo-se a abertura do país ao comércio exterior.

31/03: É inaugurado o sistema de televisão a cores no Brasil.

20/05: Morre no Rio de Janeiro (RJ) o compositor Silas de Oliveira.

31/08: Morre no Rio de Janeiro (RJ) a cantora Dalva de Oliveira.

09: Realizam-se em Munique (Alemanha Ocidental) os XX Jogos Olímpicos.

08/09: Morre no Rio de Janeiro (RJ) o compositor/instrumentista/ator Ratinho (Severino Rangel).

10/09: O piloto Emerson Fittipaldi vence o Campeonato Mundial de Fórmula 1.

22/09 a 01/10: Realiza-se o VII Festival Internacional da Canção, promovido pela TV Globo do Rio de Janeiro e vencido pela composição "Nobody Calls me Prophet" de Daniel Clayton Thomas, representante dos Estados Unidos. Na fase nacional empataram na primeira colocação as canções "Diálogo", de Baden Powell e Paulo César Pinheiro, e "Fio Maravilha", de Jorge Ben.

09/10: Morre no Rio de Janeiro (RJ) o cantor e professor de violão Patrício Teixeira.

10/11: Suicida-se no Rio de Janeiro (RJ) o poeta Torquato Neto.

2ª Parte: 1973 a 1985

Nelson Cavaquinho e Cartola, mestres do samba que só na velhice receberam o reconhecimento que mereceram ao longo de suas carreiras.

INTRODUÇÃO

Deve-se às gerações pós-bossa nova e pós-festivais boa parte do que aconteceu de melhor à nossa música popular no período 1973/1985. Mesmo oprimida pela censura, a maioria de seus componentes manteve-se em contínua atividade durante esses anos, sendo notória a sua influência sobre várias tendências então desenvolvidas.

Além das grandes figuras consagradas desde o início de suas carreiras — Chico Buarque, Caetano Veloso, Gilberto Gil, Edu Lobo, Milton Nascimento, Elis Regina — pertencem a essas gerações nomes como Ivan Lins, João Bosco, Luiz Gonzaga Júnior, Aldir Blanc e Paulo César Pinheiro todos revelados na virada dos anos 1960 para os 1970.

Juntam-se a esses valores na condução da principal corrente da MPB artistas que surgem no período como os compositores/cantores Djavan, Moraes Moreira, Alceu Valença, Fagner, os letristas Abel Silva, Vitor Martins, as cantoras Simone, Fafá de Belém, Elba Ramalho e um grande número de instrumentistas, entre os quais os tecladistas Wagner Tiso, Cristovão Bastos, Gilson Peranzzetta, os violonistas Raphael Rabello e Maurício Carrilho, o violoncelista Jaques Morelenbaum, os baixistas Nico e Zeca Assumpção, Luís Alves, Arthur Maia, os percussionistas Naná Vasconcelos, Robertinho Silva, os saxofonistas Mauro Senise, Nivaldo Ornelas, Léo Gandelman e Raul Mascarenhas. Todos esses e mais os *virtuosi* Hermeto Pascoal, Paulo Moura, Sivuca e Egberto Gismonti, vindos de época anterior.

Com a expansão da televisão, já então operando em redes nacionais, as trilhas sonoras das novelas passam a exercer influência muito forte na formação dos sucessos musicais, impondo a maior parte das composições que integram o *hit parade*. Tendo ainda como figura principal o mestre Cartola, coadjuvado por Nelson Cavaquinho e diversos bambas como Paulinho da Viola, Martinho da Vila e Elton Medeiros, vindos da década de 1960, o samba marca presença no período, salientando-se entre seus intérpretes Clara Nunes, Alcione, Beth Carvalho, Roberto Ribeiro e João Nogueira, os dois últimos também compositores. Outros destaques são Nei Lopes, Wilson Moreira, Noca da Portela e Dona Ivone Lara, sambistas cujas carreiras se consolidaram na década de 1970. Bons de vendagem são ainda Dicró e Bezerra da Silva, adeptos do samba de malandragem, e vários intérpretes do chamado sambão joia.

Estimulado pela realização de alguns eventos, o choro experimenta a partir do início dos anos 1970 um movimento de renovação, com o aparecimento de alguns grupos como Os Carioquinhas, Nó em Pingo D'Água, Galo Preto, Vibrações e Camerata Carioca. Valorizam o movimento, músicos como Joel Nascimento, Henrique Cazes, Luís Otávio Braga, os citados Raphael Rabello e Maurício Carrilho, além de veteranos ainda em atividade como Mestre Dino.

Observa-se no período um crescimento dos regionalismos musicais, em nível nunca antes alcançado. São artistas de todo o país que se deslocam para o eixo Rio-São Paulo, em busca de oportunidades. O grupo mais numeroso vem da Bahia, a começar pelo conjunto Novos Baianos, prosseguindo nos anos 1980 com Luiz Caldas, Carlinhos Brown e outros. Além dos citados Alceu Valença, Moraes Moreira, Fagner, Djavan e Elba Ramalho, entram em cena nordestinos de vários estados como Amelinha, Zé Ramalho, Geraldo Azevedo, Vital Farias, Ednardo. Há ainda a matogrossense Tetê Espindola, os gaúchos Kleiton e Kledir e finalmente o grande grupo mineiro — Beto Guedes, Fernando Brant, Toninho Horta, Tavinho Moura, os irmãos Márcio e Lô Borges — liderado por Milton Nascimento. Com eles diversifica-se e moderniza-se a produção regional em fusões e adaptações com a música pop internacional. Entretanto, essa leva deve ter sido a última a precisar se deslocar para o Rio e São Paulo. A partir de então, seriam criados polos de atividade em diversas regiões do país.

Já no pop brasileiro, continua reinando Roberto Carlos, em companhia do parceiro Erasmo Carlos, com suas baladas cada vez mais românticas. Ainda neste setor, fazem sucesso Fábio Jr. e Guilherme Arantes. No chamado brega-romântico os grandes vendedores de disco são Odair José, Wando, Dalto e a dupla de compositores Sullivan e Massadas, que também incursiona por outros setores. Em matéria de *black music*, ressaltam as figuras de Tim Maia, Luiz Melodia e Sandra Sá, especialistas em *soul*, e a blueseira Ângela Ro Ro.

Na área roqueira, a época que antecede o *boom* do gênero tem como personagem principal Raul Seixas, tido por muitos como o inventor do rock brasileiro. Outra personagem importante é a cantora/compositora Rita Lee, detentora de muitos sucessos, mas que optou por caminhos mais chegados à *disco music*. A partir de 1982, deslancha finalmente o rock nacional, também chamado de BRock, com dezenas de jovens e suas bandas invadindo as paradas de sucesso para o resto da década. Pela ordem cronológica aproximada da entrada em cena, os grupos de maior sucesso, até 1985, são Blitz, Barão Vermelho, Kid Abelha & Os Abóboras Selvagens, Paralamas do Sucesso, Titãs, Ultraje a Rigor, RPM, Legião Urbana, além do pessoal que preferiu carreiras individuais, como Lulu Santos, Lobão, Ritchie, Léo Jaime, Eduardo Dusek e, mais adiante, Cazuza.

No ano de 1985, quando se encerra o último período focalizado por este livro, fez muito sucesso a música sertaneja, competindo com o pagode e o rock nacional. Este sucesso se prolongaria à década seguinte, ocasionando a proliferação de duplas de presença obrigatória na maioria dos musicais da televisão.

Nascido e criado no bairro carioca do Estácio, reduto de sambistas, Luiz Melodia preferiu outros caminhos, fazendo um música mais próxima do blues, do rock e do *soul*, embora com influências do samba-canção.

XVI. 1973

DESTAQUES

"Estácio Holy Estácio", Luiz Melodia

Tal como quando fez "Pérola Negra", seu primeiro sucesso, Luiz Melodia era ainda um adolescente quando compôs "Estácio Holy Estácio" para uma namorada chamada Rosângela. Com seus versos ambíguos, a canção trata de um amor contrariado, entrando o Largo do Estácio — bairro onde o autor nasceu e se criou — como cenário para a história: "Se alguém quer matar-me de amor/ que me mate no Estácio/ bem no compasso/ bem junto ao passo/ do passista da escola de samba/ do Largo do Estácio...". Lançado por Maria Bethânia no final de 1972, "Estácio Holy Estácio" seria um dos sucessos do ano seguinte, marcando, juntamente com "Pérola Negra", o elepê de estreia de Luiz Melodia.

Uma curiosidade: significando "Estácio Santo Estácio", se grafado corretamente ("Estácio Holy Estácio"), o título da composição aparece quase sempre em discos e edições, inclusive no registro do CNDA (Conselho Nacional de Direito Autoral), como "Estácio Holly Estácio". Acontece que a palavra inglesa *holly* significa azevinho ou azevim — "arbusto da família das aquifoleáceas", conforme o dicionário Aurélio —, sendo Hollywood, portanto, "bosque de azevinhos". Assim, o uso da palavra *holly* dá ao título da canção um sentido absolutamente disparatado.

"Folhas Secas", Nelson Cavaquinho e Guilherme de Brito

Neste samba, Nelson Cavaquinho e Guilherme de Brito esquecem as tragédias do amor para homenagear a sua querida Mangueira, ligando-a a uma reminiscência da juventude: "Quando piso em folhas secas/ caídas de uma mangueira/ penso na minha escola/ e nos poetas da minha Estação Primeira...". Não abandonam, porém, a amarga obsessão pelo "fim", tantas vezes presente em sua canções: "Quando o tempo avisar/ que eu não posso mais cantar/ sei que vou sentir saudade/ ao lado do meu violão/ da minha mocidade...". Um dos grandes sambas da dupla, "Folhas Secas" foi feito para Beth Carvalho, segundo Brito, que conta: "para nossa surpresa, o arranjador César Camargo Mariano levou a música para a Elis Regina e as duas gravações saíram na mesma ocasião, quebrando o ineditismo da Beth".

"Gostava Tanto de Você", Edson Trindade

No final dos anos 1950 havia na Tijuca (bairro do Rio), mais precisamente na rua do Matoso, um grupo de rapazes que adorava *rock and roll*, a grande novidade musical da época. Desse grupo nasceria o conjunto The Snacks, depois chamado de The Sputniks, ponto de partida para o estrelato dos futuros ídolos Roberto Carlos, Erasmo Carlos e Tim Maia. Completavam The Snacks — nome inspirado pelo Snack Bar, local de reunião de lambretistas, em Copacabana — os jovens China, Arlênio e Edson Trindade, autor de "Gostava Tanto de Você". Com uma letrinha romântica, bem lugar-comum ("Nem sei por que você se foi/ quantas saudades eu senti/ quantas tristezas vou viver/ e aquele adeus não pude dar...."), a composição deve muito de seu êxito à feição que lhe imprimiu Tim Maia, tornando-a uma autêntica precursora do chamado samba-funk. Embora só viesse a ser gravada em 1973, "Gostava Tanto de Você" "é do tempo da turma da rua do Matoso", assegura Marlene Gomes de Almeida, que conviveu com o grupo e foi a primeira namorada de Tim Maia. De comportamento irreverente como o do amigo Tim, Trindade morreu em 5 de fevereiro de 1993.

"Ouro de Tolo", Raul Seixas

Originalmente apresentado num compacto, "Ouro de Tolo" consolidou o seu sucesso no elepê *Krig-Ha, Bandolo!*, o primeiro de Raul Seixas, lançado em 21 de julho de 73, com um show no Teatro Teresa Raquel, no Rio. Desenvolvida sobre uma base melódico-harmônica de extrema simplicidade, esta composição mistura confissões autobiográficas com críticas ao procedimento fútil e perdulário da alta classe média: "Eu devia estar alegre e satisfeito/ por morar em Ipanema/ depois de ter passado fome por dois anos/ aqui na Cidade Maravilhosa/ eu devia estar sorrindo e orgulhoso/ por ter finalmente vencido na vida/ (...)/ ah, mas que sujeito chato sou eu/ que não acho nada engraçado/ macaco, praia, carro, jornal, tobogã/ eu acho tudo isso um saco...". Trazendo ainda os sucessos "Mosca na Sopa" e "Metamorfose Ambulante", além de outras canções do mesmo teor — "não sou cantor nem compositor, uso a música para dizer o que penso", afirmava Raul Seixas —, *Krig-Ha, Bandolo!* é considerado por muitos como o seu disco mais importante. O surpreendente é que Raul foi buscar o pitoresco título do elepê nas histórias de Tarzan. É o grito de guerra do herói e significa "Cuidado! Aí vem o inimigo".

"Retalhos de Cetim", Benito Di Paula

"Retalhos de Cetim" foi composto ao tempo em que Benito Di Paula morava no bairro paulistano da Bela Vista. Curiosamente, embora pianista, Benito o compôs ao violão. Lançado em um show que ele fazia no Teleco-Teco, "Retalhos de Cetim" agradaria em cheio os *habituées* da casa, entre os quais se incluíam os sambistas Ciro Monteiro e Monsueto. A propósito, foi muito importante para a vida noturna de São Paulo o sucesso das "casas de samba" da região do Baixo Bixiga, antigo nome da Bela Vista. O fato ocorreu em consequência do esvaziamento do Jogral, após a morte, em 1970, de seu fundador, o cantor e compositor Luís Carlos Paraná. Então, os frequentadores do famoso bar da rua Avanhandava atravessaram a avenida Nove de Julho para criar na rua Santo Antônio e adjacências um novo núcleo de intensa vida musical fundamentalmente sambístico. Surgiriam em sequência casas como o Balaco Baco, que originou o Teleco-Teco, depois Da Paróquia, o Catedral do Samba (onde Benito também atuou), o Igrejinha, que abrigava o público excedente dos demais e outros de menor êxito. Além de Benito, eram atrações habituais nessas casas figuras como Adauto Santos, Pedro Miguel, Chico Matos e Mário Edson. Mas, voltando a "Retalhos de Cetim", foi graças ao prestígio deste samba que Benito seria convidado a gravar na Copacabana, embora, paradoxalmente, a música escolhida para o compacto de estreia tenha sido "Ela", mais tarde também gravada por Jair Rodrigues. Desprezado por ser considerado muito romântico, "Retalhos de Cetim" só entraria no segundo compacto, iniciando de imediato sua escalada para o sucesso, que projetou o nome do autor no país e até no exterior, onde a composição ganhou gravações como as realizadas pela orquestra de Paul Mauriat e o guitarrista americano Charlie Byrd. "Retalhos de Cetim" conta a história de um sambista que ensaia o ano inteiro, compra surdo, tamborim e uma fantasia de retalhos de cetim para uma cabrocha que jurou desfilar por ele ("Gastei tudo em fantasia/ era só o que eu queria/ e ela jurou desfilar por mim"). Mas, como a cabrocha não cumpre a promessa, Benito deu ao samba um tom lamentoso, o que de certa forma induz a participação da plateia nas pausas, uma das razões que o ajudaram a se popularizar: "Mas chegou (mas chegou) o carnaval (o carnaval)/ e ela não desfilou/ eu chorei na avenida, eu chorei/ não pensei que mentia/ a cabrocha que eu tanto amei". Benito Di Paula — nome artístico do fluminense de Nova Friburgo Uday Veloso — fez de "Retalhos de Cetim" número obrigatório de seus shows, em que figura quase sempre como a penúltima música, sendo a última "Charlie Brown", grande sucesso de 1975.

"Só Quero um Xodó", Dominguinhos e Anastácia

Na retomada da carreira, após o exílio londrino, Gilberto Gil incluiria em seu repertório algumas músicas de autores nordestinos cultuados pelo gosto popular. Gravaria assim o excelente "Só Quero um Xodó", de Dominguinhos e Anastácia, xote que o traria de volta aos primeiros postos das paradas de sucesso, depois de quatro anos. Esta composição nasceu em plena rua Amaral Gurgel em São Paulo, quando, caminhando com a sua então mulher Anastácia, Dominguinhos começou a assoviar uma melodia que lhe veio à cabeça. Ao chegarem em casa, só estava faltando a letra que Anastácia escreveu em poucos minutos: "Que falta eu sinto de um bem/ que falta me faz um xodó/ mas como eu não tenho ninguém/ eu levo a vida assim tão só...". Então, "Só Quero um Xodó" foi gravado pela cantora nordestina Marinês, com a introdução definitiva, composta no estúdio, mas com o andamento apressado de um arrasta-pé. Descoberto por Gil nos ensaios para o show do Midem, em Cannes, em que cantou com Gal e Dominguinhos, "Só Quero um Xodó" seria por ele relançado num ritmo de xote, mais lento, com sua voz cantando na introdução, junto à sanfona, sílabas semelhantes a sons de idiomas africanos (a-sá-cá-rá-iê...). As repetições dessa introdução como um interlúdio, após cada volta, produziram um efeito original e atraente, valorizado pelas melodiosas intervenções da sanfona de Dominguinhos. Na verdade, Gil fez render ao máximo a simplicidade rústica da composição, com sua habitual competência para entender e enriquecer músicas alheias (do que também é exemplo "Não Chore Mais" ("No Woman, No Cry"), em 1979). Editado num compacto, juntamente com o samba "Meio de Campo", dedicado ao jogador Afonsinho, "Só Quero um Xodó" alcançaria o sucesso três meses depois, quando passou a ser a "música de trabalho" nas emissoras de rádio. No mesmo clima, Gilberto Gil gravaria "Tenho Sede" (Dominguinhos e Anastácia) e "Lamento Sertanejo" (letra sua sobre melodia de Dominguinhos feita em 1967), faixas do álbum *Refazenda*, de 1975.

"Viagem", João de Aquino e Paulo César Pinheiro

O poeta Paulo César Pinheiro tinha apenas quatorze anos quando compôs "Viagem". Impregnada de um lirismo extremo, que se espalha por quase cinquenta versos, sua letra — muito bem musicada por João de Aquino — descreve uma espécie de viagem poética, alegre, luminosa, cheia de imagens surpreendentes que ressaltam o clima onírico da composição: "Vamos indo de carona/ na garupa leve/ do vento macio/ que vem caminhando/ desde muito tempo/ lá do fim do mar...". Ou, ainda: "Nós só voltaremos/ no cavalo-baio/ o alazão da noite/ cujo nome é Raio/ Raio de Luar". Mas, apesar de sua qualidade, a canção teve que esperar nove anos para chegar ao sucesso. Assim, ao ser lançada em 1969, por Baden Powell (primo de João de Aquino) em disco instrumental e logo depois pela cantora Márcia, não despertou maiores emoções. Este compacto da Márcia, com acompanhamento de Baden, lançou também "Gente Humilde", sucesso só no ano seguinte, com Ângela Maria. Finalmente, em 1973, chegou a vez de "Viagem": Clara Nunes a tinha gravado, mas, como rejeitou o arranjo e não houve tempo para nova gravação, não a incluiu em seu elepê anual. Então, apaixonada pela canção, sugeriu à amiga Marisa Gata Mansa que fosse ouvi-la num show que Márcia, ao lado de Jair Rodrigues, trouxera para o Teatro Casa Grande, no Rio. Semanas depois "Viagem" entrava nas paradas radiofônicas e na vida de Marisa como o maior sucesso de sua carreira. Curiosamente, o maestro Lindolfo Gaya, que assinara o arranjo recusado por Clara, redimiu-se ao fazer o da gravação de Marisa, utilizando outra concepção. Ainda sobre a melodia de João de Aquino, há uma breve semelhança entre os seus compassos iniciais e os da rancheira "In a Little Spanish Town", da americana Mabel Wayne, lançada em 1926.

"Uma Vida Só" ("Pare de Tomar a Pílula"), Odair José e Ana Maria

O goiano de Morrinhos Odair José (de Araújo) chegou ao Rio em 1968, para logo se tornar um dos mais bem-sucedidos cantores-compositores do setor brega-romântico. Misturando em suas composições um sentimentalismo simplório com tiradas que surpreendem pelo insólito das situações, ele atingiria o auge da popularidade com "Uma Vida Só", canção mais conhecida pelo subtítulo "Pare de Tomar a Pílula": "Você diz que me adora/ que nessa vida sou eu/ então eu quero ver você/ esperando um filho meu/ pare de tomar a pílula/ (...)/ pare de tomar a pílula/ porque ela não deixa o nosso filho nascer...". Mas Odair tem outros trunfos em seu repertório como "A Nossa Primeira Vez" ("Vai ser demais/ a nossa primeira vez/ por isso já comprei/ camisinhas pra mais de um mês..."), "Deixe Essa Vergonha de Lado" ("Por você ser uma simples empregada/ não vai modificar o nosso amor...") e "Vou Tirar Você Desse Lugar" ("E não interessa o que os outros vão pensar..."), cujos versos dispensam qualquer comentário. A propósito de 1973, Caetano Veloso gravaria "Vou Tirar Você Desse Lugar", em dueto com Odair (Phono/73).

"O Vira", João Ricardo e Luli

A exótica e aguda voz de Ney Matogrosso, os rostos ocultos pela pintura e muita purpurina, os trejeitos rebolantes e uma forte dose de androginia, um tanto exagerada para a época, foram os elementos que detonaram a carreira meteórica do Secos & Molhados, grupo intérprete de "O Vira", um rockinho vulgar sobre a dança portuguesa. Além desta composição, o elepê de estreia do conjunto, cuja capa também fez furor, continha mais dois *hits*: "Rosa de Hiroshima", sobre um poema de Vinicius de Moraes, e "Sangue Latino", a faixa musicalmente mais interessante. Apoiado nesses trunfos, o Secos & Molhados conseguiu a façanha de vender oitocentos mil exemplares desse disco inicial, além de atrair grandes plateias para os seus shows, como o que realizou no Maracanãzinho em fevereiro de 1974. Em julho, entretanto, depois de lançar o segundo elepê, o conjunto foi extinto, para surpresa de seu público, formado em grande parte por adolescentes. Dessa passagem vertiginosa pela música brasileira restaria do Secos & Molhados a figura do cantor Ney Matogrosso, estrela do grupo e que se tornaria um dos mais dedicados intérpretes de nossas canções.

OUTROS SUCESSOS

"Cavalo Ferro", Fagner e Ricardo Bezerra
"A Cigana", Roberto Carlos e Erasmo Carlos
"Cristo, Quem é Você?", Odair José e Silva Santos
"A Desconhecida", Fernando Mendes e Banana (José Alves Filho)
"Drama", Caetano Veloso
"Esse Cara", Caetano Veloso
"Eu Bebo Sim", Luís Antônio e João Violão
"Eu, Você e a Praça", Odair José
"O Homem de Nazaré", Cláudio Fontana
"Matita Perê", Antônio Carlos Jobim e Paulo César Pinheiro
"Metamorfose Ambulante", Raul Seixas
"Mosca na Sopa", Raul Seixas
"Não Tenho Culpa de Ser Triste", Nelson Ned
"Naquela Mesa", Sérgio Bittencourt
"Ninguém Tasca" (samba/carnaval), Marinho da Muda e João Quadrado
"Nunca Mais, Nunca Mais", Evaldo Braga e César Saraiva da Silva
"Orgulho de um Sambista", Gilson de Souza
"Porta Aberta", Luís Ayrão
"A Proposta", Roberto Carlos e Erasmo Carlos

Erasmo e Roberto Carlos, ídolos da Jovem Guarda, mantiveram-se no tempo prestigiados por seus admiradores, ostentando um recorde de dezenas de grandes sucessos, talvez o maior na música brasileira.

“Quando Eu me Chamar Saudade”, Nelson Cavaquinho e Guilherme de Brito
“Réu Confesso”, Tim Maia
“Rosa de Hiroshima”, Gerson Conrad e Vinicius de Moraes
“Sangue Latino”, João Ricardo e Paulo Mendonça
“Sorria, Sorria”, Evaldo Braga e Carmen Lúcia
“Tristeza Pé no Chão”, Mamão (Armando Fernandes)

GRAVAÇÕES REPRESENTATIVAS

Clara Nunes
Odeon, SMOFB 3767 (lp), “Tristeza Pé no Chão”

Elis Regina
Philips, 6349.076 (lp), “Folhas Secas”

Elizeth Cardoso
Copacabana, CLP 11706 (lp), “Naquela Mesa”

Gilberto Gil
Fontana, 6470.507 (lp), “Só Quero um Xodó”

Jair Rodrigues
Fontana, 6570.507 (lp), “Orgulho de um Sambista”

Luiz Melodia
Fontana, 6470.507 (lp), “Estácio Holy Estácio”

Maria Bethânia
Philips, 6349.050 (lp), “Esse Cara”

Marisa
Odeon, SMOFB 3768 (lp), “Viagem”

Raul Seixas
Philips, 6349.078 (lp), “Mosca na Sopa”
Philips, 6349.078 (lp), “Ouro de Tolo”

Roberto Carlos
CBS, 137835 (lp), "A Cigana"
CBS, 137835 (lp), "Proposta"

MÚSICAS ESTRANGEIRAS DE SUCESSO NO BRASIL

"Clair", Raymond O'Sullivan
"Daniel", Elton John e Bernie Taupin
"Do You Love Me", Sharif Dean
"For Once in My Life", Ron Miller e Orlando Murden
"Forever and Ever", S. Vlavianos e R. Constantinos
"The Guitar Man", David Gates
"Il Etait une Fois la Revolution", Enio Morricone
"Killing me Softly with His Song", Charles Fox e Norman Gimbel
"Listen to the Music", Tom Johnston
"MacArthur Park", Jim Webb
"Me and Mrs. Jones", Leon Huff, Kenny Gamble e Cary Gilbert
"Music and Me", Jerry Marcellino, Mel Larson, Don Fenceton e Mike Cannon
"My Love", Paul McCartney e Linda McCartney
"Oh! Girl", Eugene Record
"Skyline Pigeon", Elton John e Bernie Taupin
"Soul Makossa", Manu Dibango
"Tell me Once Again", B. Anderson (André Barbosa Filho)
"Why Can't We Live Together", Tim Thomas
"You Are the Sunshine of My Life", Stevie Wonder
"You're a Lady", Peter Skellern

CRONOLOGIA

27/01: Com um acordo de paz assinado em Paris, é oficialmente encerrada a Guerra do Vietnã, embora o cessar-fogo definitivo só viesse a ocorrer dois anos depois.

17/02: Morre no Rio de Janeiro (RJ) o instrumentista/compositor/arranjador Pixinguinha (Alfredo da Rocha Viana Filho).

27/02: É realizada no Teatro Castro Alves, em Salvador, a estreia nacional do show *Poeta, Moça e Violão*, com Vinicius de Moraes, Clara Nunes e Toquinho.

11/03: Morre no Rio de Janeiro (RJ) o teatrólogo/letrista Joracy Camargo.

18/06: Médici indica para sucedê-lo na presidência da República o general Ernesto Geisel.

09/07: Morre no Rio de Janeiro (RJ) o cantor/compositor Pedro Raimundo.

11/07: Morre em Paris, vítima de um desastre de aviação, o cantor Agostinho dos Santos.

13/07: Morre no Rio de Janeiro (RJ) o cantor Ciro Monteiro.

05/09: Estreia na TV Globo do Rio de Janeiro o programa *Fantástico*.

11/09: O presidente do Chile, Salvador Allende, é deposto por um golpe militar.

10: É deflagrada nova guerra entre Israel e países árabes. Após 18 dias de combate, a ONU consegue o cessar-fogo e determina o envio de uma força internacional de paz à região.

14/11: Morre no Rio de Janeiro (RJ) o poeta/caricaturista Luís Peixoto.

12: A OPEP inicia o chamado Primeiro Choque do Petróleo, duplicando o preço do produto no mercado internacional.

14/12: É promulgada a nova lei do direito do autor no Brasil.

XVII. 1974

DESTAQUES

"Abre Alas", Ivan Lins e Vitor Martins

"Divido a minha carreira em duas fases, antes e depois de Vitor Martins", costuma dizer Ivan Lins a respeito do parceiro, com quem passou a compor a partir de 1974. A verdade é que ele vinha de uma crise séria, quando descobriu Martins e retomou a sua carreira, depois de um hiato de quase três anos. Causara a interrupção as críticas que recebera por sua atuação no programa *Som Livre Exportação*, da TV Globo, considerado alienante numa época de forte patrulhamento ideológico. "Abre Alas" foi assim a primeira canção da dupla, lançada em maio de 1974 no elepê *Modo Livre*, que marcou a volta do compositor ao disco. Tudo começou quando, ao procurar aliviar suas tensões, Ivan passou a pescar com Martins, um entendido em pescarias, que trabalhava em editoras musicais. Um dia, sabendo-o letrista esporádico, Ivan entregou-lhe uma melodia gravada em fita cassete, pedindo-lhe para letrá-la, sem maior compromisso. Devia-se a proposta ao fato de Ronaldo Monteiro de Souza, seu parceiro original, não gostar de fazer versos para melodias prontas, preferindo ter os seus poemas musicados. Superando a expectiva do amigo, Vitor Martins compôs então uma bela letra contra a repressão política vigente, poeticamente disfarçada em versos de impressionante maturidade, que complementaria a melodia de Ivan, concebida como sempre sobre originais concepções harmônicas: "Abre alas pra minha folia/ já está chegando a hora/ abre alas pra minha bandeira/ já está chegando a hora/ apare teus sonhos/ que a vida tem dono/ ela vem te cobrar/ a vida não era assim/ (...)/ Não corra o risco/ de ficar alegre/ pra nunca chorar...". Ao revelar um entrosamento só alcançado em raras parcerias, o texto desta canção, e de outras que se seguiram, mostra uma identificação perfeita do poeta com o compositor. Gravada com o característico piano percutido de Ivan Lins e o brilhante solo de gaita por Maurício Einhorn que, incompreendido pela diretoria da gravadora, só foi mantido tal e qual após a explicação de Ivan sobre seu conteúdo harmônico, "Abre Alas" puxou o sucesso desse disco. Ainda em 1974, recebeu uma boa versão do Quarteto em Cy. Com o título de "The Smiling Hour", foi uma das nove canções escolhidas por Sarah Vaughan para o seu álbum *Brasil Exclusivamente*.

"Conto de Areia",
Toninho e Romildo

Clara Nunes gravou muita coisa sem importância até encontrar nos gêneros afro-brasileiros o rumo certo para a sua carreira artística. Então, cantando principalmente músicas de compositores ligados às raizes do samba, ela se tornaria a primeira cantora brasileira a ultrapassar os cem mil discos vendidos, quebrando um tabu reverenciado pelas gravadoras. Tal façanha aconteceu com o elepê *Alvorecer*, lançado em junho de 1974, que, tendo "Conto de Areia" como faixa de maior sucesso, vendeu 312 mil cópias. Um belo ponto de macumba estilizado ("É água do mar/ é maré cheia, oi.../ na areia, oi/ na areia..."), "Conto de Areia" inspirou-lhe novas incursões nessa área, que resultaram em sucessos como "O Mar Serenou" e "A Deusa dos Orixás". Mas, além dos sambas de raiz, Clara cultivava também em seu repertório canções de autores consagrados como Dorival Caymmi, Tom Jobim e Chico Buarque.

"Feelings", Morris Albert

Uma trajetória inusitada teve "Feelings", canção criada, segundo o autor Morris Albert (Maurício Alberto Kaiserman), em sua casa "situada perto do aeroporto de Congonhas, em São Paulo, no meio de uma noite, em apenas duas horas e já com letra em inglês". Há anos ele vinha compondo neste idioma, visando o mercado internacional. Aliás, estimulados pelo sucesso de Albert, proliferaram na época, com rápida passagem por nosso meio fonográfico, os "falsos importados", ou seja, cantores e compositores "fantasmas" — alguns, como Terry Winter e Dave MacLean, com presença expressiva nas paradas radiofônicas — que lançavam músicas em inglês de sua autoria. Nenhuma delas porém alcançou a repercussão de "Feelings". Gravada em 1973 no elepê de estreia do autor, no modesto selo Beverly, esta composição, que sequer era a "música de trabalho" do disco, logo começou a ser tocada nas rádios e na televisão, onde entrou para a trilha da novela *Corrida do Ouro*, exibida pela TV Globo, entre julho de 74 e janeiro de 75. Em seguida veio a versão em castelhano, com o nome de "Sentimientos", tornando-a conhecida em vários países da América Latina e chegando a ganhar um disco de ouro no México. Quando alcançou os Estados Unidos, em abril de 75, com as gravações de Morris Albert e Andy Williams, "Feelings" consolidou o seu sucesso internacional, entrando para o repertório de figuras de primeira linha como Sarah Vaughan, Ella Fitzgerald, Johnny Mathis, Dionne Warwick, as orquestras de Percy Faith e Ray Conniff, além de vários músicos de jazz. Então permaneceu 32 semanas nas paradas americanas, dez nas inglesas, superou a marca de um milhão de cópias e foi premiada com o Gold Award do ano. Em consequência, enriqueceu o brasileiro Morris Albert, que se mudou para a Califórnia em 76. Anos depois, o compositor francês Loulou Gasté abriu um processo, alegando que a balada era plágio de sua obscura composição "Pour Toi", de 1956. Uma corte americana, não musical, concedeu a coautoria a Gasté em 87, época em que a revista *Time* afirmou que, em matéria de semelhança, a verdadeira origem da melodia seria a ária "Addio del Passato", da ópera *La Traviata*, de Verdi. Uma das cinco obras mais rentáveis da Fermata, "Feelings" possui grande discografia, tendo até sido regravada por uma banda punk, a Offspring, em 1998.

"Gita", Raul Seixas e Paulo Coelho

Foi um artigo sobre discos voadores, publicado por Paulo Coelho na revista *A Pomba*, em 1973, que levou Raul Seixas a conhecê-lo, embora, em entrevista ao *Pasquim*, ele tenha emprestado a esse encontro uma versão bem menos prosaica: "Eu conheci o Paulo na Barra da Tijuca, num dia em que eu tava lá. As cinco horas da tarde eu tava lá meditando. Paulo também tava meditando, mas eu não o conhecia. Foi o dia em que nós vimos um disco voador. Enorme, rapaz, um negócio muito bonito". De um jeito ou de outro, o fato é que ainda em 1973 Raul e Paulo assinariam juntos metade das músicas do disco *Krig-Ha, Bandolo!* e, um ano depois, a canção "Gita", de grande sucesso, além de outras sete do elepê homônimo. Produto assim da parceria de um roqueiro extravagante com um futuro autor de *best-sellers* esotéricos, "Gita" inspira-se na "Bhagavad-Gita" ("A Canção do Senhor"), que faz parte do *Mahabharata* e é considerado o mais importante texto sagrado do Hinduísmo. O poema milenar trata de um diálogo do Senhor (Krishna) com o guerreiro Arjuna que — num momento de desespero por ter de combater seus próprios irmãos — o interpela sobre sua existência divina. Vem daí o tema da canção, desenvolvido em dezenas de versos afirmativos: "Eu sou a luz das estrelas/ eu sou a cor do luar/ eu sou as coisas da vida/ eu sou o medo de amar/ (...)/ Eu sou, eu fui, eu vou/ (Gita, Gita, Gita, Gita, Gita)/ eu sou o seu sacrifício/ a placa de contramão/ o sangue no olhar do vampiro/ e as juras de maldição/ eu sou a vela que acende/ eu sou a luz que se apaga/ eu sou a beira do abismo/ eu sou o tudo e o nada...". A composição é cantada por Raul de forma vigorosa, em tempo de rock, sustentada por um arranjo que procura criar um clima de mística suntuosidade. O

Considerado um dos pais do rock brasileiro, Raul Seixas deixou uma obra original e desmistificadora de falsos valores da sociedade burguesa.

sucesso de "Gita" proporcionou ao Maluco Beleza o seu primeiro disco de ouro. Anos depois, ele a relançou em inglês com o título de "I Am".

"Maracatu Atômico", Jorge Mautner e Nelson Jacobina

Em seguida a "Só Quero um Xodó", Gilberto Gil emplacou um novo sucesso com música alheia, ao lançar "Maracatu Atômico", de Jorge Mautner (letra) e Nelson Jacobina (melodia). Numa espécie de sincretismo cultural, os autores fundem na composição o atômico e o primitivo, versos de vanguarda e rítmica afro-brasileira, na forma estilizada de um maracatu eletrônico ("Atrás do arranha-céu tem o céu, tem o céu/ e depois tem outro céu sem estrelas/ em cima do guarda-chuva tem a chuva..."). Filho de alemães, fugitivos do nazismo, Mautner é romancista e filósofo — defensor de uma síntese Marx-Nietzsche, paz *versus* guerra atômica — tendo representado uma alternativa às vanguardas literárias dos anos 1960. Sendo também compositor, mais poeta do que músico, estreou em disco em 1966, com a canção "Radioatividade", lançando o seu primeiro elepê em 1972. Nesse ínterim morou nos Estados Unidos e Inglaterra, convivendo em Londres com Caetano e Gil, dos quais se tornou parceiro.

"Na Rua, na Chuva, na Fazenda" ("Casinha de Sapê"), Hyldon

Embora sem o carisma de Tim Maia, o cantor/compositor Hyldon (Hyldon de Souza Silva) é personagem importante do *soul* brasileiro, figurando entre os seus pioneiros, ao lado de Cassiano e do próprio Tim. É, inclusive, responsável pela criação de uma variante rural do gênero, em canções como "Na Rua, na Chuva, na Fazenda", seu primeiro e maior sucesso: "Jogue suas mãos para o céu/ e agradeça se acaso tiver/ alguém que você gostaria/ que estivesse sempre com você/ na rua, na chuva, na fazenda/ ou numa casinha de sapê". Baiano, radicado no Rio, Hyldon batalhou vários anos em gravadoras, participando de produções de artistas como Erasmo Carlos, Wanderley Cardoso e Jerry Adriani, até conseguir gravar o primeiro disco, o compacto com "Na Rua, na Chuva, na Fazenda". Em 75, depois do segundo sucesso, "As Dores do Mundo", chegaria afinal ao elepê. Considerado rebelde, Hyldon viveu um bom período no esquecimento, sendo redescoberto nos anos 1990 pelos conjuntos Kid Abelha e Jota Quest, que regravariam, respectivamente, "Na Rua, na Chuva, na Fazenda" e "As Dores do Mundo".

"Quantas Lágrimas", Manaceia

Em setembro de 1970, a RGE lançou o antológico elepê *Portela, Passado de Glória*, produzido por Paulinho da Viola, no qual a Velha Guarda de Portela registrou uma seleção de composições de seus mais ilustres integrantes. Uma das faixas do disco era o samba "Quantas Lágrimas", de Manaceia (Manaceia José de Andrade), que com os irmãos Aniceto e Mijinha, também sambistas históricos, pertenceu ao núcleo que fundou o Grêmio Recreativo Escola de Samba da Portela. Quatro anos depois, incluído pela cantora Cristina, irmã de Chico Buarque, em seu elepê de estreia, "Quantas Lágrimas" tornou-se o grande sucesso do disco. Com sua letra romântico-ingênua ("Ai, quantas lágrimas eu tenho derramado/ só em saber que não posso mais/ reviver o meu passado..."), é uma melodia bem ao estilo da dupla Alcebíades Barcelos-Armando Marçal, que representa o que de melhor se fez em matéria de samba na década de 1930, a composição ficou conhecida do público "uns vinte anos depois de pronta", segundo o autor. A boa gravação de Cristina tem no acompanhamento músicos como César Faria e trio de percussionistas Elizeu, Luna e Marçal. Manaceia morreu em 10 de novembro de 1995.

OUTROS SUCESSOS

"Acorda Amor", Julinho da Adelaide (Chico Buarque)
"Os Alquimistas Estão Chegando os Alquimistas", Jorge Ben
"Alvorecer", Délcio Carvalho e Dona Ivone Lara
"Boi da Cara Preta" (samba/carnaval), Zuzuca
"Cadê Você", Odair José
"Canta, Canta Minha Gente", Martinho da Vila
"Como Vovó Já Dizia", Raul Seixas
"Disfarça e Chora", Cartola e Dalmo Castelo
"Disritmia", Martinho da Vila
"E Lá Vou Eu", João Nogueira e Paulo César Pinheiro
"Errare Humanum Est", Jorge Ben
"Eu Quero Apenas", Roberto Carlos e Erasmo Carlos
"Eu Quero Apenas Carinho", José Augusto, Miguel, Marcelo e Salim
"A Festa do Divino" (samba-enredo/carnaval), Tatu, Nozinho e Campo
"Manhãs de Setembro", Vanusa e Mário Campanha
"Menino Deus", Mauro Duarte e Paulo César Pinheiro
"O Mundo Melhor de Pixinguinha" (samba-enredo/carnaval), Evaldo Gouveia e Jair Amorim
"No Silêncio da Madrugada", Luis Ayrão

"A Noite Mais Linda do Mundo", Odair José
"Porque te Amo", Celso Ricardi e José Roberto
"O Portão", Roberto Carlos
"Samba da Volta", Toquinho e Vinicius de Moraes
"Se Não For Amor", Benito Di Paula
"Teimosa", Antônio Carlos e Jocafi
"Toró de Lágrimas", Antônio Carlos, Jocafi e Zé do Maranhão
"O Trem das Sete", Raul Seixas

GRAVAÇÕES REPRESENTATIVAS

Cartola
Discos Marcus Pereira, MPL 9302 (lp), "Disfarça e Chora"

Clara Nunes
Odeon, SMOFB 3835 (lp), "Alvorecer"
Odeon, SMOFB 3835 (lp), "Conto de Areia"

Cristina
RCA Victor, 103.0088 (lp), "Quantas Lágrimas"

Gilberto Gil
Fontana, 6470.522 (lp), "Maracatu Atômico"

Ivan Lins
RCA Victor, 103.0092 (lp), "Abre Alas"

Jair Rodrigues
Fontana, 6470.511 (lp), "O Mundo Melhor de Pixinguinha"

Martinho da Vila
RCA Victor, 103.0110 (lp), "Canta, Canta Minha Gente"
RCA Victor, 103.0110 (lp), "Disritmia"

Raul Seixas
Philips, 6349.113 (lp), "Gita"
Philips, 6349.113 (lp), "O Trem das Sete"

Roberto Carlos
CBS, 137866 (lp), "Eu Quero Apenas"
CBS, 137866 (lp), "O Portão"

MÚSICAS ESTRANGEIRAS DE SUCESSO NO BRASIL

"All in Love Is Fair", Stevie Wonder
"Angie", Mick Jagger e Keith Richards
"Band on the Run", Paul McCartney e Linda McCartney
"Bennie and the Jets", Elton John e Bernie Taupin
"Betcha by Golly, Wow", Thom Bell e Linda Creed
"Excuse Me", A. Morales e S. Napier Bell
"Gaye", Clifford T. Ward
"Goodbye, Yellow Brick Road", Elton John e Bernie Taupin
"In the Rain", Tony Hester
"Love Me or Leave Me", Buddy Buie, Robert Nix e Dean Daughtry
"Love's Theme", Barry White
"Rock the Boat", Waldo Holmes
"Rock Your Baby" (Melô do Puladinho), Harry Wayne Casey e Richard Finch
"So Very Hard to Go", Emilio Castillo e Stephan Kupka
"Soleado", Zacar e Ray Girado
"Song for Anna" ("La Chanson pour Anna"), Andre Popp e Jean Claude Massoulier
"Stop, Look and Listen", Thom Bell e Linda Creed
"Sunshine on My Shoulders", Richard L. Kniss, Michael Taylor e John Denver
"You Make Me Feel Brand New", Thom Bell e Linda Creed

CRONOLOGIA

12/01: Morre no Rio de Janeiro (RJ) o compositor/percussionista João da Baiana (João Machado Guedes).

04/03: É inaugurada a ponte Rio-Niterói.

15/03: Ernesto Geisel toma posse na presidência da República.

25/04: As forças armadas portuguesas derrubam o regime salazarista, no poder havia 46 anos.

24/05: Morre em Nova York (EUA) o compositor/pianista/chefe de orquestra Duke Ellington.

28/05: Morre no Rio de Janeiro (RJ) o cantor/pintor Gastão Formenti

23/06: Morre em Genebra (Suíça) o compositor Darius Milhaud.

01/07: É sancionada a lei que determina a fusão dos estados da Guanabara e do Rio de Janeiro, a partir de 15 de março de 1975.

02/07: Morre no Rio de Janeiro (RJ) o compositor André Filho.

07/07: A Alemanha Ocidental ganha em Munique (Alemanha Ocidental) o X Campeonato Mundial de Futebol, vencendo na final a Holanda por 2 a 1.

09/08: Richard Nixon renuncia à presidência dos Estados Unidos, assumindo o cargo o vice-presidente Gerald Ford.

25/08: Morre no Rio de Janeiro (RJ) o compositor/violonista Donga (Ernesto dos Santos).

27/08: Morre em Porto Alegre (RS) o compositor Lupicínio Rodrigues.

09: Entra em atividade a primeira linha de metrô da cidade de São Paulo.

11: A Petrobrás descobre a existência de grandes jazidas de petróleo em frente ao litoral do município de Campos (RJ).

14/11: Morre no Rio de Janeiro (RJ) o arranjador/instrumentista Erlon Chaves.

Com o aval de Elis Regina, que lançou várias de suas composições iniciais, a dupla João Bosco e Aldir Blanc logo se tornou conhecida nos anos 1970 com uma obra rica e variada.

XVIII. 1975

DESTAQUES

"Beijo Partido", Toninho Horta

Esta canção meio enigmática nasceu de uma decepção amorosa do mineiro Toninho Horta, um dos mais respeitados guitarristas brasileiros no país e no exterior. Composto em 1973, o tema permaneceria dois anos sem letra, até o dia em que o autor sentou-se ao piano e escreveu-a em poucos minutos: "Eu não gosto de quem me arruína em pedaços/ e Deus é quem sabe de ti/ e eu não mereço um beijo partido/ hoje não passa de um dia perdido...". Então "Beijo Partido" foi gravado por Nana Caymmi e, logo depois, por Milton Nascimento no álbum *Minas*, com a participação instrumental (piano e violão) e vocal de Toninho. Sua voz, ele esclarece, foi utilizada para reforçar a atmosfera de mistério na ambientação musical exigida pelo arranjo. "Beijo Partido" tipifica o estilo do compositor, com sua linha melódica aparentemente simples e a harmonia sofisticada. A frase "é quem sabe de ti", em movimento melódico ascendente contrastando com a sutil harmonia descendente, ajuda a entender esse lado intrigante de sua obra, capaz de seduzir e mesmo influenciar músicos como o guitarrista de jazz Pat Metheny, um admirador declarado de Toninho.

"De Frente pro Crime", João Bosco e Aldir Blanc

Um compositor mineiro de Ponte Nova, que não segue o estilo de Milton Nascimento, e um poeta carioca de Vila Isabel, que não imita Noel Rosa, assim são João Bosco e Aldir Blanc que formaram uma das duplas mais importantes de autores de nossa música popular nos anos 1970. Lançados em 1972, como foi dito, com a música "Agnus Sei", seguida de "Bala com Bala", Bosco e Blanc viveriam uma fase excepcional em 75, quando quatro de suas canções — "O Mestre-Sala dos Mares", "Dois pra Lá, Dois pra Cá", "Kid Cavaquinho" e "De Frente pro Crime" —, vindas do ano anterior, alcançaram a consagração popular. "De Frente pro Crime" trata de um assassinato e da indiferença que a tragédia provoca nas pessoas que a presenciam: "Tá lá o corpo estendido no chão/ em vez de rosto uma foto de gol/ em vez de reza uma praga de alguém/ e um silêncio servindo de amém/ (...)/ Veio camelô vender anel, cordão, perfume barato/ e baiana pra fazer pastel e um bom churrasco de gato...". No final, o narrador, também indiferente, fecha a "janela de frente pro crime" e vai tratar de sua vida. Um flagrante do cotidiano da cidade grande, cantado em ritmo de samba bem sincopado, "De Frente pro Crime" dá prosseguimento em termos modernos de uma vertente que teve em Wilson Batista, na primeira metade do século, um de seus principais cultores.

"Dois pra Lá, Dois pra Cá", João Bosco e Aldir Blanc

Exemplo de versatilidade da dupla João Bosco-Aldir Blanc, sempre à vontade nos gêneros que explora, "Dois pra Lá, Dois pra Cá" é um bolero bem construído, que parodia o próprio bolero, acentuando-lhe os cacoetes rítmicos, melódicos e poéticos: "Sentindo frio em minh'alma/ te convidei pra dançar/ a tua voz me acalmava/ são dois pra lá, dois pra cá/ no dedo um falso brilhante/ brincos iguais ao colar/ e a ponta de um torturante/ band-aid no calcanhar...". Esta sutil obra-prima, em que o *kitsch* é conscientemente usado para funcionar como antídoto ao próprio *kitsch*, foi lançada por Elis Regina em novembro de 74, em faixa de seu elepê anual na qual se destacam, além de sua interpretação, as atuações de Paulinho Braga no bongô, Hélio Delmiro na guitarra e do coro Classic VIII.

"Fé Cega, Faca Amolada", Milton Nascimento e Ronaldo Bastos

"Fé Cega, Faca Amolada" é uma espécie de continuação de "Nada Será Como Antes", ou seja, uma canção de oposição ao regime militar brasileiro, escrita em linguagem bem mais agressiva, ao mesmo tempo em que mostra um entrosamento maior da parceria Milton Nascimento-Ronaldo Bastos: "Agora não pergunto mais pra onde vai a estrada/ agora não espero mais aquela madrugada/ vai ser, vai ser, vai ter de ser, vai ser faca amolada/ o brilho cego de paixão e fé, faca amolada...". O título tem origem no super-grupo pop inglês Blind Faith, de efêmera existência e nascido da ruptura de dois outros grupos, Cream (Eric Clapton e Ginger Baker) e Traffic (Steve Winwood), em 1969. O único disco do Blind Faith era um dos favoritos de brasileiros, como Ronaldo Bastos e Gilberto Gil, que viviam em Londres na época. "Fé cega" é pois "blind faith", tendo o adjetivo "amolada" o duplo sentido de "afiada" e "contrariada". A sequência melódica relativamente simples e repetida de forma insistente em "Fé Cega, Faca Amolada" não seria suficiente para alcançar o brilhante resultado mostrado no disco. Para a obtenção deste resultado devem também ser creditadas as notas picadas do sax-soprano de Nivaldo Ornelas, criando um clima nervoso em perfeita consonância com o objetivo da canção, o interlúdio musical decididamente pop, a voz convicta de Milton, usando com perfeição o falsete, e a voz aguda de Beto Guedes, que soa às vezes como um eco ao canto de Milton. Este elepê, intitulado *Minas*, é um marco na carreira de Milton Nascimento, pois além de ter sido o primeiro a colocá-lo num patamar de alta vendagem, dobrando sua média anterior, consolidou a sua carreira de grande astro da música brasileira.

"O Mar Serenou", Candeia

Candeia foi um sambista autêntico, ligado às raízes, que se projetou nos anos 1960, podendo ser considerado um renovador do gênero, ao lado de Paulinho da Viola e Elton Medeiros. Com tais credenciais, ele se tornaria um dos compositores preferidos de Clara Nunes, que gravou vários de seus sambas, entre os quais o sucesso "O Mar Serenou". Da mesma linha de "Conto de Areia", do disco precedente, "O Mar Serenou" canta as graças de uma morena que, sambando na areia, fascina a lua, as estrelas e faz o próprio mar serenar: "O mar serenou/ quando ela pisou na areia/ quem samba na beira do mar/ é sereia...". Antônio Candeia Filho, que era policial, foi na madrugada de 13/12/1965 atingido por um tiro na coluna vertebral, que o deixou paralítico até sua morte, aos 43 anos, em 16 de novembro de 1978. Na ocasião, sua obra somava cerca de cem composições, entre as quais os sucessos "Minhas Madrugadas" (com Paulinho da Viola), "Meu Dinheiro Não Dá" (com Catoni), "Filosofia do Samba" e, naturalmente, "O Mar Serenou".

"O Mestre-Sala dos Mares", João Bosco e Aldir Blanc

Em 16 de novembro de 1910, o marinheiro Marcelino Rodrigues de Meneses foi castigado com 250 chibatadas, algumas, inclusive, sobre o réu já desmaiado. Persistia assim essa prática hedionda que envergonhava a Marinha brasileira e a própria nação, mesmo depois de proibida, havia vinte anos, pelo presidente Deodoro da Fonseca. Seis dias após, esgotadas as possibilidades de negociação, irrompeu em quatro navios da esquadra — o *Minas Gerais*, o *São Paulo*, o *Bahia* e o *Deodoro* —, fundeados na Baía de Guanabara, o levante que ficou conhecido como "Revolta da Chibata". Em seu comando, no capitânia *Minas Gerais*, estava o marinheiro João Cândido Felisberto, um gaúcho de trinta anos, filho de ex-escravos. Com os canhões apontados para a cidade do Rio de Janeiro, capital do país, os revoltosos exigiam a abolição dos castigos corporais na Marinha. O motim terminou no dia 26 de novembro, com o governo humilhado e os rebeldes anistiados e atendidos em suas reivindicações. Dessa revolta entrou para a história, pelo vigor de sua liderança, a figura de João Cândido, celebrizado como o vitorioso Almirante Negro e que mais de meio século depois inspirou à dupla João Bosco-Aldir Blanc a composição "O Mestre-Sala dos Mares", na forma de um samba-enredo. Em sua letra, Aldir ressalta a bravura do guerreiro em versos como: "Há muito tempo nas águas da Guanabara/ o Dragão do Mar reapareceu/ na figura de um bravo feiticeiro/ a quem a história não esqueceu/ conhecido como Navegante Negro/ tinha a dignidade de um mestre-sala...". E, contestador, arremata com a exaltação de valores condenados ou ignorados pela ditadura vigente: "Glória a todas as lutas inglórias/ que através de nossa história/ não esquecemos jamais/ salve o Navegante Negro/ que tem por monumento/ as pedras pisadas do cais...". Intérprete ideal que consagrou a canção: Elis Regina. A composição inaugurou uma linha, iniciada no segundo álbum de João Bosco, *Caça à Raposa*, com um pé na obra dos grandes mestres do gênero e a intuição de brasilidade com sofisticação em nível popular, um molde de samba-enredo extensivo aos que, como João e Aldir, não tinham frequentado a escola das escolas de samba. Meses depois da Revolta da Chibata, João Cândido foi preso e expulso da Marinha, sob a acusação (possivelmente falsa) de participação num levante fracassado de militares no Exército do Rio de Janeiro. Viveria então modestamente até 1969, quando morreu aos 89 anos.

"Moça", Wando

Quando em viagem para divulgação de seu primeiro elepê, Wando conheceu em Belém do Pará uma bela moça, com quem teve um romance. Daí surgiu a canção "Moça", incluída em seu segundo elepê. Gravada com arranjo de Sérgio Lemcke, que utilizou harmonias de música erudita com o intuito de dar um colorido diferente à canção romântica, "Moça" não foi a faixa de trabalho do disco, que seria "Nega do Obaluaê", de estilo semelhante ao sucesso anterior, "O Importante é Ser Fevereiro". Mas, Hélio Ribeiro, da Rádio Bandeirantes de São Paulo, encantou-se com "Moça", tocando-a com frequência e promovendo-a de seu jeito especial, que consistia em declamar com voz grave uma historinha improvisada, paralela à letra da composição, tendo esta como fundo musical. Assim foi dado o impulso inicial para que a canção se destacasse no elepê e acabasse incluída na trilha de *Pecado Capital*. Esta novela da TV Globo, escrita às pressas por Janete Clair para substituir *Roque Santeiro*, vetada pela censura nas vésperas da estreia, seria a primeira a ser exibida a cores no horário das oito. "Moça" era o tema de Lucinha, uma pobre suburbana, interpretada por Betty Faria, que se casaria com Salviano (Lima Duarte), o patrão milionário. O extraordinário sucesso da novela e da personagem contribuiu de modo considerável para a popularização da canção, que temperava romantismo com porções de erotismo, até onde permitia a censura da época: "Eu quero me embolar em teus cabelos/ abraçar teu corpo inteiro/ morrer de amor/ de amor me perder...". Resultado: o elepê do Wando alcançou a cifra de um milhão e duzentos mil exemplares vendidos, apesar da grande vendagem do disco da telenovela, chegando a música a ser gravada no exterior por figuras como Paul Mauriat e Fausto Papetti. Mineiro do arraial Bom Jardim, próximo de Viçosa, Wanderley Alves dos Reis recebeu da avó o apelido de Wando quando ainda nem sonhava em ser cantor.

"Modinha para Gabriela", Dorival Caymmi

Nada mais adequado a uma história escrita por um baiano e passada na Bahia do que um tema musical composto e cantado por baianos. Foi assim que Dorival Caymmi, contrariando seus hábitos, concordou em fazer por encomenda a "Modinha para Gabriela", que Gal Costa gravou para a telenovela homônima. E, com sua habitual competência, desincumbiu-se da tarefa explicando sinteticamente e com muita graça, sobre uma melodia suave, o comportamento livre da personagem: "Eu sou sempre assim/ não desejo o mal/ amo natural/ eticetra e tal/ Gabrie-e-la... Gabrie-e-la". Numa trilha em que aparecem canções de vários jovens compositores — Alceu Valença, Moraes Moreira, Dori Caymmi, a dupla Bosco-Blanc — "Modinha para Gabriela", que Caymmi prefere chamar de "Modinha de Gabriela", foi o destaque principal.

"Ponta de Areia", Milton Nascimento e Fernando Brant
"Conversando no Bar" (**"Saudade dos Aviões da Panair"**), Milton Nascimento e Fernando Brant

Em julho de 74, Milton Nascimento gravou nos Estados Unidos, a convite do músico Wayne Shorter (do Weather Report), o elepê *Native Dancer*, seu segundo álbum americano. De volta ao Brasil, em outubro, ele procuraria sintetizar em um novo elepê, *Minas*, todas as tendências de sua carreira. É destaque em ambos os discos a canção "Ponta de Areia", mais uma de suas parcerias com Fernando Brant, que havia recebido de Milton uma fita com duas composições, criadas num mesmo dia, para serem letradas. Para a primeira Fernando lembrou-se do tempo em que, como correspondente em Belo Horizonte da revista *O Cruzeiro*, foi encarregado de fazer uma reportagem sobre a antiga Estrada de Ferro Bahia-Minas, tendo viajado para Pon-

Milton Nascimento é como cantor e compositor uma das maiores expressões da música brasileira na segunda metade do século, transcendendo o seu prestígio o âmbito nacional.

ta de Areia, cidade do litoral baiano que era um dos pontos extremos da ferrovia. Na ocasião, mulheres e viúvas de empregados da Bahia-Minas — extinta pelo ministro Juarez Távora no governo Castelo Branco — descreveram-lhe a alegria que causavam as chegadas de trens, bem como a tristeza da derradeira viagem, quando os trilhos iam sendo recolhidos à medida em que o trem passava. Daí o motivo da letra de "Ponta de Areia", uma composição dotada de melodia incomum, que proporcionaria a Milton a oportunidade de explorar os falsetes de sua voz na introdução, que tem a participação de um coro de meninas ("Ponta de Areia ponto final/ da Bahia-Minas estrada natural/ que ligava Minas ao porto, ao mar/ caminho de ferro mandaram arrancar...").

Para a segunda música o tema foi uma hipotética conversa de bar, revivendo memórias e tendo como ponto de referência os aviões da Panair do Brasil, empresa também extinta pelo governo militar ("Levei um susto imenso nas asas da Panair/ descobri que as coisas mudam e que tudo é pequeno/ nas asas da Panair...").

Cabe aqui uma digressão sobre o aspecto rítmico da obra de Milton Nascimento. Conforme está registrado no verbete sobre "Travessia", Eumir Deodato, em seu contato inicial com a música de Milton, surpreendeu-se com a divisão em algumas canções que dá a impressão de ser muito simples, sendo na realidade, ao contrário, "misteriosa, intrigante, desafiadora". Assim acontece em "Ponta de Areia", que à primeira vista parece ser 4/4, uma divisão que qualquer um canta facilmente. A certa altura, porém, depara-se com uma espécie de "tropeção", que pode levar o leigo a perder o ritmo. "No entanto", revela o arranjador Wagner Tiso, íntimo conhecedor da obra de Milton, "a sequência dos quatro compassos que formam a música é: 5/4 (ponta/ de a/ rei/ a/ pon), 4/4 (to/ fi/ nal/ [pausa]), 4/4 (da/ Ba/ hia/ Mi/ nas) e 5/4 (es/ tra/ da na/ a tu/ ral). O arranjo que gravamos em Los Angeles, com Wayne Shorter, é do próprio Milton, sendo que eu escrevi a base para o grupo. Bituca (apelido do Milton) compôs um *intermezzo* que só aparece nesse disco, que eu escrevi para sax e órgão Hammond." Já a respeito de "Conversando no Bar", Wagner esclarece que "também tem uma rítmica bem original, porque não é comum compor andamentos muito lentos no compasso 5/4. Tanto a primeira como a segunda parte são em 5/4, sendo a coda ("em volta dessa mesa velhos e moços/ lembrando o que já foi/ em volta dessa mesa existem outras falando tão igual...") num andamento mais rápido, aí em compasso 6/8". O que é mais intrigante nessas sutilezas rítmicas, que fascinaram Wayne Shorter, é que Milton compõe tais sequências complexas, mas de simplória aparência, levado pela mais pura intuição.

Além das gravações do autor, "Ponta de Areia" e "Conversando no Bar" receberam também as de Elis Regina, incluídas em seu citado elepê de 1974. Temendo que o título original "Saudade dos Aviões da Panair" pudesse causar a proibição da canção pela censura, ela decidiu utilizar em seu lugar o subtítulo "Conversando no Bar".

A propósito do álbum *Minas*, deve-se a escolha de seu título à sugestão de um menino, afilhado do compositor, que lhe chamou a atenção para o fato de as sílabas iniciais de seu nome e sobrenome formarem a palavra "Minas" (Mi-Nas). "O surpreendente é que até então eu nunca havia percebido a coincidência", comentou Milton Nascimento em um programa-depoimento à Rádio Jornal do Brasil, em 03/11/1990.

"Severina Xique Xique", Genival Lacerda e João Gonçalves

Existe um tipo de humorismo musical, popularesco, muito apreciado no Nordeste, baseado na utilização de palavras de duplo sentido e expressões de sonoridade ambígua, que facilitam interpretações maliciosas. Vindo dos tempos de Jararaca e Ratinho, o gênero radicalizou-se nas últimas décadas do século, quando teve como artista mais bem-sucedido o cantor/compositor/humorista Genival Lacerda. Paraibano de Campina Grande, concunhado de Jackson do Pandeiro, ele aproveitaria o convívio com o parente para firmar o seu estilo, igualmente calcado na agilidade rítmica. Após viver um período no Rio de Janeiro, entre 1964 e 1973, em que recebeu o apoio de Jackson e gravou o primeiro disco, *O Rei da Muganga*, o espirituoso Genival voltou para Campina, onde passou a comandar o programa *O Forró do Seu Vavá*, na Rádio Borborema. Nesse programa, renovaria o repertório que, com a aprovação de Luiz Gonzaga e do concunhado, lhe possibilitaria a gravação de um novo elepê, intitulado *Aqui tem Catimberê*. "Severina Xique Xique" foi a faixa que fez este disco ultrapassar a marca de oitocentas mil cópias vendidas, a maior parte no Nordeste: "Antigamente Severina coitadinha/ era muito pobrezinha/ ninguém quis lhe namorar/ mas hoje em dia/ só porque tem uma butique/ pensando em dar trambique/ Pedro quer lher paquerar/ ele está de olho na butique dela...". A partir dessa façanha, Genival — o Mugangueiro Aloprado ou Senador do Rojão, como gosta de ser chamado — popularizou-se no país, com sua imagem pitoresca em que ressalta o chapeuzinho gelô, de aba dobrada, engomado a ferro quente. Dançando xaxado com uma leveza assombrosa para o tamanho de sua pança, ele contabilizaria ainda sucessos como "Radinho de Pilha" (1979) e "Mate o Veio, Mate" (1983).

OUTROS SUCESSOS

"Além do Horizonte", Roberto Carlos e Erasmo Carlos
"Amor com Amor se Paga", Luís Wanderley e Katia
"Argumento", Paulinho da Viola
"Beleza que é Você Mulher", Benito Di Paula
"Bilu Teteia", Mauro Celso
"Charlie Brown", Benito Di Paula
"Deixe Meu Marido em Paz", Cláudia Barroso
"As Dores do Mundo", Hyldon
"Estrela de Madureira", Assis Pimentel e Cardoso
"Fato Consumado", Djavan
"Filho da Veia", Luís Américo e Braguinha
"Foi Tudo Culpa do Amor", Diana
"Kid Cavaquinho", João Bosco e Aldir Blanc
"Macunaíma" (samba-enredo/carnaval), Norival Reis e David Correia
"Mil e Oitocentas Colinas", Gracia do Salgueiro
"Moro Onde Não Mora Ninguém", Agepê e Canário
"Mulher Brasileira", Benito Di Paula
"Na Beira do Mar", Gracia do Salgueiro
"Na Sombra de uma Árvore", Hyldon
"Nó na Madeira", João Nogueira e Eugênio Monteiro
"Ovelha Negra", Rita Lee
"Paralelas", Belchior
"Refazenda", Gilberto Gil
"Salve a Mocidade" (samba/carnaval), Luís Reis
"Sem Açúcar", Chico Buarque
"Tango pra Teresa", Evaldo Gouveia e Jair Amorim
"Turbilhão", Toquinho e Mutinho
"Vai Levando", Caetano Veloso e Chico Buarque

GRAVAÇÕES REPRESENTATIVAS

Beth Carvalho
Tapecar, X22 (lp), "Mil e Oitocentas Colinas"

Clara Nunes
EMI-Odeon, XSMOFB 3884 (lp), "O Mar Serenou"

Elis Regina
Philips, 6349.121 (lp), "Dois pra Lá, Dois pra Cá"
Philips, 6349.121 (lp), "O Mestre-Sala dos Mares"

Gal Costa
Som Livre, 410.6004 (lp), "Modinha para Gabriela"

João Bosco
RCA Victor, 103.0112 (lp), "De Frente pro Crime"
RCA Victor, 103.0112 (lp), "Kid Cavaquinho"

João Nogueira
EMI-Odeon, 062.421048 (lp), "Nó na Madeira"

Milton Nascimento
EMI, EMCB 7011 (lp), "Beijo Partido"
EMI, EMCB 7011 (lp), "Ponta de Areia"

Milton Nascimento e Beto Guedes
EMI, EMCB 7011 (lp), "Fé Cega, Faca Amolada"

Rita Lee e Tutti Frutti
Som Livre, 410.6006 (lp), "Ovelha Negra"

Roberto Carlos
CBS, 230002 (lp), "Além do Horizonte"

Wando
Beverly, BLP 9094 (lp), "Moça"

MÚSICAS ESTRANGEIRAS DE SUCESSO NO BRASIL

"Flying", Chris DeBurgh
"From His Woman to You", Bettye Crutcher e Lester Shell
"I Don't Like to Sleep Alone", Paul Anka
"I'll Be Holding On" (Melô do Banjo), Al Downing e Lande Quinn
"I'm Not in Love", Graham Gouldman e Eric Stewart
"July, July, July, July", Kenneth Gamble e Leon Huff

"Kung Fu Fighting", Carl Douglas
"Lady Marmelade", Bob Crewe e Kenny Nolan Helfman
"Lovin' You", Richard Rudolph e Minnie Ripperton
"Mandy", Scott English e Richard Kerr
"The Old Fashioned Way", Charles Aznavour, Georges Garvarentz, Al Kasha e Joel Hirschhorn
"One Day in Your Life", Sam Brown, Renee Armand e Sam Brown III
"Only Yesterday", John Betis e Richard Carpenter
"Philadelphia Freedom", Elton John e Bernie Taupin
"Please Mr. Postman", Brian Holland e Freddy Gorman (lançada em 1962)
"Shame, Shame, Shame", Sylvia Robinson

CRONOLOGIA

02/01: Morre em São Paulo (SP) o maestro Gabriel Migliori.

20/01: Morre no Rio de Janeiro (RJ) o cantor Nuno Roland.

01: O jornal *O Estado de S. Paulo* completa cem anos de existência.

15/03: Entra em vigor a fusão dos estados da Guanabara e do Rio de Janeiro, sendo empossado governador do novo estado o contra-almirante Floriano Faria Lima

18/03: Morre no Rio de Janeiro (RJ) o compositor Alcebíades Barcelos.

20/04: Morre no Rio de Janeiro (RJ) o cantor/ator Castro Barbosa.

01/05: Saigon cai em poder das forças comunistas. Termina a Guerra do Vietnã.

10/05: Morre no Rio de Janeiro (RJ) o cantor Dilermando Pinheiro.

27/06: Brasil e Alemanha Ocidental assinam acordo de cooperação nuclear, que prevê a construção de oito reatores atômicos no Brasil, até 1990.

31/07: Morre no Rio de Janeiro (RJ) o compositor Paquito (Francisco da Silva Farrea Júnior).

15/10: João Carlos de Oliveira, o João do Pulo, bate o recorde mundial do salto triplo, estabelecendo a marca de 17,89 m.

03/11: Morre em Santos (SP) o arranjador/instrumentista Edmundo Peruzzi.

21/11: A Espanha retorna ao regime monárquico, assumindo o trono o Rei Juan Carlos I.

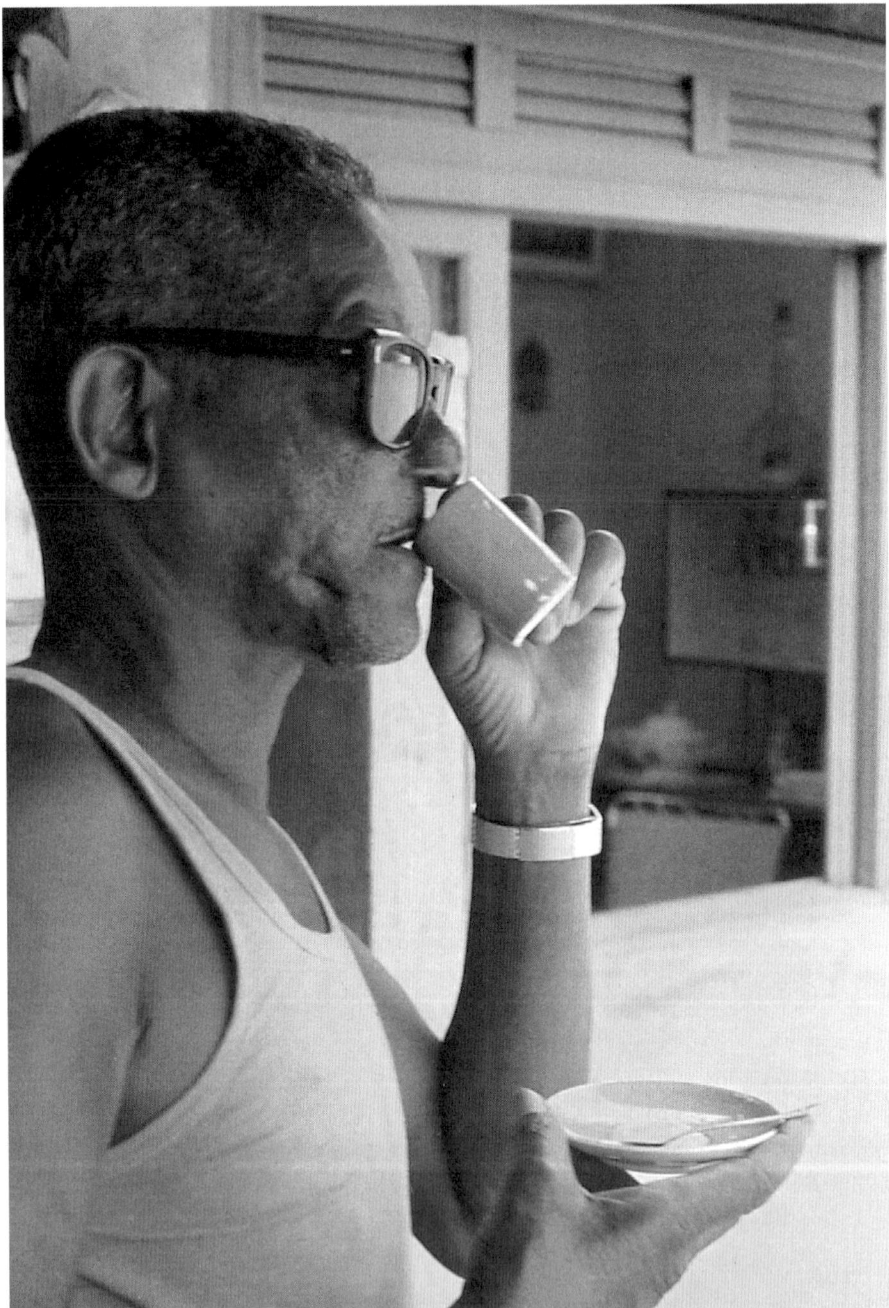

A figura simples de Cartola escondia um sofisticado poeta
e compositor da mais alta categoria, criador de obras-primas como
"O Mundo é um Moinho" e "As Rosas Não Falam".

XIX. 1976

DESTAQUES

"Como Nossos Pais", Belchior

Um dos mais destacados integrantes de um grupo de artistas cearenses que, como foi dito, veio tentar a sorte no eixo Rio-São Paulo no início dos anos 1970 é o cantor/compositor Belchior (Antônio Carlos Gomes Belchior Fontenele Fernandes). Ex-universitário, que abandonou o curso de medicina para se dedicar à música, Belchior estrearia no Rio em 1971, ganhando o IV Festival Universitário de MPB com a composição "Na Hora do Almoço". Então, depois de um segundo êxito no ano seguinte (a canção "Mucuripe", com Fagner), esperaria um bom tempo para chegar, com o elepê *Alucinação*, novamente às paradas de sucesso. Considerado por ele como "um disco de um nordestino na cidade grande", este elepê lançou além do sucesso "Como Nossos Pais", também gravado por Elis Regina, pelo menos mais duas composições fortes — "Apenas um Rapaz Latino-Americano" e "À Palo Seco" —, o que resultou numa vendagem de trinta mil cópias em um mês. Uma canção irônica e discursiva, "Como Nossos Pais" critica a acomodação dos jovens diante dos problemas da vida, que Belchior canta de forma agressiva com sua voz veemente: "Minha dor é perceber que apesar de termos feito tudo, tudo o que fizemos/ ainda somos os mesmos e vivemos/ (...)/ Ainda somos os mesmos e vivemos como nossos pais...". Esta canção passou incólume, mas o autor teve que modificar outras músicas do disco para obter a aprovação da censura. Ao interpretar "Como Nossos Pais" no espetáculo de maior sucesso de sua carreira, *Falso Brilhante*, Elis Regina aproximou-se da linguagem pop, o que nunca ocorrera antes. Com essa atitude, seguida da consagração dessa canção no disco do show, iniciou-se o caminho de incorporação da música pop à música popular brasileira.

"Gota d'Água", Chico Buarque

Retomando uma ideia de Oduvaldo Vianna Filho, Paulo Pontes e Chico Buarque transportaram a tragédia grega de Medeia (de Eurípides) para um subúrbio do Rio, dando-lhe o nome de *Gota d'Água*. Medeia, que mata os filhos e se suicida ao ser desprezada pelo amante, é na tragédia carioca Joana, companheira de Jasão, um sambista que a abandona por uma mulher rica. Embutido na recriação do drama havia o propósito dos autores de criticar e questionar as implicações sócio-políticas da ditadura militar brasileira. Toda escrita em versos, numa linguagem coloquial, *Gota d'Água* apresentava uma dúzia de composições das quais a mais importante era a canção homônima, em que a protagonista, interpretada por Bibi Ferreira, advertia o amante: "Deixa em paz meu coração/ que ele é um pote/ até aqui de mágoa/ e qualquer desatenção/ faça não/ pode ser a gota d'água". Contemplada com o Prêmio Molière — que Chico recusou-se a receber, em razão de estarem os concorrentes com suas peças presas na censura —, *Gota d'Água* esteve em cartaz em dois teatros cariocas, sendo uma das temporadas a preços populares. Já a canção "Gota d'Água" foi gravada por Bibi no disco da peça, com orquestração de Dori Caymmi, tendo no entanto maior sucesso a versão de Simone. Eurípides, o mais moço dos três grandes trágicos atenienses, considerado o poeta do pessimismo, criou terríveis figuras femininas e exerceu forte influência nos trágicos latinos, como Ênio e Sêneca.

"Juventude Transviada", Luiz Melodia

Iniciada em novembro de 1975, a telenovela *Pecado Capital* prolongou-se até julho de 76, tendo composições de sua trilha sonora, como "Juventude Transviada", liderado no período as paradas de sucesso. Com uma linha melódica que lembra levemente o velho clássico "Casa de Caboclo", esta é uma canção bem típica de Luiz Melodia, intuitiva, livre, sem qualquer preocupação com a lógica em seus versos enigmáticos ("Lava a roupa todo dia, que agonia/ na quebrada da soleira que chovia/ até sonhar de madrugada/ uma moça sem mancada/ uma mulher não pode vacilar/ eu entendo a juventude transviada...") que ele não gosta de explicar. "As pessoas têm que estar abertas para entender os toques. Não é assim, eu pisei numa pedra e aí nasceu essa frase. É um toque ingênuo, uma coisa poética, das vivências que observei", declarou Luiz Melodia em 18/04/1976 ao crítico Tárik de Souza, do *Jornal do Brasil*. "Juventude Transviada" foi feita para a sua primeira mulher, que lhe deu um filho, Mahal, e, como na maioria de suas canções, teve letra e música compostas ao mesmo tempo. Melodia gravou-a, com sua voz personalíssima, em seu segundo elepê, *Maravilhas Contemporâneas*.

"A Lua e Eu", Cassiano e Paulo Zdanowski

Pioneiro do *soul* brasileiro, ao lado de Tim Maia e de Hyldon, o cantor, músico e compositor Cassiano começou a tocar violão na adolescência, quando ganhava a vida como ajudante de pedreiro. Mais adiante, nos anos 1960, passou a tocar nas noites do Rio e de São Paulo, porém sem jamais se firmar profissionalmente, em razão de seu comportamento irregular, igual ao do amigo Tim Maia. Faziam os dois o estilo "músico doidão", segundo suas próprias palavras. Em 1976, seis anos depois de seu primeiro sucesso, "Primavera", lançado por Tim, Cassiano voltaria às paradas com uma música ainda melhor, a balada "A Lua e Eu": "Mais um ano se passou/ e nem sequer ouvi falar seu nome/ a lua e eu/ caminhando pela estrada/ eu olho em volta/ e só vejo pegadas/ mas não são as suas/ eu sei... eu sei". Composta em 1973, com o seu principal parceiro, Paulo Zdanowski, o Paulinho Motoka, na época com apenas 19 anos, "A Lua e Eu" se destacaria na trilha da novela *O Grito*, da TV Globo, em que entrara por iniciativa do produtor Nelson Motta, daí se tornando uma das canções mais executadas no ano. Nascido em Campina Grande, na Paraíba, Cassiano chama-se Genival Cassiano dos Santos, sendo assim xará de outro artista campinense, o cantor Genival Lacerda, o que dá a impressão de ser o nome Genival muito comum naquela cidade.

"Os Meninos da Mangueira", Rildo Hora e Sérgio Cabral

A dupla Rildo Hora-Sérgio Cabral já havia criado um razoável repertório, com alguns sucessos como "Visgo de Jaca" e "Janelas Azuis", quando Sérgio propôs ao parceiro escreverem um samba em homenagem à Mangueira. A ideia era prestar uma homenagem diferente, focalizando, por exemplo, os meninos do lugar. Assim nasceria "Os Meninos da Mangueira", com Sérgio fazendo a letra sobre uma bela composição de Rildo Hora, um samba de verdade, sincopado, malemolente, sentimental, mas de estribilho vibrante, sacudido. E como o letrista é também historiador, homenageia passado e presente da Mangueira, descrevendo com graça e concisão os atributos de cada um dos personagens enumerados ("Carlos Cachaça, o menestrel/ Mestre Cartola, o bacharel/ Seu Delegado, um dançarino..."), juntando-os no final aos meninos que representam o futuro da Escola: "E a velha guarda se une/ aos meninos lá na passarela/ abram alas que vem ela/ a Mangueira toda bela...". "Os Meninos da Mangueira" foi lançado por Ataulfo Júnior, num compacto, recebendo, ainda em 1976, mais doze gravações, entre as quais as de Jair Rodrigues e Eliana Pittman. A boa gravação de Ataulfo mostra na abertura uma sutileza do arranjador Rildo Hora: o som forte, grave, encorpado de um violão, que, como revela Sérgio Cabral, "é na realidade o som dobrado de um violoncelo e um violão".

"Meu Caro Amigo", Francis Hime e Chico Buarque

O teatrólogo Augusto Boal descreveu para o livro *Chico Buarque do Brasil* a emoção que sentiu na época do exílio em Lisboa ao ouvir "Meu Caro Amigo", a canção em que Chico e Francis atendem à sua carência de notícias do Brasil: "Estava almoçando com amigos exilados, quando na sobremesa minha mãe visitante disse que tinha trazido uma carta do Chico. Pusemos a carta-cassete na vitrola e, pela primeira vez, ouvimos 'Meu Caro Amigo'. Falávamos de tristezas e ouvimos um canto de esperança". Esta carta-canção estende-se por 48 versos, distribuídos em quatro estrofes, sendo que do quinto ao oitavo verso de cada estrofe repete-se um irônico e espirituoso refrão, que descreve a maneira como os brasileiros procuraram amenizar com música e futebol a dolorosa realidade imposta pela ditadura militar. Em suma, é o simulacro de uma desejada vivência normal: "Aqui na terra tão jogando futebol/ tem muito samba, muito choro e rock'n'roll/ uns dias chove, noutros dias bate sol/ mas o que quero é lhe dizer que a coisa aqui tá preta...". Note-se que a palavra "choro" pode ser entendida em seus dois sentidos... E Boal conclui o depoimento afirmando: "Chico resistia aqui no Brasil escrevendo 'Apesar de Você' e 'Vai Passar', e nos ajudava a resistir lá fora, cantando a sua amizade".

"Mineira", João Nogueira e Paulo César Pinheiro

A mineira, tema deste samba, é a cantora Clara Nunes. "Foi uma graça que fizemos à Clara, mulher de meu parceiro Paulo César Pinheiro", informa João Nogueira na contracapa do disco em que lançou a composição. É, aliás, uma graça bem caprichada, com referências às origens e aos encantos da homenageada e citações de versos do também mineiro Ary Barroso: "Clara/ abre o pano do passado/ tira a preta do serrado/ põe Rei Congo no gongá/ anda/ canta o samba verdadeiro/ faz o que mandou o mineiro, ô mineira/ (...)/ que é filha de Ogum com Iansã...". A gravação de João Nogueira, lançada no final de 1975 e presente nas paradas de sucesso durante mais de vinte semanas, em 1976, tem uma notável participação de Mestre Dino, com seu violão de sete cordas.

"O Mundo é um Moinho", Cartola

Poeta e compositor requintado, o maior de todos os revelados pelas escolas de samba, Angenor de Oliveira, o Cartola, declarou pouco antes de morrer (em 80) que considerava "O Inverno do Meu Tempo", "As Rosas Não Falam" e "O Mundo é um Moinho" as composições pelas quais gostaria de ser lembrado. Essas três obras-primas, lançadas entre 1976 e 79, representaram o ápice da sua carreira, o auge do refinamento alcançado pelo seu talento, de forma surpreendente, no estágio final de sua vida. Na verdade, a consagração do veterano Cartola nas décadas de 1960 e 70, fizeram-no mentor de uma importante geração de sambistas — Paulinho da Viola, Elton Medeiros, Candeia... — que marcaria o ressurgimento e o fortalecimento do gênero, então ofuscado pela chegada da bossa nova e dos grandes festivais televisivos. Exemplo da qualidade de seus sambas, "O Mundo é um Moinho" dá um recado poético-musical, lírico, elegante e, ao mesmo tempo, espontâneo, coloquial: "Ainda é cedo, amor/ mal começaste a conhecer a vida/ já anuncias a hora da partida/ sem saber mesmo o rumo que irás tomar...". A inspiração dessa letra seriam os conselhos que, dados por Cartola à sua jovem enteada, filha de Dona Zica, após uma decepção amorosa, motivaram discussões pelo emprego do singular no verso "Vai triturar teus sonhos, tão mesquinho". Gramaticalmente Cartola estava certo pois o "mesquinho" refere-se ao "mundo" do verso anterior: "Preste atenção, o mundo é um moinho". Após ter sido gravado pelo autor com acompanhamento do então desconhecido violonista Guinga na faixa de abertura de seu emocionante segundo disco, o da sugestiva capa com Cartola e Dona Zica numa janela, o samba foi regravado entre outros por Ney Matogrosso, Beth Carvalho e Cazuza.

"Não Deixe o Samba Morrer", Edson e Aloisio

O sucesso de Clara Nunes, vendendo dezenas de milhares de discos em 1973, chamou a atenção das gravadoras para a possibilidade de vozes femininas serem capazes de lhes render bons lucros. Daí a oportunidade oferecida a cantoras como Alcione, que ganharia as paradas de sucesso no início de 1976 com "Não Deixe o Samba Morrer", faixa de seu primeiro elepê, *A Voz do Samba*, lançado no final de 1975. De autoria de Edson Gomes da Conceição e Aloisio Silva, dois modestos compositores baianos radicados em São Paulo, este samba e "Etelvina Minha Nega" (de João Carlos, pai de Alcione) foram as únicas músicas do disco escolhidas pela cantora, sendo as demais incluídas pelos produtores Roberto Menescal e Roberto Santana. "Não Deixe o Samba Morrer" é um belo samba, que impressiona pela qualidade da melodia e cujo tema é anunciado no título ("Não deixe o samba morrer/ não deixe o samba acabar/ o morro foi feito de samba/ de samba pra gente sambar..."). Com o sucesso, Alcione, que é também trompetista, estaria em breve sendo convidada para apresentar o programa *Alerta Geral*, da TV Globo.

"Nem Ouro Nem Prata", Rui Maurity e José Jorge

Nascido e criado numa fazenda em Paraíba do Sul (RJ), Rui Maurity tem sua obra marcada por músicas ligadas ao interior e à natureza, o que também acontece com o parceiro José Jorge Miquinioty, de Araçatuba (SP). Em meados dos anos 1970 Rui, que já havia participado de vários festivais universitários e gravado três elepês, passou a frequentar como mero expectador terreiros de macumba no subúrbio de Jacarepaguá. Na ocasião, sentiu-se tão impressionado com as melodias de alguns pontos, que pediu e conseguiu autorização para aproveitá-las em novas composições. Foi assim que nasceram "Xangô Vencedor", "Quizumba de Rei" e o grande sucesso "Nem Ouro Nem Prata", cuja primeira parte inteira pertence a um desses pontos: "Eu vi chover eu vi relampear/ mas mesmo assim o céu estava azul/ sambore-pema folha de Jurema/ Oxossi reina de norte a sul...". Este refrão seria complementado por uma segunda parte de Rui ("Ser brasileira, faceira, mestiça, mulata, não tem ouro nem prata..."). Lançada num compacto simples, a música teve tamanho sucesso, que provocou a feitura de seu quarto elepê, dominado por essa fase afro-mística, porém episódica em sua obra. A vertente dos pontos de macumba na música brasileira tem na figura do cantor e compositor J. B. de Carvalho (João Paulo Batista de Carvalho) o seu principal cultor, salientando-se ainda como a grande intérprete estilizada do gênero a cantora Clara Nunes.

"Olhos nos Olhos", Chico Buarque

Nenhum letrista brasileiro supera Chico Buarque na arte de escrever canções para personagens femininas. Numa entrevista à Rádio Jornal do Brasil, em 16 de maio de 1990, ele afirmou: "Fiz muitas músicas de encomenda para teatro. Nesses casos, mais do que os personagens, eu procuro saber quem é o ator ou a atriz que vai interpretá-las. Então, em minha cabeça, eu misturo a figura da atriz com a da cantora que gostaria que cantasse aquela música. Daí saíram canções como 'Folhetim', que tem a cara da Gal. Mas às vezes a canção nem é para teatro, como 'Olhos nos Olhos', que fiz para Bethânia. Quando terminei 'Olhos nos Olhos' eu disse: 'Olha, esta música está a cara da Maria Bethânia'". Realmente uma composição melodramática como "Olhos nos Olhos" ("Quando você me deixou, meu bem/ me disse pra ser feliz e passar bem/ quis morrer de ciúme, quase enlouqueci...") teria mesmo que ser cantada por Maria Bethânia, tal como outras ("Sem Açúcar", "O Meu Amor", "Gota d'Água") que Chico deve ter feito pensando nela, pois até versos banais — como "Olhos nos olhos, quero ver o que você faz/ ao sentir que sem você eu passo bem demais" — ganham especial dramaticidade em sua voz rouca. Uma curiosidade: a canção não termina na tônica. Na tonalidade de lá maior, por exemplo, como está no livro *Chico Buarque — letra e música*, a melodia acaba na nota sol, sétimo grau da escala, o que dá uma sensação de incompletude.

"Pavão Misterioso", Ednardo

Mais um dos artistas cearenses que migraram para o Sul no início dos anos 1970, o cantor/compositor Ednardo (José Ednardo Soares Costa Souza) integrava a fração do grupo que se estabeleceu na rua Oscar Freire, no bairro paulistano de Pinheiros. Nesse endereço eles costumavam promover saraus musicais, o que lhes facilitava contatos com produtores como Júlio Lerner, que os levou ao programa *Proposta*, na TV Cultura, e o radialista Walter Silva, que os encaminhou à Continental. Nesta empresa, em 73, gravou *Pessoal do Ceará*, disco que apresentou Rodger Rogério, sua mulher Tetty, Ednardo e o violonista Cirino. Talvez o mais enigmático desses cearenses seria Ednardo, cujo primeiro elepê, *O Romance do Pavão Mysteriozo*, gravado em 74, incluía a composição que inspirou este extravagante título. "Pavão Misterioso" era uma música diferente de tudo o que então estava sendo tocado nas rádios. Com uma interpretação desafiadora do autor, a canção fora baseada em um dos folhetos de cordel mais vendido nas feiras nordestinas. Atribuído a João Camelo de Melo Resende e João Melquíades Ferreira, este folheto conta a história de João Evangelista e da condessa Creuza, uma reclusa, presa por seu pai na torre de um castelo grego. Cego de amor, o herói abandona a casa e a família para libertar a amada, sonhando com a possibilidade de voar num aeroplano-pavão. "Pavão misterioso/ pássaro formoso/ tudo é mistério/ nesse teu voar/ ah, se eu corresse assim/ tantos céus assim/ muita história eu tinha pra contar", diz a letra de Ednardo, em que o voo representa uma tentativa de transpor barreiras, como as da repressão, em plena vigência do AI-5. Não era "Pavão Misterioso" e sim "Carneiro" a música destinada a puxar a venda do disco de Ednardo. Porém, a partir de seu aproveitamento, dois anos depois do lançamento, como tema básico da telenovela surrealista *Saramandaia*, na TV Globo, a composição acabaria se tornando o primeiro e maior sucesso de Ednardo.

"O Que Será" ("À Flor da Terra") ("À Flor da Pele"),
Chico Buarque

Feita para o filme *Dona Flor e Seus Dois Maridos*, a canção "O Que Será" tem três versões, que marcam passagens diferentes da trama: "Abertura", "À Flor da Pele" e "À Flor da Terra". Cantada no filme por Simone, a versão "À Flor da Terra" (três estrofes de doze versos) alcançaria grande sucesso na gravação de Chico Buarque e Milton Nascimento, que abre o elepê de Chico *Meus Caros Amigos*, um dueto, aliás, que aconteceu por mero acaso. Chico estava na gravadora ensaiando a canção com Francis Hime, quando Milton, de passagem pelo estúdio, ouviu e gostou. Daí surgiu o convite para a gravação, depois retribuído com a participação de Chico num disco de Milton, cantando com ele "À Flor da Pele". Mas "O Que Será", em qualquer das versões, é uma obra-prima, no nível das melhores criações de Chico Buarque, com sua melodia forte e sua letra libertária, um tanto ambígua em certos aspectos: "O que será que será/ que todos os avisos não vão evitar/ porque todos os risos vão desafiar/ porque todos os sinos irão repicar/ porque todos os hinos irão consagrar...". Em 15/09/1992, ao tomar conhecimento do conteúdo de sua ficha no DOPS-DPPS, em que há uma análise de "O Que Será", Chico Buarque declarou ao *Jornal do Brasil*: "Acho que eu mesmo não sei o que existe por trás dessa letra e, se soubesse, não teria cabimento explicar...".

"As Rosas Não Falam", Cartola

A história de "As Rosas Não Falam" começou numa tarde de 1975 em que o compositor Nuno Veloso apanhou Cartola e sua mulher Zica para um passeio na Barra da Tijuca, onde pretendiam visitar Baden Powell. Não tendo encontrado a casa do violonista, Nuno resolveu aproveitar a viagem para passar numa floricultura e comprar para Zica umas mudas de roseira que lhe havia prometido. Tempos depois, flores desabrochadas dessas roseiras provocariam a indagação entusiástica de Zica ("Como é possível, Cartola, tantas rosas assim?...") e a resposta desinteressada de Cartola ("Não sei. As rosas não falam..."), que ele acabaria aproveitando como mote para a canção: "Queixo-me às rosas/ mas que bobagem, as rosas não falam/ simplesmente as rosas exalam/ o perfume que roubam de ti...". Composta quando o autor completava 67 anos, "As Rosas Não Falam" foi lançada em 1976, num elepê notável, produzido por Juarez Barroso, o segundo de Cartola na gravadora Marcus Pereira. Neste álbum ele apresentava outras inéditas como a também obra-prima "O Mundo é um Moinho". Além da delicadeza e do requinte, o que espanta nessas duas músicas é o fato de terem sido criadas pelo compositor numa idade em que a maioria das pessoas já se encontra aposentada, sem muita coisa a oferecer. Cartola é um caso especial em nossa música popular. Homem de origem e vida modestíssimas, era, ao mesmo tempo, o poeta/compositor sofisticado. Pena que somente nos últimos anos de vida tenha conseguido gravar a maior parte de sua obra.

OUTROS SUCESSOS

"À Palo Seco", Belchior
"Acreditar", Dona Ivone Lara e Délcio Carvalho
"Apenas um Rapaz Latino-Americano", Belchior
"Canto das Três Raças", Mauro Duarte e Paulo César Pinheiro
"Eu Nasci Há Dez Mil Anos Atrás", Raul Seixas e Paulo Coelho
"Ilegal, Imoral ou Engorda", Roberto Carlos e Erasmo Carlos
"Incompatibilidade de Gênios", João Bosco e Aldir Blanc
"Meu Mundo e Nada Mais", Guilherme Arantes
"Moça Bonita", Evaldo Gouveia e Jair Amorim
"Moça Criança", Agepê e Canário
"Mulheres de Atenas", Chico Buarque
"Nuvem Passageira", Hermes de Aquino
"A Paz que Nasceu para Mim", Jorge Veloso e Andó (Antônio Scarpellini)
"Pecado Capital", Paulinho da Viola
"Peito Vazio", Cartola e Elton Medeiros
"O Progresso", Roberto Carlos e Erasmo Carlos
"Promessa ao Gantois", Mateus e Dadinho
"O Rancho da Goiabada", João Bosco e Aldir Blanc
"Serafim e Seus Filhos", Rui Maurity e Jose Jorge
"Os Seus Botões", Roberto Carlos e Erasmo Carlos
"Sonhar com Rei Dá Leão" (samba-enredo/carnaval), Neguinho da Beija-Flor
"O Surdo", Totonho e Paulo Resende
"Vai Ficar na Saudade", Benito Di Paula
"Velha Roupa Colorida", Belchior
"Você Não Passa de uma Mulher", Martinho da Vila
"Xica da Silva", Jorge Ben

GRAVAÇÕES REPRESENTATIVAS

BELCHIOR
Philips, 6349.160 (lp), "Apenas um Rapaz Latino-Americano"
Philips, 6349.160 (lp), "Velha Roupa Colorida"

Cartola
Discos Marcus Pereira, MPC 9325 (lp), "O Mundo é um Moinho"
Discos Marcus Pereira, MPC 9325 (lp), "As Rosas Não Falam"

Chico Buarque
Philips, 6349.189 (lp), "Meus Caros Amigos"

Chico Buarque e Milton Nascimento
Philips, 6349.189 (lp), "O Que Será" ("À Flor da Terra")

Clara Nunes
EMI-Odeon, XSMOFB 3915 (lp), "Canto das Três Raças"

Elis Regina
Philips, 6349.159 (lp), "Como Nossos Pais"

João Bosco
RCA Victor, 103.0171 (lp), "Incompatibilidade de Gênios"

João Nogueira
EMI-Odeon, SMOFB 3887 (lp), "Mineira"

Luiz Melodia
Som Livre, 403.6081 (lp), "Juventude Transviada"

Maria Bethânia
Philips, 6349.188 (lp), "Olhos nos Olhos"

Paulinho da Viola
Som Livre, 403.6081 (lp), "Pecado Capital"

Roberto Carlos
CBS, 230015 (lp), "O Progresso"

Simone
EMI, SMOFB 3896 (lp), "Gota d'Água"

MÚSICAS ESTRANGEIRAS DE SUCESSO NO BRASIL

"All by Myself", Eric Carmen
"Dolannes Melodie", Paul de Senneville e Olivier Toussaint
"Don't Go Breaking My Heart", Elton John e Bernie Taupin
"Fly Robin Fly", Sylvester Levay e Stephen Praguer
"Fox on the Run", B. Connolly, S. Priest, A. Scott e M. Tucker
"Gracias a la Vida", Violeta Parra
"Happy", Michel Legrand e Smokey Robinson
"Hey You", Randy Bachman
"I Need to Be Your Love", J. Bettis, A. Hammond e R. Carpenter
"Love Hurts", Boudleaux Bryant
"Love to Love You Baby", Jennie Springs
"More, More, More", Gregg Diamond
"Sailing", Gavin Sutherland
"Silly Love Songs", Paul McCartney e Linda McCartney
"Tu t'en Vas" (Não Se Vá), Alain Barrière

CRONOLOGIA

05/01: Morre em São Paulo (SP) o cantor Paraguassu (Roque Ricciardi).

24/03: Os militares argentinos derrubam o governo de Maria Estela Perón, dissolvem o Senado, a Câmara dos Deputados, as Assembleias Provinciais e voltam ao poder, assumindo o governo.

22/04: Morre no Rio de Janeiro (RJ) o compositor/pianista Frutuoso Viana.

03/06: Morre no Rio de Janeiro (RJ) o cantor Risadinha (Francisco Ferraz Neto).

07: Realizam-se em Montreal (Canadá) os XXI Jogos Olímpicos da Era Moderna.

22/07: Desce em Marte, após um ano de viagem, a sonda espacial americana Viking I.

22/08: Morre em desastre de automóvel na rodovia Presidente Dutra, à altura de Resende (RJ), o ex-presidente Juscelino Kubitschek.

29/08: Morre no Rio de Janeiro (RJ) o compositor Osvaldo Santiago.

10: A Academia Brasileira de Letras passa a aceitar as mulheres em seus quadros.

20/10: O espetáculo *Falso Brilhante*, de Elis Regina, completa duzentas representações, com recorde de público. Considerado "o show do ano", ainda permaneceria em cartaz nos quatro meses seguintes.

29/10: Morre no Rio de Janeiro (RJ) a cantora Araci Costa.

26/12: Morre em Recife (PE) o compositor/instrumentista/arranjador Nelson Ferreira.

Além de grande cantora, Elis Regina teve influência decisiva na revelação de compositores como Edu Lobo, Gilberto Gil e Milton Nascimento.

XX. 1977

DESTAQUES

"Amigo", Roberto Carlos e Erasmo Carlos

Muitas canções de Roberto e Erasmo Carlos são produto de esboços, sem maiores pretensões, deixados num gravador para eventual aproveitamento. Com o tempo, nem eles mesmos chegam a se lembrar com precisão do que fizeram. O método de compor adotado pelos dois obedece a uma sistemática que começa com o que chamam de "um cineminha", norma que consiste na criação de um enredo ou de uma situação, em geral sugeridos por Erasmo. Em "Cavalgada", por exemplo, o ponto de partida foi o sol, que esperou o final de uma noite de amor do casal protagonista da canção para só então nascer. Delineada a imagem inicial, a dupla passa à fase de "laboratório da música" (a expressão é de Erasmo), nos velhos tempos ao violão, depois no piano especial de Roberto, que faz o transporte para qualquer tonalidade a partir da escala de dó maior. Mas há exceções. Uma ocasião, Roberto chegou à casa de Erasmo, quando ele ainda morava em Ipanema, convidando-o a ouvir uma das músicas que acabara de gravar nos Estados Unidos. Todos, inclusive as esposas Nice e Narinha, já sabiam do que se tratava, todos, menos Erasmo... Então, Roberto colocou a fita no gravador e disse: "Ouça isto". Era a canção "Amigo", uma confissão dos sentimentos que dedicava ao parceiro de tantos anos. Tomado de surpresa, Erasmo caiu em prantos quando ouviu: "Você, meu amigo de fé/ meu irmão camarada/ amigo de tantos caminhos/ de tantas jornadas/ cabeça de homem/ mas um coração de menino/ aquele que está ao meu lado/ em qualquer caminhada...". Este verdadeiro hino à amizade acabou por ultrapassar a homenagem a Erasmo, aplicando-se a amigos do mundo inteiro. Foi o que aconteceu no México, quando as crianças receberam o papa João Paulo II cantando "Amigo", e no Maracanã, por ocasião do jogo de despedida do craque Roberto Dinamite, em que a música foi tocada. Naturalmente, além da homenagem, Erasmo Carlos ganhou também a parceria na canção.

"Barra Pesada" ("Melô da Baixada"), Dicró e José Paulo

O primeiro sucesso de Dicró, "Barra Pesada" ou "Melô da Baixada", estourou no disco *A Hora e a Vez do Samba*, da Continental, um "pau de sebo", com se diz na gíria fonográfica, carregado de sambistas candidatos ao estrelato. Em seguida, "Barra Pesada" seria sucessivamente lançado em compacto e elepê, consolidando a popularidade de seu autor. Nesta composição de estreia, Dicró satiriza em versos originais e bem-humorados os percalços da vida no lugar onde mora o seu personagem: "No lugar onde moro/ até ladrão tem medo de ir/ êta lugar perigoso/ igual àquele eu nunca vi/ (...)/ Um cara foi assaltado/ por quatro sujeitos barbudos/ levaram o dinheiro do cara/ e o anel com dedo e tudo...". Sempre cantando as agruras do dia a dia do carioca suburbano, o espirituoso Dicró foi em frente, emplacando outros sucessos como "O Barrigudo", "Botei Minha Nega no Seguro" e "O Linguiceiro" — firmando um estilo de samba, que poderia ser definido como "sambandido", levado às últimas consequências pelo também pagodeiro Bezerra da Silva. Carioca como os seus personagens, Dicró (Carlos Roberto de Oliveira), conviveu desde menino com o samba, tendo participado da ala de compositores da escola Beija-Flor de Nilópolis.

"Começaria Tudo Outra Vez", Luiz Gonzaga Júnior

Aluno da Faculdade de Ciências Políticas Cândido Mendes, no Rio de Janeiro, onde se formou em economia, Luiz Gonzaga Júnior foi um participante do grupo que dominou os primeiros festivais musicais universitários, no final dos anos 1960, tendo entrado para a música popular principalmente como autor de canções de protesto. Aliás, ele estaria, ao lado de Chico Buarque e Taiguara, entre os compositores mais perseguidos pela censura da ditadura. Depois, abriria em sua obra outros segmentos, dos quais o de maior sucesso foi o das canções de letra extensa, ao mesmo tempo sofridas e agressivas, que focalizavam conflitos amorosos, irremediáveis, quase sempre, mas, algumas vezes amenizados pela possibilidade de um esperançoso recomeço. Este é o caso de "Começaria Tudo Outra Vez", o seu primeiro grande sucesso. "Começaria tudo outra vez/ se preciso fosse/ meu amor/ a chama em meu peito ainda queima/ saiba/ nada foi em vão/ (...)/ Veja, meu bem/ a orquestra nos espera/ por favor/ mais uma vez recomeçar..." Muito adequadamente composto em ritmo de bolero, "Começaria Tudo Outra Vez" seria lançado por Maria Bethânia, não por coincidência a intérprete ideal de Gonzaguinha.

"Flor de Lis", Djavan

Um dos melhores compositores brasileiros revelados na década de 1970, o alagoano Djavan (Djavan Caetano Viana) tem em "Flor de Lis" a canção que o projetou. Enquanto sua letra sobre um romance desfeito não se prende a nenhuma mensagem específica, a ideia da música, segundo Djavan, "foi construir uma melodia linear com a harmonia dançando, para lhe dar mais sabor". Essa linearidade pode ser exemplificada pela frequência da nota mi, repetida 24 vezes nos oito primeiros compassos ("Valei-me Deus/ é o fim do nosso amor/ perdoa por favor/ eu sei que o erro aconteceu/ mas não sei o que fez..."), contendo ainda o mesmo trecho uma progressão harmônica com sete acordes diferentes, quase todos sobre esta mesma nota. A melodia prossegue nessa linha, realçando o jogo harmônico, cuja originalidade estabeleceu a certeza de que um novo talento surgia na MPB. Destaque no elepê de estreia do autor — *A Voz, o Violão, a Música de Djavan* — "Flor de Lis" não mostra ainda alguns dos elementos que marcariam o estilo de seu trabalho posterior. Antigo emblema da realeza francesa, a flor de lis foi também título de uma canção de Agustin Lara, carro-chefe do repertório de Pedro Vargas, o cantor mexicano de maior popularidade no Brasil nos anos 1930 e 1940.

"Jura Secreta", Sueli Costa e Abel Silva

Mesmo tendo ocupado quartos de frente do legendário Solar da Fossa e, anos depois, sido vizinhos em Ipanema, Sueli Costa e Abel Silva jamais haviam feito uma música juntos antes de "Jura Secreta". Foi Abel quem procurou Sueli, por meio de uma carta com uma letra da qual nasceria esta canção. Como grande parte do que se escrevia na ocasião, a letra expunha de forma metafórica reflexões sobre o amordaçamento geral imposto pela ditadura. Eram versos estranhos, aparentemente contraditórios, que afirmavam negações e negavam afirmações: "Só uma coisa me entristece/ o beijo de amor que eu não roubei/ (...)/ nada do que eu quero me suprime/ do que por não saber inda não quis/ (...)/ só o que me cega, o que me faz infeliz/ é o brilho do olhar que não sofri/ (...)/ só uma palavra me devora/ aquela que o coração não diz...". Nestes dois últimos versos, o âmago do poema, Abel não se referia a uma palavra específica, mas ao (não) uso da palavra, ou seja, ao silêncio involuntário. Lida a carta, Sueli sentiu no primeiro momento como deveria ser a melodia, compondo de estalo a terna canção, que seria levada com outras inéditas para Maria Bethânia, na época preparando o show *Pássaro da Manhã*, no Teatro da Praia. Todavia, como Bethânia optou por "Coração Ateu", gravado por ela em 75, Sueli pôde então atender Simone, que selecionava repertório para um novo disco e acabou escolhendo "Face a Face" e "Jura Secreta". A gravação de "Jura Secreta" foi atribulada, tendo acontecido duas tentativas, uma com um grupo de músicos, a outra com dois violões, ambas frustrantes, o que deixou Simone tão perturbada que chegou a menosprezar a letra de Abel. Daí os ânimos só viriam a serenar com uma intervenção de Gonzaguinha, seguida da sugestão de Sueli, para que a cantora gravasse apenas com o teclado de Gilson Peranzzetta, que criaria para a composição um acompanhamento *bluesy* ao piano Fender. Logo na primeira tentativa Simone chegou a se engasgar de emoção, prevalecendo a segunda, que acabou sendo o grande sucesso do álbum *Face a Face*. Isso foi uma surpresa para os incrédulos compositores que sabiam ser "Jura Secreta" uma dessas canções classificadas como difíceis na gíria musical. Sua leitura seria até recomendada por psiquiatras para ajudar seus pacientes no processo de auto conhecimento. Tempos depois do lançamento, Simone diria em recado a Sueli que se tivesse composto "Jura Secreta" trocaria o título para "Autorretrato". Entre as gravações desta canção destacam-se as da autora, no elepê *Louça Fina* e a de Fagner, em *Quem Viver Chorará*, além da de Simone, naturalmente.

"Maluco Beleza", Raul Seixas e Cláudio Roberto

Terminada a parceria com Paulo Coelho, de quem continuaria amigo — ou "inimigo íntimo", segundo o próprio Paulo —, Raul Seixas entra o ano de 1977 de parceiro novo (Cláudio Roberto) e nova gravadora, a WEA, em que estreia com o elepê *O Dia em que a Terra Parou*. Considerado pela crítica inferior a outros trabalhos seus, este disco apresenta a autobiográfica "Maluco Beleza", sucesso responsável pelo apelido que o acompanharia para sempre: "Enquanto você se esforça pra ser/ um sujeito normal/ (...)/ vou ficar/ ficar com certeza/ Maluco Beleza/ (...)/ controlando a minha maluquez/ misturada com minha lucidez...". Outro sucesso do disco é a canção-título "O Dia em que a Terra Parou", mas que não chegou a alcançar a popularidade de "Maluco Beleza". Já Cláudio Roberto, coautor de todas as faixas, é um antigo vizinho de Raul, letrista, cantor e professor de ginástica. Uma curiosidade do álbum é a participação de Gilberto Gil, como arranjador e violonista na faixa "Que Luz é Essa".

"Pombo Correio", Dodô, Osmar e Moraes Moreira

Destacado vocalista, violonista e compositor dos Novos Baianos, Moraes Moreira (Antônio Carlos Moreira Pires) seguiria uma bem-sucedida carreira solo, depois da extinção do grupo. Essa carreira foi marcada logo no início pela marchinha "Pombo Correio", produto de sua paixão e ligação com o pioneiro Trio Elétrico Dodô e Osmar. A música já existia desde os anos 1950, com o título de "Double Morse", composta pelos inventores do trio, tendo sido até então gravada apenas na forma instrumental. Em 1975, apaixonado pela composição, Moraes compôs-lhe a letra, em que pede a um pombo correio para levar uma carta para o seu amor: "Pombo correio/ voa depressa/ e essa carta leva para o meu amor/ leva no bico que eu aqui fico esperando/ pela resposta que é para saber/ se ela ainda gosta de mim...". Saltitante, elétrica, colorida, a marchinha é bem característica dos trios que animam o carnaval de Salvador e que se tornariam uma influência na música do próprio Moraes. Ele, inclusive, contribuiria para a popularização desses trios, compondo, tocando e até produzindo alguns de seus discos. Um clássico do carnaval baiano, "Pombo Correio" fez parte da trilha sonora da novela *Sem Lenço Nem Documento*, exibida pela TV Globo de setembro de 1977 a março de 1978.

"Romaria", Renato Teixeira

Em maio de 1977, a Rádio Jovem Pan iniciou no Palácio das Convenções do Anhembi, em São Paulo, uma série de shows intitulada *O Fino da Música*, sob o comando de Zuza Homem de Mello. No dia 27 de julho, Elis Regina, grávida de sete meses, cantaria em *O Fino da Música* nº 3 para uma plateia de três mil e quinhentas pessoas. Neste espetáculo seria lançada "Romaria", do compositor/cantor Renato Teixeira, um paulista de Taubaté. Uma toada mística sobre um caipira, herege arrependido, que busca a paz na igreja, "Romaria" impressiona principalmente pelo refrão, que desenvolve um curioso jogo de palavras: "Sou caipira, Pirapora nossa/ Senhora de Aparecida/ ilumina a mina escura e funda/ o trem da minha vida". Esses e outros versos, tipo "quebra-língua" ("é de laço e de nó/ de gibeira o jiló dessa vida"), elogiados como poesia concreta por Augusto de Campos, foram feitos em menos de meia hora, numa época (anos 1970) em que Renato morava em São Paulo e dedicava-se à criação de *jingles*. Foi no estúdio em que eram gravados os *jingles* que ele conheceu Elis e César Camargo Mariano. "Romaria" nasceu das lembranças de episódios de fé religiosa presenciados pelo autor em Aparecida do Norte. Integrando com mais sete composições uma fita gravada a pedido de Elis, a canção seria, juntamente com "Sentimental Eu Fico", por ela escolhida para entrar em seu elepê de 1977. Gravadas as músicas em dois dias seguidos, Elis chamaria Renato para regravar "Romaria", desta vez com os componentes do seu Grupo Água, o que daria maior autencidade à gravação. Lançado o disco, a toada tornou-se rapidamente um clássico do gênero sertanejo, território no qual ninguém jamais imaginaria que uma cantora como Elis Regina pudesse penetrar sem o risco de parecer caricatural. Seu sucesso com "Romaria" valeu assim como um toque antecipado do surto expansionista da música caipira além de suas fronteiras naturais, que aconteceria anos depois. Tornou conhecido, ainda, o nome de Renato Teixeira, ao lado de tantos outros por ela projetados, como Milton Nascimento, Ivan Lins, Belchior e a dupla João Bosco-Aldir Blanc.

"Saco de Feijão", Francisco Santana

Após se tornar conhecida participando de festivais de televisão, Beth Carvalho dedicou-se ao samba, a partir de 1971, consagrando-se como uma das mais importantes intérpretes do gênero. Assim começou a acumular a cada disco sucessos como "Mil e Oitocentas Colinas", "Folhas Secas", "As Rosas Não Falam" e "Saco de Feijão", um samba de Chico Santana, integrante da Velha Guarda da Portela. Reclamando da carestia da vida, num linguajar irônico e até certo ponto divertido, a composição relembra com saudade "os tempos de outrora", bem melhores, segundo o autor, do que o que se vivia na ocasião: "No tempo dos dez réis e do vintém/ se vivia muito bem/ sem haver reclamação...". E, jogando a culpa no cruzeiro ("depois que inventaram o tal cruzeiro/ (...)/ deixo um saco de dinheiro..."), desabafa no estribilho: "De que serve um saco cheio de dinheiro/ pra comprar um quilo de feijão...". Isso acontecia em 1977. Na década seguinte, quando a inflação chegou ao auge, "um saco de dinheiro" mal daria para comprar um quilo de feijão.

"Somos Todos Iguais Nesta Noite", Ivan Lins e Vitor Martins

Decepcionado com a RCA Victor, Ivan Lins provocou sua saída após a gravação do segundo elepê, *Chama Acesa*, em que gravou pela primeira vez com o grupo Modo Livre, indo trabalhar no estúdio de *jingles* Zurana. Foi onde conheceu os produtores Mariozinho Rocha e Renato Corrêa, que o convidaram para integrar o *cast* da EMI-Odeon. Estreou com um álbum tratado luxuosamente: capa dupla de Mello Menezes e como encarte um poster em papel couché que mostrava uma foto de Ivan sentado abraçando um anão com o rosto pintado de palhaço, à frente de um casal de artistas de circo, um domador com turbante de mágico e uma figura feminina em trajes orientais e barriga de fora. A imagem traduz o tema da letra que o interiorano paulista Vitor Martins concebeu para a melodia do carioca Ivan na faixa de abertura do lado B do disco, cujo subtítulo era "E o Circo de Novo": "Somos todos iguais nesta noite/ na frieza de um riso pintado/ na certeza de um sonho acabado/ é o circo de novo/ (...)/ Nós vivemos debaixo do pano/ pelo truque mal feito dos magos/ pelo chicote dos domadores/ e o rufar dos tambores". Com esse disco, que estabeleceria novo rumo à fértil obra de ambos, predominando daí em diante a temática francamente social e política, espalhada em gêneros diversos, dava-se o início da consagração internacional de Ivan Lins, pois outra faixa do álbum era "Dinorah, Dinorah". Faltando a última música para completar o repertório, Vitor, que morava num apartamento da Mooca, ainda não havia conseguido criar a letra para o tema que estava consigo há um ano. Quando decidiu encarar a tarefa para valer, achou depois de muito esforço o verso que se encaixava com a primeira frase da melodia: "Somos todos iguais nesta noite". Optou por completar a ideia com versos sobre circo, o que lhe parecia refletir a situação do país. "Está morta", comunicou por telefone a conclusão da letra ao parceiro. Com arranjo de Gilson Peranzzetta, também autor da introdução, o que chama a atenção na originalidade da composição de Ivan são as duas levadas diferentes e teoricamente sem relação entre si. A primeira parte em ritmo abolerado é seguida de um dobrado de bandas circenses no refrão, intencionalmente condizente com a letra: "Pede à banda pra tocar um dobrado/ olha nós outra vez no picadeiro". Na interpretação dessas frases ele imprime uma divisão curiosa, acelerando apenas a última palavra de cada verso. Foram prensadas apenas três mil cópias do disco pela gravadora, que faria uma festa se chegasse a vender quinze mil. Atingiu setenta mil cópias, colocando a dupla Ivan Lins e Vitor Martins na primeira fila entre os maiores nomes da música brasileira.

"Sonhos", Peninha

Inspirado num episódio vivido por Peninha, "Sonhos" foi composto ao violão, quase de sopetão — "como um tijolo", conforme suas palavras —, durante uma madrugada. Formam a melodia sequências de uma frase musical que tem como base duas notas, na primeira parte, e um movimento descendente, na segunda. Sobre esta singela melodia foram distribuídos versos assimétricos, que descrevem o momento em que a namorada do autor, que ele julgava ser o seu grande amor, confessa-lhe sua paixão inesperada por outra pessoa — "Quando a canção se fez mais forte, mais sentida/ (...)/ você veio me falar dessa paixão inesperada/ por outra pessoa...". Então, em vez de revoltar-se, o poeta adota uma atitude de renúncia e esperança, que culmina em um segundo sonho: "Mas não tem revolta, não/ eu só quero que você se encontre/ saudade até que é bom/ (...)/ tenho um sonho em minhas mãos/ amanhã será um novo dia/ certamente eu vou ser mais feliz". Na época, Peninha temia a possibilidade de ser dispensado da PolyGram, que sofrera uma mudança na diretoria. Porém, quando o novo produtor, Roberto Livi, ouviu "Sonhos" gostou de saída, propondo a gravação na semana seguinte do que seria o segundo compacto de Peninha. Foram necessários alguns meses para que a música se convertesse numa das mais executadas nas rádios, acreditando o cantor bem mais no êxito de "Um Grito Parado no Ar", gravado no outro lado do disco. "Sonhos", todavia, foi deslanchando aos poucos e, ao ultrapassar a marca de quatrocentas mil cópias vendidas, entrou na trilha da telenovela *Sem Lenço Nem Documento*, deixando um rastro de sucesso tão marcante, que só muito tempo depois Peninha conseguiria se livrar da pecha de "cantor de uma música só". Contribuiu para elevar o prestígio de "Sonhos", principalmente junto ao público mais exigente, sua gravação por Caetano Veloso no álbum *Cores e Nomes*, em 1982, figurando ainda a canção em discos de Wando, Paulinho Moska e, no exterior, a espanhola Soledad Bravo e a italiana Mina. O paulista Peninha, cujo nome é Aroldo Alves Sobrinho, tendo ganho o apelido de um amigo de juventude, também gravou "Sonhos" em castelhano, versão que permaneceu vários meses no *hit parade* argentino.

OUTROS SUCESSOS

"Arrombou a Festa", Rita Lee e Paulo Coelho
"Carro de Boi", Maurício Tapajós e Cacaso
"Cavalgada", Roberto Carlos e Erasmo Carlos
"Coleção", Cassiano e Paulo Zdanowski
"Conto Até Dez", Luiz Ayrão
"Coração Selvagem", Belchior
"Desencontro de Primavera", Hermes de Aquino
"O Dia em que a Terra Parou", Raul Seixas e Cláudio Roberto
"Falando Sério", Maurício Duboc e Carlos Colla
"Filho Único", Roberto Carlos e Erasmo Carlos
"Foi Assim", Paulo André e Rui Barata
"Ilha de Maré", Valmir Lima e Lupa
"Liberdade", Dona Ivone Lara e Délcio Carvalho
"Maninha", Chico Buarque
"Menina dos Cabelos Longos", Agepê e Canário
"Meu Velho Pai", Léo Canhoto
"Morte de um Poeta", Totonho e Paulo Resende

"Oi, Compadre", Martinho da Vila
"Perdido na Noite", Agnaldo Timóteo
"Perdoa", Paulinho da Viola
"Refavela", Gilberto Gil
"Sorte Tem Quem Acredita Nela", Mário Marcos e Maxcilliano
"Tigresa", Caetano Veloso
"Tranquei a Vida", Ronnie Von e Tony Osanah

GRAVAÇÕES REPRESENTATIVAS

ALCIONE
Philips, 6349.305 (lp), "Morte de um Poeta"

BETH CARVALHO
RCA Victor, 103.0218 (lp), "Saco de Feijão"

DJAVAN
Som Livre, 403.6092 (lp), "Flor de Lis"

ELIS REGINA
Philips, 6349.334 (lp), "Romaria"

GAL COSTA
Philips, 6349.335 (lp), "Tigresa"

IVAN LINS
EMI, EMCB 7023 (lp), "Somos Todos Iguais Nesta Noite"

MARIA BETHÂNIA
Philips, 6349.333 (lp), "Começaria Tudo Outra Vez"

MILTON NASCIMENTO
EMI, EMCB 7020 (lp), "Carro de Boi"

MORAES MOREIRA
Som Livre, 403.6123 (lp), "Pombo Correio"

Roberto Carlos
CBS, 230025 (lp), "Amigo"
CBS, 230025 (lp), "Falando Sério"

Simone
Odeon, SMOFB 3931 (lp), "Jura Secreta"

MÚSICAS ESTRANGEIRAS DE SUCESSO NO BRASIL

"Amante Latino", Rabito
"Baby I Love Your Way", Peter Frampton
"Dancing Queen", Benny Andersson, Bjorn Ulvaeus e Stig Anderson
"Dolce Amore Mio", G. Galizia, P. Bardella e S. Conturso
"Don't Cry for Me Argentina", Andrew Lloyd Webber e Tim Rice
"Fernando", Benny Andersson, Bjorn Ulvaeus e Stig Anderson
"I Never Cry", Alice Cooper e Dick Wagner
"If You Leave Me Now", Peter Cetera
"I'm in You", Peter Frampton
"Isn't She Lovely", Stevie Wonder
"Livin' Thing", Jeff Lynn
"Love So Right", Barry Gibb, Robin Gibb e Maurice Gibb
"Melancolie" (Meu Sangue Ferve por Você), Jack Arel, Claude Carrere e Katherine Pancol
"My Dear", Allan Bell, Alman Bell e Louis Finch
"Show Me the Way", Peter Frampton
"Tonight's the Night", Rod Stewart
"You and Me", Alice Cooper e Dick Wagner

CRONOLOGIA

02/01: Morre no Rio de Janeiro (RJ) o violonista/compositor Dilermando Reis.

22/01: Morre em desastre de automóvel no Rio de Janeiro (RJ) a cantora/ compositora Maysa (Maysa Monjardim).

11/03: Morre no Rio de Janeiro (RJ) o maestro/instrumentista Simon Bountman.

11/04: O presidente Ernesto Geisel decreta o fechamento do Congresso Nacional e institui uma série de medidas que seriam chamadas de "Pacote de Abril".

05/04: Morre no Rio de Janeiro (RJ) o bandolinista/compositor Luperce Miranda.

17/04: Morre no Rio de Janeiro (RJ) o compositor Eratóstenes Frazão.

15/06: É aprovada a Emenda Constitucional nº 9, que institui o divórcio no Brasil.

24/08: Morre em São Paulo (SP) o cantor Maurici Moura.

20/09: Morre no Rio de Janeiro (RJ) o compositor Joubert de Carvalho.

09/10: Morre no Rio de Janeiro (RJ) o humorista/compositor Jararaca (José Luís Calazans).

11/10: É sancionada a lei que cria o estado do Mato Grosso do Sul a partir de 1º de janeiro de 1979.

14/10: Morre na Espanha o cantor Bing Crosby.

01/12: O presidente Ernesto Geisel promete "o fim das leis de exceção" e sua substituição por "salvaguardas constitucionais".

Uma das vozes mais afinadas da música brasileira, Gal Costa cultiva um repertório eclético em que se misturam variadas tendências, do pop ao samba tradicional, de Caetano, Gil e Roberto Carlos a Caymmi e Geraldo Pereira.

XXI. 1978

DESTAQUES

"Café da Manhã", Roberto Carlos e Erasmo Carlos

Uma balada romântica, temperada por boa porção de sensualidade, "Café da Manhã" foi um dos sucessos de Roberto Carlos em seu elepê de 1978, ao lado de "Força Estranha" e "Lady Laura", música em que o cantor homenageia sua mãe. Divagando sobre um projetado dia de amor, que começará com "o café esfriando na mesa", a composição tem versos do tipo "travesseiros soltos/ roupas pelo chão/ braços que se abraçam/ bocas que murmuram/ palavras de amor/ enquanto se procuram", o máximo de erotismo a que se permitem Roberto e Erasmo Carlos, mesmo em canções dirigidas ao público adulto.

"Cálice", Chico Buarque e Gilberto Gil

Este é mais um exemplo de letra contra a censura, predominante entre nossos compositores à época (1973) em que a canção foi criada. Na verdade, "Cálice" destinava-se a um grande evento promovido pela PolyGram, que reuniria em duplas os maiores nomes de seu elenco, e no qual deveria ser cantada por Gil e Chico. No livro *Todas as letras*, Gil narra em detalhes a história da canção, a começar pelo encontro inicial dos dois no apartamento em que Chico morava, na Lagoa Rodrigo de Freitas, ocasião em que lhe mostrou os versos que fizera na véspera, uma Sexta-Feira da Paixão. Tratava-se do refrão ("Pai, afasta de mim este cálice/ de vinho tinto de sangue"), uma óbvia alusão à agonia de Jesus no Calvário, cuja ambiguidade (cálice/ cale-se) foi imediatamente percebida por Chico. Gil levara-lhe ainda a primeira estrofe ("Como beber dessa bebida amarga/ tragar a dor, engolir a labuta/ mesmo calada a boca, resta o peito/ silêncio na cidade não se escuta/ de que vale ser filho da santa/ melhor seria ser filho da outra"), lembrando a "bebida amarga", uma bebida italiana chamada Fernet, que o dono da casa muito apreciava e sempre lhe oferecia, enquanto "o silêncio na cidade não se escuta" significava que "no barulho da cidade não é possível escutar o silêncio", ou "não adianta querer o silêncio porque não há silêncio", ou seja, metaforicamente: "não há censura, a censura é uma quimera", pois "mesmo calada a boca, resta o peito, resta a cuca". Deste e mais outro encontro, dias depois, saíram a melodia e as demais estrofes, quatro no total, sendo a primeira e a terceira ("de muito gorda a porca já não anda") de Gil, a segunda ("como é difícil acordar calado") e a quarta ("talvez o mundo não seja pequeno") de Chico. No dia do show, quando os dois começaram a cantar "Cálice", desligaram o microfone. "Tenho a impressão de que ela tinha sido apresentada à censura, tendo-nos sido recomendado que não a cantássemos, mas nós fizemos uma desobediência civil e quisemos cantá-la", conclui Gil. Irritadíssimo com o microfone desligado, Chico tentava outro mais próximo, que era cortado em seguida, e assim, numa cena tragicômica, foram todos sendo "calados", impedindo-o de cantar "Cálice" até o fim. Liberada cinco anos depois, a canção foi incluída no elepê anual de Chico, com ele declarando que aquele não era o tipo de música que compunha na época (estava trabalhando no repertório da *Ópera do Malandro*), mas teria que ser registrado, pois sua tardia liberação (juntamente com "Apesar de Você" e "Tanto Mar") não pagava o prejuízo da proibição. Na gravação, as estrofes de Gilberto Gil, que estava trocando a PolyGram pela WEA, são interpretadas por Milton Nascimento, fazendo o coro o MPB 4, em dramático arranjo de Magro.

"Dancin' Days", Nelson Motta e Rubens Queiroz

No começo era apenas uma *discothèque* — a Frenetic Dancin' Days do shopping da Gávea — que virou *point* da moda e, então, inspirou uma badalada telenovela da Globo, cujo tema principal girava em torno de... uma *discothèque*. Mas para que esse sucesso acontecesse houve a atuação do jornalista/produtor/compositor Nelson Motta que, além da discoteca, inventou as Frenéticas, grupo vocal-dançante que acumulava as funções de garçonetes da casa e acabou se tornando um popular conjunto musical, que durou enquanto foi novidade. E como se tudo isso não bastasse, Nelsinho ainda fez, em parceria com Rubens Queiroz, a animadíssima composição "Dancin' Days", no estilo *disco music*, que gravada pelas Frenéticas e transformada em tema de abertura da telenovela homônima tornou-se sucesso nacional. Ainda em 78, Nelson Motta emplacaria outro êxito, a música "Perigosa", feita em parceria com Roberto de Carvalho e Rita Lee, que com sua letra sexualmente explícita fixaria a expressão "bonita e gostosa".

"Folhetim", Chico Buarque

Outra boa canção feminina de Chico Buarque, "Folhetim" focaliza a figura da prostituta que oferece os seus encantos — "Se acaso me quiseres/

sou dessas mulheres/ que só dizem sim...” —, tema idêntico ao da composição “Love for Sale”, de Cole Porter, proibida e depois liberada nos anos 1930. Mesmo antes de terminá-la, para uma personagem da *Ópera do Malandro*, Chico já pensava em entregá-la a Gal Costa para gravar. Assim aconteceu, com Gal cantando-a acompanhada por músicos como Wagner Tiso, Perinho Albuquerque, autor do arranjo, e Jorginho Ferreira da Silva, em criativa intervenção ao sax-alto. Escrita por Chico Buarque e baseada na *Ópera dos Três Vinténs*, de Kurt Weill e Bertolt Brecht, e na *Ópera dos Mendigos*, de John Gay, a *Ópera do Malandro* conta a história de dois malandros rivais (Max e Duran) e apresenta uma alentada trilha musical em que se destacam, além de “Folhetim”, canções como “Homenagem ao Malandro”, “O Meu Amor” e a intrigante “Geni e o Zepelim”. Diga-se de passagem que a *Ópera dos Mendigos*, uma sátira à sociedade inglesa do século XVIII, é considerada uma obra revolucionária por ter levado canções populares para o teatro operístico.

“Força Estranha”, Caetano Veloso

Além de “Como Dois e Dois”, Caetano Veloso ainda compôs mais duas músicas para Roberto Carlos: “Muito Romântico”, uma das melhores faixas de seu elepê de 1977 e, no disco seguinte, “Força Estranha”, uma homenagem à figura do cantor, descrevendo os motivos que o fazem cantar, juntamente com alusões à sua vida. Ao receber a música, Roberto pediu a Caetano permissão para fazer uma alteração, o acréscimo das palavras “no ar”, cobrindo a pausa após o verso “por isso essa força estranha”, alteração que aconteceu na gravação, mas não consta da partitura. Porém, toda vez que Caetano canta a música em shows a plateia se encarrega de acrescentar o tal “no ar”... A estrutura clássica da balada, A-A-B, com 24 compassos, é repetida duas vezes em função da letra que tem o momento culminante no refrão: “Por isso uma força/ me leva a cantar/ por isso essa força estranha/ por isso é que eu canto/ não posso parar/ por isso essa voz tamanha”. A partir deste elepê, os discos de Roberto Carlos passaram a ter as capas dominadas pela cor azul, mantendo-se a praxe do título com apenas o seu nome, o que obriga a uma leitura do repertório para a sua identificação.

“Homenagem ao Malandro”, Chico Buarque

À época da estreia do musical *Ópera do Malandro*, Chico Buarque descreveu e justificou o ambiente da peça em entrevistas a *Isto É* e *Manchete*: “Nós pegamos a Lapa, os bordéis, os agiotas, os contrabandistas, os policiais corruptos, os empresários inescrupulosos. (...) Tomamos como ponto de partida o que o italiano chama de *mala città*, o *bas fond*. Esta Lapa (que) começava a morrer era o prenúncio de uma série de outras mortes: da malandragem, de Madame Satã, de Geraldo Pereira, de Wilson Batista. Foi o fim da era de ouro do sambista urbano carioca". Essa história está contada na letra de "Homenagem ao Malandro", uma das melhores composições do musical: "Eu fui fazer um samba em homenagem/ à nata da malandragem/ que conheço de outros carnavais/ eu fui à Lapa e perdi a viagem/ que aquela tal malandragem não existe mais...". E prossegue, retratando o "novo" malandro, "o malandro profissional", "oficial", "candidato a malandro federal", arrematando: "Mas o malandro pra valer/ — não espalha —/ aposentou a navalha/ (...)/ até trabalha/ mora lá longe e chacoalha/ num trem da Central...". "Homenagem ao Malandro" é um samba rasgado, com direito a solo de trombone do grande Maciel, breques e uma adequada interpretação de Chico Buarque. No álbum duplo do musical, só lançado em dezembro de 79, este samba é cantado pelo malandro Moreira da Silva, que vive assim o personagem João Alegre.

"João e Maria", Sivuca e Chico Buarque

O jeito ingênuo da melodia, composta por Sivuca em 1947, época em que Chico Buarque vivia sua infância, deu-lhe, ao ouvi-la trinta anos depois, a ideia de fazer-lhe uma letra evocativa na qual são recordadas brincadeiras de criança: "Agora eu era o herói/ e o meu cavalo só falava inglês/ a noiva do cowboy/ era você além de outras três...". Assim nasceu a valsinha "João e Maria", nome também de um conto infantil, gravada por Nara Leão e Chico no elepê de Nara *Os Meus Amigos São um Barato* e popularizada pela telenovela *Dancin' Days*. No auge do sucesso de "João e Maria", que muita gente pensava ser apenas de Chico, Sivuca aproveitou uma série de shows que realizava no Rio para corrigir o equívoco: a letra era do Chico, mas a música era dele há muito tempo...

"Maria, Maria", Milton Nascimento e Fernando Brant

O tema de "Maria, Maria" já existia sem letra desde 1976, quando foi composto por Milton para um balé do Grupo Corpo, com roteiro de Fernando Brant inspirado em várias mulheres negras de nome Maria, que trabalharam em sua casa ao tempo em que ele vivia em Diamantina. Dançando este balé com a trilha gravada — na qual Milton cantava o tema na base de "lá-lá-lás", acompanhado de violão — o Grupo Corpo excursionou pelo país e o exterior, ganhando fama e dinheiro. Então Milton pediu a Fernando uma letra a fim de incluir a música no disco *Clube da Esquina 2*, o que não representou muito trabalho para o poeta, que bastou sintetizar o seu próprio roteiro, praticamente aprontando o poema no intervalo de um jogo do Brasil na Copa de 78: "Maria, Maria/ é um dom, uma certa magia/ uma força que nos alerta/ uma mulher que merece viver e amar/ como outra qualquer do planeta...". Permaneceria sem letra somente um interlúdio, em movimento ascendente, que o compositor cantarola como na trilha do balé. A gravação de "Maria, Maria" é um dos pontos altos de *Clube da Esquina 2*, com Milton dando-lhe uma vigorosa e vibrante interpretação, que ajudou a canção a tornar-se uma das preferidas do público. "Maria, Maria" é, pode-se dizer, um marco nessa fase da carreira de Milton Nascimento, em que ele passa a ser um cantor das Américas.

"Não Existe Pecado ao Sul do Equador", Chico Buarque e Ruy Guerra

Em 1973 foi lançado um elepê que reunia composições da peça *Calabar* e cujo título *Chico Canta Calabar* seria reduzido a *Chico Canta*. Isso porque, além de proibir a peça, escrita por Chico e Ruy Guerra, a censura proibiu também a palavra Calabar... Desse disco fazia parte a canção "Não Existe Pecado ao Sul do Equador", que faria grande sucesso cinco anos depois, quando Ney Matogrosso gravou-a, sustentado por um agitado arranjo *discothèque*, e a gravação foi usada como tema da telenovela *Pecado Rasgado*, da TV Globo ("Não existe pecado do lado de baixo do Equador..."). Como em 1978 continuavam valendo os vetos da censura, a marcha foi cantada sem o verso original — "Vamos fazer um pecado safado debaixo do meu cobertor" —, substituído por "Vamos fazer um pecado rasgado, suado, a todo o vapor...".

"Outra Vez", Isolda

Os irmãos Isolda e Milton Carlos faziam *backing vocal* antes de terem a primeira composição gravada por Roberto Carlos, "Amigo, Amigos", o que aconteceu em 1973, com a colaboração do amigo comum Eduardo Araújo. Daí então os dois passaram a contribuir regularmente para o repertório do cantor, que chegou a incluir duas de suas canções no disco de 76: "Pelo Avesso" e "O Jeito Estúpido de Te Amar". Infelizmente, na noite em que comemoravam este fato, aconteceu na Via Anhanguera o desastre de automóvel que matou Milton Carlos. Arrasada com o desaparecimento do irmão, Isolda sentiu-se comprometida, mesmo sem ele, a continuar enviando composições para Roberto. Um dia, em 77, estando com amigos num barzinho na avenida Europa, em São Paulo, surgiu de uma conversa sobre ex-namorados a ideia para a melodia e boa parte da letra de "Outra Vez", que a compositora anotou num guardanapo: "Você foi o maior dos meus casos/ de todos os abraços/ o que eu nunca esqueci/ você foi dos amores que eu tive/ o mais complicado/ e o mais simples pra mim". Naquela noite, ao chegar em casa, Isolda completaria, ao violão, a romântica canção "Outra Vez". Como não tinha refrão e a letra era muito extensa, ela julgou-a inadequada ao estilo de Roberto, sendo realmente surpreendida ao saber que o cantor a incluíra no elepê de 1977. Precedida pelos sucessos de "Amigo" e "Falando Sério", faixas do mesmo disco, "Outra Vez" só despontaria nas paradas a partir de abril de 78, quando receberia vários prêmios e entraria para o repertório de Altemar Dutra, Simone, Emílio Santiago, e, no exterior, a orquestra de Ray Conniff (como "Once Again"), o cantor Peppino di Capri (como "Ancora Con Te") e Armando Manzanero (como "Usted Fué"), compositor de quem Isolda tornou-se parceira mais tarde. "Outra Vez" é uma das raras músicas não compostas por Roberto Carlos (e Erasmo) que podem ser consideradas clássicos de seu repertório.

"Querelas do Brasil", Maurício Tapajós e Aldir Blanc

A ideia inicial da primeira parceria do letrista Aldir Blanc com Maurício Tapajós nasceu quando este aproveitou uma frase do texto da contracapa de um elepê de 1977. O texto era assinado por Antônio Brasileiro, o disco era *Miúcha & Antônio Carlos Jobim* e a frase, no segundo parágrafo, rezava: "O Brazyl não conhece o Brasil, o Brasil nunca foi ao Brazil". Depois de concluída a melodia por Maurício, Aldir, como é de seu feitio, foi escrever a letra encaixando a frase nos dois versos iniciais, seguidos de uma espécie de avaliação cultural do país na época pelo emprego de alguns nomes estranhos designando plantas (liana, alamanda, piriri), bichos (tapir, jabuti, ururau, ariranha, cururú), aves (jobim-açu), personagens de origem indígena (saci, pererê), expressões descritivas (pore, sarará), originários dos idiomas tupi-português ou nheengatu-português, além de palavras compostas construídas pelo letrista. São os casos de alialaúde (justapondo "ali" a "alaúde", para contrastar com aquiataúdes, numa referência aos assassinatos da época da ditadura), de caandrades (referente a Carlos Drummond de Andrade), de marionaíma (referindo-se a Mário de Andrade e sua obra *Macunaíma*) e de arirariboia (justapondo Ary, de Ary Barroso, ao do índio Arariboia). Aldir também incluiu a palavra tinhorão, erva cultivada por sua beleza e também sobrenome adotado pelo jornalista e historiador da música popular José Ramos Tinhorão, como é conhecido no meio musical. Antecedendo às palavras urutu e sucuri era inevitável a associação do crítico a uma cobra,

Maria Bethânia e seu irmão Caetano Veloso são responsáveis por considerável parte do que existe de melhor na moderna MPB, trilhando carreiras diferentes, marcadas pela inteligência, ousadia e originalidade.

ao passo que no verso seguinte, ironicamente o nome jobim também estabelecia uma relação ao preceder os de aves bem brasileiras, sabiá e bem-te-vi. No conjunto, o samba, com título e texto propositadamente opostos à exaltação da "Aquarela do Brasil" de Ary Barroso, se tornou marcante no polêmico espetáculo contestatório *Transversal do Tempo*. A gravação ao vivo de Elis Regina no Teatro Ginástico do Rio de Janeiro feita entre 6 e 9 de abril de 1978 diretamente da mesa operada pelo irmão da cantora, Rogério Costa, determinou a consagração da música, embora o primeiro registro estivesse no elepê *Querelas do Brasil*, do Quarteto em Cy, também de 1978. O álbum duplo do espetáculo completo de Elis, anunciado no verso da capa do disco, nunca foi concretizado.

"Sampa", Caetano Veloso

Por incrível que pareça, o elepê *Muito* (*Dentro da Estrela Azulada*), com uma bela foto de Caetano e sua mãe, Dona Canô, na capa, que apresentava "Terra", "Muito Romântico", uma pungente interpretação de "Eu Sei que Vou te Amar" e, de quebra, a canção-depoimento "Sampa", não foi bem recebido por parte da crítica paulista. "Sampa" surgiu em razão de um programa sobre São Paulo, realizado pela TV Bandeirantes, para o qual o produtor Roberto de Oliveira encomendara um depoimento a Caetano Veloso. Então, Caetano teve a ideia de fazê-lo sob a forma de uma canção, com uma longa letra em que expunha suas impressões sobre a cidade, canção que ele comporia em poucos minutos e que gravaria em vídeo já no dia seguinte. Como o elepê ainda não estava pronto, houve tempo para incluir no repertório a nova música, gravada com o acompanhamento de um singelo conjunto regional, no qual se sobressai o violão sete cordas de Arnaldo Brandão. A letra de "Sampa" registra referências a muita coisa que o autor considera importante na cidade como a poesia concreta dos irmãos Augusto e Haroldo de Campos, as figuras de Rita Lee e os Mutantes e, em seu arremate, a declaração "e novos baianos te podem curtir numa boa", cantada sobre a frase melódica final do samba "Ronda", de Paulo Vanzolini, o que é um achado. Além de difundir a sigla, que o povo consagrou, "Sampa" impressiona como uma sincera homenagem do artista à cidade que o acolheu no início de sua carreira. Por exemplo, a esquina das avenidas Ipiranga e São João, que a canção converte numa referência na MPB, deve-lhe trazer boas recordações, pois fica apenas a algumas dezenas de metros do apartamento da avenida São Luís onde ele morou na época. Quase um hino a São Paulo, com suas descrições, citações e reflexões, "Sampa" criou laços definitivos entre o poeta e a cidade, impondo-se como peça obrigatória em seu repertório, sempre que ele a visita. Passa também a integrar, com especial destaque, o grupo de composições de autores não paulistas que homenagearam São Paulo, juntando-se a "Eh! São Paulo" (1934), do mineiro Murilo Alvarenga, à suíte "Paulistana: Retrato de uma Cidade" (1974), do paraense Billy Blanco, e "São São Paulo, Meu Amor" (1968), do baiano Tom Zé.

"Sandra Rosa Madalena", Roberto Livi e Miguel Cidras

Um refrão do tipo "que-se-aprende-num-instante" ("Quero vê-la sorrir, quero vê-la cantar/ quero ver o seu corpo dançar sem parar") fazia parte da terceira faixa do lado B do elepê *Sidney Magal*, lançado em março de 1978 pela Polydor, selo da Philips voltado ao gosto mais popular. Foi o segundo disco do cantor destinado a atingir o segmento do povão, que já foi taxado de cafona e depois de brega. Com uma estampa não muito distante da de Elvis Presley, o bonitão, moreno, alto e ágil Sidney Magal — de Magalhães — foi devidamente industriado pelo seu produtor, o argentino Roberto Livi, para encarnar um irresistível *latin lover*, destinado a conquistar a vulnerável faixa das adolescentes. Reconhecendo-se narcisista, deixou a carreira de cantor da noite carioca para ingressar no universo pop apresentando-se desde então de forma espalhafatosa, com camisa de mangas bufantes aberta no peito, correntes penduradas no pescoço, vasta cabeleira ondulada, postura de conquistador, voz vibrante e um repertório escolhido a dedo por Roberto com o objetivo de transformá-lo no ídolo que incendiaria a libido feminina. A composição ambientada no misterioso mundo cigano foi o maior sucesso do cantor, que era um dos nomes mais solicitados no mais imprevisível e extravagante programa de auditório da televisão brasileira, o *Cassino do Chacrinha*.

"Terra", Caetano Veloso

Quando na prisão Caetano recebeu de sua então mulher Dedé a revista *Manchete* com as primeiras fotografias da Terra, tiradas de grande distância, foi tomado de forte emoção, ao mesmo tempo em que refletia sobre a ironia de sua situação, conforme registrou no livro *Verdade tropical*: "Preso numa cela mínima, admirava as imagens do planeta inteiro, visto do amplo espaço". A força daquela impressão determinaria, quase dez anos depois, a feitura de uma canção cuja letra começa referindo-se ao fato ("Quando eu me encontrava preso") seguindo-se divagações poéticas sobre a Terra, intercaladas pelo refrão ("Terra, Terra/ por mais distante/ o errante navegante/ quem jamais te esqueceria") várias vezes repetido. Os versos finais da composição são cantados sobre uma melodia que, embora diferente, reproduz uma divisão muito próxima à do final da segunda parte de "Você Já Foi à Bahia", de Dorival Caymmi: "tudo, tudo na Bahia/ faz a gente querer bem/ a Bahia tem um jeito...". Neste ponto Caymmi arremata: "que nenhuma terra tem", com a palavra "tem" sobre a tônica, enquanto Caetano retoma o refrão "Terra, Terra...". Tranquila faixa de abertura do álbum *Muito*, "Terra" é uma das melhores canções de Caetano no final dos anos 1970.

OUTROS SUCESSOS

"Ai Que Vontade" (samba/carnaval), Beto Sem Braço e Dão
"Os Amantes", Sidney da Conceição, Lourenço e Augusto César
"O Amor Não é Brinquedo", Martinho da Vila e Candeia
"Amor Perfeito", Vicente Dias
"Aprenda a Amar", Valter D'Ávila Filho e Cláudia Teles
"Assobiar e Chupar Cana", Benito Di Paula
"Bandeira do Divino", Ivan Lins e Vitor Martins
"Ela Não Vai Gostar de Mim", Toninho e Romildo
"Eu Pecador", Agnaldo Timóteo
"Gosto de Maçã", Wando
"Guerreira", João Nogueira e Paulo César Pinheiro
"Lady Laura", Roberto Carlos e Erasmo Carlos
"Mais Uma Vez", Mariozinho Rocha, Renato Corrêa e Paulo Sérgio Valle
"O Meu Amor", Chico Buarque
"Meu Primeiro Amor", José Augusto, Miguel e Paulo Coelho
"Mundo Bom", Agepê e Canário
"A Noite Vai Chegar", Paulinho Camargo
"Perigosa", Rita Lee, Roberto de Carvalho e Nelson Motta
"A Primeira Vez", Roberto Carlos e Erasmo Carlos
"Proposta Amorosa", Monarco
"Que Pena", Peninha e Roberto Livi
"Quem Dá Mais", Beto Suryan
"Sossego", Tim Maia
"Sufoco", Chico da Silva e Antônio José
"Teresinha", Chico Buarque
"Todo Menino é Um Rei", Nelson Rufino e Zé Luís
"Trocando em Miúdos", Chico Buarque e Francis Hime

GRAVAÇÕES REPRESENTATIVAS

ALCIONE
Philips, 6349.383 (lp), "Sufoco"

CHICO BUARQUE
Philips, 6349.398 (lp), "Homenagem ao Malandro"

CHICO BUARQUE E MILTON NASCIMENTO
Philips, 6349.398 (lp), "Cálice"

CAETANO VELOSO
Philips, 6349.382 (lp), "Sampa"
Philips, 6349.382 (lp), "Terra"

CLARA NUNES
EMI-Odeon, 421096 (lp), "Guerreira"

ELIS REGINA
Philips, 6349.384 (lp), "Querelas do Brasil"

FRENÉTICAS
Atlantic, BR30084 (lp), "Dancin' Days"

GAL COSTA
Philips, 6349.394 (lp), "Folhetim"

MILTON NASCIMENTO
EMI, 422832 (lp), "Maria, Maria"

NARA LEÃO E CHICO BUARQUE
Philips, 6349.338 (lp), "João e Maria"

NEY MATOGROSSO
Electra, BR32021 (lp), "Não Existe Pecado ao Sul do Equador"

ROBERTO CARLOS
CBS, 230035, "Café da Manhã"
CBS, 230035, "Força Estranha"

Roberto Ribeiro
EMI-Odeon, 421126 (lp), "Todo Menino é Um Rei"

Sidney Magal
Polydor, 2451.112 (lp), "Sandra Rosa Madalena"

MÚSICAS ESTRANGEIRAS DE SUCESSO NO BRASIL

"Automatic Lover", Gary Unwin e Patty Unwin
"Boogie Oogie Oogie", Janice Johnson e Perry Kibble
"The Closer I Get to You", Reggie Lucas e James Mtume
"Dance a Little Bit Closer", Vince Montana Junior
"Don't Let Me Be Misunderstood", Bennie Benjamin, Sol Marcus e Gloria Caldwell
"Easy", Lionel Richie
"Emotion", Barry Gibb e Robin Gibb
"Float On", Arnold Ingram, James Mitchell Junior e Marvin Willis
"Get Off", Carlos Driggs e Ishmael Ledesma
"How Deep Is Your Love", Barry Gibb, Robin Gibb e Maurice Gibb
"It's a Heartache", Ronnie Scott e Steve Wolfe
"Macho Man", Jacques Muralis, Henri Belold, Victor Willis e Peter Whitehead
"Night Fever", Barry Gibb, Robin Gibb e Maurice Gibb
"No Woman No Cry" (Não Chore Mais), Vincent Ford
"Rivers of Babylon", Frank Farian, George Reyam, Brent Dowe e James McNaughton
"Stayin' Alive", Barry Gibb, Robin Gibb e Maurice Gibb
"Three Times", Lionel Richie
"We Are the Champions", Freddie Mercury
"We're All Alone", William Scaggs
"Wuthering Heights", Kate Bush

CRONOLOGIA

03/02: Morre em desastre de automóvel no Rio de Janeiro o cantor Alcides Gerardi.

25/06: A Argentina ganha em Buenos Aires o XI Campeonato Mundial de Futebol, vencendo na final a Holanda por 3 a 1.

08/07: Um incêndio destrói cerca de 90% do acervo do Museu de Arte Moderna do Rio de Janeiro.

25/07: Nasce em Lancashire (Inglaterra) Louise Joy Brown, o primeiro bebê de proveta.

07/08: Morre no Rio de Janeiro (RJ) o cantor Orlando Silva.

09/10: Morre na França o compositor/cantor Jacques Brel.

13/10: O presidente Ernesto Geisel revoga o Ato Institucional nº 5 (AI-5)

15/10: O Congresso Nacional elege o general João Baptista de Oliveira Figueiredo presidente da República.

22/10: O cardeal polonês Karol Wojtyla é eleito papa, adotando o nome de João Paulo II. Ele é o primeiro papa não italiano em mais de 400 anos.

01/11: É regulamentada a lei de anistia brasileira.

16/11: Morre no Rio de Janeiro (RJ) o compositor Candeia (Antônio Candeia Filho).

26/12: Inicia-se o primeiro rali Paris-Dacar, a maior e mais perigosa prova esportiva mundial.

29/12: O presidente Ernesto Geisel revoga o instituto do banimento.

A ligação do letrista Vitor Martins com o compositor Ivan Lins produziu uma das mais férteis e duradouras parcerias da música brasileira.

XXII. 1979

DESTAQUES

"Amor, Meu Grande Amor", Ângela Ro Ro e Ana Terra

"Foi cantando por aí que saiu pela primeira vez meu nome no jornal", afirma Ângela Ro Ro (Ângela Maria Diniz Gonçalves) no *release* de seu disco de estreia. Realmente, a blueseira *underground* Ângela Ro Ro deu muita "canja" no Flag, Mikonos, 706 e outras casas noturnas do Rio, até ser convidada a gravar na PolyGram pelo produtor Paulinho Lima. Chegou mesmo a cantar na Europa, mais precisamente na Inglaterra, onde viveu alguns anos, "andando de um lado para o outro" (as palavras são dela), levada por seu espírito *hippie* e teve que enfrentar vários empregos para sobreviver, a começar pelo de garçonete numa cantina de executivos. Pois foi durante essa temporada internacional que ela começou a compor, de preferência em inglês, sendo dessa época várias canções do disco como "Amor, Meu Grande Amor", que recebeu a seu pedido letra de Ana Terra: "Amor, meu grande amor/ não chegue na hora marcada/ (...)/ que tudo que ofereço/ é meu calor, meu endereço/ a vida do teu filho desde/ o fim até o começo...". Com esse estilo fossa-romântico predominando no elepê, Ângela teve sucesso imediato (principalmente com "Amor, Meu Grande Amor"), embora se mostre ainda um tanto contida em suas interpretações. Seria até considerada "a sensação do ano" na música popular numa matéria publicada pelo *Jornal do Brasil* em dezembro de 1979.

"O Bêbado e a Equilibrista", João Bosco e Aldir Blanc

Nossos compositores sempre tiveram o costume de registrar em música e verso acontecimentos relevantes, às vezes nem tanto, da vida brasileira. Um rápido exame do repertório nacional encontrará revoluções, campanhas políticas, feitos de brasileiros e outros fatos inspirando canções de crítica ou louvação. Nem mesmo a censura ferrenha de duas ditaduras foi capaz de impedir essa prática, muitas vezes disfarçada pelo uso de imagens alegóricas. Este é o caso de "O Bêbado e a Equilibrista", uma notável composição de João Bosco e Aldir Blanc, que focaliza uma promessa de abertura democrática, na ocasião cercada de incertezas. Parodiando a forma de um samba-enredo, a canção descreve uma cena patética em que dois personagens — o bêbado e a equilibrista — movimentam-se ridiculamente num fim de tarde sombrio — "E nuvens/ lá no mata-borrão do céu/ chupavam manchas torturadas". O bêbado, trajando luto e lembrando a figura de Carlitos — "Fazia irreverências mil/ pra noite do Brasil/ (...)/ que sonha/ com a volta do irmão do Henfil/ e tanta gente que partiu" — ou seja, para a situação brasileira da época. Já a equilibrista era — "A esperança (que) dança/ na corda bamba de sombrinha/ (e) em cada passo dessa linha/ pode se machucar" — o que correspondia à expectativa ansiosa de um projeto de êxito imprevisível. E a canção prossegue, utilizando conscientemente o mau-gosto e o lugar-comum como forma chocante de expressar a crítica a uma realidade indesejada — "Chora/ a nossa pátria, mãe gentil/ choram Marias e Clarices/ no solo do Brasil". Diga-se de passagem, que "o irmão do Henfil" e as "Clarices" citados nos versos referem-se a personagens reais, sendo o primeiro o sociólogo Herbert de Souza, o Betinho, irmão do cartunista Henfil, na época exilado, e a segunda, Clarice, viúva do jornalista Vladimir Herzog, assassinado numa prisão da ditadura, em São Paulo. "O Bêbado e a Equilibrista" foi lançado por Elis Regina em junho de 1979, numa gravação orquestrada e dirigida por César Camargo Mariano, integrante do elepê *Elis, Essa Mulher*, o primeiro da cantora na gravadora WEA.

"Bye Bye, Brasil", Roberto Menescal e Chico Buarque

Os casais Cacá Diegues/Nara Leão e Roberto Menescal e Yara foram vizinhos durante anos em um prédio de apartamentos em Ipanema, tendo Cacá, num encontro cotidiano, proposto a Menescal que compusesse a trilha musical de seu filme *Bye Bye, Brasil*, sugerindo Chico Buarque como letrista. Juntos pela primeira vez numa parceria e indecisos sobre quem faria antes a sua parte, Chico e Menescal acabariam concordando que qualquer um poderia começar, a partir do momento em que tivesse uma boa ideia. Um dia, voltando de São Paulo pela ponte aérea, o violonista teve de repente "a boa ideia", uma melodia inspirada pelo próprio título do filme. O curioso é que a inspiração surgiu quando ele aguardava, sentado numa poltrona do avião, espremido entre dois sujeitos enormes, que fosse resolvido um problema para a decolagem. Anotada a frase inicial numa pauta improvisada e concluída a melodia um dia depois, Menescal entregou-a a Chico e ficou esperando a letra. Só que o poeta demorou tanto, que chegou o dia da gravação sem que ele a tivesse aprontado. Finalmente, na hora da mixagem, com o tema principal gravado no seu tom, Chico entrou no estúdio trazendo uma imensa tira de papel, com uma letra maior do que se poderia desejar... Mas Cacá logo resolveu a parada da maneira mais prática. Leu os versos até certo ponto e decretou: "tá bom até aqui", cortando o resto com uma tesoura. Assim foi gravada por Chico Buarque a excelente canção "Bye Bye, Brasil", bem vinculada ao enredo do filme, com um personagem narrando num telefone público suas aventuras ambulantes para a namorada: "Oi, coração/ não vai dar pra falar muito não/ espera passar o avião/ assim que o inverno passar/ eu vou te buscar/ aqui tá fazendo calor/ deu pane no ventilador/ já tem fliperama em Macau...". Foi desta gravação que se originou o compacto duplo do filme de grande sucesso. Depois, Chico fez nova gravação com outro arranjo de Menescal para o elepê, enquanto o músico a gravava em versão instrumental para o seu disco *Ditos e Feitos*. Existem ainda outras versões de destaque como a do Grupo Pau Brasil e a de José Roberto Bertrami, com Hélio Delmiro, premiada pela revista *Playboy*. Meses mais tarde, Menescal viveria uma experiência pitoresca em Cabo Frio. Tocando numa reunião de amigos, foi interpelado por uma garota: "Você sabe aquela música do Chico Buarque, 'Bye Bye, Brasil'? Ah, toca pra gente cantar...". Então, com sua calma habitual, o autor ignorado tocou sua música, por sinal uma das mais difíceis de sua obra. Que o digam os que se atrevem a gravá-la, pois enquanto a melodia tem diferenças sutis, às vezes apenas uma notinha entre frases aparentemente iguais, a harmonia é uma sugestiva sucessão de acordes ao improviso.

"Começar de Novo", Ivan Lins e Vitor Martins

Convidados a criar um tema musical para a série *Malu Mulher*, estrelada por Regina Duarte, na TV Globo, Ivan Lins e Vitor Martins compuseram "Começar de Novo", uma grande canção. O assunto liberação, vida nova de uma mulher recém-separada que tenta sair de uma condição de dependência, foi habilmente desenvolvido por Vitor, podendo ser aplicado a qualquer pessoa, independendo de sexo: "Começar de novo e contar comigo/ vai valer a pena ter amanhecido/ ter me rebelado, ter me debatido/ ter me machucado, ter sobrevivido/ ter virado o barco, ter me conhecido...". Ivan completou a música em menos de duas horas, sobre uma letra que o parceiro ainda pretendia alongar, mas teve que deixar como estava, em virtude da data de estreia da série. Faltava então escolher a cantora: Nana Caymmi acabara de gravar "Velas Içadas", Elis pretendia gravar "Moças" (o que acabou não acontecendo) e Simone gravara "Saindo de Mim", num disco praticamente concluído, sendo todas essas músicas de Ivan e Vitor. Ao ser procurada, Maria Bethânia não quis nem ouvir "Começar de Novo", pois, estando com o repertório de seu novo disco definido, "não podia se arriscar à tentação de ter que mudá-lo". O jeito foi retornar a Simone e convencê-la a gravar às vésperas da estreia de *Malu Mulher*. Graças à mencionada sutileza do tratamento dado por Vitor Martins, a canção teve êxito tanto na interpretação de Simone (elepê *Pedaços*), como na do próprio Ivan Lins, gravadas quase que simultaneamente, com arranjos diferentes de um mesmo músico, o tecladista Gilson Peranzzetta. Foi também gravada no exterior por Patti Austin e Sarah Vaughan, com o título de "Island". Ao ouvir "Começar de Novo" na voz de Simone, Bethânia confessou aos autores que, a partir de então, "jurava jamais considerar fechado o repertório de um disco seu".

"Explode Coração" ("Não Dá Mais pra Segurar"),
Luiz Gonzaga Júnior

Intitulada originalmente "Não Dá Mais pra Segurar", esta canção ficaria conhecida como "Explode Coração", verso que representa o momento culminante da letra. Uma letra, aliás, das mais angustiadas, masoquista, carregada de amargor: "Chega de tentar dissimular/ e disfarçar e esconder/ o que não dá mais pra ocultar/ (...)/ eu chorando, sofrendo/ gostando, adorando, gritando/ (...)/ não dá mais pra segurar/ explode coração...". Com tal força dramática, "Explode Coração" teria mesmo que "explodir" na voz de Maria Bethânia, a intérprete maior de Gonzaguinha.

"Gostoso Veneno", Wilson Moreira e Nei Lopes
"Senhora Liberdade", Wilson Moreira e Nei Lopes

Advogado, publicitário, ensaísta, mas, sobretudo, poeta e compositor, Nei Lopes forma com Wilson Moreira uma das mais importantes duplas de sambistas da segunda metade do século XX. Embora já tivesse feito música com outros, ele encontraria em Wilson — um melodista de mão cheia, com larga vivência em escolas de samba — o parceiro ideal. "O Wilson me impressionou com o tipo de música que fazia e seu modo simples de cantar. Achei que seria legal fazer uma parceria com ele (...) em cima de nossas raízes e vivências", declarou Nei à *Revista Nacional* em janeiro de 1985. Dessa dupla são "Gostoso Veneno" e "Senhora Liberdade", sucessos de 1979. O primeiro, que se tornou um clássico do repertório de Alcione, faz a apologia do amor, mesmo sofrido, comparando-o a um doce veneno: "Se a vida é curta/ e o mundo é pequeno/ vou vivendo morrendo de amor/ gostoso veneno...". Já o segundo, também romântico, com letra e melodia primorosas, projetou Zezé Motta como cantora: "O amor foi meu delito/ mas foi um sonho tão bonito/ hoje estou no fim/ Senhora Liberdade/ abre as asas sobre mim...". Além de compositores, Nei e Wilson destacam-se como intérpretes de seus sambas, tendo discos gravados, inclusive juntos, como é o caso de *O Partido Muito Alto de Wilson Moreira e Nei Lopes*, lançado pela EMI em 1985.

"Meu Drama" ("Senhora Tentação"),
Silas de Oliveira e J. Ilarindo

Fez sucesso ainda em 1979 "Senhora Tentação", nome pelo qual ficou conhecido o samba "Meu Drama", de Silas de Oliveira e J. Ilarindo, que teve que percorrer longo caminho até chegar às paradas. Cantada na quadra da Império Serrano em 1955, esta composição só seria gravada em 1972, pelo compositor Zuzuca. Depois seriam Jorginho Peçanha, Zé Catimba e Mestre Cartola que a gravariam, todos em 1976. Finalmente chegou a vez de Roberto Ribeiro (1978), que com uma arrebatada interpretação acabou entrando para trilha da telenovela *Pai Herói*, fazendo de "Meu Drama" sucesso nacional. Isso principalmente pela força de sua melodia, embora a letra seja também de ótima qualidade: "Sinto abalada a minha calma/ embriagada minha alma/ efeito de sua sedução/ oh, minha romântica senhora tentação/ não deixes que eu venha sucumbir/ neste vendaval de paixão...". Espírito religioso, Silas havia adotado à época em que compôs "Meu Drama" a doutrina do Racionalismo Cristão, que enfatiza o cuidado com a alma e com o corpo. Daí o drama narrado na letra, em que o protagonista se debate para "não sucumbir neste vendaval de paixão".

"Realce", Gilberto Gil

Ao começar a expandir suas atividades na Europa, após o primeiro show no Festival de Montreux (1978) e em plena era da *disco music*, Gilberto Gil passou a se preocupar em produzir composições especificamente para o público de outros países. Conforme relata no livro *Todas as letras*, foi em razão do seu interesse por meditação e filosofia oriental que compôs "Realce", uma canção sobre *wu wei*, termo chinês que significa "ação da não ação": "Não se incomode/ o que a gente pode, pode/ o que a gente não pode, explodirá/ a força é bruta/ e a fonte da força é neutra/ e de repente a gente poderá...". Estas e outras considerações espalhadas pelas estrofes são intercaladas por um festivo refrão, no estilo *discothèque*, em que referências à purpurina e à serpentina ajustam-se ao que o autor classifica de "superfície do profundo". "'Realce' custou muito tempo e aflição para ser feita", conta Gil. A começar pelo fato de ser "fecho da trilogia dos *re* — que tinha em "Refazenda" o primeiro e "Refavela" o segundo ponto — em substituição a "Rebento", samba que acabou incluindo no mesmo álbum. "Eram muito apriorísticas as proposições e o alcance de 'Realce'. Sentidos novos iam sendo exigidos e agregados ao longo do tempo de sua realização e cada dia a música ficava mais difícil." Gil diz ainda que, a partir da anotação das ideias iniciais, gastou umas dez páginas de esboços e só conseguiria finalizar a canção "após dois meses de excursão pelos Estados Unidos, quando já estava gravando o disco lá". Ainda no elepê *Realce* está incluída "Não Chore Mais", sua versão de "No Woman, No Cry", sucesso lançado anteriormente em compacto.

"Sonho Meu", Dona Ivone Lara e Délcio Carvalho

Compositora formada na tradição do jongo e do partido alto, que aprendeu com os sambistas da Serrinha, subúrbio do Rio, Dona Ivone Lara entrou, como foi dito, em 1965 para a ala de compositores de uma escola de samba, setor até então restrito à participação masculina. A partir de então ela ganhou prestígio como autêntica personagem da história do samba, autora e cantora não somente de sambas-enredo, mas de outras modalidades do gênero, figurando entre suas criações "Acreditar", "Liberdade" e este excelente "Sonho Meu", premiado como melhor música do ano. "Sonho Meu" é um samba de melodia e versos apurados, cujo refrão surgiu de repente, numa ocasião em que Dona Ivone estava arrumando a casa: "Sonho meu, sonho meu/ vai buscar quem mora longe, sonho meu...". Então, durante uns quinze dias não foi capaz de avançar com a composição, resolvendo convidar o parceiro Délcio Carvalho a fazer o resto da letra, mesmo sem a música. Porém, novamente de forma inesperada, a inspiração voltou, desencantando-se a sequência da melodia. Em seguida, Délcio completou a letra: "Vai mostrar esta saudade/ sonho meu/ com a sua liberdade/ sonho meu...". Quando, num clima de mútua admiração, conheceu Maria Bethânia e soube de sua intenção de regravar algum samba seu, ofereceu-lhe vários inéditos, entre as quais "Sonho Meu", que deveriam ser-lhes mostrados na casa da violonista Rosinha de Valença. Gal Costa também deveria ir a esse encontro, mas faltou, e Bethânia cantou "Sonho Meu", em dupla com Zizi Possi. Menos de um mês depois, Dona Ivone ouviu surpreendida o seu samba cantado por Bethânia e Gal no rádio. É que ao conhecer "Sonho Meu", Gal se antecipou a Zizi e o gravou com Bethânia no elepê *Álibi*.

"Super-Homem — A Canção", Gilberto Gil

Gilberto Gil estava hospedado na casa de Caetano Veloso no Rio de Janeiro, quando, um dia, o anfitrião chegou entusiasmado com *Super-Homem*

(*Superman*), um filme que acabara de assistir, com Christopher Reeve no papel do herói. Então, Gil "viu o filme" através da narrativa de Caetano e naquela noite não conseguiu dormir. Ficara tão impressionado com a imagem do Super-Homem fazendo a Terra girar ao contrário em seu movimento de rotação, a fim de voltar o tempo e salvar a mulher, que acabou pulando da cama para compor "Super-Homem — A Canção" em apenas uma hora, o que contraria o seu método habitual de trabalho: "Um dia vivi a ilusão de que ser homem bastaria/ que o mundo masculino tudo me daria/ do que eu quisesse ter...". Gil esclarece no livro *Todas as letras*: "muita gente confundia essa música como apologia ao homossexualismo e ela é o contrário. (...) Eu tinha feito 'Pai e Mãe' antes, já abordara a questão, mais explicitamente da posição de ver o filho como o resultado do pai e da mãe. Em 'Super-Homem — A Canção', a ideia central é de que pai é mãe, ou seja, todo homem é mulher (e toda mulher é homem)". Inegavelmente, os versos finais da canção, que a princípio soam como algo conhecido, agradam em cheio o público feminino: "Quem sabe/ o Super-Homem venha nos restituir a glória/ mudando como um deus o curso da história/ por causa da mulher". "Super-Homem — A Canção" (o subtítulo foi criado para diferenciar do filme) e outras composições já citadas fizeram de *Realce* um dos álbuns da maior importância e vendagem na discografia de Gilberto Gil.

"Vou Festejar", Jorge Aragão, Dida e Neoci

Com a inovadora seção de percussão do bloco Cacique de Ramos, que deu origem ao grupo Fundo de Quintal, Beth Carvalho apresenta no elepê *De Pé no Chão*, a sua proposta "de cantar a crônica do dia a dia, a realidade e a fantasia, as tristezas, as esperanças e, sobretudo, as certezas e exigências do povo". Pois "Vou Festejar", a faixa de abertura do disco, lançado em setembro de 78, iria se tornar o maior sucesso do carnaval seguinte: "Chora/ não vou ligar/ chegou a hora/ vais me pagar/ pode chorar...". Na verdade, este samba fora composto para o desfile de 1977, sem obter repercussão, por três integrantes do bloco, cujos pagodes Beth frequentava por divertimento. Foi lá que ela conheceu compositores, ritmistas, este e outros temas. Mas, "Vou Festejar" estava mesmo fadado ao sucesso em sua voz, uma prova disso sendo dada em São José dos Campos, quando ela resolveu cantá-lo no encerramento de um show. Na ocasião, as mulheres tiraram os sapatos para acompanhar o samba, numa nova e espontânea forma de manifestação rítmica semelhante à batida de tamancos. O final então foi contagiante, com a marcação cerrada dos versos "vo-cê-pa-gou-com-tra-i-ção -a-quem-sem-pre-lhe-deu-a-mão". Clima idêntico foi recriado na gravação, com os percussionistas Bira Presidente (tocando pandeiro com súbitas paradas), Mauro (tantã) e Ubirany (com um repique de mão menor e efetuando rulos em tempos fracos para reforçar a síncope), além de Neoci e Hélio Careca, ao mesmo tempo em que definiam em disco um novo tipo de percussão, habilmente mixado, quase em primeiro plano, pelo próprio produtor do disco, Rildo Hora. "Vou Festejar" pode ser considerado, sem a menor dúvida, a peça abre-alas da moda do pagode que dominaria a produção fonográfica brasileira nos anos seguintes.

OUTROS SUCESSOS

"Álibi", Djavan
"As Aparências Enganam", Tunai e Sérgio Natureza
"Até Parece Que Foi Sonho", Fábio, Paulo Sérgio Valle e Diogo
"O Barrigudo", Dicró e Elias do Parque
"Beleza Pura", Caetano Veloso
"Casinha Branca", Gilson e Joran
"Coisinha do Pai", Jorge Aragão e Luís Carlos
"Desabafo", Roberto Carlos e Erasmo Carlos
"Descaminhos", Joanna e Sarah Benchimol
"Desesperar Jamais", Ivan Lins e Vitor Martins
"Emoções", Wando
"Fique Mais um Pouco", Rosana e Paulo Coelho
"Lembranças", Roberto Carlos e Erasmo Carlos
"Linha de Passe", João Bosco, Aldir Blanc e Paulo Emílio
"Lua de São Jorge", Caetano Veloso
"Medo de Avião", Belchior
"Meu Querido, Meu Velho, Meu Amigo", Roberto Carlos e Erasmo Carlos
"Na Linha do Mar", Paulinho da Viola
"Na Paz do Seu Sorriso", Roberto Carlos e Erasmo Carlos
"Pai", Fábio Jr.
"Pega Eu", Criolo Doido
"Preto Que Satisfaz", Luiz Gonzaga Júnior
"Revelação", Clodô e Clésio
"Rua Ramalhete", Tavito e Nei Azambuja
"Sob Medida", Chico Buarque
"Tô Voltando", Maurício Tapajós e Paulo César Pinheiro

"Toda Menina Baiana", Gilberto Gil
"Vazio", Nelson Rufino

GRAVAÇÕES REPRESENTATIVAS

ALCIONE
Philips, 6349.420 (lp), "Gostoso Veneno"

ÂNGELA RO RO
Polydor, 2451.140 (lp), "Amor, Meu Grande Amor"

BETH CARVALHO
RCA Victor, 103.0250 (lp), "Vou Festejar"
RCA Victor, 103.0316 (lp), "Coisinha do Pai"

CHICO BUARQUE
Philips, 6349.435 (lp), "Bye Bye, Brasil"

ELIS REGINA
WB Records, BR 36113 (lp), "O Bêbado e a Equilibrista"

FÁBIO JR.
Som Livre, 403.6177 (lp), "Pai"

GILBERTO GIL
Elektra, BR 32039 (lp), "Realce"
Elektra, BR 32039 (lp), "Super-Homem — A Canção"
Elektra, BR 32039 (lp), "Toda Menina Baiana"

MARIA BETHÂNIA
Philips, 6349.405 (lp), "Explode Coração"

MARIA BETHÂNIA E GAL COSTA
Philips, 6349.405 (lp), "Sonho Meu"

ROBERTO CARLOS
CBS, 230045 (lp), "Meu Querido, Meu Velho, Meu Amigo"

Roberto Ribeiro
Som Livre, 403.6177 (lp), "Meu Drama" ("Senhora Tentação")

Simone
EMI 422848D (lp), "Começar de Novo"

Zezé Motta
Atlantic, BR 30102 (lp), "Senhora Liberdade"

MÚSICAS ESTRANGEIRAS DE SUCESSO NO BRASIL

"Born to Be Alive", Patrick Hernandez
"Chiquitita", Benny Andersson, Buddy McCluskey e Bjorn Ulvaeus
"Do Ya' Think I'm Sexy", Carmine Appice Junior e Rod Stewart
"Le Freak", Bernard Edwards e Nile Rodgers
"Got to Be Real", David Paich, David Foster e Cheryl Lynn
"I Will Survive", Dino Fekaris e Freddie Perren
"I'd Rather Hurt Myself" (Melô da Asa), Homer Banks e Carl Hampton
"Ready to Take a Chance Again", Charles Fox e Norman Gimbel
"Ring My Bell", Frederick Knight
"Shame", John Fitch e Reuben Cross
"Sharing the Night Together", Ava Alderidge e Edward Struzik
"Soy Rebelde" (Sou Rebelde), Manuel Alejandro
"Stumblin' In", Mike Chapman e Nicky Chinn
"Sultans of Swing", Mark Knopfler
"Too Much Heaven", Barry Gibb, Maurice Gibb e Robin Gibb
"Tragedy", Barry Gibb, Maurice Gibb e Robin Gibb
"Y.M.C.A.", Henri Belolo, Jacques Murali e Victor Willis
"You Needed Me", Randy Goodrum

CRONOLOGIA

01/01: Deixa de vigorar o Ato Institucional nº 5.

11/02: Seguidores do Aiatolá Khomeini tomam o poder no Irã, dez dias depois de sua volta do exílio.

06/03: É inaugurado o primeiro trecho do metrô do Rio de Janeiro.

07/03: Morre no Rio de Janeiro (RJ) a pianista Guiomar Novaes.

15/03: João Baptista Figueiredo toma posse na presidência de República.

03/05: Margareth Thatcher assume o cargo de primeiro-ministro da Grã-Bretanha. É a primeira mulher a chegar a este posto.

04/06: Morre no Rio de Janeiro (RJ) a cantora/atriz Gilda de Abreu.

29/06: Morre no Rio de Janeiro (RJ) o cantor Jorge Veiga.

15/07: Morre em São Paulo (SP) o compositor Hervê Cordovil.

17/07: Os sandinistas assumem o poder na Guatemala.

23/07: O Aiatolá Khomeini proíbe a transmissão de música nas rádios e televisões iranianas.

28/08: O presidente João Baptista Figueiredo sanciona a Lei da Anistia.

05/09: Morre no Rio de Janeiro (RJ) o compositor/radialista Haroldo Barbosa.

03/10: Morre no Rio de Janeiro (RJ) o compositor Humberto Teixeira.

10/11: Morre em São Paulo (SP) o cantor/compositor Ariovaldo Pires (Capitão Furtado).

Com sólidas raízes na música pernambucana e um admirável sentido de contemporaneidade, o compositor e *show man* Alceu Valença é mais um dos grandes nomes da música brasileira.

XXIII. 1980

DESTAQUES

"Admirável Gado Novo", Zé Ramalho

Autor de uma obra surrealista, que funde o rock com o repente nordestino, o paraibano Zé Ramalho atinge um de seus melhores momentos com "Admirável Gado Novo" que, gravado no elepê *A Peleja do Diabo com o Dono do Céu*, o tornou conhecido em todo o país. Inspirada no título *Admirável mundo novo*, do livro de Aldous Huxley, a composição comenta a sina do povão, que se repete em cada geração, manejada pelos interesses dos poderosos. Isso é exposto em três veementes estrofes, que são intercaladas por um refrão-aboio, seco e irônico: "Eh eh ô vida de gado/ povo marcado, eh/ povo feliz...". Ramalho é o melhor intérprete de sua própria obra, com uma voz rude e cavernosa que complementa e dá convicção ao mundo contraditório, delirante e apocalíptico que a caracteriza. Dezesseis anos depois de seu lançamento, "Admirável Gado Novo" funcionaria como tema dos "sem terra", na telenovela *O Rei do Gado*, da TV Globo, puxando a vendagem do disco, recordista com quase dois milhões de cópias.

"Amante à Moda Antiga", Roberto Carlos e Erasmo Carlos

Na sucessão de discos parecidos, com que mantém a fidelidade de uma legião de admiradores, Roberto Carlos inclui sempre uma canção nostálgica e confessional, na qual se reafirma um romântico incurável. Enquadra-se nessa categoria "Amante à Moda Antiga", uma das músicas do elepê de 1980. Sobre uma melodia elegante, desenvolvida na forma do antigo foxe-canção, sua letra relaciona uma série de atributos que caracterizam um amante à moda antiga, culminando nos versos: "Apesar de todo o progresso/ conceitos e padrões atuais/ sou do tipo que na verdade/ sofre por amor e ainda chora de saudade". Na verdade, ele "sofre" e "chora" com discrição, sem os arroubos de alguns de seus colegas, muito em moda na época.

"Bandolins", Oswaldo Montenegro

"Bandolins" foi um presente de aniversário que Oswaldo Montenegro ofereceu a uma amiga bailarina. A intenção era reanimá-la, pois na ocasião a moça estava inconformada por seu namorado ter viajado para a França, enquanto ela, menor de idade, fora impedida de acompanhá-lo. Daí o imaginário *pas de deux* narrado na letra, que ela dança sozinha: "Como se fosse um par/ que nessa valsa triste se desenvolvesse/ ao som dos bandolins/ e como não e por que não dizer/ (...)/ ela valsando só na madrugada/ se julgando amada/ ao som dos bandolins...". Por essa época, Oswaldo já havia gravado o elepê *Poeta Maldito... Moleque Vadio*, que apesar da produção caprichada fora um fracasso, pondo em risco sua permanência na gravadora. Em consequência, a Warner havia lhe proposto, para continuar, apenas a metade de um compacto simples, que teria na outra face música de um compositor novo, o nada animador João Boamorte. Oswaldo estava mesmo a ponto de desistir da carreira, quando surgiu a oportunidade de inscrever "Bandolins" no Festival 79 de Música Popular da TV Tupi. Na realidade, ele não se sentia muito esperançoso de um bom resultado, expectativa que só piorou quando notou uma tendência de parte do público em favor da emergente vanguarda paulistana de Arrigo Barnabé e Itamar Assumpção. Os mais radicais haviam chegado a vaiar Caetano Veloso, que defendia "Dona Culpa Ficou Solteira", de Jorge Ben. Foi nesse estado emocional que Oswaldo pisou o palco do Anhembi, em São Paulo, para mostrar sua valsa, ao lado do amigo José Alexandre. Mas, para sua surpresa, a reação da plateia ao ouvir "Bandolins" foi altamente positiva, tendo a canção conquistado o terceiro lugar e projetado Oswaldo bem mais até do que os dois concorrentes que chegaram à sua frente. Então, além de um compacto inteiro, a Warner deu-lhe o segundo elepê e sua carreira deslanchou. A propósito, esse festival temporão da Tupi — coordenado por Solano Ribeiro, que dirigira festivais na Excelsior e Record — acabou dando visibilidade a artistas em ascensão como Alceu Valença (com "Coração Bobo"), Elba Ramalho (com "América") e a dupla Kleiton e Kledir (com "Maria Fumaça").

"Canção da América", Milton Nascimento e Fernando Brant

Em 79, numa chuvosa temporada em Los Angeles, Milton Nascimento gravaria o elepê *Journey to Dawn*, dirigido ao público americano. Na ocasião, permanecendo na cidade com o parceiro Fernando Brant durante 45 dias, o compositor tentou em vão entrar em contato com um baterista inglês, que lhe havia mostrado, tempos antes, uma composição cuja letra falava de músicos que partilhavam amizades, quase sempre interrompidas no momento em que terminavam suas gravações ou temporadas. Frustrado ao constatar que o tal baterista não se encontrava mais em Los Angeles, Milton fez então com Brant uma nova canção, em inglês, abordando o assunto, ou seja, o desencontro de amigos, e deu-lhe como título uma palavra inventada pelos dois: "Unencounter". Quando chegou a vez de gravá-la, perguntou aos americanos se entendiam o seu significado e, diante da resposta afirmativa, manteve o título, sendo a música incluída no citado disco. Meses depois, no Brasil, o grupo mineiro 14 Bis (Flávio Venturini, Vermelho, Sérgio Magrão, Heli Rodrigues e Cláudio Venturini) desejou gravar a composição, tendo Fernando Brant feito uma letra em português, na qual o sentido da ideia original era estendido à amizade: "Amigo é coisa pra se guardar/ debaixo de sete chaves/ dentro do coração/ assim falava a canção/ que na América ouvi/ mas quem cantava chorou/ ao ver seu amigo partir...". Renasceu assim a música em português, com um novo título, "Canção da América", que Milton Nascimento gravou no álbum *Sentinela*, em 1980, coadjuvado pelo quarteto Boca Livre. Com o tempo, a canção acabaria sendo cantada em cerimônias — como por ocasião da morte de Ayrton Senna — ganhando caráter de hino à fraternidade. Uma curiosidade: ao cantar "Canção da América" no show e no disco *Saudade do Brasil*, Elis Regina trocou o verso "assim falava a canção" por "a se falar na canção".

"Coração Bobo", Alceu Valença

Depois de gravar três elepês na Som Livre, Alceu Valença sentia não ter mais ambiente para dar continuidade à sua carreira no Brasil e resolveu passar uns tempos na Europa. Fixou-se então em Paris, onde realizou shows, em dupla com o violonista Paulo Rafael, e até um disco, *Saudade de Pernambuco*, inédito no Brasil. Este disco era reflexo de uma aproximação muito forte com as raízes nordestinas, que sentiu rebrotar no exterior. Foi nessas condições que compôs no apartamento da Avenue Gobelin a canção "Coração Bobo", dedicada a Jackson do Pandeiro, de quem recebera inestimáveis lições sobre os ritmos do Nordeste. A composição é dividida em duas partes distintas, sendo a primeira lenta, uma toada quase *ad libitum*, que começa com os seguintes versos: "Meu coração tá batendo/ como quem diz não tem jeito/ zabumba, bumba esquisito/ batendo dentro do peito...". Já a segunda parte, a ritmo, é um baião: "Coração bobo, coração bola/ coração balão, coração São João/ a gente se ilude dizendo/ já não há mais coração...". Os sons onomatopaicos que se encaixam no ritmo desta segunda parte, contrastam com o andamento e a sonoridade de uma reza de procissão da primeira. Retornando ao Brasil, Alceu inscreveu "Coração Bobo" no mencionado Festival 79 da TV Tupi, convidando o próprio Jackson a defendê-lo em dupla. Embora não tenha sido sequer classificada para a final, o que foi corretamente lamentado na imprensa por jornalistas como José Nêumanne Pinto, do

Jornal do Brasil, a canção serviu para que Alceu Valença retomasse a sua carreira no Brasil, despertando o interesse da gravadora Ariola, que o contratou. Por sinal, o início das atividades dessa gravadora no país, em novembro de 79, revolucionou o meio fonográfico, levando para o seu elenco artistas como Toquinho e Vinicius, MPB 4, Marina, Elba Ramalho, Kleiton e Kledir, Ney Matogrosso, Moraes Moreira, Milton Nascimento e Chico Buarque, os dois últimos contratados a peso de ouro. Alceu lançou "Coração Bobo", em seu disco de estreia na Ariola, o primeiro em que ultrapassou a marca de cem mil cópias vendidas.

"Feminina", Joyce

Apesar de ter gravado nos anos 1960 e 70 um álbum nos Estados Unidos (*Natureza*) e outros no Brasil (*Joyce*, *Encontro Marcado*, *Nelson Ângelo & Joyce*, e *Passarinho Urbano*), foi no elepê *Feminina*, taxado como o "disco que demorou treze anos para chegar", que a obra de Joyce aconteceu por inteiro: nas dez composições suas, nas interpretações vocais, na sua atuação ao violão e no comando de um time de ótimos músicos. Assim é que a morena bonita, mãe de três filhas e vigorosa violonista superou as várias decepções anteriores para chegar ao disco que obteve a repercussão esperada. Gravado entre 14 e 31 de janeiro, sua vendagem foi facilitada por incluir também "Clareana", que seria uma das finalistas do festival MPB 80 da Rede Globo. Na tremenda abertura, com Joyce atacando em dois violões um incitante samba rasgado, depois o solo de flauta de Mauro Senise e, ao final, a participação de Lize Bravo nos vocais, a compositora já dizia a que vinha na primeira faixa, "Feminina". Junto com "Da Cor Brasileira", foram as duas canções que chegaram a escandalizar feministas chocadas com o pioneirismo de Joyce, que derrubou tabus ao escancarar a linguagem feminina na primeira pessoa. Aliás, como já tinha ocorrido em 1967, quando cantou "Me Disseram" no II FIC, o que motivou Sérgio Porto, o Stanislaw Ponte Preta, a considerá-la "vulgar e imoral". Escrita no Rio de Janeiro em 1977, a letra de "Feminina" era um diálogo com as indagações da filha, "Ô mãe, me explica, me ensina me diz, o que é feminina?", e suas respostas: "Não é no cabelo ou no dengo, ou no olhar/ (...)/ se larga no mundo, pra nunca mais voltar...". Posteriormente a canção fez parte da trilha sonora do seriado *Malu Mulher*, da TV Globo. Nos anos seguintes, Joyce concretizou uma longa carreira de dezenas de shows e discos gravados no Brasil ou no exterior, que seria resumida por ela própria no encarte do elepê *Feminina*, ao antecipar o que esperava na vida e na arte: "Pertenço a duas classes exploradas tradicionalmente, pois antes de tudo, sou mulher e sou músico. Ambos se soltaram à vontade nesse disco, e o trabalho fluiu livre e alegre, o músico e a mulher, forças emergentes no mundo".

"Frevo Mulher", Zé Ramalho

Um dos grandes sucessos de Zé Ramalho, "Frevo Mulher" foi composto num quarto do Hotel Plaza, no Rio, na noite em que o autor iniciava o seu romance com a cantora Amelinha. Em compasso binário, o seu ritmo, alcunhado de agalopado, é produto de uma alquimia idealizada por Ramalho, que mistura frevo e forró, gêneros dominantes nas festas juninas do Nordeste. Apesar das previsões desanimadoras de um então diretor da gravadora de Amelinha, a quem "Frevo Mulher" fora entregue, a música ("Quantos aqui ouvem/ os olhos de fé/ quantos elementos/ amam aquela mulher/ quantos homens eram inverno/ outros verão...") teve sucesso imediato, graças ao seu andamento frenético e o *riff* marcante do final. Essas seriam as razões que levaram "Frevo Mulher" a ser adotado em muitas academias de ginástica do Rio, espalhando-se o seu sucesso em seguida pelas *discothèques* e estações de rádio, em que era solicitado a todo o momento pelos ouvintes. Isso obrigou a gravadora a lançar o fonograma também num compacto simples, o que acabou ajudando a consagração da canção e da intérprete. O melhor elogio a "Frevo Mulher" foi feito por Caetano Veloso ao afirmar que o carnaval da Bahia tomou novo rumo depois do seu sucesso.

"Grito de Alerta", Luiz Gonzaga Júnior

Vivendo a sua melhor fase, Gonzaguinha lançou, no rasto do sucesso de "Explode Coração", "Grito de Alerta", outra canção dolorida e queixosa de grande força dramática: "Primeiro você me alucina/ me entorta a cabeça/ e me bota na boca/ um gosto amargo de fel/ depois, vem chorando desculpas/ assim meio implorando/ querendo ganhar um bocado de mel...". E, como da vez anterior, a composição foi um dos maiores sucessos do ano, primeiramente nas vozes de Maria Bethânia e Agnaldo Timóteo e em seguida na do próprio Luiz Gonzaga Júnior. Mas "Grito de Alerta" não seria o único sucesso de Gonzaguinha em 1980, pois ele ainda levaria às paradas "Ponto de Interrogação".

"Lá Vem o Brasil Descendo a Ladeira",
Moraes Moreira e Pepeu Gomes

Numa entrevista ao jornal *O Globo*, em fevereiro de 1976, Moraes Moreira declarou: "Sabe, no fundo eu sou só um sambista baiano. Samba baiano é diferente do carioca, é outra coisa. O carioca é lindo, mas tende para a melancolia, muitas vezes. O samba baiano é alegre, é para cima, é uma outra malandragem". Pois o exemplo perfeito de um samba desse baiano de Ituaçu, difusor dos trios elétricos e dos afoxés, é o sucesso "Lá Vem o Brasil Descendo a Ladeira", cujo título foi inspirado numa frase de João Gilberto. Vibrante, sacudida, a composição exalta à sua maneira a força e a identificação do sambista com o próprio Brasil: "Quem desce o morro/ não morre no asfalto/ lá vem o Brasil descendo a ladeira/ na bola, no samba/ na sola, no salto/ lá vem o Brasil descendo a ladeira/ da sua escola/ passista primeira/ lá vem o Brasil descendo a ladeira...". Valoriza a gravação deste sucesso, a boa interpretação de Moraes Moreira, que puxa o samba, sustentado por um belo arranjo percussivo e um coro nas respostas.

"Mania de Você", Rita Lee e Roberto de Carvalho

A carreira de Rita Lee entrou em ascensão a partir de sua parceria com o músico e compositor Roberto de Carvalho, com quem aliás se casou. Isso já começou a acontecer no primeiro elepê, que trazia seis composições da dupla, melodias de Roberto e letras de Rita, entre as quais "Chega Mais" (que virou nome de telenovela) e "Mania de Você". "Foi em cinco minutos que a gente fez 'Mania de Você'. A gente tinha acabado de transar, ele pegou o violão e eu o caderninho e começamos: 'Meu bem, você me dá água na boca...'", afirma a cantora em seu *Songbook*. "Mania de Você" é uma balada com uma levada latina, de melodia fácil, sensualizada por algumas imagens picantes e marcada pelo refrão: "Nada melhor do que não fazer nada/ só pra deitar e rolar com você". A voz *caliente* e dobrada de Rita — que também tocou as flautas do refrão — e o arranjo leve e gostosamente dançante, na linha *latin* da trilha sonora de Henry Mancini para o filme *Breakfast at Tiffany's*, foram decisivos para o sucesso rápido da composição. Considerando o seu trabalho anterior, vinculado ao rock, Rita Lee realizou na ocasião praticamente um *crossover* em sua carreira, ampliando a faixa etária de seu público nas duas extremidades, a das crianças e a dos quarentões. Daí a subida de patamar, à qual Roberto de Carvalho deu base e sustentação indispensáveis ao acabamento sofisticado de seu novo estilo.

"Menino do Rio", Caetano Veloso

Rompendo com a tradição de se cantar a beleza feminina nas canções de louvor ao Rio de Janeiro, Caetano Veloso utiliza a figura de um garoto de praia em "Menino do Rio": "Menino do Rio/ calor que provoca arrepio/ dragão tatuado no braço/ calção, corpo aberto no espaço/ coração...". E toma como modelo seu amigo José Artur Machado, o surfista Petit, de 22 anos, criado na praia de Ipanema. Gravado pelo autor (no elepê *Cinema Transcendental*) e por Baby Consuelo, para quem a música foi composta, "Menino do Rio" tornou-se sucesso ao ser escolhido para tema de abertura da telenovela *Água Viva*, da Rede Globo. Infelizmente, Petit teve um final prematuro e trágico: acidentado num desastre de moto, em 1987, que o deixou com o lado direito do corpo paralisado, suicidou-se dois anos depois, em 7 de março de 1989.

"Meu Bem Querer", Djavan

Djavan compôs num momento de amor "Meu Bem Querer", uma das canções mais importantes de sua carreira. A afirmativa, dele próprio, é justificada pelo fato de que, até 1980, embora suas composições fossem reconhecidas, o seu nome como compositor não o era ainda. Mas, a partir de "Meu Bem Querer", passou a sê-lo, tendo o compositor, considerado por alguns como revelação da década, entrado para o grupo de elite da MPB. "Meu Bem Querer" foi feita ao violão e tem melodia muito simples, ressaltando com grande poder de síntese o lado lírico, que conquistou o público: "Meu bem querer é segredo é sagrado/ está sacramentado em meu coração/ meu bem querer tem um quê de pecado/ acariciado pela emoção/ meu bem querer, meu encanto/ tô sofrendo tanto, amor/ e o que é o sofrer/ para mim que estou/ jurado pra morrer de amor...". Isso é tudo. Como se vê, são apenas uns poucos versos numa letra sem rodeios ou metáforas, uma declaração de amor que poderia ser o texto de uma simples mensagem de namorados. Gravada no elepê *Alumbramento*, com um emocionante arranjo de Wagner Tiso, "Meu Bem Querer" foi a grande música do álbum, que tinha duas outras obras-primas, "Lambada de Serpente" e "Sim ou Não". Ainda o mesmo disco revela personalíssimas invenções rítmicas de Djavan, nas faixas "Aquele Um" e "Sururu de Capote", que são uma maneira nova de dividir o samba, diferente do que fazem Caymmi e João Gilberto. Chegando a ser citada como a música do ano, esta composição foi o tema musical da personagem vivida por Vera Fischer na telenovela *Coração Alado*, tendo sido regravada por Zizi Possi e Nana Caymmi, entre outros. Em 1998, com uma nova gravação de Djavan, seria tema de abertura e título de outra telenovela da Globo.

"Noturno", Graco e Caio Sílvio

Faixa de abertura do elepê *Beleza*, o sexto do cearense Fagner, "Noturno" foi uma das canções que marcaram 1980, aparecendo como tema principal da telenovela *Coração Alado*. Aliás, o próprio título da novela seria tirado de um de seus versos, que acabaria também por identificar a composição: "Ai, coração alado/ desfolharei meus olhos neste escuro véu/ não acredito mais/ no fogo ingênuo das paixões/ são tantas ilusões/ perdidas na lembrança...". Parecendo feita sob medida para o estilo Fagner, "Noturno" é uma canção amarga que ele interpreta de forma arrebatada, com sua voz rascante, sustentada por um belo arranjo seu e de João Donato.

"Sol de Primavera", Beto Guedes e Ronaldo Bastos

O músico e compositor mineiro Beto Guedes, cuja voz aguda chamou a atenção ao gravar em dupla com Milton Nascimento a canção "Fé Cega, Faca Amolada", teve um início de carreira fulminante, com três elepês muito bem-sucedidos, lançados entre 1977 e 79. O repertório desses discos, predominantemente de sua autoria, contém elementos pop — frutos de sua admiração pelos Beatles — com sotaque de toada mineira, dois pontos comuns aos componentes do chamado Clube da Esquina, expressão que surgiu como nome de uma canção (de Milton Nascimento, Márcio e Lô Borges) em 1970 e se estendeu a dois álbuns de Milton (em 72 e 78) e um show. Aliás, este clube jamais existiu materialmente, ao contrário da "esquina", que se situa no cruzamento das ruas Divinópolis e Paraisópolis, no bairro belo-horizontino de Santa Teresa. Era lá que se reuniam os "sócios" do "clube", ligados pela música e pelo cinema, ou seja: os irmãos Márcio e Lô Borges, Wagner Tiso, Milton Nascimento, que por coincidência moravam no mesmo edifício Levy, no centro da cidade, bem próximo à residência do "sócio" Beto Guedes. "Sol de Primavera", uma das melhores composições de Beto Guedes e que também intitulou o seu terceiro elepê, foi composta ao piano, sendo remetida em fita cassete ao parceiro carioca Ronaldo Bastos para ganhar uma letra cheia de esperança: "Quando entrar setembro/ e a boa nova andar nos campos/ quero ver brotar o perdão/ onde a gente plantou/ juntos outra vez...". A gravação de "Sol de Primavera" foi trabalhosa, tendo Beto gasto três sessões de estúdio para colocar a voz, do jeito que ele queria, sobre um arranjo de Wagner Tiso. Mas o resultado seria dos melhores, com a canção agradando em cheio aos jovens da época.

"Toada" ("Na Direção do Dia"),
Zé Renato, Cláudio Nucci e Juca Filho

Formado por Zé Renato, Cláudio Nucci, David Tygel e Maurício Maestro, o conjunto vocal e instrumental Boca Livre chegou ao disco com um elepê independente que tinha o nome do grupo. Chegou e logo entrou nas paradas de sucesso com a canção "Toada", a melhor de um repertório em que qualquer das músicas recomendava a compra do disco. "Toada" começou a ser cantada quando o quarteto participou, ao lado de Edu Lobo, de uma temporada do Projeto Pixinguinha, da Funarte, em 1979. Acontece que a música foi tão bem acolhida pelo público que o grupo, àquela altura apenas com dois números ensaiados, teve que formar repertório às pressas, a fim de atender aos pedidos de bis. A etapa seguinte seria a gravação do disco, produzido com dinheiro emprestado e vendido durante os shows nos teatros Vannucci e Ipanema, a partir de janeiro de 1980. Com o sucesso, a pequena tiragem inicial logo esgotou, tendo que ser várias vezes repetida, fazendo do elepê o primeiro independente a se tornar *best-seller* no Brasil. Dosando com equilíbrio os vocais e as passagens individuais, o Boca Livre apresentou de saída uma personalidade que outros conjuntos levam tempo para adquirir. Daí boa parte do êxito de "Toada", uma despretensiosa cantiga à moda sertaneja ("Vem morena ouvir comigo esta cantiga/ sair por esta vida aventureira/ tanta toada eu trago na viola/ pra ver você mais feliz..."), interpretada com graça e competência por um conjunto de cidade grande.

"Vira Virou", Kleiton Ramil

Depois de um giro de dois meses pela Europa, encerrado em Portugal, Kleiton, o mais velho dos irmãos Ramil (sendo os demais Kledir e Vitor), compôs um fado, a pedido de uma cantora portuguesa. A composição, na concepção de Kleiton, era na verdade algo assim "que mais se aproximava de um fado". Ou "um fado brasileiro", como o classificou tempos depois o cantor luso Carlos do Carmo. Criada a espinha dorsal da música, Kleiton procurou injetar na letra uma dose positiva da fraternidade que tanto o sensibilizara no contato com os portugueses. Prometia ainda, em retribuição a esse sentimento, levar a Portugal um pouco de terra do Brasil: "Vou voltar na primavera/ e era tudo o que eu queria/ levo terra nova daqui/ quero ver o passaredo/ pelos portos de Lisboa/ Voa, voa que eu chego já...". Na melodia em compasso ternário, sintomático da origem gaúcha do autor, ele utiliza notas longas, harmonizadas com acordes diferentes: "Ah! Vira virou/ meu coração navegado-o-o-or/ Ah! Gira girou/ essa gale-e-e-era...". Em razão do processo de abertura, que começava a ser vivido no Brasil, esse refrão acabou ganhando uma conotação político-libertária, reforçada pela interpretação do MPB 4, o primeiro a gravá-lo. Além da canção e do disco, houve um show homônimo do quarteto, que incluiu a participação de Kleiton e Kledir. Assim, depois de "Vira Virou", a dupla gaúcha foi ganhando espaço no meio musical, logrando vários sucessos como "Paixão", "Deu pra Ti" e "Tô que Tô", este na voz de Simone. Nenhum porém mais expressivo do que "Vira Virou", que é muito cantado no exterior, principalmente por corais, tendo gravações de Mercedes Sosa e Eugenia Melo e Castro, a cantora portuguesa que pedira um fado a Kleiton Ramil.

OUTROS SUCESSOS

"Alô, Alô Marciano", Roberto de Carvalho e Rita Lee
"Balancê", João de Barro e Alberto Ribeiro (lançado em 1937 sem maior sucesso)
"Bicho Homem", Milton Nascimento e Fernando Brant
"Chega Mais", Roberto de Carvalho e Rita Lee
"Cheiro de Mato", Fátima Guedes
"Circo sem Lona", Antônio Carlos e Jocafi
"Clareana", Joyce
"Demônio Colorido", Sandra Sá
"Doce Vampiro", Rita Lee
"Essa Tal Criatura", Leci Brandão
"Estrela Guia", Joanna e Sarah Benchimol
"Eu Te Amo", Antônio Carlos Jobim e Chico Buarque
"Feira de Mangaio", Sivuca e Glorinha Gadelha
"Foi Deus Quem Fez Você", Luís Ramalho
"A Guerra dos Meninos", Roberto Carlos e Erasmo Carlos
"A Ilha", Djavan
"Lambada de Serpente", Djavan
"Mais Uma Boca", Fátima Guedes
"A Massa", Raimundo Sodré e Antônio Jorge Portugal
"Mel", Caetano Veloso e Waly Salomão
"Momentos", Joanna e Sarah Benchimol
"Nosso Estranho Amor", Caetano Veloso
"Ponto de Interrogação", Luiz Gonzaga Júnior
"Porto Solidão", Zeca Bahia e Gincko
"Quero Colo", Fábio Jr.
"A Saudade que Ficou", Joãozinho da Rocinha e Elzo Augusto
"Só Chora Quem Ama", Wilson Moreira e Nei Lopes
"Só Nos Resta Viver", Ângela Ro Ro
"Sonho de um Sonho" (samba-enredo/carnaval), Martinho da Vila, Rodolfo e Graúna
"Vinte e Poucos Anos", Fábio Jr.

GRAVAÇÕES REPRESENTATIVAS

Baby Consuelo
Atlantic, BR 30109 (lp), "Menino do Rio"

Djavan
EMI, 4222 859 (lp), "Meu Bem Querer"

Fábio Jr.
Som Livre, 403.6194 (lp), "Vinte e Poucos Anos"

Fagner
CBS, 138164 (lp), "Noturno"

Joanna
RCA Victor, 103.0359 (lp), "Momentos"

Joyce
EMI-Odeon, 422862 (lp), "Clareana"

Maria Bethânia
Philips, 6349.433 (lp), "Grito de Alerta"

Milton Nascimento
Ariola, 201610 (lp), "Canção da América"

Moraes Moreira
Som Livre, 403.6198 (lp), "Lá Vem o Brasil Descendo a Ladeira"

Rita Lee
Som Livre, 403.6193 (lp), "Chega Mais"
Som Livre, 403.6193 (lp), "Mania de Você"

Roberto Carlos
CBS, 230055 (lp), "Amante à Moda Antiga"
CBS, 230055 (lp), "A Guerra dos Meninos"

Sandra Sá
RGE, 303.0072 (lp), "Demônio Colorido"

Zé Ramalho
Epic, 235030 (lp), "Admirável Gado Novo"

MÚSICAS ESTRANGEIRAS DE SUCESSO NO BRASIL

"Another Brick in the Wall", Roger Waters
"Babe", Dennis DeYoung
"Crazy Little Thing Called Love", Freddie Mercury
"Cruisin'", William Smokey Robinson Junior e Marvin Tarplin
"D.I.S.C.O", Daniel Vangarde e Jean Kluger
"Do That to Me One More Time", Toni Tennille
"Don't Stop Till You Get Enough", Michael Jackson
"Him", Rupert Holmes
"Just Like You Do", Carly Simon
"Little Jeannie", Elton John e Gary Osborne
"Me Olvidé de Vivir", Pierre Billon e Jacques Revaux
"Please Don't Go", Harry Casey e Richard Finch
"Sailing", Christopher Cross
"She Believes in Me", Steve Gibb
"Ships", Ian Hunter
"The Winner Takes It All", Benny Andersson e Bjorn Ulvaeus
"You Decorated My Life", Deborah Kay Hupp e Robert Morrison

CRONOLOGIA

02: É descoberta uma grande jazida de ouro em Serra Pelada, no Pará.

09/02: Morre no Rio de Janeiro (RJ) o compositor/pianista Luís Reis.

23/06: Morre no Rio de Janeiro (RJ) o violonista Rogério Guimarães.

27/06: Morre no Rio de Janeiro (RJ) o instrumentista/compositor K-Ximbinho (Sebastião de Barros).

30/06: O papa João Paulo II inicia visita ao Brasil.

07: Realizam-se em Moscou (URSS) os XXII Jogos Olímpicos da Era Moderna.

09/07: Morre no Rio de Janeiro (RJ) o poeta/compositor Vinicius de Moraes.

16/07: O governo cassa as concessões de sete estações de televisão pertencentes ao Condomínio Acionário dos Diários Associados, entre as quais as tevês Tupi de São Paulo e do Rio, as mais antigas do Brasil.

20/09: Morre em São Paulo (SP) o instrumentista/compositor Waldir Azevedo.

16/10: Morre no Rio de Janeiro (RJ) o compositor Leonel Azevedo.

12/11: A sonda espacial americana Voyager I passa a uma distância de 125 mil quilômetros de Saturno e a quatro mil quilômetros de Titã, maior lua do planeta.

13/11: O Congresso Nacional restabelece a eleição direta para governadores de estado.

30/11: Morre no Rio de Janeiro (RJ) o compositor Cartola (Angenor de Oliveira).

08/12: É assassinado em Nova York (EUA) o compositor John Lennon.

10/12: Morre no Rio de Janeiro (RJ) o jornalista/compositor David Nasser.

21/12: Morre no Rio de Janeiro (RJ) o cantor/radialista Almirante (Henrique Foreis Domingues).

A vitoriosa carreira de Rita Lee, a maior expressão feminina do rock brasileiro,
elevou-a à categoria de estrela, criadora de excelentes canções,
em que imperam a malícia e o bom-humor.

XXIV. 1981

DESTAQUES

"Baila Comigo", Rita Lee

Com suas canções alegres, maliciosas, verdadeiros *jingles* facilmente assimiláveis, Rita Lee tornou-se uma fértil provedora de temas para telenovelas. Esses temas chegariam mesmo a dar título a algumas delas como *Baila Comigo*, uma história de gêmeos criados separados (personagens vividos pelo ator Tony Ramos), que nada tinha a ver com a letra da canção: "Um dia eu quero ser índio/ viver pelado pintado de verde/ num eterno domingo/ (...)/ Baila comigo, como se baila na tribo/ lá no meu esconderijo...". Tal como "Mania de Você", esta melodia também ficou pronta em minutos, sendo uma das chamadas (pela própria autora) "psicografias musicais". O arranjo de Roberto de Carvalho e a interpretação macia de Rita — com a voz mais uma vez dobrada — repetem o esquema latino do disco anterior, com todo aquele refinado acabamento. Destacam-se ainda na gravação a adequada intervenção de um naipe de sopros, mais uma coda rumbada, devidamente recheada de muitos "ay, ay, ay", "corazón", "que locura" e outros chamamentos típicos dos "soñeros", bem a calhar com o estilo de dança então em moda nas *discothèques* brasileiras. Lançada no final de 1980, "Baila Comigo" foi sucesso no período de março a setembro de 1981, quando a novela esteve no ar.

"Dia Branco", Geraldo Azevedo e Renato Rocha

Pertencente a um grupo que incluía Naná Vasconcelos, Teca Calazans e Alceu Valença (com quem chegou a gravar em dupla em 1972), o compositor/músico/cantor Geraldo Azevedo tomou o caminho do Sul em 1968, convidado por Eliana Pittman, que o descobrira na noite de Recife. Daí até gravar o seu primeiro disco solo passaram-se nove anos, em que viveu do trabalho de músico e dos direitos de algumas canções. Mas Geraldinho, que é tão bom músico quanto compositor, ao mesmo tempo nordestino e universal, lançou no elepê *Inclinações Musicais*, em 81, a canção "Dia Branco", de grande importância para a sua obra. Esta composição revela em sua linha melódica, sequência harmônica e até no arranjo da gravação original uma influência dos Beatles, particularmente da fase do *Álbum Branco*, que parece ter inspirado o seu título. Esta influência é mesclada com uma melancolia bem nordestina, que pode ser percebida em versos como: "Se você vier/ pro que der e vier comigo/ eu lhe prometo o Sol/ se hoje o Sol sair/ ou a chuva". Cantada pelo autor despojadamente, com o acompanhamento básico de dois violões, "Dia Branco" tornou-se peça frequente em reuniões musicais informais. Outros sucessos de Geraldo Azevedo são "Táxi Lunar" (com Zé Ramalho e Alceu Valença), "Moça Bonita" (com Capinan), "Canção da Despedida" (com Geraldo Vandré) e "Bicho de Sete Cabeças".

"Emoções", Roberto Carlos e Erasmo Carlos

Valorizada por uma bela melodia, "Emoções" reproduz o clima romântico nostálgico de outros foxes de Roberto e Erasmo Carlos ("Se chorei/ ou se sorri/ o importante é/ que emoções eu vivi..."). Aliás, o tradicional foxe-canção, tantas vezes usado pela dupla, é o gênero ideal para esse tipo de letra rememorativa. Muito mais ainda se sustentado por um competente arranjo de *big-band* como este de "Emoções", assinado por Torrie Zito, com os naipes de sopros atacando com pleno vigor um *swing* médio, apropriado à dança tipo *cheek to cheek*. "Emoções" foi feita em Los Angeles, onde Roberto e Erasmo tinham toda tranquilidade para compor, sendo a ideia inspirada na empolgante versão de Frank Sinatra para "New York, New York", de John Kander e Fred Ebb. Incluindo também os sucessos "As Baleias" e "Cama e Mesa", este elepê vendeu em um ano 2,2 milhões de cópias, originando a turnê *Emoções*, que percorreu o Brasil num avião fretado, com o título pintado na fuselagem.

"Eternas Ondas", Zé Ramalho

Como vários outros compositores, Zé Ramalho também fez uma música para Roberto Carlos gravar. Então, participando de um passeio no iate Lady Laura, ele apresentou-lhe "Eternas Ondas", uma canção inspirada no tema bíblico do dilúvio, que expõe o contraste entre a grande força da natureza e a fragilidade humana: "Quanto tempo temos/ antes de voltarem aquelas ondas/ que vieram como gotas em silêncio/ tão furioso/ derrubando homens entre outros animais...". Mas Roberto não aproveitou a composição, talvez trágica demais para o seu estilo, que Ramalho passou para o amigo Fagner. Faixa de abertura do álbum *Raimundo Fagner*, lançado no final de 1980, "Eternas Ondas" recebeu do cantor cearense uma interpretação definitiva, bem ao seu jeito, intenso, emocionado.

"Folia no Matagal", Eduardo Dusek e Luís Carlos Góes

No *release* do espetáculo que lançou o seu primeiro elepê, *Olhar Brasileiro*, Eduardo Dusek declara: "'Folia no Matagal' é a marchinha que eu jamais imaginei que pudesse pegar, por ser meio difícil pelo seu tamanho e por ser marchinha, um ritmo que já está meio jogado de lado". Mas "Folia no Matagal" é ótima e pegou muito bem, principalmente pela versão de Ney Matogrosso, animadíssima e em clima de frevo baiano, em que o cantor tira o maior partido do teor malicioso da letra: "O mar passa saborosamente (o quê?...)/ a língua (aonde?...)/ na areia/ que bem debochada/ cínica que é/ permite, deleitada/ esses abusos do mar...". E a letra prossegue com o seu humor erótico-ecológico, criando romances entre palmeiras e coqueiros, sobre uma melodia bem elaborada que arrancou aplausos até do exigente crítico do *Jornal do Brasil*, José Ramos Tinhorão: "É uma marchinha no melhor estilo de Lamartine Babo". Cantor, compositor, pianista, de formação erudita, o carioca (descendente de tchecos) Eduardo Dusek é um roqueiro eclético que não hesita em utilizar as mais variadas formas musicais — bolero, samba, marcha, tango, maxixe — para desenvolver o seu estilo ousado e irreverente. Projetado pelo MPB-80, apresentando sua canção "Nostradamus", de fraque, calção e asinhas de anjo, seria desclassificado do MPB-82, por trocar no palco a música "Valdirene, a Paranormal", que deveria defender, por "Barrados no Baile".

"Homem com H", Antônio Barros

Em 1973, ao assistir a um capítulo da novela *O Bem-Amado*, que consagrou os personagens Zeca Diabo, um cangaceiro, e Odorico Paraguaçu, um político corrupto, interpretados, respectivamente, por Lima Duarte e Paulo Gracindo, Antônio Barros gostou de uma frase de Odorico para o seu secretário Dirceu Borboleta (Emiliano Queiroz): "Que nada seu Dirceu! Eu nunca vi rastro de cobra nem couro de lobisomem...". Com a frase na cabeça, ele pegou o violão e começou a compor um xote, acrescentando-lhe de saída os versos: "Se correr o bicho pega/ se ficar o bicho come". Quando a composição ficou pronta, achando que ela tinha a cara do cantor Ney Matogrosso, então no Secos & Molhados, Antônio Barros comentou com sua mulher Cecéu: "Já imaginou aquele cara, magrinho, peludo, cantando 'eu sô é home?'". Sem saber como se aproximar do grupo, que nada tinha a ver com a música nordestina, mostrou a composição a Adiel Macedo de Carvalho, diretor da gravadora Copacabana, que se dispôs a criar um conjunto, o Hidra, nos moldes do Secos & Molhados, que era da Continental, para gravar "Homem com H". E assim o fez, gravando-a em um compacto, chegando até a acertar uma apresentação da música no *Fantástico*, na TV Globo, fato que acabou não acontecendo porque a Copacabana temeu uma reação da Continental. Então, frustrado, Antônio Barros entregou "Homem com H" ao seu conhecido Trio Nordestino, que a lançou com sucesso relativo apenas no Nordeste. Anos depois, quando preparava o seu elepê de estreia na Ariola, Ney Matogrosso aceitou sem maior entusiasmo, apenas para agradar o amigo Fausto Nilo, sua sugestão para gravar aquele xote, estranho ao seu estilo. A "faixa de trabalho" era a canção "Amor Objeto", mas, para surpresa geral, quando o disco chegou às lojas foi "Homem com H" que puxou a vendagem, com o tal refrão que Barros desejara havia tanto tempo ouvir na voz de Ney: "Porque eu sô é home/ porque eu sô é home/ menino eu sô é home/ menino eu sô é home...". Em 1982, satisfeito com o seu sucesso nordestino, o cantor gravaria outra peça do gênero, "Por Debaixo dos Panos", de Cecéu.

"Lança-Perfume", Rita Lee e Roberto de Carvalho

No auge da carreira, no começo dos anos 1980, Rita Lee conseguiu emplacar dois álbuns seguidos, com várias faixas nas paradas. No segundo, por exemplo, além da citada "Baila Comigo", destacaram-se "Bem Me Quer", "Caso Sério", "Nem Luxo Nem Lixo", "Orra Meu" e "Lança-Perfume", este possivelmente o seu maior sucesso. Uma canção bem ao estilo da dupla Lee-Carvalho, a maliciosa "Lança-Perfume" faz a ligação entre o rock dançante e o carnaval, uma combinação havia muito almejada por nossos compositores: "Lança menina/ lança todo esse perfume/ desbaratina/ não dá pra ficar imune/ ao teu amor/ (...)/ Me faz de gato e sapato/ e me deixa de quatro no ato/ me enche de amor, de amor...". A melodia ritmicamente simples é armada sobre uma sequência de colcheias, predominantes nos 16 primeiros compassos, uma divisão típica das marchinhas carnavalescas. Na gravação de Rita, sempre com a voz dobrada, o seguimento inicial, na introdução do arranjador Lincoln Olivetti, tem uma confessada influência dos Doobie Brothers, com os teclados em evidência na marcação, que prossegue ao longo da música. Em depoimento para este livro, Rita Lee afirma que "a ideia de dobrar a voz era para incrementar a falta de potência mesmo, pois minha voz sempre foi mais para Nara Leão do que para Elis Regina... No fim dos anos 1970 fiz uma cirurgia nas cordas vocais que me tirou graves e agudos". Essas sobreposições de voz — que ela não utilizava no começo da carreira — podem ser produzidas eletronicamente com a utilização do Harmonizer, mas Rita preferia fazê-las naturalmente, num canal separado, para obter um efeito mais macio e consistente, no que alcançou um alto grau de perfeição.

"Lança-Perfume", que deu nome a um show espetacular, fez sucesso no exterior, atingindo o primeiro lugar no *hit parade* francês, em versão intitulada "Question de Choix", cantado por Henri Salvador. Seria ainda gravado no Japão e figuraria durante três semanas na parada da Billboard, em gravação instrumental que chegou ao 7º lugar.

"Lua e Estrela", Vinícius Cantuária

Em matéria publicada no *Jornal do Brasil*, o crítico Tárik de Souza conta: "O baterista Vinícius Cantuária voltava para casa, de uma festa, (...) quando viu o sol surgir. (...) Mudou de rumo: vestiu um *short* e dirigiu-se à praia do Arpoador. Na areia, só ele e uma bonita menina apreciando (...) o sol nascente. Aos poucos, a praia foi se povoando. Vinícius e a menina aproximaram-se. (...) Ela usava um anel de lua e estrela. Saiu bruscamente, deixando a interrogação: 'Quem é você? Qual o teu nome? Diz como te encontro'". Foi este episódio que levou Vinícius a fazer a canção "Lua e Estrela": "Menina do anel/ de lua e estrela/ raios de sol/ no céu da cidade/ brilho da lua/ noite é bem tarde/ penso em você/ fico com saudade/ manhã chegando/ luzes morrendo/ nesse espelho/ que é nossa cidade...". Gravada por Caetano Veloso, de quem o autor era baterista, a canção seria o grande sucesso do elepê *Outras Palavras*, sendo incluída na trilha da telenovela *Baila Comigo*. Com sua romântica placidez, "Lua e Estrela" foi também gravada por Vinícius Cantuária em seu primeiro disco solo, tendo se internacionalizado com as versões em inglês, gravada por Gilberto Gil, e em francês, por Françoise Hardy. Em razão de seu sucesso, o álbum *Outras Palavras* tornou-se o primeiro de Caetano a ultrapassar a cifra de cem mil cópias.

"Luiza", Antônio Carlos Jobim

Uma canção que se repete todas as noites, à mesma hora, numa telenovela de grande audiência, tem, naturalmente, boa possibilidade de se tornar sucesso. Mas se a canção é bem feita e se liga a uma bela personagem, essa possibilidade é total, sem a menor margem de dúvida. Isso ocorreu com "Luiza", que Tom Jobim criou meio de encomenda — a melodia já estava bem encaminhada — para a personagem homônima, vivida por Vera Fischer na novela *Brilhante*. Chamada pelo autor, juntamente com "Eu Te Amo", de "as minhas francesas", "Luiza" é uma valsa sofisticada, laboriosamente construída, nota por nota, verso por verso, e que só foi dada por concluída quando realmente nada mais havia a fazer. Houve até, na ocasião, uma entrevista de Tom à televisão, em que ele demonstrava sua satisfação com a canção recém-terminada, comentando didaticamente cada acorde de sua harmonia requintada. E se musicalmente a canção é uma beleza, poeticamente o é também, com uma letra apaixonada que lembra momentos de lirismo intenso do parceiro Vinicius de Moraes: "Vem cá Luiza/ me dá tua mão/ o teu desejo é sempre o meu desejo/ vem, me exorcisa/ me dá tua boca/ e a rosa louca vem me dar um beijo...". Já os versos finais foram sugeridos por Ronaldo Bôscoli, a pedido do próprio Tom, inseguro quanto aos que havia feito, conforme Sérgio Cabral conta no livro *Antônio Carlos Jobim, uma biografia*: "Como um brilhante que partindo a luz/ explode em sete cores/ revelando, então, os sete mil amores/ que eu guardei somente pra te dar, Luiza...". Desses, apenas o último é de Tom Jobim. Além da versão para a trilha da novela, Tom regravou "Luiza" ao piano, com Edu Lobo cantando, num disco dos dois, produzido por Aloisio de Oliveira e realizado em novembro de 1981. Seis anos depois ele voltaria a gravá-la para o álbum *Passarim*.

"Mulher" ("Sexo Frágil"), Erasmo Carlos e Narinha

Habitual frequentador das paradas de sucesso como parceiro de Roberto Carlos, Erasmo comparece em 1981 também como intérprete de duas canções de espírito bem diverso. A primeira é a brincalhona "Pega na Mentira", em que diz em cada verso uma mentira sobre costumes e celebridades da época ("Zico tá no Vasco/ com Pelé/ (...)/ vi Papai Noel numa favela/ o Brasil não gosta de novela..."), enquanto a segunda, "Mulher" ("Sexo Frágil"), feita com a esposa, Narinha (Sandra Sayonara Lobato Esteves), desmancha-se em elogios à mulher, especialmente à companheira, mãe de família, cujo amor tem que ser compartilhado com os filhos: "Quando eu chego em casa à noitinha/ quero uma mulher só minha/ mas pra quem deu luz não tem mais jeito/ porque um filho quer seu peito/ o outro já reclama a sua mão/ e o outro quer o amor que ela tiver/ quatro homens dependentes e carentes/ da força da mulher...". Tendo em vista a quantidade de mães merecedoras de homenagens, não é de admirar o sucesso da canção.

"Nos Bailes da Vida", Milton Nascimento e Fernando Brant

Os "causos" vividos por Milton Nascimento na época em que foi *crooner* e contrabaixista dos conjuntos W's Boys, Tempo Trio, Berimbau de Ouro, Evolussamba e Quarteto Sambacana, ao lado de músicos como Wagner Tiso, Helvius Vilela, Pascoal Meireles e outros, sempre estiveram entre os assuntos preferidos de suas conversas com Fernando Brant. São peripécias, as mais diversas, um manancial de histórias de músicos do interior e das boates das capitais. Animados pela verve peculiar da classe, esses papos aconteciam na avenida Afonso Pena, ponto em que os músicos se reuniam em

Belo Horizonte, onde, tal como na Praça Tiradentes, no Rio, e Praça da Sé, em São Paulo, eram contratados os "bicos". Um dia, ao receber uma fita de Milton para letrar nova composição, Brant achou que "seria uma boa" transformar o assunto em música, criando os primorosos versos de "Nos Bailes da Vida": "Foi nos bailes da vida/ ou num bar em troca de pão/ que muita gente boa pôs o pé na profissão/ de tocar um instrumento e de cantar/ não importando se quem pagou quis ouvir/ (...)/ Todo artista tem de ir/ aonde o povo está/ se foi assim, assim será/ cantando me desfaço/ e não me canso de viver/ nem de cantar...". Com algumas modificações, a música foi destinada a Ney Matogrosso, que não a gravou. Mas, ao tomar conhecimento da letra, vários artistas interessaram-se pela canção, cabendo à cantora Joanna lançá-la no elepê *Chama*, em julho de 1981, quase ao mesmo tempo que o grupo 14 Bis (disco *Espelho das Águas*). Então, Milton Nascimento, coadjuvado pelo Roupa Nova, deu-lhe versão definitiva em seu 15º elepê, *Caçador de Mim*, em setembro de 1981. Nesta gravação ele faz uma confissão emocionada do seu início de carreira, valorizando as pausas (em "foi assim...", "era assim..." e "nem de cantar...") e transformando a composição numa espécie de hino aos músicos.

"Palco", Gilberto Gil

Gilberto Gil confessa no livro *Todas as letras*: "Eu estava havia três dias pensando em parar de cantar; em deixar a sequência profissional de discos e shows. (...) Minha sensação era de fastio". Então, achou que deveria comunicar essa decisão ao seu público e que a comunicação só poderia ser feita por meio de uma canção. Assim nasceu "Palco", uma composição a respeito do que o ato de cantar representava para ele e de toda a sua "relação com a música": "Subo neste palco/ minha alma cheira a talco/ como bum -bum de bebê, de bebê/ minha aura clara/ só quem é clarividente pode ver/ pode ver...". Musicalmente, "Palco" se estrutura sobre uma introdução muito atraente, talvez composta depois de a música pronta, que aos poucos se tornaria o toque de preparação para o segmento dançante no final dos shows do Gil. Seguem-se uma primeira parte repetida (A), a segunda (B) ("Fogo eterno para afugentar...") e um arremate (C) ("Lalaiá..."), ou seja, quatro ideias melódicas encadeadas, numa demonstração de fartura de temas, o que só pode ocorrer a um compositor prolífico como Gilberto Gil. Sua gravação no elepê *Luar*, de março de 1981 — que aliás seria recebido friamente pela crítica — não foi a primeira de "Palco". Um ano antes, o grupo A Cor do Som (Mu, Dadi, Ari, Gustavo e Armandinho) já a havia gravado no disco *Transe Total*, sem a introdução mencionada.

"Se Eu Quiser Falar com Deus", Gilberto Gil

Roberto Carlos pediu a Gilberto Gil uma canção, sem especificar o tema. Sabendo-o religioso, Gil fez então "Se Eu Quiser Falar com Deus", uma longa e filosófica enumeração de atitudes e pensamentos ("Tenho que ficar a sós/ (...)/ tenho que apagar a luz/ (...)/ tenho que calar a voz/ (...)/ tenho que encontrar a paz...") distribuídos por 36 versos, sobre uma melodia repetida três vezes e de grande simplicidade na parte inicial, com seus dez primeiros compassos baseando-se numa mesma célula melódica. O seguimento, que tem um caráter de *soul music*, ostenta um elaborado desenvolvimento melódico, em movimento crescente, só de colcheias, que vão atingir o ápice na tônica final, depois de uma intrincada sequência harmônica. Na terceira e última volta a palavra "nada" é repetida treze vezes, sem que se produza uma sensação de monotonia, em razão dos predicados assinalados. Entretanto, talvez pelo seu sentido mais filosófico do que religioso, "Se Eu Quiser Falar com Deus", não foi aproveitada por Roberto Carlos. "O que chegou a mim", afirma Gilberto Gil no livro *Todas as letras*, "foi que ele (Roberto) disse que aquela não era a ideia de Deus que ele tem". Então, a canção foi gravada pelo autor no citado álbum, *Luar*, com grande orquestra de sopros e cordas, além de um coro feminino, destacando-se como a principal faixa do disco.

OUTROS SUCESSOS

"Alguém Me Avisou", Dona Ivone Lara
"Aprendendo a Jogar", Guilherme Arantes
"As Baleias", Roberto Carlos e Erasmo Carlos
"Bem-Te-Vi", Dalto e Cláudio Ferreira
"Caçador de Mim", Sérgio Magrão e Luiz Carlos Sá
"Cama e Mesa", Roberto Carlos e Erasmo Carlos
"Canção Brasileira", Sueli Costa e Abel Silva
"Canção de Verão", Luís Guedes e Thomas Roth
"Cartas Sobre a Mesa", Ney Manoel e Sebastião Ferreira da Silva
"Cedo Para Mim", Roberto Carlos e Erasmo Carlos
"A Chuva Cai", Argemiro e Casquinha
"Clarear", Otávio Burnier e Mariozinho Rocha
"Conga, Conga, Conga", Mister Sam
"Deixa Chover", Guilherme Arantes
"Decisão", Joanna, Sarah Benchimol e Tony Bahia

“Eu Me Rendo”, Sérgio Sá
“Eu Também Quero Beijar”, Moraes Moreira, Pepeu Gomes e Fausto Nilo
“Fanatismo”, Fagner (sobre poema de Florbela Espanca)
“Minha Superstar”, Roberto Carlos e Erasmo Carlos
“Neném”, Maurício Maestro
“Nova Manhã”, Flávio Venturini, Vermelho e Tavinho Moura
“Outras Palavras”, Caetano Veloso
“Pega na Mentira”, Roberto Carlos e Erasmo Carlos
“Quarto de Hotel”, Luiz Gonzaga Júnior
“Quero Quero”, Cláudio Nucci e Mauro Assunção
“O Sal da Terra”, Beto Guedes e Ronaldo Bastos
“Sapato Velho”, Mu, Cláudio Nucci e Paulinho Tapajós
“A Terceira Lâmina”, Zé Ramalho
“Viajante”, Teresa Tinoco
“Vou Sofrer”, Dedé da Portela e Dida

GRAVAÇÕES REPRESENTATIVAS

Antônio Carlos Jobim
Som Livre, 403.6240 (lp), “Luiza”

Caetano Veloso
Philips, 6328.303 (lp), “Lua e Estrela”

Erasmo Carlos
Polydor, 2451.176 (lp), “Mulher” (“Sexo Frágil”)

Fábio Jr.
Som Livre, 403.6220 (lp), “Eu me Rendo”

Fagner
CBS, 230040 (lp), “Eternas Ondas”

Geraldo Azevedo
Ariola, 201626 (lp), “Dia Branco”

Gilberto Gil
WB Records, BR 36180 (lp), "Palco"
BR 36180 (lp), "Se Eu Quiser Falar com Deus"

Maria Bethânia, Caetano Veloso e Gilberto Gil
Philips, 6328.302 (lp), "Alguém me Avisou"

Milton Nascimento
Ariola, 201632 (lp), "Caçador de Mim"
Ariola, 201632 (lp), "Nos Bailes da Vida"

Ney Matogrosso
Ariola, 201620 (lp), "Homem com H"

Rita Lee
Som Livre, 403.6217 (lp), "Baila Comigo"
Som-Livre, 403.6217 (lp), "Lança-Perfume"

Roberto Carlos
CBS, 230065 (lp), "Emoções"

Zé Ramalho
EPIC, 235049 (lp), "A Terceira Lâmina"

MÚSICAS ESTRANGEIRAS DE SUCESSO NO BRASIL

"All Out of Love", Graham Russell e Clive Davis
"Bette Davis Eyes", Donna Weiss e Jackie DeShannon
"Every Breath You Take", Sting
"Living Inside Myself", Gino Vannelli
"Reality", Jeff Jordan e Vladimir Cosma
"Santa Maria", L. Pasztor, G. Jakab, E. Hatvani e I. Bradányi
"Shine On", Richard Kerr, Jeffrey Osborne e Billy Osborne
"Starting Over", John Lennon
"Sunshine On My Shoulders", Richard Kniss, Michael Taylor e John Denver
"Super Trouper", Benny Andersson e Bjorn Ulvaeus
"Survive", Jimmy Buffett e Mike Utley

"Time", Eric Woolfson e Alan Parsons
"What's in a Kiss", Gilbert O'Sullivan
"Without Your Love", Roger Daltrey
"Woman", John Lennon
"Woman in Love", Barry Gibb e Robin Gibb
"Xanadu", Jeff Lynne

CRONOLOGIA

20/01: Ronald Reagan assume a presidência dos Estados Unidos.

31/03: O presidente Reagan sofre um atentado em Washington DC (EUA).

12/04: Os Estados Unidos lançam em Cabo Canaveral o seu primeiro ônibus espacial, a nave Columbia, que realiza 36 voltas ao redor da Terra.

14/04: Morre no Rio de Janeiro (RJ) o instrumentista/compositor Vitor de Assis Brasil.

30/04: Acontece uma tentativa de atentado à bomba no Rio Centro (Rio de Janeiro), onde se realizava um espetáculo com artistas, na maioria ligados à esquerda.

13/05: O papa João Paulo II sofre um atentado na Praça de São Pedro, no Vaticano.

03/06: Morre no Rio de Janeiro (RJ) o cantor/produtor Nilo Sérgio

29/07: Realiza-se em Londres o casamento do Príncipe Charles, herdeiro do trono britânico, com Lady Diana Spencer.

19/08: Entra em atividade o Canal 4, emissora paulista do Sistema Brasileiro de Televisão, do empresário Sílvio Santos.

22/08: Morre o cineasta Glauber Rocha.

05/10: Morre no Rio de Janeiro (RJ) o cantor Mário Reis.

12/10: Morre no Rio de Janeiro (RJ) o compositor Mário Rossi.

18/12: O Flamengo ganha em Tóquio o Campeonato Mundial de Futebol de Clubes, ao vencer por 3 a 0 o Liverpool.

Admirado no Brasil e no exterior, Djavan é um de nossos compositores de maior destaque nas últimas décadas do século.

XXV. 1982

DESTAQUES

"Açaí", Djavan

Gravado por Gal Costa com o Roupa Nova no elepê *Fantasia*, "Açaí" começou a se destacar nos primeiros meses de 1982. Embora muito simples, com melodia cativante, a límpida interpretação de Gal tem dois andamentos: um, quase *ad libitum*, por toda a primeira parte repetida e o outro, mais marcado, no curto refrão que não resolve na tônica, um procedimento bem djavaneano. Depois o autor gravou "Açaí", que em tupi significa "fruta que chora", utilizando um mesmo andamento para aquelas duas nuances rítmicas desencontradas, mais uma de suas fascinantes características. A canção tem uma letra sintética, quase sem adjetivação e sem verbos, o que também é típico de sua obra: "Solidão/ de manhã/ poeira tomando assento/ rajada de vento/ som de assombração/ coração...". Nesse seu disco, *Luz*, Djavan gravou dez músicas cujos títulos são expressos em apenas treze palavras.

"Asa Morena", Zé Caradipia

Aos dezenove anos, quando participou de um espetáculo em Porto Alegre, o gaúcho José Luís Fernandes adotou o sobrenome artístico de Caradipia, derivado de "cara de piá", ou seja, "cara de guri", como se diz no Sul, em razão de seu rosto imberbe. Compositor regional, sua carreira começou a tomar novo rumo no início de 80, ao ser convidado por Armando Pittigliani para gravar na PolyGram. O contrato não se realizou. Porém, ao vir ao Rio para tratar do assunto, Zé teve a oportunidade de mostrar suas composições ao produtor de Zizi Possi, João Augusto, que gostou de uma delas, intitulada "Asa Morena". Esta toada, muito simples, nascera um pouco antes, quando ao ouvir na televisão uma notícia sobre Luiz Gonzaga, o compositor teve a ideia: e por que não "Asa Morena" (em contrapartida a "Asa Branca")? Mostrada aos amigos, um deles sugeriu-lhe incluir nos versos o verbo "implodir", uma novidade na época, ficando assim a letra: "Me faz pequena, asa morena/ me alivia a dor/ (...)/ me toma no crescer/ de um beijo muito louco/ me implodindo aos poucos/ no universo a desvendar/ a vastidão do teu amor...". A canção ficou então dois anos na espera, para ser lançada em outubro de 1982, com o maior sucesso, no quinto elepê de Zizi, ao qual deu título. "Foi mesmo 'Asa Morena' que me fez voar", declarou na ocasião a cantora, cuja interpretação, com o seu vibrato marcante, foi decisiva para sucesso instantâneo da composição, consagrando-a como uma cantora de repertório popular, que se tornaria mais refinado anos depois.

"Bate Coração", Cecéu

A compositora Cecéu (Mary Maciel Ribeiro) fez o xote "Bate Coração" sem maiores pretensões, aprontando-o em algumas horas, com o marido e parceiro Antônio Barros ajudando-a a fixar o tema, ao violão: "Bate, bate, bate coração/ dentro deste velho peito/ você já tá acostumado/ a ser maltratado/ a não ter direitos...". Bem nordestina, a composição seria lançada pela especialista Marinês, sem maior repercussão, até que a autora a ofereceu à Elba Ramalho, após um show em Campina Grande. Então Elba levou "Bate Coração" para o Festival de Montreux, na Suíça, gravando-o ao vivo em 4 de julho de 1981 para o elepê *Brazil Night*, que incluía Toquinho e Moraes Moreira, também integrantes da caravana brasileira. A gravação de estúdio ocorreria no ano seguinte para o quarto álbum da cantora, *Alegria*, do qual se tornaria a faixa mais conhecida. Foi com este disco, base de um espetáculo de êxito nacional, que Elba Ramalho deslanchou sua carreira.

"Bum Bum Paticumbum Prugurundum" (samba-enredo/carnaval), Beto Sem Braço e Aluizio Machado

O Império Serrano adotou como tema do enredo para o desfile de 82 uma expressão que teria sido usada pelo histórico sambista Ismael Silva para mostrar como deveria ser a batida do surdo no samba: "bum bum paticumbum prugurundum". O desfile foi um sucesso, com o Império ganhando o primeiro lugar. Porém, sucesso maior ainda seria o samba homônimo, cantado na avenida e vencedor daquele carnaval, com 1.302 execuções. Voltando na ocasião à sua escola de coração — depois de seis anos na Unidos de Vila Isabel —, os autores Beto Sem Braço (Laudemir Casemiro) e Aluizio Machado foram muito felizes na composição, uma visão lírica da própria história dos desfiles ("Enfeitei meu coração/ de confete e serpentina/ minha mente se fez menina/ num mundo de recordação"), mas, cujo refrão exprime uma certa crítica à suntuosidade das escolas: "Super escolas de samba S.A./ super alegorias/ escondendo gente bamba/ que covardia/ bum bum paticumbum prugurundum/ contagiando a Marquês de Sapucaí...". Aluizio, funcionário do Tribunal Marítimo, e Beto, um ex-feirante, na época desempregado, já compunham juntos havia muito tempo, quando chegaram à glória com este samba. Beto Sem Braço, que ainda jovem perdera o braço direito em consequência de uma queda de cavalo, morreu de tuberculose, em 15 de abril de 1993, aos 52 anos. Autor de quatro sambas vencedores do Império Serrano, foi protagonista de um sério incidente com dirigentes da escola, que desclassificaram o seu samba-enredo para o carnaval de 1987, "Para Com Isso, Dá Cá o Que é Meu".

"Como Dois Animais", Alceu Valença

A letra de "Como Dois Animais" foi usada por Alceu Valença duas vezes. A primeira foi num frevo de Zé da Flauta, um dos músicos que atuou em seu grupo anos seguidos. Gravado pela cantora Teca Calazans, que estabeleceu sua carreira na França, o frevo não fez sucesso. Tempos depois, os versos, que celebram a realização de um romance desigual por meio de uma alegoria — tendo como personagens uma onça-pintada e um cachorro vagabundo —, reapareceriam na forma desta toada, que Alceu lançou no elepê *Cavalo de Pau*: "Uma moça bonita/ de olhar agateado/ deixou em pedaços o meu coração/ uma onça pintada/ e seu tiro certeiro/ deixou os meus nervos/ de aço no chão...". Sua interpretação sensual, mais a introdução de contrabaixo de Jorge Degas e o arranjo de Jaques Morelenbaum (combinando saxofone e violoncelo num timbre peculiar) resultaram numa sonoridade *bluesy*, que aproxima a obra de Alceu ao pop, sem tirar-lhe as raízes pernambucanas. Este álbum, com apenas oito faixas, alcançou vendagem superior a meio milhão de cópias, consolidando em termos nacionais a carreira de Alceu Valença.

"Fera Ferida", Roberto Carlos e Erasmo Carlos

A faixa favorita para puxar o sucesso do elepê de 1982 de Roberto Carlos era "Amiga", uma canção muito bem cantada em dueto com Maria Bethânia. No entanto, ao tomar conhecimento do repertório, o público preferiu "Fera Ferida", a melhor composição do disco e uma das melhores da obra de Roberto e Erasmo Carlos. Encadeando três temas melódicos diferentes, a letra trata do rompimento traumático de um caso de amor: "Acabei com tudo/ escapei com vida/ (...)/ não vou mudar/ esse caso não tem solução/ sou fera ferida/ no corpo, na alma e no coração...". Composta à época em que se desfazia o casamento de Roberto Carlos e Nice, a canção parece refletir o fato nas entrelinhas. Seria assim, possivelmente, bem mais de Roberto do que do parceiro. Em 1987, Caetano Veloso, numa bela gravação, realçou a importância de "Fera Ferida", que voltaria a fazer sucesso em

1993, ao ser relançada por Maria Bethânia no álbum *As Canções que Você Fez pra Mim*, tornando-se ainda título e tema de abertura de uma telenovela da Rede Globo.

"Festa do Interior", Moraes Moreira e Abel Silva

Embora muito cantada nos carnavais a partir de 1982, "Festa do Interior" é uma canção junina, mais frevo do que marcha, diferente do estilo antigo, mas que inegavelmente revive a tradição desses festejos que continuam celebrados no Nordeste com o entusiasmo dos velhos tempos: "Fagulhas, pontas de agulhas/ brilham estrelas de São João/ (...)/ e ardia aquela fogueira/ que me esquentava a vida inteira/ eterna noite, sempre a primeira/ festa do interior...". De autoria de Abel Silva, a letra faz a certa altura uma referência velada ao episódio da bomba no Riocentro, ocorrido em 30 de abril de 81: "Ninguém matava, ninguém morria/ nas trincheiras da alegria/ o que explodia era o amor...". Além da qualidade da composição, contribuíram para o seu sucesso o arranjo de Lincoln Olivetti, misturando sopros com teclado eletrônico, e a calorosa interpretação de Gal Costa, que vive no elepê *Fantasia* alguns de seus melhores momentos. Uma prova disso seria a presença do repertório do disco nas rádios, meses seguidos, com cada faixa — "Açaí", "Meu Bem, Meu Mal", "Faltando um Pedaço", "Festa do Interior" — se revezando na preferência dos ouvintes.

"Fuscão Preto", Atílio Versutti e Jeca Mineiro

"Fuscão Preto" é o grande sucesso que, nos anos 1980, abre as portas dos centros urbanos ao estilo "breganejo", ou seja, à mistura da música brega com a sertaneja. É o que os americanos chamam de *crossover*: a música ou o artista que extrapola a sua área, arriscando-se à "maldição" dos puristas. A rota para o sucesso de "Fuscão Preto" iniciou-se quando os componentes do trio Os Gladiadores (Adinam, Adalberto e Pauletti), estando para gravar o seu primeiro disco, ouviram na Festa do Peão, em Barretos (SP), uma composição que julgaram perfeita para o seu repertório. Tratava-se de uma canção composta por um pintor de cartazes chamado Atílio e seu parceiro Jeca Mineiro, já gravada pela dupla Geovante e Mariel, em prensagem particular, e depois, na versão ouvida pelos Gladiadores, pelo trio mineiro Vandeirante, Zé Batista e Darlon, sem a menor repercussão. Baseada em fato real, "Fuscão Preto" conta o desmoronamento de um amor por culpa de um automóvel... Isso porque o protagonista encontrou no automóvel, um fuscão preto, um rival com a sua amada, "vestida igual à dama da noite, cheirando a álcool e fumando sem parar". A imagem do carro negro, subs-

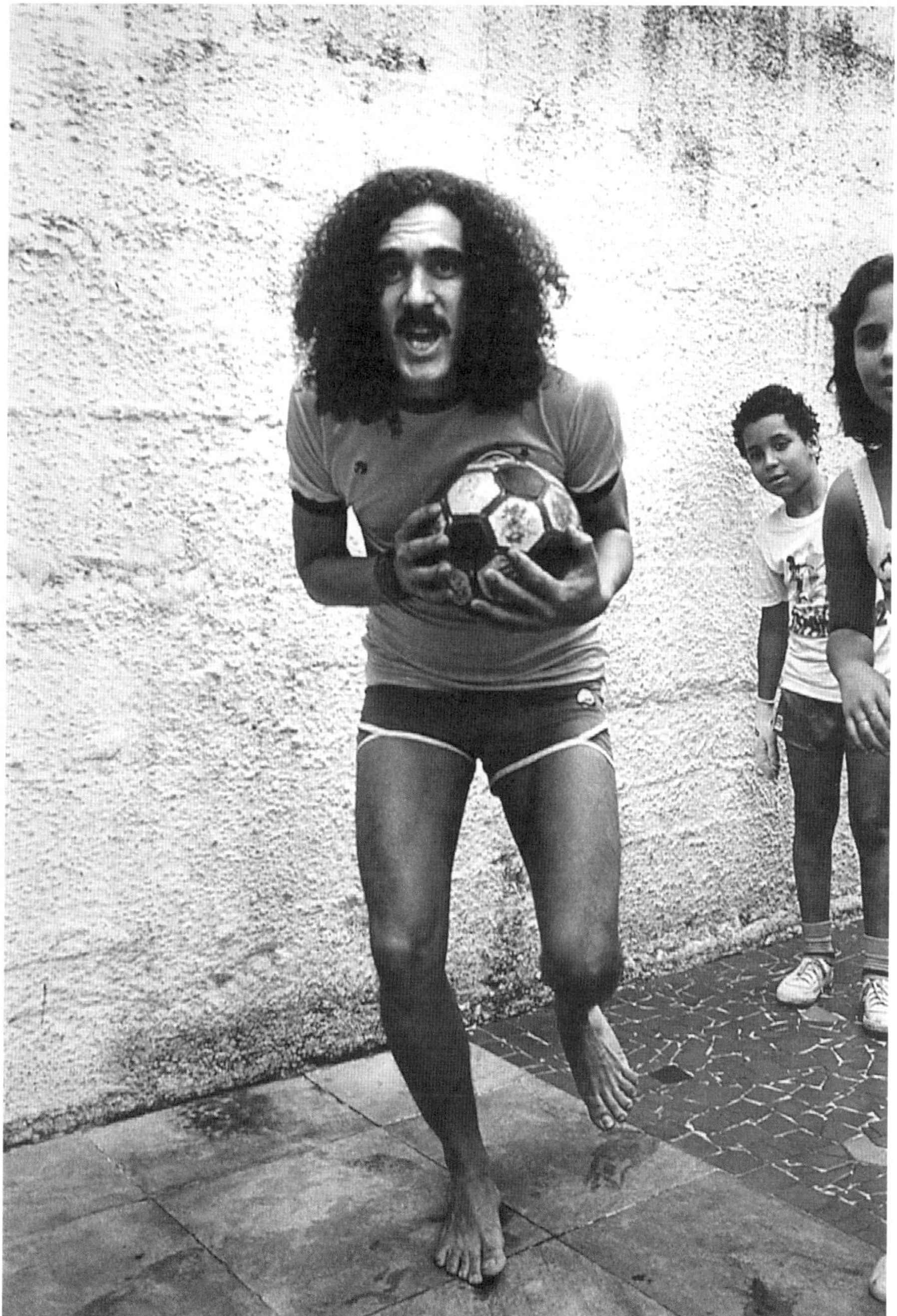

Mesmo depois de deixar os Novos Baianos, Moraes Moreira
continuou emplacando vários sucessos, sempre com seu estilo
de samba baiano, misturando frevo e choro.

tituindo o tradicional cavalo, "feito de aço" que fez o seu "peito em pedaço", é um achado que sintetiza com perfeição uma situação original e bem apropriada ao gosto popularesco nos dois estilos combinados. Nem "Índia", gravada por Cascatinha e Inhana, "O Menino da Porteira", por Sérgio Reis ou "Coração de Luto", por Teixeirinha, conseguiriam penetrar com tal facilidade numa área até então indiferente à música sertaneja, a das emissoras FM das grandes metrópoles. "Fuscão Preto" foi a primeira.

"Muito Estranho" ("Cuida Bem de Mim"), Dalto e Cláudio Rabello

A beleza de uma canção, sua divulgação intensa, o prestígio do cantor ou do autor, tudo isso ajuda, mas nem sempre são capazes de torná-la um sucesso. Entre julho de 82 e agosto de 83, por exemplo, esteve nas paradas a composição "Muito Estranho", de subtítulo "Cuida Bem de Mim". Durante seis desses treze meses, "Muito Estranho" foi a música mais executada nas emissoras de rádio (AM) do estado de São Paulo, feito alcançado sem a presença de nomes consagrados assinando a composição ou interpretando-a, e sem que a canção apresentasse nada de excepcional em matéria de letra ou melodia: "Hum! Mas se um dia eu chegar muito estranho/ deixa essa água no corpo lembrar nosso banho/ Hum! Mas se um dia eu chegar muito louco/ deixa essa noite saber que um dia foi pouco...". O principal responsável por essa façanha é o cantor-compositor Dalto (Dalto Roberto Medeiros), ex-integrante do conjunto de rock Os Lobos, de Niterói, e médico anestesista que abandonou as salas de cirurgia para se dedicar à música popular. E teve razão, pois em pouquíssimo tempo lançaria os sucessos "Bem-Te-Vi" (com Cláudio Ferreira) e "Leão Ferido" (com Biafra), além de iniciar uma carreira de cantor com "Muito Estranho".

"O Que É o Que É?", Luiz Gonzaga Júnior

Além das canções pungentes, sofridas, que lhe renderam muito sucesso, Gonzaguinha também era capaz de fazer música alegre e otimista. Isso é mostrado no samba "O Que É o Que É?", uma boa composição que, depois de justificar com inúmeras razões o direito à felicidade, explode num vibrante refrão que é um verdadeiro hino de amor à vida: "Viver e não ter a vergonha de ser feliz/ cantar (...) a beleza de ser um eterno aprendiz/ eu sei que a vida devia ser bem melhor e será/ mas isto não impede que eu repita/ é bonita, é bonita, e é bonita...". Muito apropriadamente, Gonzaguinha compôs "O Que É o Que É?" em ritmo de samba-enredo, o que sugere um canto coletivo e empolgado, como é de praxe no gênero.

"Portela na Avenida", Mauro Duarte e Paulo César Pinheiro

A portelense Clara Nunes vivia pedindo ao marido, Paulo César Pinheiro, um samba em homenagem à sua escola. Acontece que o poeta sentia-se meio inibido para a tarefa, pois, além de ter um coração mangueirense, achava que já existia uma obra definitiva sobre a Portela, o samba "Foi um Rio que Passou em Minha Vida", de Paulinho da Viola. Mesmo assim, para agradar a mulher, começou a pensar no assunto e até criou uma pequena célula melódica que não conseguiu desenvolver a contento. Um dia, quando menos esperava, encontrou a ideia numa sala de sua própria casa, onde Clara havia montado um altar para as suas devoções: a imagem de Nossa Senhora Aparecida, Padroeira do Brasil, uma santa negra com o seu manto azul e branco (as cores da Portela), o pombo de asas abertas, representando o Espírito Santo (a águia portelense), enfim, a combinação do místico com o profano (procissão religiosa/desfile carnavalesco) forneceu-lhe o ponto de partida para a composição que, desenvolvida com o parceiro Mauro Duarte, resultou no belo samba-homenagem "Portela na Avenida": "Portela/ sobre a tua bandeira esse divino manto/ tua águia altaneira é o Espírito Santo/ no templo do samba/ as pastoras e os pastores/ (...)/ Como fiéis na santa missa da capela/ salve o samba/ salve a santa/ salve ela/ salve o manto azul e branco da Portela/ desfilando triunfal/ sobre o altar do carnaval...". Lançada por Clara Nunes no final de 1981, "Portela na Avenida" se consagraria no carnaval de 1982, tornando-se a partir de então a música que esquenta a bateria portelense antes de cada desfile. Com o seu sucesso, Paulo César resolveu homenagear também as outras grandes escolas, começando pelo Império Serrano, com o samba "Serrinha", gravado por Clara. No total, seriam dez sambas dos quais oito foram gravados (dois por Clara e seis por Alcione), permanecendo inéditos em disco (até 1998) os referentes a Vila Isabel e Caprichosos de Pilares. Paulo César Pinheiro está, assim, para as escolas de samba, como Lamartine Babo, para os clubes do futebol carioca, que homenageou em onze marchas. Detalhe: em 1968, a Mangueira seria exaltada pelo portelense Paulinho da Viola (em parceria com Hermínio Bello de Carvalho) no samba "Sei Lá Mangueira"; em 1981 chegou a vez de a Portela ser homenageada pelo mangueirense Paulo César Pinheiro (em parceria com Mauro Duarte). Estabeleceu-se assim um curioso empate em que todos saíram ganhando.

"Tropicana" (**"Morena Tropicana"**), Alceu Valença e Vicente Barreto

Em seguida ao sucesso de "Como Dois Animais", aconteceu o de "Tropicana", outra faixa do elepê *Cavalo de Pau*. Essa letra foi composta em questão de minutos no Hotel Firenze, de São Paulo, aonde o violonista Vicente Barreto, autor da melodia, fora mostrá-la a Alceu. Na ocasião, de saída para um compromisso, este ouviu-o rapidamente e, com uma sensação de que estava psicografando as palavras, escreveu num pedaço de papel uns versos sobre frutas, sem a menor expectativa de um resultado aproveitável. Mas quando voltou, gostou e concluiu que a inspiração vinha de sua admiração pelos quadros do ex-cunhado Sérgio D. Lemos, que gostava de pintar naturezas mortas. A combinação "salada de frutas/ morena linda" está na canção muito bem integrada, em ritmo de xote ("Da manga-rosa quero o gosto e o sumo/ melão maduro, sapoti, joá..."), sendo o duplo emprego da verbo "desfrutar" ("Linda morena/ fruta de vez temporana/ caldo de cana--caiana/ vem me desfrutar" e "vou te desfrutar") um feliz achado, tanto ao ser associado às frutas, quanto ao funcionar como um convite para o amor. Entretanto a força de "Tropicana", também chamada de "Morena Tropicana", está principalmente no curto refrão: "Morena tropicana, eu quero o teu sabor...". É, na verdade, o tipo de música que conquista de imediato a participação popular, como acontecia às marchinhas de antigamente.

"Virada", Noca da Portela e Gilpert

No início de 82, Noca da Portela foi intimado a comparecer à sede do 1º Exército, no Rio de Janeiro, para prestar esclarecimentos sobre uma composição de sua autoria, intitulada "Virada". Cantada por Beth Carvalho, o samba tocava noite e dia nas rádios, chamando a atenção pelo espírito da letra: "De que adianta trabalhar demais/ se o que eu ganho é pouco/ se cada dia eu vou mais pra trás/ (...)/ vamos lá rapaziada/ tá na hora da virada/ vamos botar lenha nesse fogo/ vamos virar esse jogo/ (...)/ é hora do tudo ou nada...". Mas, como os tempos eram outros, o último governo militar então no poder não tinha o apetite repressor dos anteriores e, segundo Noca, o oficial que o recebeu era "um boa praça", admirador confesso de Martinho da Vila. Então, depois de "um monte de perguntas", liberou "numa boa" o samba e o sambista, prosseguindo "Virada" em sua marcha vitoriosa até se tornar, dois anos depois, um dos hinos da campanha pelas "Diretas Já". Com mais de 150 músicas gravadas (sucessos como "É Preciso Muito Amor", "Dinheiro Vai, Dinheiro Vem", "Vendaval da Vida" e quatro sambas vencedores na Portela), Noca (Osvaldo Alves Pereira), carioca, filho de um professor de violão, aborda em seus sambas os mais variados temas ("canto samba de quadra, partido-alto, samba de exaltação", declarou em entrevista a *O Globo*, em maio de 1998), dando preferência à religiosidade e à crítica social, como é o caso de "Virada". Aliás, nesta composição ele inicia uma parceria com o filho Noquinha (Gilmar Vilela Pereira), que adotou o nome artístico de Gilpert.

"Você Não Soube Me Amar",

Evandro Mesquita, Ricardo Barreto, Zeca Mendigo e Guto Barros

A Blitz começou meio por acaso, em fevereiro de 81, quando o ator Evandro Mesquita formou às pressas uma banda para tocar num barzinho recém-inaugurado. Em julho do ano seguinte, modificada com a entrada das cantoras Márcia Bulcão e Fernanda Abreu e a substituição de alguns músicos — passou de seis para sete componentes —, lançou o seu primeiro disco, um compacto-simples que apresentava "Você Não Soube Me Amar". Feita havia algum tempo para a peça *A Incrível História de Nemias Demutcha*, do grupo Banduendes, a canção explodiu imediatamente como o grande sucesso de 82, abrindo as portas da mídia para o rock brasileiro. Apropriada ao jeito performático do conjunto, "Você Não Soube Me Amar" é uma composição pop, de letra coloquial e irreverente, mais falada do que cantada ("Você não soube me amar/ você não soube me amar/ todo mundo dizia que a gente se parecia/ cheio de tal e coisa e coisa e tal/ e realmente a gente era/ a gente era um casal sensacional/ você não soube me amar..."), e que tem uma melodia de qualidade um pouco acima da média das canções do gênero. Com um repertório que nunca se afastou do estilo do sucesso inicial, a Blitz durou três elepês e muitos shows, dissolvendo-se em 1986, para voltar por algum tempo anos depois. Deixou como marca de sua popularidade, além das músicas, alguns bordões incorporados ao linguajar da época como "OK, você venceu" (de "Você Não Soube Me Amar") e "Calma Betty, calma" (de "Betty Frígida").

<u>OUTROS SUCESSOS</u>

"Alma", Sueli Costa e Abel Silva
"Amiga", Roberto Carlos e Erasmo Carlos
"Amor com Café", Cecéu
"Andar com Fé", Gilberto Gil
"Banho de Espuma", Roberto de Carvalho e Rita Lee
"Barrados no Baile", Eduardo Dusek e Luís Carlos Góes
"Bilhete", Ivan Lins e Vitor Martins (lançado em 1980 sem maior sucesso)
"Cavalo de Pau", Alceu Valença

"Charme do Mundo", Marina e Antônio Cícero
"Coisa Linda", Vinícius Cantuária
"O Dia em que o Sol Declarou Seu Amor pela Terra", Jorge Ben
"Do Leme ao Pontal", Tim Maia
"Drão", Gilberto Gil
"Faltando um Pedaço", Djavan
"Fim de Semana", Roberto Carlos e Erasmo Carlos
"Flagra", Roberto de Carvalho e Rita Lee
"Jeito de Amar", Pisca e Mauro Kwito
"Joia", Roberto Carlos e Erasmo Carlos
"Leão Ferido", Dalto e Biafra
"Melô do Piripipi", Mister Sam
"Meu Bem, Meu Mal", Caetano Veloso
"Mulher Nova Bonita e Carinhosa Faz o Homem Gemer Sem Sentir Dor", Zé Ramalho e Otacílio Batista
"Olhos Coloridos", Macau
"Periga Ser", Robertinho do Recife e Fausto Nilo
"Pétala", Djavan
"Por Debaixo dos Panos", Cecéu
"Reluz", Marcos Sabino
"Rock da Cachorra", Léo Jaime
"Samurai", Djavan
"Saúde", Roberto de Carvalho e Rita Lee
"Sou Boy", Aguinaldo e Ted Gaz
"Tô que Tô", Kleiton e Kledir
"Todo Amor Que Houver Nessa Vida", Frejat e Cazuza
"Zanzibar", Armandinho e Fausto Nilo

GRAVAÇÕES REPRESENTATIVAS

Alceu Valença
Ariola, 201647 (lp), "Como Dois Animais"
Ariola, 201647 (lp), "Tropicana"

Amelinha
CBS, 138243 (lp), "Mulher Nova Bonita e Carinhosa Faz o Homem Gemer Sem Sentir Dor"

Beth Carvalho
RCA Victor, 103.0514 (lp), "Virada"

Blitz
EMI, 420228 (cs), "Você Não Soube me Amar"

Caetano Veloso
Philips, 6328.381 (lp), "Meu Bem, Meu Mal"

Clara Nunes
EMI-Odeon, 421224 (lp), "Portela na Avenida"

Dalto
EMI, 420431 (cs), "Muito Estranho" ("Cuida Bem de Mim")

Elba Ramalho
Ariola, 201645 (lp), "Bate Coração"

Gal Costa
Philips, 6328.365 (lp), "Açaí"
Philips, 6328.365 (lp), "Festa do Interior"

Luiz Gonzaga Júnior
EMI-Odeon, 422912 (lp), "O Que É o Que É?"

Rita Lee
Som Livre, 403.6243 (lp), "Banho de Espuma"

Roberto Carlos
CBS, 230075 (lp), "Fera Ferida"
CBS, 230075 (lp), "Fim de Semana"

Roberto Carlos e Maria Bethânia
CBS, 230075 (lp), "Amiga"

Simone
CBS, 138247 (lp), "Alma"

MÚSICAS ESTRANGEIRAS DE SUCESSO NO BRASIL

"Blue Eyes", Elton John e Gary Osborne
"Ebony and Ivory", Paul McCartney
"Empty Garden" ("Hey Hey Johnny"), Elton John e Bernie Taupin
"Endless Love", Lionel Richie
"Everything She Does Is Magic", Sting
"Eye in the Sky", Eric Woolfson e Alan Parsons
"Hard to Say I'm Sorry", Peter Cetera e David Foster
"Hurt", Jimmie Crane e Al Jacobs
"If Leaving Me Is Easy", Phil Collins
"Let's Groove", Maurice White e Wayne Vaughn
"Me Vuelves Loco" (Me Deixas Louca), Armando Manzanero
"One to One", Carole King e Cynthia Well
"Physical", Steve Kirner e Terry Saddick
"Querer y Perder", Ray Girardo
"Ribbon in the Sky", Stevie Wonder
"Vuelvo a Ti", Manuel de la Calva e Ramón Arcusa

CRONOLOGIA

19/01: Morre em São Paulo (SP) a cantora Elis Regina.

04: Tropas argentinas ocupam as Ilhas Falkland (Malvinas para os argentinos) de possessão britânica.

11/04: Morre no Rio de Janeiro (RJ) o tecladista/chefe de orquestra Valdir Calmon.

15/06: Termina a Guerra das Malvinas, com a rendição dos argentinos às forças britânicas.

11/07: A Itália ganha em Madri o XII Campeonato Mundial de Futebol, vencendo na final a Alemanha Ocidental por 3 x 1.

23/08: Morre no Rio de Janeiro o músico Edu da Gaita (Eduardo Nadruz).

10: É lançado comercialmente no Japão o primeiro CD (Compact Disc), disco digital, com áudio de leitura a laser.

15/11: Realizam-se as eleições diretas para governadores em todos os estados do Brasil.

23/11: Morre em São Paulo (SP) o compositor Adoniran Barbosa.

09/12: Morre no Rio de Janeiro (RJ) a cantora Alzirinha Camargo.

XXVI. 1983

DESTAQUES

"Ai Que Saudade de Ocê", Vital Farias

"Ai Que Saudade de Ocê", um dos maiores sucessos do paraibano Vital Farias, possui uma história que pode ser dividida em três tempos. Primeiramente a composição, que é um baião, foi lançada pelo autor no seu terceiro álbum, *Sagas Brasileiras*, em 81, sem maior repercussão. Dois anos depois, incluída por Elba Ramalho no elepê *Coração Brasileiro*, de grande êxito, "Ai Que Saudade de Ocê" tornou-se conhecida do público. Finalmente, veio a consagração com a versão apresentada por Vital no original espetáculo *Cantoria*, em que ele dividiu o palco com Elomar, Geraldo Azevedo e Xangai (Eugênio Avelino), sendo os três também nordestinos. Cantando a sua sedutora canção, Vital alonga a introdução, o que propicia improvisos, como os dos cantadores do Nordeste, criando um clima emocional para a poética mensagem de amor que empolga os ouvintes: "Não se admire se um dia/ um beija-flor invadir/ a porta da sua casa/ te der um beijo e partir/ fui eu que mandei o beijo/ que é pra matar meu desejo/ faz tempo que não te vejo/ ai que saudade de ocê...". Gravado ao vivo no Teatro Castro Alves, de Salvador, em janeiro de 84, o espetáculo seria editado em disco. Dez anos depois, Geraldo Azevedo regravaria "Ai Que Saudade de Ocê", outra vez ao vivo. Ao mesmo tempo músico requintado e menestrel de muitas cantigas, o cantor, compositor, poeta e violonista Vital Farias gravou o seu primeiro elepê em 1978, tendo uma modesta discografia que não faz jus à densidade de sua obra.

"O Amanhã" (samba-enredo), João Sérgio

O belo samba "O Amanhã", lançado pela União da Ilha do Governador no carnaval de 1979 e que quatro anos depois se tornou o grande sucesso de Simone, no disco e no palco, tem como autor o advogado Gustavo Adolfo de Carvalho Baeta Neves, procurador federal. Pertencente a uma família ilustre, esse pródigo criador de sambas-enredo — deixou mais de vinte, entre os quais os conhecidos "Dona Beja, a Feiticeira de Araxá", "É Hoje", "Quem Pode Pode, Quem Não Pode", "O Que Será" e "O Amanhã", o primeiro para o Salgueiro e os demais para a União da Ilha — preferiu se manter no anonimato enquanto exerceu cargos públicos, cedendo suas músicas a componentes das escolas. Depois de aposentado, passou a assiná-las com o pseudônimo de Didi. "No meu trabalho eu era muito sério, muito chato, mesmo", ele declarou em entrevista a *O Globo* meses antes de morrer em 1987, aos 52 anos. Porem à noite, encerrado o expediente, o Dr. Gustavo Adolfo tirava o paletó e transformava-se no boêmio-compositor Didi, grande apreciador de um bom uísque ("samba é 10% ideia e 90% uísque", afirmou na mesma entrevista), figura importante e estimada na União da Ilha. Tanto assim que seria escolhido como tema do enredo desta escola no carnaval de 91, tendo suas glórias cantadas no samba "De Bar em Bar, Didi o Poeta", de Ely Peron e Rogério Figueiredo. Mas voltando a "O Amanhã", a música que marcou o décimo ano da carreira de Simone e que abria e fechava o seu show *Delírios, Delícias*, em clima de muita empolgação, é um grande samba-enredo, rico de letra e melodia, o que não é comum no gênero: "Como será o amanhã?/ responda quem puder/ o que irá me acontecer/ o meu destino será como Deus quiser...". Outro samba de Didi a entrar para o repertório de cantores famosos foi "É Hoje", incluído por Caetano Veloso no elepê *Uns*, ainda em 1981.

"Banho de Cheiro", Carlos Fernando

Ao passar um carnaval em Salvador, o pernambucano Carlos Fernando, um dos compositores mais dedicados à música carnavalesca, ficou impressionado com a maneira diferente de o povo brincar nas duas cidades. Enquanto em Recife o carnaval era mais tradicional, em Salvador era mais popular, além de eletrificado, o que o tornava mais estrondoso, parecendo-lhe mais próximo ao do Rio. Tempos depois, Carlos resolveu compor um frevo sobre o descobrimento do Brasil e, partindo da Bahia, por razões históricas, juntou as fantasias dos foliões a referências a Salvador e à falta de chuva no interior. Então, ofereceu o animadíssimo frevo a Moraes Moreira, que o rejeitou por já ter três outros incluídos no repertório de seu disco. Nesse ínterim, Elba Ramalho, para quem já havia feito com Geraldo Azevedo "Canta Coração", telefonou-lhe pedindo música nova, gravando em seguida "Banho de Cheiro": "Eu quero um banho de cheiro/ eu quero um banho de lua/ eu quero navegar/ eu quero uma menina/ que me ensine noite e dia/ o valor do bê-a-bá...". Na gravação, o combatido arranjador Lincoln Olivetti repetiu o bem-sucedido esquema de "Festa do Interior": um pedal de *discothèque* para reforçar a marcação binária do frevo, mais teclados acoplados aos instrumentos de sopro para ampliar a sonoridade do naipe. Não contente, o produtor Mazzola acrescentou uma bandinha, estilo fanfarra, e um entusiasmado coral, reproduzindo no estúdio o festivo ambiente dos discos carnavalescos da Banda do Canecão. "Banho de Cheiro" abriu o elepê *Coração Brasileiro*, que com o show homônimo fizeram de Elba Ramalho "a maior estrela da música brasileira em 1983", conforme a revista *Veja*. Já Carlos Fernando, estimulado por este sucesso, realizou uma série de discos de frevo com vários artistas importantes.

"Beatriz", Edu Lobo e Chico Buarque

"O médico de câmara da imperatriz Teresa — Frederico Knieps —/ resolveu que seu filho também fosse médico/ mas o rapaz fazendo relações com a equilibrista Agnes/ com ela se casou, fundando a dinastia do Circo Knieps." Com esses versos, Jorge de Lima começava em 1938 o poema surrealista "O Grande Circo Místico", inspirado num fato real ocorrido na Áustria no século XIX. Quarenta e cinco anos depois, Edu Lobo e Chico Buarque criariam a trilha musical para um bailado homônimo, baseado no poema, atendendo a uma encomenda do Balé Guaíra, do Paraná. No repertório composto, com relevantes arranjos do maestro Chiquinho de Morais, destacou-se a valsa "Beatriz", uma metáfora da vida de atriz, também surrealista e de excepcional qualidade: "Olha/ será que é uma estrela/ será que é mentira/ será que é comédia/ será que é divina/ a vida da atriz...". De interpretação difícil, em razão de sua extensão vocal, dos intervalos melódicos e das modulações, "Beatriz" ganhou uma gravação definitiva de Milton Nascimento, que afirma: "'Beatriz' é minha". Edu fez a música em tempo relativamente curto, com "a certeza de que ia ficar legal", ao contrário de Chico, que demorou para completar a letra, sendo a composição uma das últimas do bailado a ser concluída. A escolha de Milton para intérprete foi resolvida de imediato pelos autores, pois somente ele, com a naturalidade de que é capaz de fazer a passagem da voz normal para o falsete, poderia gravar "Beatriz". Na hora da gravação, Milton ficou no estúdio apenas com o pianista Cristovão Bastos, e na terceira tomada cantou a versão escolhida. Posteriormente, foram acrescentadas umas pinceladas de cordas pelo arranjador Chiquinho de Morais. Sem jamais ter entrado em paradas de sucesso, "Beatriz" acumulou prestígio ao longo do tempo, impondo-se por sua beleza como um clássico da moderna música brasileira. Do começo ao fim, sua partitura tem um desenvolvimento encantador, no mesmo nível de criação dos grandes compositores de qualquer época ou país. No formato A-A-B-A, a melodia de A parte de uma célula ("será que ela é moça"), aproveitada cinco vezes em movimento harmônico ascendente, com pequenas alterações, destacando-se os acidentes na última, sobre as sílabas "ros-to", do verso "o rosto da atriz". Segue-se ainda em A uma sucessão de colcheias ("se ela dança no sétimo céu"), culminando em duas notas longas (semínimas pontuadas na palavra "vida"), que funcionam como uma pausa e, na repetição de A, como preparação para a segunda parte. Em B a tonalidade sobe uma quinta aumentada, pois a modulação que vem de mi bemol passa a si natural. Neste ponto a interpretação se torna ainda mais difícil, tanto por se atingir a nota mais grave da composição, na palavra "chão" (da frase "me ensina a não andar com os pés no chão"), quanto pelos saltos melódicos, acrescidos de outros acidentes primorosamente colocados, como no verso "quantos desastres tem na minha mão". Tempos depois de a música gravada, Edu e Chico descobriram uma coincidência: a nota mais grave da canção cai na palavra "chão" e a mais aguda na palavra "céu".

"Como uma Onda", Lulu Santos e Nelson Motta

Ironicamente, o primeiro grande sucesso do roqueiro Lulu Santos, foi um bolero, "Como uma Onda", inserido num disco de rock, *O Ritmo do Momento*, que vendeu noventa mil cópias. Sub-intitulada "Zen-Surfismo", a composição tem letra do jornalista Nelson Motta, que na época exercia também atividades ligadas à promoção de música jovem. Com trinados produzidos eletronicamente, misturados a um discreto bandoneón e sons de clave e bongô, típicos da percussão caribenha, Lulu entoava: "Nada do que foi será/ de novo do jeito que já foi um dia/ tudo passa/ tudo sempre passará/ a vida vem em ondas/ como um mar/ num indo e vindo infinito...". Antigo integrante do grupo Vímana, com Ritchie e Lobão, Lulu Santos embalou daí em diante uma carreira na área do rock nacional, com discos e shows de considerável popularidade.

"Coração de Estudante", Milton Nascimento e Wagner Tiso

Composto em 1983 para o filme *Jango*, de Sílvio Tendler, "Coração de Estudante" é o tema de João Goulart, que o acompanha nos momentos mais dramáticos como o comício da Central, o exílio e a morte. Nessas circunstâncias a música deveria ao mesmo tempo ser triste e passar uma mensagem de esperança. Encarregado da tarefa, Wagner Tiso compôs uma melodia tocante, mas em tom maior, no caso sol maior, inspirada na cena dos garis varrendo a rua no dia seguinte ao comício. Aliás, tem como mote central um tema cigano, origem também de ancestrais do compositor. Para a gravação da trilha do filme, Wagner combinou um solo de sax-soprano com acompanhamento de piano e contrabaixo. Após a estreia de *Jango*, Milton Nascimento fez a letra da canção, baseado na lembrança do enterro do estudante Edson Luís, morto pela polícia em 1968, cantando-a nos três shows realizados no Palácio das Convenções de São Paulo, em novembro de 1983. Gravado ao vivo, o espetáculo resultou num elepê, que mostrava ainda "Menestrel das Alagoas", composição dedicada por Milton e Fernando Brant ao senador Teotônio Vilela. "Coração de Estudante" é realmente um hino de fé e esperança na juventude, bem adequado àquele momento em que o país se livrava de uma ditadura: "Coração de estudante/ há que se cuidar da vida/ há que se cuidar do mundo/ tomar conta da amizade/ alegria e muito sonho/ espalhados no caminho/ verdes, planta e sentimento/ folhas, coração, juventude e fé...". A canção tornou-se ainda o hino da campanha pelas eleições diretas ("Diretas Já"), em 1984, e em seguida hino da chamada Nova República, com a eleição de Tancredo Neves pelo Congresso. Quando Tancredo morreu, em abril de 1985, "Coração de Estudante" seria a música executada nas transmissões do funeral pelas televisões, porém, já em nova versão de Tiso para o seu disco instrumental homônimo. Nesta versão, ouve-se o solo de uma flautinha andina, gravado a pedido do cartunista Henfil, mineiro como Wagner Tiso e Tancredo. Aliás, existe em Minas uma flor muito comum chamada "coração-de-estudante".

"Fio de Cabelo", Darci Rossi e Marciano

As melodias dolentes do paraguaio Asunción Flores, o sistematizador da guarânia, começaram a se entrelaçar com as nossas modas de viola, em torno de 1940, por iniciativa de Raul Torres, líder do trio Torres, Florêncio e Rieli. Vieram então "Índia" (Flores e Guerrero), "Lejania" ("Meu Primeiro Amor") (Giménez) e outras versões que se incorporaram ao vocabulário musical brasileiro, daí nascendo as guarânias nacionais das quais "Fio de Cabelo" representa um prolongamento, importante para a fixação da música sertaneja nos grandes centros. Com mais bagagem do que o trio Os Gladiadores (de "Fuscão Preto"), a dupla de irmãos paranaenses José e Durval Lima, de nome artístico Chitãozinho e Xororó (título de uma antiga toada de Serrinha e Athos Campos), gravou esta guarânia no elepê *Somos Apaixonados*: "Um pedacinho dela que existe/ um fio de cabelo no meu paletó/ lembrei de tudo entre nós/ do amor vivido/ aquele fio de cabelo comprido/ já esteve grudado em nosso suor...". Eles iniciavam assim a escalada para o sucesso maior, que os levou a alcançar a tiragem de dois milhões de cópias. Ao mesmo tempo Chitãozinho e Xororó estilizavam o gênero sertanejo e abriam caminho para o surgimento e popularização de novas duplas. O fio de cabelo da mulher amada, vestígio de uma noite de amor e ponto de partida da composição remeteria a um certo grau de sensualidade, tendência largamente explorada pelos seguidores do gênero nos anos posteriores.

"Menina Veneno", Ritchie e Bernardo Vilhena

Inglês, filho de um militar, Richard David Court, o Ritchie, já havia morado no Quênia, Iêmen, Itália e Dinamarca quando chegou ao Brasil em 1972. Chegou, gostou, casou-se com uma carioca e, sendo roqueiro (integrou o grupo inglês Everyone Involved), acabou entrando para a história do rock brasileiro como cantor e compositor. Seu sucesso inicial "Menina Veneno" (uma das 17 músicas que fizera com o poeta Bernardo Vilhena e reunira numa fita demo) é uma cançãozinha pop, descartável, levemente sexy e que, se lançada anos antes, seria chamada de iê-iê-iê: "Menina veneno/ o mundo é pequeno/ demais pra nós dois/ em toda cama que eu durmo/ só dá você/ só dá você/ só dá você/ iê, iê, iê, iê". Lançada no disco de estreia de Ritchie, um compacto simples, "Menina Veneno" vendeu mais de quinhentas mil cópias, marca superada pelo elepê que saiu em seguida.

"Pintura Íntima", Leoni e Paula Toller

O Kid Abelha & Os Abóboras Selvagens faz parte de uma geração que emergiu no início dos anos 1980 voltada para o rock inglês e que consolidou o rock brasileiro (ou BRock, como preferem alguns), com o apoio decisivo do Circo Voador — espaço montado no verão de 1982 na praia do Arpoador, no Rio de Janeiro —, da Rádio Fluminense FM e da gravadora WEA, os três funcionando como plataforma de lançamento de uma legião de roqueiros em busca da fama. Não mais como produto controvertido, com facções pró e contra, mas como manifestação de classe média, sem traços visíveis de música negra, o rock brasileiro acabou se fixando como um segmento da música popular direcionado aos adolescentes. Os grupos a caminho da profissionalização vinham com execuções montadas sobre repertório próprio, inédito, o que barateava consideravelmente os lançamentos. Ao mesmo tempo, este repertório caiu como uma dádiva dos céus para as rádios FM, que nele encontraram enfim o caminho para se firmar no mercado. Foram as gravações desses roqueiros, lançadas em compactos e eventualmente precedidas de elepês em que eram testadas suas pretensões ao sucesso, que se identificaram rapidamente com a juventude da época. A primeira formação do Kid Abelha & Os Abóboras Selvagens era um sexteto com Beni, Beto, Richard, Paula, Leoni e George, dos quais os três últimos mantiveram-se juntos, acrescidos da companhia de Bruno Fortunato. Depois de ter duas músicas no "pau de sebo" (antologia de inéditos) *Rock Voador*, o grupo estourou com "Pintura Íntima" logo em seu primeiro compacto. Com um arranjo funcional, a canção tinha uma letra de um romantismo juvenil, para ser cantada por homem, mas que foi gravada com a vocalista Paula Toller: "Vem amor que a hora é essa/ vê se entende a minha pressa/ não me diz que eu tô errado/ eu tô seco, eu tô molhado...". Em seu segundo compacto, no ano seguinte, o Kid Abelha & Os Abóboras Selvagens emplacou um novo sucesso, "Como Eu Quero", também de Paula e Leoni, que juntamente com "Pintura Íntima" entraria no elepê de estreia do grupo, *Seu Espião*, lançado em seguida.

"Pro Dia Nascer Feliz", Cazuza e Frejat

Último elemento a integrar a formação original do Barão Vermelho, Cazuza (Agenor Miranda de Araújo Neto) tornou-se o vocalista e logo depois letrista de grande parte das músicas do grupo, compostas geralmente por seu guitarrista Roberto Frejat. Batizado sob a inspiração das histórias em quadrinhos de Snoopy e Charlie Brown, o Barão Vermelho contava com o apoio importante do crítico de rock e eventual produtor Ezequiel Neves, o Zeca Jagger. "Pro Dia Nascer Feliz" fazia parte de seu segundo elepê, *Barão Vermelho 2*, da RGE, mas a gravação que despertou a atenção foi a de Ney Matogrosso que, embora não sendo roqueiro, gostou da canção, incluindo-a no disco *Pois É*. A repercussão dessa versão levou a RGE a rever os seus planos para o Barão, relançando em compacto simples sua gravação original. O roquinho "Pro Dia Nascer Feliz" é uma canção alegre, dançante, mais ou menos no espírito do repertório de Rita Lee: "Todo o dia a insônia me convence que o céu/ faz tudo ficar infinito/ e que a solidão é pretensão de quem fica/ escondido fazendo fita/ (...)/ agora vambora/ estamos, meu bem, por um triz/ pro dia nascer feliz". O compacto deslanchou a carreira do Barão Vermelho, porém, em 1985, Cazuza deixaria o grupo, iniciando uma bem-sucedida carreira solo com "Exagerado". Considerado um dos melhores letristas do rock brasileiro, Cazuza morreu vítima de aids em 7 de julho de 1990.

"Simples Carinho", João Donato e Abel Silva

Ao contrário dos boleros e canções latino-americanas, seus equivalentes brasileiros, com exceções, naturalmente, são menos carregados de dramaticidade e autocomiseração. Um exemplo disso é a composição "Simples Carinho": "Amar ou sofrer, eu vou te dizer, mas vou duvidar/ querendo ou não, o meu coração já quer se entregar/ não falta lembrança, aviso, cobrança/ você vai por mim/ mas feito criança, lá vou na esperança, eu sou mesmo assim...". Com uma cativante melodia de João Donato, complementada ao pé do piano por Abel Silva, em uma de suas primeiras experiências de fazer letra ao mesmo tempo em que a música é composta, "Simples Carinho" reposicionou o repertório de sua intérprete original, Ângela Ro Ro. Como foi visto, esta ex-roqueira que fora considerada, precipitadamente, uma sucessora de Maysa, havia se projetado quatro anos antes com uma canção, "Amor, Meu Grande Amor". Mas "Simples Carinho" recolocou o bolero brasileiro, que andava meio esquecido, nas paradas, a exemplo do que ocorrera em 1975 com "Dois pra Lá, Dois pra Cá". O arranjo de Antônio Adolfo e o solo de gaita de Maurício Einhorn enriqueceram a versão de Ângela, que a regravou sem o mesmo brilho em 1993. Outras boas gravações de "Simples Carinho" foram realizadas por Gal Costa, Simone, Maria Creuza e Emílio Santiago, havendo também versões da composição em inglês e espanhol.

"Você é Linda", Caetano Veloso

"É o disco que mais gosto. (...) Adoro a canção 'Uns', adoro 'Peter Gast'. E é a melhor capa: eu, Rodrigo e Roberto, meus dois irmãos." Assim, Caetano Veloso comenta o seu elepê *Uns*, em entrevista ao *Jornal do Brasil*, em janeiro de 1991. Realmente, este álbum, lançado em 1983, é um dos melhores e mais diversificados de sua discografia. Além das citadas "Uns" e "Peter Gast", de feição concretista, tem o roquinho "Eclipse Oculto", superior a muita coisa que foi feita nessa área, e composições de sabor popular como "Você é Linda", uma ode apaixonada bem ao estilo de Vinicius de Moraes. Aliás, não por acaso, Caetano Veloso inclui no disco uma dessas canções em que o poeta se desmancha em elogios à musa. Faixa de maior sucesso no álbum, "Você é Linda" é consequência de uma episódio acontecido num show que o autor realizou em Salvador. Quando estava cantando "Lua e Estrela", ele notou uma linda loura à beira do palco, fazendo sinais. No verso "quem é você, qual o seu nome?", cantado em sua direção, ela respondeu para a sua maior surpresa: "Cristina". E no seguinte, "conta pra mim, diz como eu te encontro", ela completou: "Ondina", justamente o bairro onde ele morava. Dias depois, Caetano viu a moça do outro lado da rua, chamando-a de longe. Ela atendeu, aproximou-se e rapidamente se afastou, sem olhar para trás. Finalmente, no dia seguinte Cristina veio vê-lo e Caetano, fascinado, compôs: "Fonte de mel/ nuns olhos de gueixa/ (...)/ esta canção é só pra dizer/ e diz/ você é linda/ mais que demais/ você é linda, sim...". Embora um tanto adocicada, "Você é Linda" é uma bela canção, admirada até no exterior, tendo sido gravada pelo guitarrista Lee Ritenour e o gaitista Toots Thielemans.

O compositor e pianista João Donato, um dos pioneiros da bossa nova, tem em sua obra uma série de belos temas instrumentais, que se transformaram em ótimas canções

A dupla Roberto Carlos e Erasmo Carlos tem uma canção homônima, também de sucesso ("Você veio sorrindo/ não sei bem de onde..."), lançada no ano de 1972.

OUTROS SUCESSOS

"A Dois Passos do Paraíso", Evandro Mesquita e Ricardo Barreto
"Aconteceu Você", Guilherme Arantes
"Adivinha O Quê", Lulu Santos
"O Amor é a Moda", Roberto Carlos e Erasmo Carlos
"Anjo", Renato Corrêa, Dalto e Cláudio Rabello
"Anunciação", Alceu Valença
"Betty Frígida", Patrícia Travassos, Antônio Pedro, Ricardo Barreto e Evandro Mesquita
"Brincar de Viver", Guilherme Arantes
"Caminhos do Coração", Luiz Gonzaga Júnior
"Carimbador Maluco", Raul Seixas
"Casanova", Ritchie e Bernardo Vilhena
"Cena de Cinema", Lobão, Bernardo Vilhena e Marina
"Um Certo Alguém", Lulu Santos e Ronaldo Bastos
"O Côncavo e o Convexo", Roberto Carlos e Erasmo Carlos
"O Descobridor dos Sete Mares", Michel e Gilson Mendonça
"Desculpe o Auê", Roberto de Carvalho e Rita Lee
"Firme e Forte", Efson e Nei Lopes
"Guerreiro Menino" ("Homem Também Chora"), Luiz Gonzaga Júnior
"Masculino e Feminino", Pepeu Gomes e Baby Consuelo
"Me Dê Motivo", Michael Sullivan e Paulo Massadas
"Menestrel das Alagoas", Milton Nascimento e Fernando Brant
"Mesmo Que Seja Eu", Roberto Carlos e Erasmo Carlos
"Nem Pensar", Kleiton e Kledir
"O Que é Que Há", Fábio Jr. e Sérgio Sá
"On The Rocks", Roberto de Carvalho e Rita Lee
"Palavra de Amor", Manassés e Fausto Nilo
"Pedacinhos" ("Bye Bye, So Long"), Guilherme Arantes
"Pequenino Cão", Caio Sílvio e Fausto Nilo
"Pouco a Pouco", Martinha e César Augusto
"Quem Me Dera", Gilliard e Celso Ferreira

"Vale Tudo", Tim Maia
"A Vida Tem Dessas Coisas", Ritchie e Bernardo Vilhena
"Weekend", Evandro Mesquita e Ricardo Barreto

GRAVAÇÕES REPRESENTATIVAS

ÂNGELA RO RO
Polydor, 2451.196 (lp), "Simples Carinho"

BETH CARVALHO
RCA Victor, 103.1609 (lp), "Firme e Forte"

BLITZ
EMI, 422934 (lp), "Weekend"

CAETANO VELOSO
Philips, 812747 (lp), "Você é Linda"

ELBA RAMALHO
Ariola, 813600-15 (lp), "Banho de Cheiro"

FAGNER
CBS, 138254 (lp), "Guerreiro Menino"

KID ABELHA & OS ABÓBORAS SELVAGENS
Elektra, Br 12117-a (cs), "Pintura Íntima"

LULU SANTOS
WEA, BR 26096 (lp), "Como uma Onda"

MILTON NASCIMENTO
Som Livre, 403.6275 (lp), "Beatriz"
Barclay, 817307 (lp), "Coração de Estudante"
Barclay, 817307 (lp), "Menestrel das Alagoas"

NEY MATOGROSSO
Barclay, 815743-1 (lp), "Pro Dia Nascer Feliz"

Ritchie
CBS, 144468 (lp), "Menina Veneno"

Roberto Carlos
CBS, 230085 (lp), "O Côncavo e o Convexo"

Simone
CBS, 138277 (lp), "O Amanhã"

MÚSICAS ESTRANGEIRAS DE SUCESSO NO BRASIL

"Beat It", Michael Jackson
"Billie Jean", Michael Jackson
"Don't Look Back", James Warrer
"Got To Be There", Elliot Willensky
"Hard To Say I'm Sorry", Peter Cetera e David Foster
"Human Nature", Steve Porcaro e John Bettis
"I Don't Wanna Dance", Eddie Grant
"I'm Never Gonna Say Goodbye", Artie Butler e Molly Ann Leikin
"It's Raining Again", Rick Davis e Roger Hodgson
"L'Italiano" (Faz de Conta), Toto Cotugno e Cristiano Minellono
"Nathalie", Julio Iglesias e Ramón Arcusa
"No Me Vuelvo a Enamorar", Julio Iglesias, Fernan Martinez e Ramón Árcusa
"Shame On the Moon", Rodney Crowell
"Till There Was You" (Quando Te Vi), Meredith Wilson
"True", Gary Kemp
"Voyeur", Kim Carnes, David Ellingson e Duane Hitchings
"We've Got Together", Bob Seger

CRONOLOGIA

01/01: Um avião Concorde faz o percurso Nova York/Londres em duas horas, 56 minutos e 5 segundos, batendo o recorde de velocidade em voos transatlânticos.

25/01: A Suprema Corte do Povo da China comuta em prisão perpétua a pena de morte a que havia sido condenada Chiang-Chiang, viúva de Mao Tsé-Tung.

09/02: Morre no Rio de Janeiro (RJ) o cantor Blecaute (Otávio Henrique de Oliveira).

14/03: Pela primeira vez, desde a sua formação em 1961, o cartel da OPEP baixa o preço do petróleo.

02/04: Morre no Rio de Janeiro (RJ) a cantora Clara Nunes.

13/06: A sonda espacial Pioneer 10 atravessa a órbita de Netuno, tornando-se o primeiro veículo fabricado pelo homem a ultrapassar a fronteira do Sistema Solar.

30/10: Raul Alfonsin é eleito presidente da Argentina, o primeiro civil a ocupar o posto desde 1975.

08/11: Morre em Nova York o cantor Altemar Dutra.

23/11: Morre no Rio de Janeiro (RJ) o compositor/radialista Cristóvão de Alencar (Armando Reis).

Francis Hime é autor de uma consistente obra musical em parceria com figuras ilustres da MPB, como Vinicius de Moraes e Chico Buarque.

XXVII. 1984

DESTAQUES

"Caminhoneiro", Roberto Carlos e Erasmo Carlos

O intrépido automobilista que em 1970 percorria as curvas da estrada de Santos a 120, 150, 200 quilômetros por hora transforma-se, quinze anos depois, num pacato "Caminhoneiro" que roda pelos caminhos do país, com o nome da amada pintado no para-choque. Na verdade, "Caminhoneiro" é uma canção sertaneja, ou mais especificamente, "breganeja", que ensejou a Roberto e Erasmo Carlos a oportunidade de aproveitarem a onda de popularidade desse tipo de música nos anos 1980. Aliás, aproveitaram muito bem, pois "Caminhoneiro" foi um sucesso: "Eu sei/ todo dia nessa estrada/ no volante eu penso nela/ já pintei no para-choque/ um coração com o nome dela...". Com uma melodia que lembra a canção "Gentle On My Mind" (de John Hartford), do repertório de Elvis Presley, "Caminhoneiro" foi gravado por Roberto Carlos nos Estados Unidos, com o acompanhamento de doze violinos, quatro violas, quatro cellos, dois baixos e uma harpa, soando bem menos sertanejo do que se poderia esperar. Em atividade desde o início dos anos 1960, Roberto e Erasmo Carlos são recordistas de sucessos no período 1963-1985, tendo Roberto Carlos 75 composições relacionadas neste livro (setenta em parceria com Erasmo), das quais treze são comentadas como destaques. Uma particularidade no trabalho da dupla: há uma participação maior de Roberto na criação das canções mais românticas e de Erasmo nas mais roqueiras.

"Como Eu Quero", Leoni e Paula Toller

Numa entrevista a Marcelo Fróes e Marcos Petrillo, em março de 96, Paula Toller comentou: "Acho que, se você perguntar a alguém que não conheça nada da gente (Kid Abelha), 'Como Eu Quero' será conhecida. E ela foi literalmente tirada do lixo, num papel amassado". Essa baladinha, que puxou o sucesso do segundo compacto do Kid Abelha & Os Abóboras Selvagens, tinha sido desprezada pelos autores, quando o produtor Liminha numa reunião para escolha de repertório, indagou, "Vem cá, e aquela que vocês jogaram fora? toca aquela...” — e “Como Eu Quero” conquistou a moçada: “Diz pra eu ficar muda/ faz cara de mistério/ tira essa bermuda/ que eu quero você sério/ tramas do sucesso mundo particular/ solos de guitarra/ não vão me conquistar/ u u u.../ eu quero você como eu quero...”. Grande sucesso, a canção acabou por gerar a expressão “rock de bermudas” para denominar a galera carioca da geração 80.

“Deixa Eu Te Amar”, Agepê, Ismael Camillo e Mauro Silva

Chamado de “sambão joia” pelo ensaísta paulista Gilberto Vasconcelos, desenvolveu-se a partir dos anos 1970 uma contrafação do samba, artificial e popularesca, logo integrada ao universo da música brega. Entre os mais bem-sucedidos praticantes do rendoso gênero, destaca-se a figura do cantor/compositor Agepê (Antônio Gilson Porfírio), um técnico-projetista da Telerj, que deixou a telefonia pela vida artística. Em 1984, com dez anos de carreira, Agepê ampliou a sua coleção de sucessos com a composição “Deixa Eu Te Amar” (“Deixa eu te amar/ faz de conta que sou o primeiro...”), um atrevido samba erótico-romântico, recheado de metáforas como “Vou me embrenhar em densa mata, só porque/ existe uma cascata que tem água cristalina/ aí vou te amar com sede/ na relva, na rede, onde você quiser...”. Tudo isso cantado por Agepê, em seu estilo empolgado, fez da gravação de “Deixa Eu Te Amar” recordista, com uma vendagem superior a um milhão de cópias. Capa da edição da revista *Veja* de 29/01/1986, que trazia a reportagem “O samba romântico explode com Agepê”, o cantor morreria em 30 de agosto de 1995, ao 52 anos de idade.

“Fullgás”, Marina e Antônio Cícero

Lançada em 1979, numa leva de boas promessas de cantoras, Marina (Marina Correia Lima) alcançou o seu mais expressivo êxito com a canção “Fullgás”, em seu quinto ano de carreira. Nesse período, ela lançaria vários elepês, em todos predominando suas composições em parceria com o irmão, Antônio Cícero. Estabelecendo-se numa área entre o rock e a canção romântica, Marina explora um tipo de música que vem a calhar com a sua voz pequena e sensual. “Fullgás” foi gravada em seu quinto álbum, que alcançaria a marca de oitenta mil cópias vendidas. Composta num teclado doméstico Casiotone — cuja programação reproduz ritmos padronizados de bateria eletrônica —, a composição lança um neologismo cunhado para significar “a todo vapor”, ao mesmo tempo em que apresenta o mesmo sentido da palavra “fugaz”: “Meu mundo você é quem faz/ música, letra e dança/ tudo em você é fullgás/ tudo você é quem lança/ lança mais e mais...”. “Fullgás” é uma baladinha em levada dançante, bem representativa do repertório de Marina. Em razão de seu sucesso, deu nome, tempos depois, ao selo fonográfico da cantora.

"Inútil", Roger (Roger Rocha Moreira)

A ideia de "Inútil" surgiu de repente no banheiro quando o autor, o Roger do Ultraje a Rigor, cantarolava uma música qualquer sob o chuveiro. Partindo da palavra "inútil" — que o perseguia desde que o pai assim o considerara, ao saber que ele abandonara o curso de arquitetura para se dedicar à música —, Roger criou uma composição de crítica irreverente à realidade brasileira: "A gente não sabemos escolher presidente/ a gente não sabemos tomar conta da gente/ (...)/ inútil/ a gente somos inútil...". O que ele não poderia prever era que "Inútil", lançado no disco de estreia do Ultraje a Rigor, se tornaria um grande sucesso. Chegaria mesmo a entrar para o anedotário político, quando o deputado Ulysses Guimarães ameaçou enviar o disco para o porta-voz do governo, Carlos Átila, que acusava a campanha das "Diretas Já" de estar desestabilizando o processo sucessório.

"Me Chama", Lobão

Recebido com incomum repercussão, o segundo elepê de Lobão (*Ronaldo Foi pra Guerra*) teve duas faixas que despertaram a atenção da crítica e se projetaram nas rádios: "Me Chama" (só de Lobão) e "Corações Psicodélicos" (Lobão, Júlio Barroso e Bernardo Vilhena), que procuravam apresentar uma proposta mais radical do que as dos outros grupos. "Me Chama" possui uma linha melódica acima da média, superior, inclusive, à de "Corações Psicodélicos", a preferida pela gravadora para divulgar o disco. Sua letra focaliza a aflição de quem espera um telefonema (que nunca vem) da pessoa amada. É a angústia de músicas dos anos 1950 em tempo de rock, daí, talvez, a citação no primeiro verso de uma canção de fossa da época: "Chove lá fora/ e aqui.../ tá tanto frio/ me dá vontade de saber/ aonde está você/ me telefona/ me chama/ me chama/ me chama...". Bom músico, ex-baterista do Vímana, da Blitz (da qual foi fundador), da Gang 90 & As Absurdettes e de vários cantores — Luiz Melodia, Lulu Santos, Ritchie e Marina, que também gravaria "Me Chama" —, bem articulado, Lobão (João Luiz Woerdenbag Filho) é considerado um dos principais responsáveis pelo *boom* do rock nacional nos anos 1980 (ao lado dos grupos Paralamas do Sucesso, Titãs e Legião Urbana). "Me Chama" receberia uma inesperada interpretação de João Gilberto em um de seus shows.

"Óculos", Herbert Vianna

A cidade de Brasília foi berço de vários grupos de rock como o Legião Urbana, o Capital Inicial e outros que não sobreviveram. Foi lá também que teve origem a célula geradora do Paralamas do Sucesso, já que o guitarrista/vocalista/compositor Herbert Vianna e o baixista Bi Ribeiro frequentavam as mesmas rodas de roqueiros da capital. Mas o Paralamas só viria a se concretizar quando os dois se mudaram com as famílias para o Rio e convidaram João Barone para assumir o posto de baterista no lugar de Vital Dias. Depois de gravarem uma fita doméstica, que foi bastante tocada na Rádio Fluminense, eles seriam contratados pela EMI-Odeon, na qual lançaram um compacto com a música "Vital e Sua Moto", de relativo sucesso nas FMs do Rio e São Paulo, e em seguida o primeiro elepê, *Cinema Mudo*. Mas foi o segundo, *O Passo do Lui*, com o grande sucesso "Óculos", que consolidou a carreira do grupo. Seriam assim uma aposta na canção ("Por que você não olha pra mim?/ ô ô/ me diz o que é que eu tenho de mal/ ô ô/ por que você não olha pra mim/ por trás dessas lentes tem um cara legal...") as fotos de Bi Ribeiro, na contracapa, e de Herbert, no encarte, ambos de óculos. Carregando pesado o surdo da bateria, o *hit* do Paralamas seria relançado num inusitado compacto, que trazia também "Óculos" no lado B, numa versão classificada de instrumental, mas que não passava do *play-back* puro e simples da gravação, apenas com os "ô ôs" cantados.

"Podres Poderes", Caetano Veloso

Subvertendo a praxe de lançar um disco e depois montar um show com o seu repertório, Caetano Veloso decidiu inovar com o espetáculo *Velô* estreado em maio de 1984, apresentando oito músicas inéditas que só seriam gravadas no semestre seguinte. Abrindo o show e o elepê homônimo, ambos decididamente roqueiros, estava o dinâmico "Podres Poderes". Esta composição é um rock seco, de andamento rápido, com uma letra cheia de interrogações que remetem a uma saraivada de colocações iradas sobre o poder político ("Enquanto os homens exercem seus podres poderes/ morrer e matar de fome, de raiva e de sede/ são tantas vezes gestos naturais...") e à "incompetência da América católica". A junção das sílabas "ca" dessas duas últimas palavras formam uma terceira, "caca", sinônimo de porcaria em português e espanhol. Nesse jogo, quase lúdico, Caetano também aborda a música brasileira, citando "os hermetismos pascoais", "os tons", "os mil tons", "tins e bens", numa referência a cinco de seus compositores favoritos. Como em boa parte de sua obra, a canção tem uma melodia despretensiosa, sendo utilizado, porém, um engenhoso procedimento rítmico: a primeira parte (rock) é em compasso quaternário e a segunda em binário. Nesta, entretanto, a melodia, com grupos de duas tercinas em cada compasso, induz à ilusão de compasso ternário, estranho ao rock, que funciona assim como contraste bem apropriado às posições e contraposições da letra, que entusiasmou o público. O repertório de *Velô*, que segue essa linha demarcada em "Podres Poderes", tem músicas como "Língua" (um samba-rap gravado com a participação de Elza Soares), "Sorvete" e a notável canção "O Quereres", em versos decassílabos, com antônimos em profusão, que, ao lado de "Podres Poderes", alinha-se entre as melhores de Caetano Veloso.

"Recado" ("Meu Namorado"), Renato Teixeira

O rádio do carro tocava "Eu Te Amo" (de Tom Jobim e Chico Buarque), chamando a atenção de Renato Teixeira para a bela interpretação da cantora. Era Joanna, uma das novas vozes surgidas em 1979, ano em que despontou uma leva de muitas cantoras de qualidade, entre as quais Ângela Ro Ro, Marina e Zizi Possi. Chegando em casa, o compositor receberia, por uma incrível coincidência, um telefonema da própria Joanna pedindo-lhe uma música para o próximo disco. Informado pelo radialista Walter Silva sobre a carreira da cantora, na ocasião em seu sexto elepê, Renato Teixeira compôs-lhe uma canção conceitual, perfeitamente amoldada à sua voz límpida ("Mandei um recado/ pro meu namorado/ nos classificados de um grande jornal..."), cujo refrão ("Meu namorado é um sujeito ocupado/ não manda notícias/ nem dá um sinal...") seria muito bem valorizado pelo arranjo de Eduardo Souto Neto. "Recado", sub-intitulado "Meu Namorado", foi o sucesso do elepê, tornando-se um divisor de águas na carreira de Joanna, ao mesmo tempo que propiciava a Renato Teixeira um prêmio por sua utilização numa propaganda de classificados do jornal *O Globo*.

"Sonífera Ilha", Branco Mello, Marcelo Fromer,
Tony Bellotto, Ciro Pessoa e Carlos Barmak

Entre os grupos de rock que proliferavam no início dos anos 1980, chamava a atenção a banda Titãs, ex-Titãs do Iê-Iê. Muitas vezes convidada a participar de programas de televisão, o conjunto apresentava um repertório anárquico, de títulos assustadores — "Bichos Escrotos", "Lilian, a Suja", "Querem Meu Sangue", "Sonífera Ilha" —, na maioria constituído de músicas de seus integrantes. Fixados como um octeto, os Titãs estreariam em disco em 1984, num elepê cuja faixa de abertura era a citada "Sonífera Ilha". Um besteirol dançante, muito animado ("Não posso mais viver assim ao teu ladinho/ por isso colo o meu ouvido num radinho/ de pilha/ pra te sintonizar/ sozinha numa ilha...”), “Sonífera Ilha” caiu no gosto da garotada, a começar pela de São Paulo, cidade de origem da banda, tendo sua popularidade muito aumentada quando foi relançada num compacto simples. A glória maior dos Titãs, porém, só chegaria dois anos depois, com o álbum *Cabeça Dinossauro*, considerado pelos especialistas uma das obras-primas do rock brasileiro.

“Vai Passar”, Chico Buarque e Francis Hime

Chico Buarque empenhava-se em acertar o refrão do samba “Dr. Getúlio”, para a peça homônima, de Dias Gomes e Ferreira Gullar, quando a partir de uma das linhas melódicas experimentadas começou a surgir a ideia de um novo samba. Este samba, que ele pretendeu dividir com um grupo de compositores, cada um fazendo uma parte, era o “Vai Passar”, que acabou dividido apenas com Francis Hime: “a melodia modulava para cima, sem voltar ao tom original, e o Francis deu uma ajeitada resolvendo o problema”, esclareceu Chico numa entrevista à Rádio Jornal do Brasil, em 1990. A propósito, Francis Hime que, a exemplo de Tom Jobim, sabe explorar com inteligência as possibilidades harmônicas de uma célula melódica, é autor de uma consistente obra, em parceria com nomes ilustres como Vinicius de Moraes, Geraldinho Carneiro e, principalmente, com Chico Buarque, com quem assina canções como “Atrás da Porta”, “Passaredo”, “Trocando em Miúdos”, “Pivete” e outras. “Vai Passar” é um extenso samba-enredo de versos libertários, que comentam de forma alegórica o fim da ditadura: “Num tempo/ página infeliz de nossa história/ passagem desbotada na memória/ das nossas novas gerações/ dormia/ a nossa pátria mãe tão distraída/ sem perceber que era subtraída/ em tenebrosas transações...”. Parece que o Chico não fazia muita fé em “Vai Passar”, pois só o concluiu no estúdio, às vésperas da gravação.

OUTROS SUCESSOS

“Alice” (“Não Me Escreva Aquela Carta de Amor”), Leoni, Paula Toller e Bruno Fortunato

“Bete Balanço”, Frejat e Cazuza

“Bons Momentos”, Marquinhos e Michel

“Brega-Chique” (“O Vento Levou Black”), Eduardo Dusek e Luís Carlos Góes

“Brejo da Cruz”, Chico Buarque

"Caprichoso", Nelson Ned
"Cartaz", Francisco Casaverde e Fausto Nilo
"Close", Roberto Carlos e Erasmo Carlos
"Corações Psicodélicos", Lobão, Júlio Barroso e Bernardo Vilhena
"Do Jeito Que a Gente Gosta", Severo e Jaguar
"Egotrip", Evandro Mesquita, Antônio Pedro, Ricardo Barreto e Patrícia Travassos
"Eu Sou Free", Patrícia Travassos e Ruban
"Fixação", Beni, Leoni e Paula Toller
"Fogueira", Ângela Ro Ro
"Lilás", Djavan
"Linda Juventude", Flávio Venturini e Márcio Borges
"Lindo Lago do Amor", Luiz Gonzaga Júnior
"Maior Abandonado", Frejat e Cazuza
"Meu Erro", Herbert Vianna
"Na Aba", Nei Silva, Paulo Correia e Trambique
"Nem Tanto Assim", Leoni e Bruno Fortunato
"O Quereres", Caetano Veloso
"Só Você", Vinícius Cantuária
"Sonho de Ícaro", Piska e Cláudio Rabello
"Tempos Modernos", Lulu Santos
"Transas e Caretas", Michael Sullivan, Miguel e Paulo Massadas
"Vamos Fugir", Gilberto Gil e Liminha
"Voo de Coração", Ritchie e Bernardo Vilhena

GRAVAÇÕES REPRESENTATIVAS

AGEPÊ
Som Livre", 403.6310 (lp), "Deixa Eu Te Amar"

CAETANO VELOSO
Philips, 842024-1 (lp), "O Quereres"
Philips, 842024-1 (lp), "Podres Poderes"

CHICO BUARQUE
Barclay, 825161-1 (lp), "Brejo da Cruz"
Barclay, 825161-1 (lp), "Vai Passar"

Djavan
CBS, 138262 (lp), "Lilás"

Erasmo Carlos
Polydor, 8216434 (lp), "Close"

Kid Abelha & Os Abóboras Selvagens
Elektra, BR 22090 (lp), "Como Eu Quero"

Lobão e os Ronaldos
RCA Victor, 103.0623 (lp), "Me Chama"

Maria Bethânia
Philips, 814855-1 (lp), "Fogueira"

Paralamas do Sucesso
EMI-Odeon, 0624.2164 (lp), "Óculos"

Roberto Carlos
CBS, 230095 (lp), "Caminhoneiro"

Titãs
WB Records, BR 28100 (lp), "Sonífera Ilha"

MÚSICAS ESTRANGEIRAS DE SUCESSO NO BRASIL

"All Night Long", Lionel Richie
"Ebony Eyes", Rick James
"Esa Mujer", Julio Iglesias, Fernán Martínez e Rafael Ferro
"Eva", Umberto Tozzi
"Hello", Lionel Richie
"I Just Called to Say I Love You", Stevie Wonder
"If You're Not Here", C. Villa, A. Monroy, E. Diaz e M. Pagan
"Just My Imagination", Norman Whitefield e Barret Strong
"Knife", Rockwell, Norma Helms e Mitch Bottler
"My Oh My", Noddy Holder e James Lea
"No Te Reprimas", C. Villa, A. Monroy e E. Diaz
"Private Dancer", Mark Knopfler

"Somebody Else's Guy", Jocelyn Brown
"Thriller", Rod Templeton
"Total Eclipse of the Heart", Jim Steinman
"You and I", Barry Gibb, Maurice Gibb e Robin Gibb
"You're the Inspiration", Peter Cetera e David Foster

CRONOLOGIA

28/01: Morre no Rio de Janeiro o compositor Gastão Lamounier.

14/03: Morre no Rio de Janeiro (RJ) o instrumentista/compositor Copinha (Nicolino Copia).

16/04: Mais de um milhão de pessoas pedem eleições "Diretas Já" para presidente da República, em comício no centro de São Paulo (SP).

17/04: O presidente João Baptista Figueiredo envia ao Congresso emenda constitucional que propõe eleição direta para presidente da República a partir de 1988. A emenda seria retirada pelo próprio governo, dois meses depois.

26/04: A Câmara dos Deputados rejeita a emenda Dante de Oliveira, que instituía a eleição direta para presidente da República já em 84.

29/04: Morre em São Paulo (SP) a cantora Leny Eversong (Hilda Campos Soares da Silva).

28/07 a 12/08: Realizam-se em Los Angeles (EUA) os XXIII Jogos Olímpicos da Era Moderna.

08: Paulo Maluf e Tancredo Neves lançam-se candidatos à presidência da República.

18/10: Morre no Rio de Janeiro (RJ) o compositor Mano Décio da Viola (Décio Antônio Carlos).

19/12: O Reino Unido e a China Popular assinam acordo que determina a devolução de Hong Kong aos chineses a partir de 01/07/1997.

O compositor, cantor e sanfoneiro Dominguinhos é o principal responsável pela sobrevivência da vertente musical nordestina, que Luiz Gonzaga estilizou e popularizou em todo o país.

XXVIII. 1985

DESTAQUES

"Cheia de Charme", Guilherme Arantes

Criado em São Paulo e tendo iniciado sua carreira no grupo de rock progressivo Moto Perpétuo, o compositor e pianista Guilherme Arantes, com formação de estudo clássico, teve um início de carreira meteórico desde os 22 anos, quando sua música "Meu Mundo e Nada Mais" foi incluída na novela *Anjo Mau*. Ganhou fama de fabricante de sucessos a ponto de, surpreendentemente para ele, Elis Regina pedir uma canção que pudesse ser um hit. Emplacou mais uma, "Aprendendo a Jogar", e no mesmo ano ele mesmo gravou outra, "Planeta Água". De vento em popa na carreira, Guilherme se presenteou em 1985 com a realização de um sonho: morar em Copacabana. Feliz no seu grande apartamento do Posto 6, de frente para o mar, passeava na praia com os três filhos pequenos sentindo-se uma das mamães cariocas, pois a mãe de verdade não podia se expor ao sol. Resolveu homenageá-las com uma canção singela, alegre e dançante, com elementos da Jovem Guarda e um refrão grudento, sua grande especialidade, para o primeiro disco na nova gravadora, a CBS. De melodia em punho, pediu a letra a Nelson Motta, mas a demora de seu vizinho levou-o a completar a canção: "Investi tudo naquele olhar/ tantas palavras num breve sussurrar/ paixão assim não acontece todo dia/ cheia de charme, um desejo enorme de se aventurar/ cheia de charme, um desejo enorme de revolucionar". Embora a música de trabalho do álbum fosse "Olhos Vermelhos", "Cheia de Charme" é que saiu em "single promo", atingindo rapidamente o primeiro lugar nas FMs. Por ter-se mantido nessa posição durante seis meses, Guilherme teve pela primeira vez a sensação de que seus discos vendiam. Nos anos seguintes, suas canções, em grande número, seriam taxadas de brega, de pop ou de MPB, dando-lhe uma posição *sui generis* no cenário. Inegavelmente, Guilherme soube exercer admirável controle sobre sua obra de compositor, bem como sobre sua carreira de pianista e cantor, o que resultaria em novos sucessos para si e para outros intérpretes. Ao transitar por várias gravadoras, pelas quais lançaria regularmente discos recheados de composições próprias,

Guilherme Arantes seria nos anos seguintes um requisitado artista na música brasileira.

"Chuva de Prata", Ed Wilson e Ronaldo Bastos

Havia muito Ronaldo Bastos já ultrapassara aquela fase de início de carreira em que o letrista só escreve, ou prefere escrever, sobre o que vivenciou. "Depois a gente descobre que pode armazenar e transferir outras emoções, escrevendo com o estilo de um profissional", observa o poeta a propósito de uma música que uma gravadora lhe enviara para letrar. O autor da música era o compositor Ed Wilson — Edson Vieira de Barros, irmão do Renato dos Blue Caps —, atuante na Jovem Guarda, e de quem Roberto e Erasmo Carlos falam nos versos: "Lá fora um corre-corre/ dos brotos do lugar/ era o Ed Wilson que acabava de chegar", da composição "Festa de Arromba". A presença de Wilson no iê-iê-iê deu a Ronaldo a ideia de homenagear a precursora do gênero no Brasil, Celly Campello, e o seu grande sucesso "Banho de Lua" (versão de "Tintarella di Luna"), rememorando o tema da canção na letra de "Chuva de Prata": "Se tem luar no céu/ retira o véu e faz chover/ sobre o nosso amor/ chuva de prata que cai sem parar/ quase me mata de tanto esperar/ um beijo molhado de luz/ sela o nosso amor...". Seguem-se outras românticas citações sobre o amor ao luar, suavemente cantadas em tempo de bolero por Gal Costa, com a participação vocal e instrumental do grupo Roupa Nova. É evidente nessa versão de "Chuva de Prata", lançada no álbum *Profana*, a influência do arranjo de Stevie Wonder para o seu grande sucesso "I Just Called to Say I Love You", da mesma época.

"De Volta pro Aconchego", Dominguinhos e Nando Cordel

Avesso a viagens de avião, Dominguinhos é um dos artistas que mais tempo passa nas estradas, a fim de cumprir sua alentada agenda de shows de norte a sul no país. Tão prolongadas ausências o levariam a compor uma música inspirada no prazer do retorno ao lar, dos reencontros com a mulher e a filha. Assim, orientou o parceiro Nando Cordel a fazer uma letra nesse sentido, enviando em seguida a composição, um baião, numa fita para Elba Ramalho, que escolhia repertório para o seu próximo disco. No entanto, a cantora reprovou a composição, por ter andamento rápido, ao mesmo tempo em que convidava Dominguinhos a participar do disco. Já no estúdio, ele retornou ao assunto, mostrando-lhe "De Volta pro Aconchego", desta vez transformada numa canção lenta. "É desse jeito que eu queria", entusiasmou-se Elba, ao que o compositor retrucou: "Mas esta é a música da fita...". Imediatamente, Dori Caymmi fez o arranjo de base, a sessão rítmica que é registrada em primeiro lugar, e "De Volta pro Aconchego" foi gravada no elepê *Fogo na Mistura*. Nesta gravação, Elba canta emocionada, acompanhada pelo violão de Dori e a sanfona de Dominguinhos: "Estou de volta pro meu aconchego/ trazendo na mala bastante saudade/ querendo um sorriso sincero, um abraço/ para aliviar meu cansaço/ e toda essa minha vontade...". Com o sucesso da novela *Roque Santeiro*, o maior do ano em matéria de televisão, a canção, incluída em sua trilha sonora, invadiu as paradas radiofônicas, permanecendo nas primeiras colocações por todo o tempo em que telenovela foi exibida. Detalhe: como a melodia não resolve na tônica, enseja uma coda instrumental que acabou por servir de fundo musical aos aplausos do público, sempre que a música é cantada nos shows de Elba.

"Dona", Luiz Carlos Sá e Gutemberg Guarabira

"Dona" já existia desde 1982, quando disputou o festival MPB-Shell. Três anos depois, seria escolhida pelo produtor Mariozinho Rocha para a trilha sonora da novela *Roque Santeiro*, juntamente com mais duas composições de Sá e Guarabira, "Verdades e Mentiras" e "O ABC de Santeiro". Entrando na novela como tema da irrequieta Porcina, falsa viúva do falso herói, vivida pela atriz Regina Duarte, "Dona" desfrutou de grande sucesso, não apenas pelo prestígio da personagem, mas por suas próprias qualidades, valorizadas pela interpretação do grupo Roupa Nova: "Dona desses traiçoeiros sonhos/ sempre verdadeiros/ Dona desses animais/ Dona dos seus ideais/ não há pedra em teu caminho/ não há ondas no teu mar/ não há vento ou tempestade/ que te impeçam de voar...". O baiano Gutemberg Guarabira, que ganhou a fase nacional do II FIC, em 1967, com "Margarida", e o carioca Luiz Carlos Sá foram, ao lado de Zé Rodrix, os criadores de um segmento do rock brasileiro, o chamado rock rural, no início dos anos 1970 quando gravaram os elepês *Terra* e *Passado, Presente e Futuro*. A partir de 1974, com a saída de Rodrix, os dois atuando juntos, ou com outros parceiros, assinaram vários sucessos, como "Espanhola" (Guarabira e Flávio Venturini), "Caçador de Mim" (Luiz Carlos Sá e Sérgio Magrão) e "Sobradinho" (Sá e Guarabira). É da dupla também o popularíssimo *jingle* da Pepsi-Cola, "Só Tem Amor Quem Tem Amor pra Dar". Já Zé Rodrix entrou para a história do punk no Brasil ao integrar uma das formações do grupo Joelho de Porco, com Tico Terpins e Próspero Albanese.

"Escrito nas Estrelas", Arnaldo Black e Carlos Rennó

Os irmãos Espíndola — Tetê, Alzira, Geraldo e Celito — cantam e compõem, tendo estreado em disco em 1977, com o álbum *Tetê e o Lírio Selva-*

gem. Matogrossenses-do-sul, eles formam juntamente com o violeiro/cantor/ compositor Almir Sater o contingente mais expressivo de seu estado na música brasileira. A grande oportunidade de Tetê Espíndola chegaria com a sua vitória, em 26/10/1985, no Festival dos Festivais, ocasião em que defendeu a composição "Escrito nas Estrelas". Curiosamente, esta seria a primeira vez que interpretava uma canção de amor. Até então, já com três discos gravados, sua voz peculiarmente aguda a levaria a cantar um repertório influenciado pelos ritmos paraguaios, concentrado em temas da natureza e que refletia a exuberância da região do Pantanal. A melodia de "Escrito nas Estrelas", de autoria de Arnaldo Black, tem uma primeira parte muito simples, em contraste com a segunda que se desenvolve sobre uma escala pentatônica, oferecendo alguma dificuldade a cantores medianos. A letra de Carlos Rennó, feita sobre a melodia pronta, é uma declaração de amor total: "Você para mim foi o sol/ de uma noite sem fim/ que acendeu o que sou/ e renasceu tudo em mim...". Ao inscrevê-la no festival, os autores chegaram a temer uma rejeição da censura, pois, na repetição da primeira parte, há um verso que diz "Pois sem você, meu tesão, não sei o que eu vou ser". Embora já usado por Caetano (em "O Quereres") e Chico (em "Bye Bye, Brasil"), a palavra "tesão" não chamava a atenção nas duas canções, em razão de serem suas letras enormes, o que não era o caso de "Escrito nas Estrelas". Mas a censura não se manifestou e a composição pôde ser cantada por Tetê, numa sensual apresentação, trajando um provocante macacão de rede branca, vazada. No final, ela conquistou o público com uma interpretação não convencional, vencendo brilhantemente. O título "Escrito nas Estrelas" foi inspirado a Rennó por "It Was Written in the Stars", canção escrita em 1939 por Cole Porter para o musical *Du Barry Was a Lady*.

"Geração Coca-Cola", Renato Russo

Um dos maiores letristas do rock brasileiro, Renato Manfredini Júnior adotou o sobrenome Russo em homenagem a Jean-Jacques Rousseau, Bertrand Russell e Henri Rousseau, os dois primeiros sendo filósofos e o terceiro pintor. Carioca, morando em Brasília desde menino, lá fundou o grupo Legião Urbana, a princípio um trio, depois, no Rio, um quarteto, com Marcelo Bonfá (bateria), Dado Villa-Lobos (guitarra), Renato Rocha (baixo) e o próprio Russo fazendo voz, violão e teclados. Em janeiro de 85, a EMI lançou o Legião Urbana já em um elepê, que estourou com várias músicas, entre as quais "Geração Coca-Cola". Uma das primeiras de Renato Russo, feita vários anos antes, a composição diz em seu refrão: "Somos os filhos da revolução/ somos burgueses sem religião/ somos o futuro da nação/ geração

Coca-Cola...". Logo muito elogiado pelos críticos de rock, certamente mais pelas letras do que pelas melodias, o disco de estreia do Legião Urbana teve uma vendagem bem superior à prevista pela gravadora, assegurando condições para o lançamento do segundo, em 86, cuja surpresa foi a extensa faixa "Eduardo e Mônica", com acompanhamento exclusivamente acústico. Um mito do rock nacional, Renato Russo morreu vítima de aids, no Rio de Janeiro, em 11 de outubro de 1996, aos 36 anos de idade.

"Louras Geladas", Paulo Ricardo e Luiz Schiavon

O RPM ainda era um trio — Paulo Ricardo, Schiavon e Deluqui — quando gravou, com bateria eletrônica, o seu primeiro disco. Um compacto, lançado em janeiro de 85, mês em que se realizou o Rock in Rio I, este disco apresentava num lado "Rotações por Minuto" e no outro "Louras Geladas", cujo sucesso abriu caminho para o grupo. Um rock "pra cima", espirituoso, de andamento acelerado ("Na madrugada, na mesa do bar/ louras geladas vêm me consolar/ qualquer mulher é sempre assim/ vocês são todas iguais/ nos enlouquecem, então se esquecem..."), marcou para sempre a carreira do RPM. Em 1989, em razão do desinteresse de seus componentes em continuarem atuando juntos, o grupo se desfez.

"Malandro Rife", Otacílio da Mangueira e Ary do Cavaco

Descendente dos antigos sambas de malandragem, surgiu no final dos anos 1970 o chamado "sambandido", que tinha como figura principal o auto-intitulado "Partideiro Indigesto" Bezerra da Silva (José Bezerra da Silva). Calcado no partido-alto e contrastando com o humor escrachado do sambista Dicró (Carlos Alberto de Oliveira), o sambandido do Bezerra sobressaía como apologista do "bom malandro", cujo "defeito" é "gostar de dinheiro, amizade e mulher" e que jamais "faz covardia com os trabalhadores". Tal personagem está sempre em ação (com respingos de crítica social) contra "fofoqueiros", "caguetes", enfim, contra o "explorador careta que só anda de terno e seu nome não sai no caderno". Toda essa temática — desenvolvida por compositores como Dunga da Coroa, Pedro Butina, Beto Pernada, Criolo Doido, Rouxinol, Felipão, Embratel do Pandeiro, Zé Dedão do Jacaré, alguns dos codinomes e nomes sintomáticos da população marginalizada — está em sambas como "Malandro Rife", cuja letra finaliza com o "bom malandro" transformado em justiceiro, o que "arrepia" com o inimigo e o enterra "como indigente". Pandeirista como Jackson do Pandeiro, o pernambucano Bezerra, que também alterava a rítmica das frases e encaixava breques, cantava cocos em seus dois primeiros discos. Nas capas de vários dos outros trinta, gravados entre 1977 e 2005, passou a ser retratado em cenas ostensivas portando um boné branco, como na do 11º, *Malandro Rife*, na qual empunha um revólver.

"Nem Morta", Michael Sullivan e Paulo Massadas

Com um passado semelhante, atuando como músicos e cantores, Michael Sullivan (Ivanilton de Souza Lima, guitarrista, integrou os conjuntos Renato e seus Blue Caps e os Fevers) e Paulo Massadas (contrabaixista, foi músico dos conjuntos de Lafayette e de Lincoln Olivetti), formaram uma das duplas de compositores de maior sucesso nos anos 1980. Seu primeiro êxito foi "Me Dê Motivo", numa gravação de Tim Maia em 1983. Um ano e meio depois surgiu "Nem Morta", quando Massadas, em geral o responsável pelas letras, resolveu aproveitar esta expressão muito em evidência na época, principalmente entre as mulheres e os gays ("não aceito isso nem morta"). Como ele já fazia as letras dentro da métrica, foi fácil para Sullivan compor a melodia, aprontando-a em poucos minutos. A composição focaliza uma mulher que, apesar de viver às turras com o amante, não o abandona de maneira alguma: "Eu só fico em seu braços/ porque não tenho forças/ pra tentar ir à luta/ eu só sigo os teus passos/ pois não sei te deixar/ (...)/ Sempre que eu me pergunto/ quando vou te deixar/ me respondo: nem morta". Achando a canção muito feminina, os autores a ofereceram à Alcione, que a lançou no elepê *Fogo da Vida*. Inicialmente pouco tocada, "Nem Morta" estourou no final de 1985 e até propiciou aos autores um troféu oferecido pela comunidade gay. Sullivan e Massadas produziriam no período seguinte uma série de sucessos, alcançando em 1987 o segundo lugar na lista de arrecadação do ECAD, atrás apenas de Roberto e Erasmo Carlos.

"Papel Machê", João Bosco e Capinan

Inspirado pelas esculturas em *papier-mâché* de Ângela Bosco, mulher de João Bosco, o poeta José Carlos Capinan compôs a letra deste romântico bolero, mais cubano do que mexicano: "Cores do mar/ festa do sol/ vida é fazer todo o sonho brilhar/ (...)/ e depois acordar/ sendo o seu colorido brinquedo/ de papel machê...". Incluído em *Gagabirô*, um dos melhores discos de João Bosco, "Papel Machê" tem na introdução um *glissé* do baixista Jamil Joanes que acabou se identificando à bela melodia. Cantando várias frases em falsete, o que fascina a plateia feminina, João arremata a canção com uma variação sobre o tema da segunda parte, entoando sons meio afros, que passaram a ser uma de suas marcas como intérprete e poderiam remeter a Clementina de Jesus, com quem ele realizara uma temporada anos antes, no Projeto Pixinguinha. A popularidade de "Papel Machê" duplicou quando a canção foi incluída na trilha da telenovela *Corpo a Corpo*, exibida entre dezembro de 1984 e junho de 1985.

"Verde", Eduardo Gudin e Costa Netto

Assistindo no Vale do Anhangabaú a uma manifestação pelas eleições "Diretas Já", Eduardo Gudin e Costa Netto resolveram registrar numa música aquela sensação de retorno à democracia, vivida pelo povo brasileiro na ocasião. Gudin, sugerindo que a letra deveria enfatizar a cor verde, desenvolveu então um esboço de melodia que já tinha em mente. A primeira parte (A) da canção, em sol maior, era sucedida por uma segunda (B) em sol menor, porém a sequência final, com o mesmo motivo de A, tinha uma modulação para si bemol maior. Esta interessante resolução levanta a música, provocando um explosivo entusiasmo: "Verde as matas no olhar/ ver de perto/ ver de novo um lugar/ ver adiante/ sede de navegar/ verdejantes tempos/ mudança dos ventos no meu coração...". "Verde" foi inscrita no Festival dos Festivais, concorrendo com 10.314 músicas, das quais 48 seriam classificadas para as quatro eliminatórias. Este festival seria uma tentativa da Rede Globo de reverter a criticada imagem dos MPB-Shell de 80, 81 e 82, em que a pontuação das notas de um júri de duzentas pessoas, de discutível competência, gerou comentários desfavoráveis. Mas, voltando a "Verde", aconteceu que o cantor Lula Barbosa, o intérprete na fita de inscrição, tinha também uma composição classificada, "Mira Ira". Por isso um dos jurados, César Camargo Mariano, sugeriu aos autores o aproveitamento de uma cantora que o impressionara na fita de uma concorrente. A cantora era a paraense Leila Pinheiro, que, apresentada a Gudin e Netto no ensaio da quarta eliminatória, acabou classificando a composição. Na final, Leila levou "Verde" à terceira colocação superada apenas por "Escrito nas Estrelas" e "Mira Ira" — e ainda foi considerada a revelação do festival. Em seguida, contratada pela PolyGram, ela regravaria "Verde" em seu primeiro elepê, *Olho Nu*, lançado em maio de 1986. Passados vários anos, pode-se dizer que esta canção (ao lado de "Escrito nas Estrelas") foi a música que ficou do Festival dos Festivais, beneficiando a carreira de três artistas: Leila Pinheiro, como cantora, Costa Netto, como letrista, e Eduardo Gudin, como um dos mais férteis compositores paulistas de sua geração.

"Whisky a Go Go", Michael Sullivan e Paulo Massadas

O cantor Johnny Rivers foi o inspirador desta canção de Sullivan e Massadas. Isso porque suas composições, solicitadas pelo público, foram muito cantadas pelos dois compositores em seu tempo de *crooners* de bailes e boates. Daí a homenagem em "Whisky a Go Go", cujo estribilho descreve a fantasia de um romance naquele ambiente de festa dos anos 1960, com muita cuba libre, vitrola e som à meia-luz. O refrão, que intencionalmente lembra a linha de composição do homenageado, seria o propulsor do sucesso: "Eu perguntava do you wanna dance/ e te abraçava do you wanna dance/ lembrar você/ um sonho a mais não faz mal...". Sullivan e Massadas escolheram para título o nome de uma boate, "Whisky a Go Go", localizada na Sunset Strip, em Los Angeles, onde Johnny Rivers gravou na década de 1960 vários *hits* de seu repertório. Pronta a canção, eles a mostraram ao grupo carioca Roupa Nova (Ricardo Feghali, Nando, Serginho Herval, Paulinho, Kiko e Cleberson Horst), que a lançou no elepê *Simplesmente Roupa Nova*. A gravação realizada em estúdio foi montada como se fosse num baile ao vivo, com manifestações de alegria e de palmas acompanhando o ritmo, o que valorizou o ímpeto pela vontade de dançar. Quando "Whisky a Go Go" já contabilizava dois meses de sucesso nas rádios, José Bonifácio de Oliveira Sobrinho, o Boni da Rede Globo, resolveu adotar o tema numa telenovela, cujo título, já escolhido, seria trocado por *Um Sonho a Mais*, em razão do último verso da música.

OUTROS SUCESSOS

"Ainda é Cedo", Ico Ouro Preto, Dado Villa-Lobos, Renato Russo e Marcelo Bonfá
"Amante Profissional", Roberto Ley
"Amigo do Sol, Amigo da Lua", Benito Di Paula e Márcio Brandão Carneiro
"Chora Coração", Wando e Pedrinho Medeiros
"Ciúme", Roger Moreira
"A Cruz e a Espada", Paulo Ricardo e Luiz Schiavon
"Um Desejo Só Não Basta", Francisco Casaverde e Fausto Nilo
"Um Dia de Domingo", Michael Sullivan e Paulo Massadas
"Eu Te Amo Você", Kiko Zambianchi
"Exagerado", Leoni, Cazuza e Ezequiel Neves
"A Fórmula do Amor", Leoni e Léo Jaime
"Insensível", Sérgio Britto
"Isso Aqui Tá Bom Demais", Dominguinhos e Nando Cordel
"Lágrimas e Chuva", Leoni, Bruno Fortunato e George Israel

"Leva", Michael Sullivan e Paulo Massadas
"Malandro Sou Eu", Arlindo Cruz, Sombrinha e Franco
"Olhar 43", Paulo Ricardo e Luiz Schiavon
"O Pobre", Léo Jaime e Herbert Vianna
"Rádio Pirata", Paulo Ricardo e Luiz Schiavon
"Revoluções por Minuto", Paulo Ricardo e Luiz Schiavon
"Sem Pecado e Sem Juízo", Pepeu Gomes e Baby Consuelo
"Será", Dado Villa-Lobos, Renato Russo e Marcelo Bonfá
"Seu Nome", Piska e Biafra
"Televisão", Arnaldo Antunes, Marcelo Fromer e Tony Bellotto
"Teorema", Dado Villa-Lobos, Renato Russo e Marcelo Bonfá
"Tudo Pode Mudar", Ronaldo Santos e Joe Euthanázia
"Uni, Duni, Te", Michael Sullivan e Paulo Massadas
"Vaca Profana", Caetano Veloso
"Verde e Amarelo", Roberto Carlo e Erasmo Carlos

GRAVAÇÕES REPRESENTATIVAS

ALCIONE
RCA Victor, 103.0643 (lp), "Nem Morta"

BABY CONSUELO
Som Livre, 403.6326 (lp), "Sem Pecado e Sem Juízo"

DOMINGUINHOS E CHICO BUARQUE
Som Livre, 403.6326 (lp), "Isso Aqui Tá Bom Demais"

ELBA RAMALHO
Som Livre, 403.6326 (lp), "De Volta pro Aconchego"

GAL COSTA
RCA Victor, 103.0637 (lp), "Chuva de Prata"
RCA Victor, 103.0637 (lp), "Vaca Profana"

GUILHERME ARANTES
CBS, 138269 (lp), "Cheia de Charme"

João Bosco
Barclay, 823694-1 (lp), "Papel Machê"

Legião Urbana
EMI, 422944 (lp), "Geração Coca-Cola"
EMI, 422944 (lp), "Será"
EMI, 422944 (lp), "Teorema"

Leila Pinheiro
Som Livre, 530009 (lp), "Verde"

Roupa Nova
Som Livre, 403.6326 (lp), "Dona"
RCA Victor, 103.0633 (lp), "Whisky a Go Go"

RPM
Epic, 144478 (lp), "Louras Geladas"

Tetê Espíndola
Som Livre, 530009 (lp), "Escrito nas Estrelas"

MÚSICAS ESTRANGEIRAS DE SUCESSO NO BRASIL

"Careless Whisper", George Michael e Andrew Ridgeley
"Forever Young", Marian Gold, Frank Mertens e Bernhard Lloyd
"Hold Me", Michael Masser e Linda Creed
"I Was Born to Love You", Freddie Mercury
"Lately" (Nada Mais), Stevie Wonder
"Let's Hear It from the Boy", Tom Snow e Dean Pitchford
"Like a Virgin", Billy Steinberg e Tom Kelly
"Love Is Love", George O'Dowd (Boy George), Jon Moss, Roy Hay e Michael Craig
"Material Girl", Peter Brown e Robert Rans
"Make No Mistake, He's Mine", Kim Carnes
"Missing You", Lionel Richie
"One More Night", Phil Collins
"Purple Rain", Prince
"Que No Se Acabe El Mundo" (Quando Gira o Mundo), Rosa Giron

"Still Loving You", Rudolf Schenker e Klaus Meine
"Too Late for Goodbyes", Julian Lennon
"Wake Me Up Before You Go-Go", George Michael
"We Are the World", Michael Jackson e Lionel Richie

CRONOLOGIA

01: Realiza-se o primeiro festival Rock in Rio.

08/01: Morre no Rio de Janeiro (RJ) a cantora Araci Cortes.

15/01: O Congresso Nacional elege Tancredo Neves presidente da República.

20/01: Ronald Reagan inicia o seu segundo período como presidente dos Estados Unidos.

11/03: Mikhail Gorbachev assume a chefia do Partido Comunista da União Soviética.

14/03: Tancredo Neves sofre uma cirurgia de emergência no intestino.

15/03: No impedimento de Tancredo Neves, por motivo de saúde, toma posse na presidência da República, em caráter interino, o vice-presidente José Sarney.

21/04: Morre em São Paulo (SP) Tancredo Neves.

22/04: José Sarney torna-se presidente da República em caráter efetivo.

25/07: Morre no Rio de Janeiro (RJ) o cantor Carlos Galhardo

26/10: Realiza-se no Ginásio do Maracanãzinho, no Rio de Janeiro, a final do Festival dos Festivais, promovido pela Rede Globo, vencido pela canção "Escrito nas Estrelas", de Arnaldo Black e Carlos Rennó, defendida pela cantora Tetê Espíndola.

18/12: O Fluminense sagra-se tricampeão carioca de futebol (1983/84/85).

ÍNDICE ONOMÁSTICO

(Fotografias em itálico)

ÍNDICE DAS MÚSICAS

(Destaques em negrito)

BIBLIOGRAFIA

ALENCAR, Edigar de. *O carnaval carioca através da música*. 3ª ed. 2 vols. Rio de Janeiro: Francisco Alves, 1985.

ANTÔNIO, Irati; PEREIRA, Regina. *Garoto, sinal dos tempos*. Rio de Janeiro: Funarte, 1982.

ARAÚJO, Paulo César de. *Roberto Carlos em detalhes*. São Paulo: Planeta, 2006.

CABRAL, Sérgio. *Antônio Carlos Jobim, uma biografia*. Rio de Janeiro: Lumiar, 1997.

________. *As escolas de samba do Rio de Janeiro*. Rio de Janeiro: Lumiar, 1997.

CACCIATORE, Olga Gudolle. *Dicionário de cultos afro-brasileiros*. Rio de Janeiro: Forense Universitária, 1977.

CALADO, Carlos. *A divina comédia dos Mutantes*. São Paulo: Editora 34, 1995.

________. *Tropicália: a história de uma revolução musical*. São Paulo: Editora 34, 1997.

CAMPOS, Augusto de. *Balanço da bossa e outras bossas*. São Paulo: Perspectiva, 1978.

CARDOSO, Sylvio Tullio. *Dicionário biográfico da música popular*. Rio de Janeiro: Ed. do autor, 1965.

CASTRO, Ruy. *Chega de saudade: a história e as histórias da bossa nova*. São Paulo: Companhia das Letras, 1990.

CHAVES, Juca. *Eu: baixo retrato*. Rio de Janeiro: Gernasa, 1968.

CHEDIAK, Almir. *Songbooks* (Djavan, Caetano Veloso, Tom Jobim, Gilberto Gil, Rita Lee, Edu Lobo). Rio de Janeiro: Lumiar, s/d.

DOLABELA, Marcelo. *ABZ do rock brasileiro*. São Paulo: Estrela do Sul, s/d.

DAPIEVE, Arthur. *BRock: o rock brasileiro dos anos 80*. São Paulo: Editora 34, 1995.

ECHEVERRIA, Regina. *Furacão Elis*. 7ª ed. Rio de Janeiro: Nórdica, 1985.

FERNANDES, Rinaldo de (org.). *Chico Buarque do Brasil*. Rio de Janeiro: Garamond, 2004.

FONSECA, Heber. *Caetano: esse cara*. 2ª ed. Rio de Janeiro: Revan, 1993.

GALVÃO, Luiz. *Anos 70: novos e baianos*. São Paulo: Editora 34, 1997.

GIL, Gilberto. *Todas as letras*. São Paulo: Companhia das Letras, 1996.

HARDY, Phil; LAING, Dave. *Encyclopedia of Rock*. Londres: MacDonald, 1987.

JOBIM, Helena. *Antônio Carlos Jobim: um homem iluminado*. Rio de Janeiro: Nova Fronteira, 1996.

LIRA NETO. *Maysa: só numa multidão de amores*. São Paulo: Globo, 2007.

MACIEL, Luiz Carlos; CHAVES, Ângela. *Eles e eu: memórias de Ronaldo Bôscoli*. Rio de Janeiro: Nova Fronteira, 1994.

PASSOS, Sylvio; BUDA, Toninho. *Raul Seixas, uma antologia*. São Paulo: Martin Claret Editora, 1992.

PECCI, João Carlos. *Vinicius sem ponto final*. São Paulo: Saraiva, 1994.

PERRONE, Charles. *Letras e letras da MPB*. Rio de Janeiro: Elo, 1988.

_________. *Masters of Contemporary Brazilian Song — MPB (1965-1985)*. Austin, Texas: University of Texas, 1989.

SHAPIRO, Nat; POLLOCK, Bruce (orgs.). *Popular Music, 1920-1979*. 3 vols. Detroit, Michigan: Gale Research, 1985.

SILVA, Marília T. Barbosa da; OLIVEIRA FILHO, Arthur L. de. *Cartola, os tempos idos*. Rio de Janeiro: Funarte, 1983.

_________. *Silas de Oliveira: do jongo ao samba-enredo*. Rio de Janeiro: Funarte, 1981.

RICARDO, Sérgio. *Quem quebrou meu violão*. Rio de Janeiro: Record, 1991.

SOUZA, Tárik de. *O som nosso de cada dia*. Porto Alegre: L&PM, 1983.

SOUZA, Tárik de; ANDREATO, Elifas. *Rostos e gostos da música popular brasileira*. Porto Alegre: L&PM, 1979.

SOUZA, Tárik de; CEZIMBRA, Márcia; CALLADO, Tessy. *Tons sobre Tom*. Rio de Janeiro: Revan, 1995.

SOUZA, Tárik de *et al*. *Brasil musical*. Rio de Janeiro: Art Bureau, 1988.

TINHORÃO, José Ramos. *Pequena história da música popular: da modinha à lambada*. 3ª ed. São Paulo: Art Editora, 1991.

VÁRIOS AUTORES. *Enciclopédia da música brasileira erudita, folclórica e popular*. 2 vols. São Paulo: Art Editora, 1977.

_________. *História da música popular brasileira*. 52 fascículos. São Paulo: Abril Cultural, 1980.

_________. *Nosso século*. 5 vols. São Paulo: Abril Cultural, 1980.

VAZ, Toninho. *Pra mim chega*. São Paulo: Casa Amarela, 2005.

VELOSO, Caetano. *Verdade tropical*. São Paulo: Companhia das Letras, 1997.

WERNECK, Humberto. "Gol de letras". In *Chico Buarque — letra e música*. São Paulo: Companhia das Letras, 1989.

CRÉDITOS DAS IMAGENS

Ademar Veneziano / Abril Imagens (p. 232)
Agência Estado (reprodução) (p. 79)
Aldir Tavares / Abril Imagens (p. 113)
Amiccucio Gallo / Abril Imagens (p. 282)
Antônio Andrade / Abril Imagens (p. 244)
Armando Rozário / Abril Imagens (p. 87)
Arquivo Jairo Severiano (p. 9)
Arquivo Zuza Homem de Mello (pp. 49, 68, 72, 129, 147, 158)
Chico Nelson / Abril Imagens (pp. 30, 97)
Chico Pereira / Arquivo Zuza Homem de Mello (pp. 16, 23, 40, 52, 62)
Cláudio Fortuna (p. 212)
Daniel Gella / Abril Imagens (p. 325)
Darcy Trigo / Abril Imagens (4ª capa)
David Drew Zingg / Abril Imagens (capa)
Geraldo Guimarães / Abril Imagens (p. 192)
J. Ferreira da Silva / Abril Imagens (pp. 208, 256)
J. Tavares Medeiros / Abril Imagens (p. 108)
Luís Paulo Machado / Abril Imagens (pp. 170)
Mario Luiz Thompson (pp. 175, 182, 226, 268, 294, 308, 320, 341, 356)
Paulo André / Abril Imagens (pp. 138)
Paulo Salomão / Abril Imagens (pp. 122, 219)
Pedro Martinelli / Abril Imagens (p. 346)
Rolando de Freitas / Agência Estado (p. 238)
Walter Firmo / Abril Imagens (pp. 92, 275)

SOBRE OS AUTORES

Jairo Severiano, historiador e produtor musical, nasceu em Fortaleza em 1927, morando no Rio de Janeiro desde 1950. É autor dos livros *Discografia brasileira em 78 rpm*, com Miguel A. Azevedo, Grácio Barbalho e Alcino Santos (1982), *Getúlio Vargas e a música popular* (1983), *Yes, nós temos Braguinha* (1987), *A canção no tempo: 85 anos de músicas brasileiras*, obra em dois volumes, escrita em parceria com Zuza Homem de Mello (1997 e 1998) e *Uma história da música popular brasileira* (Editora 34, 2008). Na década de 1980, produziu diversos álbuns fonográficos, entre os quais *O Ciclo Vargas* (para a Fundação Roberto Marinho), *Native Brazilian Music* (para o Museu Villa-Lobos), *Nosso Sinhô do Samba* (para a Funarte) e os LPs duplos com Dorival Caymmi e Tom Jobim, ambos reeditados em CDs. Coordenou ainda os projetos "Memória Musical Carioca" (para o Arquivo da Cidade do Rio de Janeiro), com Paulo Tapajós, e "Mozart de Araújo" (para o Centro Cultural Banco do Brasil).

Zuza Homem de Mello nasceu em São Paulo, em 1933. Inicia-se no jornalismo em 1956, assinando uma coluna de jazz semanal para a *Folha da Noite*. Após um período de estudos em Nova York, volta ao Brasil e ingressa na TV Record, onde permanece por cerca de dez anos trabalhando como engenheiro de som e atuando como booker na contratação de atrações internacionais. Entre 1977 e 1988 produz e apresenta o premiado *Programa do Zuza*, na Rádio Jovem Pan AM, e faz crítica de música popular para *O Estado de S. Paulo*. Trabalha também como diretor artístico de shows e festivais e produz discos de Jacob do Bandolim e Elis Regina, entre outros. Integra a equipe do Festival de Jazz de São Paulo (1978 e 1980), sendo curador do Free Jazz Festival desde sua primeira edição, em 1985, e de seus sucessores, Tim Festival e BMW Jazz Festival. É autor dos livros *Música popular brasileira cantada e contada...* (Melhoramentos, 1976, relançado pela WMF Martins Fontes em 2008 com o título *Eis aqui os bossa-nova*), *A canção no tempo*, dois volumes em coautoria com Jairo Severiano (Editora 34, 1997 e 1998), *João Gilberto* (Publifolha, 2001), *A Era dos Festivais* (Editora 34, 2003), *Música nas veias* (Editora 34, 2007), *Música com Z* (Editora 34, 2014, vencedor do Prêmio APCA) e *Copacabana: a trajetória do samba-canção* (Editora 34/Sesc-SP, 2017). Faleceu em 2020, logo após ter concluído a redação do livro *Amoroso: uma biografia de João Gilberto* (Companhia das Letras, 2021).

Este livro foi composto em Sabon,
pela Bracher & Malta, com CTP da
New Print e impressão da Graphium
em papel Alta Alvura 90 g/m² da Cia.
Suzano de Papel e Celulose para a
Editora 34, em dezembro de 2021.